Research on the Regulation of Digital Content and Service Contracts:
From the Perspective of the EU

数字内容与服务合同的法律规制研究：

以欧盟为视角

张彤／著

中国政法大学出版社

2023·北京

本书是执行国家社会科学基金项目"数字经济时代的
合同法制度更新与制度供给研究"
（项目批号：17BFX195）的研究成果，本书的出版受该项目资助。

序
PREFACE

在数字经济时代，随着互联网的快速普及与世界范围内的互联互通，带动了数字市场的繁荣，极大地丰富了人们的交易模式，"数字交易""数字产品""数字内容与服务"等也逐渐成为现今数字经济发展的关键词。我们注意到，数字经济所引起的一系列新技术涌现和应用引发了市场交易方式的变革，以合同法为代表的作为规范市场交易行为的法律体系，也率先面临着诸多挑战。长期以来，大陆法系中的合同之债主要以传统的合同类型为调整对象，而在数字经济时代，亟须解决的问题之一便是如何将新出现的以软件等数字内容为对象的合同纳入传统合同类型之中。数字交易在合同标的、缔约方式以及合同履行方式等方面均与传统的合同有很大的不同，数字内容的无形性、数字交易的技术性和复杂性对传统合同法提出了许多新的理论问题，诸如数字内容、数字内容合同的内涵外延如何界定？数字内容合同与其他传统类似合同如何区分？数字内容合同的履行方式与传统合同有何不同？消费者在数字内容合同中享有何种权利以及如何救济？等等。这些新生问题都有待于理论研究与学术回应，以便为在技术不断革新和日新月异发展过程中出现的种种问题提供适宜的法律解决方案。

欧盟于 2015 年 5 月 6 日发布了"欧洲数字单一市场战略"（A Digital Single Market Strategy for Europe），并相继出台了一系列政策措施，旨在加快数字市场的建设、激活欧盟数字经济的发展潜力、增强欧洲企业在全球的竞争能力、保障欧洲在数字时代的全球引领力，同时也进一步促进欧盟数字市场内的跨境交易、强化消费者在数字市场内获得更高水平的保护。在此目标指引下，欧盟于 2019 年 5 月 20 日正式出台了《关于数字内容提供与服务合同特定方面的第 2019/770 号指令》（以下简称《数字内容与服务合同指令》）和《关于货物买卖合同特定方面的第 2019/771 号指令》（以下简称《货物买卖合同指令》）两部法律，规制了实践中存在的关于视频、声音、图片、软件、数字游戏等通过数据形式制作并提供的数字内容与服务合同以及关于"带有数字元素的货物"的买卖合同，旨在以消费者保护为核心，以完全协调的方式，为欧洲数字单一市场建立一套统一的法律规则。根据上述两个指令对成员国转化期限的规定，自 2021 年 6 月以来，德国、意大利、荷兰、奥地利等欧盟主要成员国陆续将《数字内容与服务合同指令》和《货物买卖合同指令》转化为国内法。在转化过程中，包括指令对数字内容合同的规制内容与成员国原有民法体系的融合、个人数据的对价化、消费者权利的救济方式、完全协调目标所面临的政治挑战和其他挑战，以及如何在经营者与消费者之间利益平衡等问题，都引起了广泛的讨论。

从世界范围来看，欧盟的数字立法处于引领者的位置，从而为其他国家的相关立法提供了比较研究的文本与可资借鉴的经验。数字内容和数字服务是数字经济发展过程中出现的新型交易内容，数字内容与服务合同这一新型合同类型也是在欧盟立法者的推动下诞生的，这种称谓最初也只是在欧盟法的语境之下，随着各个成员国对欧盟指令的转化才开始延伸至欧盟各成员国的法律体系之中。

作为民商法前沿问题，本书摒弃国内学界常用的"数字产品"等概念，采用"数字内容与服务合同"这一称谓，并将其作为主要研究对象，综合运用数字经济理论、比较研究、规范研究和实证研究等方法，以欧盟《数字内容与服务合同指令》和《货物买卖合同指令》两部立法性文件作为参照对象，横向比较欧盟及其成员国，如德国、奥地利、荷兰和意大利在数字内容与服务合同领域的最新立法成果和理论探讨，纵向研究我国相关民商事立法对数字交易合同规制的缺陷与不足，旨在探索数字经济时代下合同法的演进范式，思考欧盟数字内容与服务合同立法对我国的启示，以期为《中华人民共和国民法典》（以下简称《民法典》）和相关单行法中的合同制度更新提供一种新的思考维度，为我国司法实践积极应对数字时代的新变化提供比较法上的理论支持。

本书是笔者执行国家社会科学基金项目"数字经济时代的合同法制度更新与制度供给研究"（项目批号：17BFX195）的研究成果。本项目是以欧盟及其成员国数字合同法为比较研究对象，为此项目组收集了大量第一手的德文、英文、意大利文的欧盟立法性文件等相关各类文献，对其进行了整理、分析，并对其中一些重要的文献进行了翻译，力争保障课题研究的准确性和时效性。在此期间，笔者于 2020 年 7 月成功申请了欧盟"让·莫内"项目，题为"欧洲数字化法律挑战与立法回应：对中国的启示"。对欧盟项目的执行，也有助于从比较法的角度对本项目进行研究。此外，为了了解和掌握我国司法实践中的相关问题，本项目也对我国司法机关审理的有关数字内容与服务合同的案件进行了数据采集，主要通过中国裁判文书网、北大法宝、元典智库等国内主要司法裁判数据库采集了大量判例，并从中筛选了 100 个典型案例，从合同性质、合同适约性和履行、违约救济三个方面进行了分类研究。项目研究紧紧围绕欧盟数字内容与服务合同的具体制度展开，并梳理了中国现行法和司法裁判对数字交易的规范问题，反思数字合同与传统合同规则之间的互动关系以及与中国民法体系的整合问题。项目执行过程中，笔者将科研成果及时转化为教学内容，以专题的形式对欧盟数字化中的合同法立法等进行授课，组织学生进行讨论，取得了良好的效果。笔者也吸收了自己指导的研究生参与该项目的研究工作，并指导学生撰写了 6 篇相关学位论文。因此，本书不仅体现了笔者近几年跟踪研究欧盟数字合同最新立法的研究成果，也汇集了项目团队的诸多工作和贡献，在此特别对项目组成员：中国政法大学比较法学研究院张学哲副教授、民商经济法学院金晶副教授、最高人民法院仲伟珩法官、德国明斯特大学 Reiner Schulze 教授、荷兰拉得布德大学 Andre Janssen 教授表示衷心的感谢！

由于数字经济的发展日新月异，与之相随的欧盟数字立法亦快马加鞭，因此，笔者期望在本研究成果的基础上，能够继续深化研究、及时更新内容。在本书即将付梓出版之际，笔者还要感谢中国政法大学出版社余娟女士一如既往的宝贵支持和刘畅女士对本书付出的辛勤工作！本书不足之处和有待完善之处，欢迎读者朋友们提出意见和建议，笔者的邮箱：tongzh@ cupl. edu. cn。

2023 年 6 月 30 日于北京

目 录
CONTENTS

一、研究背景与价值

在数字经济时代，随着互联网技术的快速发展，数字产品这一新兴事物应运而生，丰富了当今交易模式的多样性，并带动了数字市场的繁荣。"数字经济""数字贸易""数字战略""数字产品""数字内容与服务"等也逐渐成为现今各国经济发展的关键词。在信息技术发展和新兴商业模式兴起之下，无论是文字、图像，还是影像等各种形态的信息，都可以通过数字技术呈现为人们可直观理解的数字内容，数字内容交易在世界范围内开始蓬勃发展，越来越频繁地出现在消费者的日常生活中。一方面，数字化为人们的生活带来更多便捷和可能性；但另一方面，由于经营者与消费者信息严重不对称，经营者会利用手中掌握的更多信息，使双方交易中的谈判地位愈加不平等，给消费者带来了更多的风险，而法律作为调节该种不平等的行为规范应该及时回应数字化带来的诸多问题。

我们注意到，数字经济所引起的一系列新技术的涌现和应用引发了市场交易方式的变革，以合同法为代表的作为规范市场交易行为的法律体系，也因数字革命率先受到了巨大冲击。对此合同法是否要进行自我变革和制度创新？自欧洲法律学者克里斯蒂安·特威格－弗莱斯纳（Christian Twigg-Flesner）提出这一问题以来，学界围绕数字革命与传统法律体系之间关系的争论十分激烈。[1]数字内容与服务合同就是数字化时代下的产物，这给相关领域的法律规制提出了新的立法要求。欧盟及其成员国，以及其他国家和地区

---

[1]　See Friedrich Graf von Westphalen, Contracts with Big Data: The End of the Traditional Contract Concept? Trading Data in the Digital Economy: Legal Concepts and Tools, Münster Colloquia on EU Law and the Digital Economy Ⅲ, Nomos 2017, p. 245.

相继制定了各类"数字战略计划"，[1]相应的数字法律立法也不断出台。[2]

欧盟数字内容合同的提法由来已久。为回应数字化的立法需求，欧盟出台多项立法性文件以促进数字领域互联互通，构建统一的数字商品、服务和资本市场。欧盟于 2011 年在《消费者权利指令》[3]中首次对"数字内容"的概念作出界定，并将其视为"自成一类的合同"。该指令立法理由第 19 条以及指令正文第 2 条第 11 款中首次对数字内容进行了定义，[4]即数字内容（Digitaler Inhalte）是指以数字形式产生和提供的数据，如计算机程序、应用程序、游戏、音乐、视频或文本，无论它们是通过下载或流媒体获取，还是通过有形媒介或通过任何其他方式获得。[5]在欧洲经济调查机构面向消费者提供数字内容服务的调查中，"数字内容"被定义为可以在线获取或通过 CD、DVD 等渠道获取的数字形式的内容以及其他可以被消费者在线接收的服务。[6]然而，《消费者权利指令》对数字内容合同的调整并不完整，特别是在数字内容适约性的标准，以及非以金钱为对价提供数字内容的情形下如何对消费者进行保护等方面还有所欠缺。2011 年 9 月欧盟委员会发布了《〈欧洲共同买

---

〔1〕 European Commission Communication, A Digital Single Market Strategy for Europe, COM（2015）192 final, 06.05.2015; Bundesministerium für Wirtschaft und Energie, Digitale Strategie 2025, 14.03.2016. 我国也有类似措施，如我国《"十四五"规划纲要》在加快数字化发展中指出：发展数字经济，推进数字产业化和产业数字化，推动数字经济和实体经济深度融合，打造具有国际竞争力的数字产业集群。加强数字社会、数字政府建设，提升公共服务、社会治理等数字化智能化水平。建立数据资源产权、交易流通、跨境传输和安全保护等基础制度和标准规范，推动数据资源开发利用。扩大基础公共信息数据有序开放，建设国家数据统一共享开放平台。保障国家数据安全，加强个人信息保护。提升全民数字技能，实现信息服务全覆盖。积极参与数字领域国际规则和标准制定，载 http://qinghonggroup. com/uploads/file/20201119/1605753005178617. pdf，最后访问日期：2021 年 3 月 22 日。

〔2〕 Regulation（EU）2016/679 of the European Parliament and of the Council of 27 April 2016 on the protection of natural persons with regard to the processing of personal data and on the free movement of such data, 04.05.2016; Richtlinie（EU）2019/770 des Europäischen Parlaments und des Rates v. 20.5.2019 über bestimmte vertragsrechtliche Aspekte der Bereitstellung digitaler Inhalte und digitaler Dienstleistungen, 22.5.2019;《中华人民共和国电子商务法》等。

〔3〕 Richtlinie（EU）2011/83 des Europäischen Parlaments und des Rates vom 25.10.2011 über die Rechte der Verbraucher, 22.11.2011.

〔4〕 Richtlinie（EU）2011/83 des Europäischen Parlaments und des Rates vom 25.10.2011 über die Rechte der Verbraucher, 22.11.2011, Erwägungsgrund 19.

〔5〕 Richtlinie 2011/83/EU des Europäischen Parlaments und des Rates vom 25. Oktober 2011 über die Rechte der Verbraucher, Erwügungsgrund 19 und Artikel 2.

〔6〕 Europe Economics, Digital content services for consumers: Assessment of problems experienced by consumers, Report 4: Final report.

卖法〉条例建议》（Common European Sales Law，CESL），[1]它是一部囊括高度协调化的合同法规范和消费者保护规范的独立统一的法律规范，试图在各成员国作为第二套合同法规范适用。在跨境交易中，若交易双方对《欧洲共同买卖法》的适用达成一致，对于其规定范围内所有事项，其将成为唯一可适用的法律。该法除在标题中提到的买卖法外，其内容包括一般合同规则、提供数字内容的合同、与买卖合同和数字内容提供合同紧密相关（装配、安装、修复、维护）的服务合同。该法第2条也对"数字内容"进行了定义，即以数字形式产出并提供的数据，不论是否根据买方的要求而制作，包括视频、音频、图片和可以读取编写的数字内容、数字游戏、软件以及其他能够使得现有的硬件或者软件个性化的数字内容。[2]欧洲议会在《〈欧洲共同买卖法〉条例建议》的一读程序中强调，对电子商务和数字内容领域的消费者保护是"欧洲数字单一市场战略"下的优先事项。由于《欧洲共同买卖法》能否施行，存在欧盟是否有权制定和实施这样一个由欧盟成员国共同适用的共同买卖法等前提性问题，因此，在《〈欧洲共同买卖法〉条例建议》的立法程序被中止后，欧盟委员会寻求其他替代方式继续促进在数字内容合同方面的立法。

为促进欧盟数字经济发展，确保欧洲在数字经济中的世界领先地位，在欧盟委员会前主席容克提出"建立一个互联的数字单一市场"的议题之后，欧盟委员会于2015年5月发布"欧洲数字单一市场战略"。[3]建构数字单一市场，将成为继货物、人员、服务、资本之外欧盟的一项崭新议题。欧盟所谓的数字单一市场，是指在确保货物、人员、服务、资本自由流动的前提下，个人和企业均能在公平竞争的条件下进行无缝访问和在线活动，并同时提供高水平的消费者保护和个人数据保护。与此同时，欧盟数字单一市场的法律图景呈现出巨大的开放性，但是，应当确定何种立法价值以及采取何种立法形式，则成为欧盟立法的首要问题。在合同法领域，2015年12月欧盟颁布了

---

〔1〕　Proposal for a Regulation of the European Parliament and of the Council on a Common European Sales Law, COM（2011）635 final, 2011/0284（COD）.

〔2〕　Europäische Kommission, Vorschlag für eine Verordnung des Europäischen Parlaments und des Rats über ein Gemeinsames Europäisches Kaufrecht.

〔3〕　European Commission Communication, A Digital Single Market Strategy for Europe, COM（2015）192 final, 06.05.2015.

《关于在线及其他远程货物买卖合同特定方面的指令建议》（以下简称《在线及其他远程买卖合同指令建议》）[1]及《关于提供数字内容合同特定方面的指令建议》（以下简称《数字内容合同指令建议》）[2]两项立法草案，其目的是促进欧洲的数字化转型，促进欧盟成员国之间跨境电子商务的发展，为消费者创造一个更安全的数字空间，保护他们的权利，为消费者和经营者排除在跨境在线交易时面临的合同法上的障碍。2015年欧盟发布的《数字内容合同指令建议》第2条第1款规定，"数字内容"是"以数字形式制作并提供的数据，包括视频和音频、应用、数字游戏和其他软件；对消费者提供的数据以数字形式进行制作、加工和存储的服务；实现消费者与其他用户的数据共享或其他交互服务"。[3]在此，"数字内容"便成了一个上位概念，其下包括具体的"数字内容"和与此相关的"数字服务"。作为全球最早试图建构数字合同规则体系的区域，欧盟扬弃了"数字产品"的概念，通过"抽象界定+不完全列举+例外情形"的模式界定了"提供数字内容"这一概念。[4]

上述两项指令建议经过几年的讨论和修改，2019年5月欧洲议会和欧盟理事会正式发布了《数字内容与服务合同指令》[5]和《货物买卖合同指令》，[6]它们是为实现"欧洲数字单一市场战略"的最新立法成果。《数字内容与服务合同指令》将"数字内容"拆分为"数字内容"与"数字服务"，并进一步对其范围进行了明确界定。[7]该指令立法理由第19条规定，指令解决不同类别的数字内容供应，及其数字服务的问题。为了迎合快速的技术发展，并保

---

〔1〕 Proposal for a Directive of the European Parliament and of the Council on Certain Aspects Concerning Contracts for the Online and Other Distance Sales of Goods.

〔2〕 Proposal for a Directive of the European Parliament and of the Council on Certain Aspects Concerning Contracts for the Supply of Digital Content.

〔3〕 Europäische Kommission, Vorschlag für eine Richtlinie des Europäischen Parlaments und des Rats über bestimmte vertragsrechtliche Aspekte der Bereitstellung digitaler Inhalte.

〔4〕 参见金晶：《数字时代经典合同法的力量—以欧盟数字单一市场政策为背景》，载《欧洲研究》2017年第6期。

〔5〕 Richtlinie (EU) 2019/770 des Europäischen Parlaments und des Rates vom 20. Mai 2019 über bestimmte vertragsrechtliche Aspekte der Bereitstellung digitaler Inhalte und digitaler Dienstleistungen, 22. 5. 2019.

〔6〕 Richtlinie (EU) 2019/771 des Europäischen Parlaments und des Rates vom 20. Mai 2019 über bestimmte vertragsrechtliche Aspekte des Warenkaufs, zur Änderung der Verordnung (EU) 2017/2394 und der Richtlinie 2009/22/EG sowie zur Aufhebung der Richtlinie 1999/44/EG, 22. 5. 2019.

〔7〕 Richtlinie (EU) 2019/770 des Europäischen Parlaments und des Rates v. 20. 5. 2019 über bestimmte vertragsrechtliche Aspekte der Bereitstellung digitaler Inhalte und digitaler Dienstleistungen, 22. 5. 2019.

持数字内容和数字服务概念面向未来的性质，特别涵盖计算机程序、应用程序、视频文件、音频文件、音乐文件、数字游戏、电子书或其他电子出版物，以及允许创建、处理、访问或存储数字形式的数据的数字服务，包括软件服务，如视频和音频共享、其他文件托管、文字处理或在云计算环境和社交媒体提供的游戏。提供数字内容或数字服务的方式很多，如在有形媒介上传输、消费者在其设备上下载、网络流媒体、允许访问数字内容的存储或访问社交媒体。[1]在此"数字内容"被明确为以数字形式产生并提供的数据，"数字服务"被定义为对消费者提供的数据以数字形式创建、处理或储存的服务，实现消费者和其他用户以数字形式进行数据交互的服务。2019年颁布的正式指令与2015年的指令建议相比，数字内容与服务被一起列在了指令的标题中，这是将两者作为同一层面的概念看待。此后各成员国陆续完成了对指令的转化，如2021年6月德国正式转化了欧盟《数字内容与服务合同指令》，修改后的《德国民法典》第327条第2款对数字内容与数字服务进行了定义，[2]基本采纳了指令的定义。在内涵上，数字内容主要聚焦于未经加工处理的原生数据，而数字服务则着重于某一平台或服务产品。

上述欧盟对数字内容与服务合同的立法反映了欧盟合同法对新型消费方式的出现以及对数字化时代的及时回应。长期以来，欧洲大陆法系中的合同之债主要以传统的合同类型为调整对象。但是现代信息技术的出现为当下数字时代的法律制度提出了新的任务和挑战，法律制度迫切需要与时俱进。亟待解决的种种问题之一便是如何将新出现的以软件等数字内容为对象的债权合同纳入传统的合同类型之中。随着不同层次和阶段的欧盟私法法律文件的涌现，这一问题现今也逐渐演变为欧盟层面的问题。[3]首先需要解决如何将这一全新的合同形式纳入欧洲私法传统的合同类型中进行调整的问题。

---

〔1〕 Richtlinie（EU）2019/770 des Europäischen Parlaments und des Rates vom 20. Mai 2019 über bestimmte vertragsrechtliche Aspekte der Bereitstellung digitaler Inhalte und digitaler Dienstleistungen, Erwägungsgrund 19.

〔2〕 Gesetz zur Umsetzung der Richtlinie über bestimmte vertragsrechtliche Aspekte der Bereitstellung digitaler Inhalte und digitaler Dienstleistungen, Vom 25. Juni 2021, Deutsche Bundestag.

〔3〕 Bastian Zahn, Die Anwendbarkeit des Gemeinsamen Europäischen Kaufrechts auf Verträge über digitale Inhalte, ZeuP, Heft 1. 2014, S. 81.

在我国，"数字化商品"〔1〕和"数字产品"〔2〕等概念常常被混用，而且在立法层面上也并未对这些概念作出界定，其内涵与外延仍旧模糊。数字内容与服务合同的核心概念是"数字内容"。"数字内容"以数字为载体，以内容为核心。尽管目前学界对"数字内容"这一概念的界定各有不同，但学界对"数字内容"的无形性、易复制性、易篡改性和不可消耗性这四个重要特征基本达成共识。〔3〕"数字内容"的这些特性增加了合同法、竞争法、知识产权法和个人数据法之间的交叉，部门法的边界渐趋开放，因而在这种开放性下，尤须妥当协调不同法律部门之间的价值差异和冲突。

本书摒弃国内学者常用的"数字产品"等模糊概念，以欧盟法中"数字内容与服务合同"作为研究对象，并将在正文相关章节中对该概念的由来与演进，以及数字内容与服务合同的主要制度，如适约性标准、消费者的权利救济等内容进行阐释与讨论，并对欧盟成员国，如德国、荷兰等对该指令的转化情况以及由此产生的一些合同法新问题进行探讨。作为民商法前沿问题，本研究的学术价值在于，探索数字经济时代下合同法现代化的演进范式，思考欧盟数字内容与服务合同对我国应对数字经济在合同法领域进行制度变革与制度供给的启示，相关研究可为完善《民法典》合同编和相关单行法提供理论基础和理论框架。对数字交易的保护正不断成为我国司法实践的工作重点，本研究的应用价值在于，通过对我国司法实践相关案例的梳理和分析，透视司法实践积极应对合同法的新变化，满足数字交易司法实践对新规则和新理念的需求。

---

〔1〕《中华人民共和国消费者权益保护法》（以下简称《消费者权益保护法》）第25条第1款第（三）项规定，在线下载或者消费者拆封的音像制品、计算机软件等数字化商品。

〔2〕《中华人民共和国民法典合同编（草案）》（2017年8月8日室内稿）第58条第2款规定，电子合同的标的为现在提供数字产品的以承担交付义务的当事人一方将数字产品发送至对方指定的特定系统并且能够检索识别的时间为交付时间。《中华人民共和国电子商务法（草案）》［以下简称《电子商务法（草案）》］第44条第2款规定，电子合同的标的为在线提供数字产品的，以承担交付义务的一方当事人将数字产品发送至对方当事人指定的特定系统并且能够检索识别的时间为交付时间。

〔3〕参见孙新宽：《论数字内容合同的权利救济体系—以欧盟〈数字内容合同指令议案〉为中心》，载《北京航空航天大学学报（社会科学版）》2017年第6期。

二、国内外研究现状

(一) 国外研究现状

欧盟引领着世界范围内的数字立法。欧盟最早于 2000 年 "里斯本战略" 中就提出了第一个十年经济发展规划，重点关注科研投入、经济增长和就业增加三个目标；2015 年发布的 "欧洲数字单一市场战略" 又提出了助力单一数字市场的三大引擎；后又通过 2020 年 "塑造欧洲的数字未来"、"欧洲数据战略" 和 "人工智能白皮书" 三篇战略性文件，通过完善数据可用性、数据共享、网络基础设施、研究和创新投资等，助力欧盟完成数字单一市场构建；2022 年 11 月欧盟正式颁布了《数字服务法案》和《数字市场法案》两部立法，进一步强化对互联网平台的引导和监管，从上述立法中我们可以窥见欧盟 20 余年对数字化领域的高度重视与相关政策立法工具的不断创新和完善。

从合同法领域的制度演进来看，2011 年欧盟发布的《消费者权利指令》对以前的《消费者合同中的不公平条款指令》和《消费品买卖及担保指令》进行了修改，并废除了《上门销售指令》和《远程销售合同指令》。该指令首要考虑的是追求消费者法的完全协调化，并在一种更高水平上对欧盟消费者进行保护。[1] 该指令第一次对提供数字内容的合同进行了规制。2014 年最终被欧盟委员会撤回的《〈欧洲共同买卖法〉条例建议》中，数字内容合同也作为主要规制对象。为了促进欧盟内部跨境电子商务的发展，欧盟于 2015 年提出了《数字内容合同指令建议》和《在线及其他远程买卖合同指令建议》，并在此基础上，于 2019 年正式公布了《数字内容与服务合同指令》和《货物买卖合同指令》这两个主要规制数字交易的指令，旨在充分发掘欧盟电子商务的增长潜力，提升法律的确定性和降低交易成本，进而实现高水平的消费者保护，并维护中小企业的利益。指令要求各成员国应于 2021 年 7 月完成对指令的转化，并于 2022 年 1 月 1 日起正式施行。

欧盟提出各种数字内容与服务领域的立法提案以及正式颁布相关立法以来，不断引发学界的各种研究与讨论。

---

[1] Oliver Unger, Die Richtlinie über die Rechte der Verbraucher - Eine systematische Einführung, ZEuP 2012, S. 270-272.

首先，欧盟学者对于欧盟《数字内容与服务合同指令》及其草案的诞生过程以及由此引发的对于数字内容与服务合同的概念、特点进行了研究；[1] 还对欧盟《数字内容与服务合同指令》和《货物买卖合同指令》的立法目的、欧盟立法机关在制定指令时的立法路径以及指令的适用范围作了详细的探讨；[2] 也对"数字内容"、"数字服务"以及"带有数字元素的货物"的特殊性质和履行内容进行了分析，探讨了数字内容与服务合同所具有的独特性。[3] 在指令正式出台后，欧盟法的学者也都为该指令作出了法律评注，[4] 相关研究丰富而深入，在欧盟乃至世界范围都产生了深远的影响。

其次，欧盟学者们针对《数字内容与服务合同指令》和《货物买卖合同指令》的具体制度和规则展开了深入研究，如在合同不符合约定或者规定时，消费

---

[1] Dirk Staudenmayer, Kauf von Waren mit digitalen Elementen-Die Richtlinie zum Warenkauf, NJW 2019; Klaus Tonner, Die EU-Warenkauf-Richtlinie: auf dem Wege zur Regelung langlebiger Waren mit digitalen Elementen, VuR 2019; Ivo Bach, Neue Richtlinien zum Verbrauchsgüterkauf und zu Verbraucherverträgen über digitale Inhalte, NJW 2019.

[2] Gerald Spindler & Karin Sein, Die endgültige Richtlinie über Verträge über digitale Inhalte und Dienstleistungen Anwendungsbereich und grundsätzliche Ansätze, MMR 2019; Reiner Schulze, Die Digitale-Inhalte-Richtlinie-Innovation und Kontinuität im europäischen Vertragsrecht, ZEuP 2019; Kupfer & Weiß, Die Warenkaufrichtlinie-Schlussstein in der Harmonisierung des kaufrechtlichen Gewährleistungsrechts?, VuR 2020; Hoene, Neues zum Warenkauf, EU-Richtlinien zur Stärkung des Verbraucherschutzes, IPRB 2021; Karin Sein, The Applicability of the Digital Content Directive and Sales of Goods Directive to Goods with Digital Elements, 30 JURIDICA INT'l 23, 2021; Neda Zdraveva, Digital Content Contracts and Consumer Protection: Status Quo and Ways Further, 5 ECLIC, 2021; Bosch & Meurer, Aktualisierungen und Änderungen von digitalen Produkten im Spannungsfeld zwischen urheberrechtlichen Beschränkungen und zivilrechtlichen Pflichten, IPRB 2022; Biermann, Das neue Kaufrecht: Die wichtigsten Änderungen, DAR 2022; Bosch & Meurer, Aktualisierungen und Änderungen von digitalen Produkten im Spannungsfeld zwischen urheberrechtlichen Beschränkungen und zivilrechtlichen Pflichten, IPRB 2022.

[3] Dirk Staudenmayer, Auf dem Weg zum digitalen Privatrecht-Verträge über digitale Inhalte, NJW 2019; Matthias Wendland, Sonderprivatrecht für Digitale Güter-Die neue Europäische Digitale Inhalte-Richtlinie als Baustein eines Digitalen Vertragsrechts für Europa, ZVglRWiss 118 (2019); Michael Grünberger, Verträge über digitale Güter, AcP 2018; Firsching & Lukas, Der Kauf von Sachen mit digitalen Elementen, ZUM 2021; Giebler, Praktische Auswirkungen des Gesetzes zur Regelung des Verkaufs von Sachen mit digitalen Elementen und anderer Aspekte des Kaufvertrags, DAR 2021; Schöttle, Software als digitales Produkt Was bringen die gesetzlichen Neuregelungen? MMR 2021; Schrader, Kraftfahrzeuge mit digitalen Elementen: Kundenbindung 2.0? NZV 2021.

[4] Reiner Schulze, Dirk Staudenmayer, EU Digital Law: Article-by-Article Commentary, 1. Auflage, Nomos Verlagsgesellschaft, 2020.

者的救济手段就成为学者关注的重点，[1]尤其是围绕合同解除制度的规则，[2]以及个人数据作为数字内容合同"对价"带来的问题等进行了探讨。[3]

再其次，欧盟颁布《数字内容与服务合同指令》和《货物买卖合同指令》后，各成员国也陆续完成了对两个指令的转化工作。欧盟《数字内容与服务合同指令》是否可以在不打破传统合同分类的模式下为各成员国所吸收转化，是一个引人关注的问题。[4]2021年1月德国出台《数字内容与服务合同指令转化法草案》，[5]采用了"类合同模式"，在《德国民法典》债法总则第327条中增设"数字产品合同"（数字内容与服务合同），并将欧盟《数字内容与服务合同指令》规则整体放入该条款之下；在《德国民法典》债法分则中，分别在消费品买卖合同、赠与合同、租赁合同、承揽合同章节下增设数字产品合同类型，并加以规定。如各典型合同规则与第327条产生冲突，以第327条规则为准。[6]德国学者专门针对德国转化该指令时的路径选择、[7]

〔1〕 Hervé Jacquemin, Digital Content and Sales or Service contracts under EU Law and Belgian/French Law, JIPITEC 2017; Thoms Riehm, Metawi Adrian Aboid, Mängelgewährleistungspflichten des Anbieters digitaler Inhalte, ZUM 2018, S. 82; Jaensch, Anspruch auf Vorschusszahlung bei Nacherfüllung, jM 2021.

〔2〕 Reiner Schulze, Die Digitale-Inhalte-Richtlinie-Innovation und Kontinuität im europäischen Vertragsrecht, ZEuP 2019; Christina Möllnitz, Änderungsbefugnis des Unternehmers bei digitalen Produkten Auslegung und Folgen des § 327r BGB-RefE, MMR 2021; Gerald Spindler & Karin Sein, Die Richtlinie über Verträge über digitale Inhalte-Gewährleistung, Haftung und Änderungen, MMR 2019; Fryderyk Zoll, The Remedies in the Proposals of the Online Sales Directive and the Directive on the Supply of Digital Content, EuCML 2016; Ivo Bach, Neue Richtlinien zum Verbrauchsgüterkauf und zu Verbraucherverträgen über digitale Inhalte, NJW 2019.

〔3〕 Martin Schmidt-Kessel & Anna Grimm, Unentgeltlich oder entgeltlich? -Der vertragliche Austausch von digitalen Inhalten gegen personenbezogene Daten, ZfPW 2017; Carmen Langhanke & Martin Schmidt-Kessel, Consumer Data as Consideration, EuCML 2015; Lena Mischau, Daten als „Gegenleistung" im neuen Verbrauchervertragsrecht, ZEuP 2020;

〔4〕 Wilke: Das neue Kaufrecht nach Umsetzung der Warenkauf-Richtlinie, VuR 2021; Schubel, Die zweite Andienung des Verkäufers nach der Umsetzung der Warenkaufrichtlinie, JZ 2022.

〔5〕 Bundesministerium der Justiz und für Verbraucherschutz, Entwurf eines Gesetzes zur Umsetzung der Richtlinie über bestimmte vertragsrechtliche Aspekte der Bereitstellung digitaler Inhalte und digitaler Dienstleistungen, 13. 01. 2021.

〔6〕 Bundesministerium der Justiz und für Verbraucherschutz, Entwurf eines Gesetzes zur Umsetzung der Richtlinie über bestimmte vertragsrechtliche Aspekte der Bereitstellung digitaler Inhalte und digitaler Dienstleistungen, 13. 01. 2021, § 475a, § 516 a, § 548a, § 578 b, § 650, § 327e; Christina Möllnitz, Änderungsbefugnis des Unternehmers bei digitalen Produkten Auslegung und Folgen des § 327r BGB-RefE, MMR 2021.

〔7〕 Matthias Weller, Mängelgewährleistung und Vollharmonisierung - Dogmatische Kompatibilität und Umsetzungsoptionen, in: Weller, Matthias & Wendland, Matthias (Hrsg.), Digital Single Market, 2019; Matthias

瑕疵与适约性标准、[1] 指令中的解除制度与原有《德国民法典》的解除和终止制度构建模式的比较，尤其是针对《德国民法典》第 323 条解除事由以及第 346 条解除后果之间的比较研究，以及在转化之后可能面临的问题等进行了探讨。[2] 德国 Faust 等学者认为"将合同法碎化成各种仅规范特定财产和货物种类的合同类型，并不可取"，[3] 宜将数字内容与服务合同置于典型合同类型之中；德国 Metzger 等学者认为应关注数字经济的变化趋势，顺应时代发展，将数字内容与服务合同作为新类型合同纳入《德国民法典》之中。[4] 其他成员国，

（接上页）Wendland, Digitale Inhalte und die Vertragstypen des BGB-Dogmatische Grundfragen des digitalen Vertragsrechts, in：Weller, Matthias, Wendland, Matthias（Hrsg.）, Digital Single Market, 2019；Florian Faust, Digitale Wirtschaft-Analoges Recht：Braucht das BGB ein Update? Gutachten A zum 71. Deutschen Juristentag, 2016；Hoffmann, Ein-und Ausbaufälle nach Umsetzung der Warenkauf-RL, NJW 2021；Lorenz, Die Umsetzung der EU-Warenkaufrichtlinie in deutsches Recht, NJW 2021；Ring, Die Transformation der EU-Warenkaufrichtlinie ins BGB, ZAP 2021；Schörnig, Umsetzung der Warenkaufrichtlinie der Europäischen Union im deutschen Kaufrecht, MDR 2021；Pfeiffer, Die Umsetzung der Warenkauf-RL in Deutschland—Beobachtungen zu Sachmängeln und Aktualisierungspflicht, GPR 2021；Herrler, Schuldrechtsreform 2.0-Neuerungen im BGB aufgrund der Umsetzung der Warenkaufrichtlinie und der Richtlinie über digitale Inhalte-DNotZ 2022；Jaensch, Umsetzung der Richtlinien zu digitalen Inhalten und Diensten sowie zum Warenkauf Teil I, jM 2022；Jaensch, Umsetzung der Richtlinien zu digitalen Inhalten und Diensten sowie zum Warenkauf Teil II, jM 2022.

〔1〕 Witzel, Der neue Mangelbegriff für digitale Produkte, ITRB 2021；Wendehorst, Die neuen kaufrechtlichen Gewährleistungsregelungen-ein Schritt in Richtung unserer digitalen Realität, JZ 2021；Rachlitz, Kochendörfer, Gansmeier, Mangelbegriff und Beschaffenheitsvereinbarung Zur Neufassung der §§ 327e, 434, 475b und 327h, 476 Abs.1 Satz 2 BGB, JZ 2022；Redeker, Beschaffenheitsvereinbarungen bei digitalen Produkten, insbesondere Software, ITRB 2022.

〔2〕 Ivo Bach, Neue Richtlinien zum Verbrauchsgüterkauf und zu Verbraucherverträgen über digitale Inhalte, NJW 2019；Malte Kramme, Vertragsrecht für digitale Produkte-Die Umsetzung der Digitale-Inhalte-Richtlinie im Schuldrecht AT, RDi 2021；Gerald Spindler, Ausgewählte fragen der Umsetzung der digitalen Inhalte Richtlinie in das BGB, MMR 2021；Schrader P. T.：Umsetzung der Warenkauf-Richtlinie：Auswirkungen auf die Haltbarkeit von Fahrzeugen mit digitalen Elementen, NZV 2021；Thode, Richtlinienwidrige Regelung zur vertraglichen Verjährungsverkürzung im BGB, jurisPR-PrivBauR 4/2021；Lunk, Meurer, Digital und analog-Dringender Handlungsbedarf für Unternehmen durch neue BGB-Vorschriften, BB 2022.

〔3〕 参见〔德〕弗洛里安·浮士德：《数字经济：法之类推—民法典亟待革新?》，陈丽婧译，金可可校，载《苏州大学学报（法学版）》2018 年第 2 期。

〔4〕 Axel Metzger, Verträge über digitale Inhalte und digitale Dienstleistungen, Neuer BGB Vertragstyp oder punktuelle Reform? Juristen Zeitung 2019, S. 584-586.

如意大利、荷兰和奥地利等，在转化中也有关于类似问题的一些探讨。[1]

最后，欧盟法律中提出的"数字内容与数字服务"的无形性打破了"买卖"与"服务"二分的界限，导致数字内容与服务合同究竟是买卖合同，还是服务合同，一直存有争议。在国际法层面，WTO 将货物买卖与服务交易分别规范，制定了《关税与贸易总协定》（GATT）和《服务贸易总协定》（GATS），两项条约在"市场准入标准""国民待遇要求""最惠国待遇要求""对发展中国家的优待政策"方面的规定均有不同，相较而言，《关税与贸易总协定》对贸易自由的促进力度更强。[2]《关税与贸易总协定》与《服务贸易总协定》均未对"数字内容与服务"属于"商品"还是"服务"作出明确规定，规范上的模糊性带来各国对"数字内容与服务"定性方面的冲突，如美国更渴望通过跨境贸易法律规则进一步规范数字产品贸易市场，促进贸易自由化发展，消除数字壁垒，[3]认为"数字内容与服务"应被定性为"商品"，适用《关税与贸易总协定》的规范；而欧盟认为数字经济的跨境发展可能会带来"文化""安全"方面的风险，"数字内容与服务"应被定性为"服务"，适用《服务贸易总协定》的规范，使此类产品无法完全获得市场准入和

---

〔1〕　Harke, Warum nur 1：1? Zum Regierungsentwurf für die Umsetzung der Warenkauf-Richtlinie, GPR 2021；Meller-Hannich, Die Warenkaufrichtlinie und ihre Umsetzung, DAR 2021；Roth-Neuschild, Die Umsetzung der EU-Warenkaufrichtlinie, ITRB 2021；Andre Janssen, Smart Contracting And The New Digital Directives：Some Initial Thoughts, 12 Information Technology and Electronic Commerce Law 196, April 2021；Elias Van Gool & Anaïs Michel, The New Consumer Sales Directive 2019/771 and Sustainable Consumption：a Critical Analysis, 4 Journal of European Consumer and Market Law 2021；Vanessa Mak & Gerrit-Jan Zwenne, Onderzoek over betalen met persoonsgegevens en consumentenbescherming, In opdracht van het Ministerie van Economische Zaken en Klimaat（EZK）, 9. 2021；Mak, V. , & Op Heij, D. J. B. , De implementatie van de nieuwe Richtlijn consumentenkoop en de Richtlijn digitale inhoud in het BW：de implicaties voor het bestaande hiërarchische systeem van remedies. Tijdschrift Voor Consumentenrecht & Handelspraktijken, （5）2021；Loos, Marco B. M. , Consumer Sales and Digital Contracts in the Netherlands after Transposition of the Directives on Digital Content and Sale of Goods. Amsterdam Law School Legal Studies Research Paper, 2022；J. Estifanos, Die Warenkauf-Richtlinie der EU：Ein nachhaltiges Kaufrecht? Transformacje Prawa Prywatnego, 2022.

〔2〕　参见沈玉良、金晓梅：《数字产品、全球价值链与国际贸易规则》，载《上海师范大学学报（哲学社会科学版）》2017 年第 1 期；郭鹏：《电子商务立法：全球趋同化中存在利益分歧—美国与欧盟的立场分析》，载《中国社会科学院研究生学报》2010 年第 2 期；石静霞：《数字经济背景下的WTO 电子商务诸边谈判：最新发展及焦点问题》，载《东方法学》2020 年第 2 期。

〔3〕　参见郭鹏：《电子商务立法：全球趋同化中存在利益分歧—美国与欧盟的立场分析》，载《中国社会科学院研究生学报》2010 年第 2 期。

国民待遇的具体承诺[1]。

（二）国内研究现状

我国现有立法并未对数字内容与服务合同作出体系化的专门规范，难以找到关于"数字内容""数字服务"的明确立法以及司法解释。相关类似的规定仅散见于《中华人民共和国电子商务法》（以下简称《电子商务法》）、《互联网信息服务管理办法》以及《网络游戏管理暂行办法》等法规之中，如比较相关的是中国人民银行等五部委于2013年发布的《关于防范比特币风险的通知》。[2]该通知提到，比特币是一种特定的虚拟商品。但除此之外，没有进一步明确比特币是否属于数字内容的虚拟商品。此外，《最高人民法院关于审理买卖合同纠纷案件适用法律问题的解释》第2条规定了标的物不以有形载体交付的电子信息产品的交付方式，[3]虽然该条已经将标的物从有形载体扩展到无形信息产品上，但也没有进一步给出明确的定义。

在我国数字经济繁荣发展的背景下，目前我国学者关于我国数字化立法的讨论主要集中在"数据权利""数据保护""个人信息保护"等方面。[4]基

---

　　〔1〕　参见蓝庆新、窦凯：《美欧日数字贸易的内涵演变、发展趋势及中国策略》，载《国际贸易》2019年第6期；石静霞：《数字经济背景下的WTO电子商务诸边谈判：最新发展及焦点问题》，载《东方法学》2020年第2期；郭鹏：《电子商务立法：全球趋同化中存在利益分歧—美国与欧盟的立场分析》，载《中国社会科学院研究生学报》2010年第2期。

　　〔2〕　中国人民银行、工业和信息化部、中国银行业监督管理委员会等五部门《关于防范比特币风险的通知》（银发〔2013〕289号），http://www.gov.cn/gzdt/2013-12/05/content_2542751.htm，最后访问日期：2020年11月2日。

　　〔3〕　《最高人民法院关于审理买卖合同纠纷案件适用法律问题的解释》第2条规定，标的物为无须以有形载体交付的电子信息产品，当事人对交付方式约定不明确，且依照民法典第510条的规定仍不能确定的，买受人收到约定的电子信息产品或者权利凭证即为交付。

　　〔4〕　参见杨立新：《个人信息：法益抑或民事权利——对〈民法总则〉第111条规定的"个人信息"之解读》，载《法学论坛》2018年第1期；梅夏英：《在分享和控制之间——数据保护的私法局限和公共秩序构建》，载《中外法学》2019年第4期；蔡培如、王锡锌：《论个人信息保护中的人格保护与经济激励机制》，载《比较法研究》2020年第1期；申卫星：《论数据用益权》，载《中国社会科学》2020年第11期；梅夏英：《〈民法典〉对信息数据的保护及其解读》，载《山西大学学报（哲学社会科学版）》2020年第6期；程啸：《个人信息向数据互联发展中的法律问题研究——论我国民法典中个人信息权益的性质》，载《政治与法律》2020年第8期；丁晓东：《个人信息权利的反思与重塑——论个人信息保护的适用前提与法益基础》，载《中外法学》2020年第2期；王利明：《和而不同：隐私权与个人信息的规则界分和适用》，载《法学评论》2021年第2期；吕炳斌：《个人信息保护的"同意"困境及其出路》，载《法商研究》2021年第2期；万方：《个人信息处理中的"同意"与"同意撤回"》，载《中国法学》2021年第1期。程啸：《论个人信息处理中的个人同意》，载《环球法律评论》2021年第6期；石佳友：《隐私权与个人信息关系的再思考》，载《上海政法学院学报（法

于我国制定《民法典》理论论证与理论贮备的需要，我国学界在《民法典》颁布前对于合同法的理论研究比较丰富，[1]但是对数字内容与服务合同的研究严重滞后，研究成果比较欠缺。相较国外学术研究及立法实践，我国数字内容与服务合同的理论研究仍处于探索阶段，相关研究也更集中在国际贸易规则、知识产权保护、个人信息保护等方面。[2]检索我国关于"数字内容"和"数字服务"的研究成果文献得知，目前我国学者关于数字内容与服务合同的研究主要基于欧盟 2015 年的《数字内容合同指令建议》展开，其中学者孙新宽对欧盟《数字内容合同指令建议》中的重要规定进行了介绍；[3]学者金晶以欧盟发布"欧洲数字单一市场战略"为背景，对数字合同规则的建构提出了见解。[4]而针对欧盟 2019 年正式出台的《数字内容与服务合同指令》的研讨极少，目前只有学者吴桂德以数字内容与服务合同的瑕疵担保责任为研究对象，从比较法的视角对我国补充完善瑕疵担保责任体系提出了立法建

（接上页）治论丛）》2021 年第 5 期；郑佳宁：《数据信息财产法律属性探究》，载《东方法学》2021 年第 5 期；王利明：《论民事权益位阶：以〈民法典〉为中心》，载《中国法学》2022 年第 1 期；姚佳：《个人信息主体的权利体系—基于数字时代个体权利的多维观察》，载《华东政法大学学报》2022 年第 2 期。

〔1〕 参见王利明：《合同编解除制度的完善》，载《法学杂志》2018 年第 3 期；崔建远：《论合同目的及其不能实现》，载《吉林大学社会科学学报》2015 年第 3 期；崔建远：《合同一般法定解除条件探微》，载《法律科学（西北政法大学学报）》2011 年 6 期；龚赛红：《论民法典中的合同的解除与合同终止》，载《北京化工大学学报（社会科学版）》2006 年第 4 期；王利明：《民法分则合同编立法研究》，载《中国法学》2017 年第 2 期；房绍坤：《论民法典物权编与合同编的立法协调》，载《现代法学》2018 年第 6 期；李建伟：《我国民法典合同法编分则的重大立法问题研究》，载《政治与法律》2017 年第 7 期；韩世远：《司法经验与民法典编纂：合同编的视角》，载《人民司法》2019 年第 28 期；韩世远：《买卖法的再法典化：区别对待消费者买卖与商事买卖》，载《交大法学》2017 年第 1 期。韩世远：《民法典合同编一般规定与合同订立的立法问题》，载《法学杂志》2019 年第 3 期；刘长兴：《〈民法典〉合同编绿色条款解析》，载《法学杂志》2020 年第 10 期；石宏：《合同编的重大发展和创新》，载《中国法学》》2020 年第 4 期；等等。

〔2〕 参见周念利、陈寰琦：《数字贸易规则"欧式模板"的典型特征及发展趋向》，载《国际经贸探索》2018 年第 3 期；崔艳新、王拓：《数字贸易规则的最新发展趋势与我国应对策略》，载《全球化》2018 年第 3 期；金耀：《个人信息私法规制路径的反思及转进》，载《华东政法大学学报》2020 年第 5 期。

〔3〕 参见孙新宽：《论数字内容合同的权利救济体系——以欧盟〈数字内容合同指令议案〉为中心》，载《北京航空航天大学学报》2017 年第 30 期。

〔4〕 参见金晶：《数字时代经典合同法的力量——以欧盟数字单一市场政策为背景》，载《欧洲研究》2017 年第 6 期。

议。[1]

由于我国数字经济发展迅速，目前也有越来越多的学者开始关注数字内容消费者的利益保护，[2] 以及我国目前个人信息私法属性和个人信息对价化的探索。[3] 在国内学者中，张新宝教授提出了"数据支付"（Pay by Data）和"金钱支付"（Pay by Money）两组相对应的概念，主张在"普遍免费"的数字产品中补充"个别付费"，形成"普遍免费+个别付费"的双重模式。[4] 郑观教授首次将"个人信息对价"（Personal Data as Consideration）问题的讨论引入我国，主张以信息自决权作为个人信息商业化利用的理论依据，构建以可任意撤回之同意为核心的个人信息对价制度。[5] 孙南翔研究员提出，应当将对网络信息的治理由绝对保护模式转向"信息保护+合理利用"的双轨制，通过等价交易、诚实信用交易等合同法的基本原则规范个人信息的商业化利用。[6]

需要在此强调的是，在执行国家社科基金项目期间，笔者作为导师吸收多名硕士研究生参与了项目研究，并指导其撰写了四篇相关领域的硕士学位论文，主要围绕欧盟《数字内容与服务合同指令》及其相关立法性文件对欧盟数字内容与服务合同的性质、法律规制及具体制度进行了探索性研究，[7] 这是国内最早并持续对数字内容合同进行探讨的学术论文，这些探析也部分被吸纳进了本书之中。

---

〔1〕 参见吴桂德：《我国民法典视野下的数字内容瑕疵担保责任——基于欧盟背景下德国法的比较法考察》，载《政治与法律》2020 年第 1 期。

〔2〕 参见云薇笑：《我国数字内容产品消费者权益保护研究》，载《兰州学刊》2022 年第 4 期。

〔3〕 参见项定宜：《论个人信息财产权的独立性》，载《重庆大学学报（社会科学版）》2018 年第 6 期；吴子越：《大数据时代个人信息处理立法的"对价化"思维》，载《湖北科技学院学报》2019 年第 4 期；焦微玲、裴雷：《数字产品"免费"的原因、模式及盈利对策研究》，载《现代情报》2017 年第 8 期；谢宜章：《可商品化数据的进一步厘清：概念、保护诉求及具体路径》，载《知识产权》2021 年第 8 期。

〔4〕 参见张新宝：《"普遍免费+个别付费"：个人信息保护的一个新思维》，载《比较法研究》2018 年第 5 期。

〔5〕 参见郑观：《个人信息对价化及其基本制度构建》，载《中外法学》2019 年第 2 期。

〔6〕 参见孙南翔：《论网络个人信息的商业化利用及其治理机制》，载《河北法学》2020 年第 7 期。

〔7〕 参见张甜：《欧盟数字内容和服务合同的法律规制研究》，中国政法大学 2017 年硕士学位论文；俞思静：《欧盟数字内容和服务合同的解除权研究》，中国政法大学 2021 年硕士学位论文；杨艳华：《数字内容与服务合同典型化的比较研究》，中国政法大学 2021 年硕士学位论文；邢尚：《欧盟数字内容和服务合同的法定解除制度研究》，中国政法大学 2022 年硕士学位论文。

三、研究思路

在数字时代，数字内容与服务交易的特点给传统合同法制度带来了挑战，数字内容与服务合同这种依托于信息科技而产生的新型法律关系是否可为传统法律关系所涵盖？以数字内容和数字服务为标的的合同较传统合同存在何种不同？是否可为现有合同类型所吸收？现行法是否足以应对该类合同的实践需求，还是宜创设新的法律制度作出应对？这些问题都是数字内容与服务合同对传统法律体系所提出的问题。然而我国立法和司法层面均未就上述问题作出应对之策，仅依靠现有合同类型划分与琐碎的立法似乎并不足以解决可能出现的法律问题，并愈加凸显我国现行法应对数字经济的相对滞后性。

从域外法比较考察，欧盟《数字内容与服务合同指令》和《货物买卖合同指令》以消费者保护的视角专门针对这些问题进行了立法方面的创新，其成员国如德国、意大利、荷兰、奥地利等国也对该类合同的规定进行了转化，完成了数字时代合同法的制度变革。本书便以此为比较研究和借鉴对象，在分析数字经济中新的交易模式对合同法带来的挑战基础上，解读欧盟《数字内容与服务合同指令》和《货物买卖合同指令》针对这一新的交易模式的制度创新，分析欧盟及其成员国增设数字内容与服务合同类型的立法模式，阐释和探讨合同的适约性、消费者权利的救济等主要制度，并结合我国数字经济发展的现状，进一步探讨我国对数字内容与服务合同规制的必要性与可能性，分析我国《民法典》合同法编、《消费权益保护法》的制度更新以及与《中华人民共和国个人信息保护法》（以下简称《个人信息保护法》）的衔接，为我国规制数字内容与服务合同提出恰当可行的建议。

四、研究方法

本书主要采用了数字经济学、比较研究、规范研究以及实证研究等方法。

首先，数字经济学方法。通过分析当下数字经济的运行规律和发展现状，探讨促进数字产业发展为数字交易带来的法律问题，特别是分析数字内容与服务合同作为回应数字经济的一种新的合同类型，它所具有的特性与相应的规制方法。

其次，比较研究方法。重点对欧盟最新《数字内容与服务合同指令》及其在成员国的转化成果的研究分析，更为直观地体现我国合同法和欧盟《数字内容与服务合同指令》相关具体制度的差异，以提出适用于我国对数字内容与服务合同规制体系建构的思路及建议。

再其次，规范研究方法。通过对数字内容与服务合同的具体规则，如对瑕疵担保责任的规范分析，整理和归纳有关物的瑕疵担保的理论与法律规定，探索立法上对数字内容合同与传统合同的规制差异。

最后，实证研究方法。主要是通过数据分析裁判文书，搜集、整理、分析和考察我国司法实践的一种经验性研究。通过案例研究（样本、归纳）的方式，分析我国司法机关对有关数字内容与服务合同的审判实践与问题，使得研究更科学、更具有现实性和说服力。

五、创新性

本书的创新之处主要表现为以下几个方面：

首先，研究领域具有前沿性、学术思想具有首创性。我国现有学术研究对数字内容与服务合同的相关理论探讨较少。本书在研究内容方面，采用比较研究方法，借鉴欧盟及其成员国数字内容与服务合同的最新学术探讨和立法发展，前瞻于数字经济中的现代合同法的发展图景，研究领域在国内具有开创性。本书还围绕数字内容与服务合同的特征，以类型化思维分析数字内容与服务合同的性质，聚焦于我国合同法面对数字化的制度创新和体系整合，在一定程度上能够填补现有学术研究的空白，丰富合同法的理论研究。

其次，研究材料具有新颖性。本书在文献收集和使用方面，不仅仅局限于欧盟法层面的研究，还涉及欧盟成员国转化欧盟指令的最新成果，成员国的立法实践为欧盟立法创新的研究增加了新的场景和角度，这些经验对于我国进行相关立法工作也具有借鉴意义。本书主要是通过收集阅读大量外文资料，包括欧盟官方法律、政策文件和成员国立法和理论探讨文献，为保障研究成果的准确性、时效性提供了第一手资料，这是我国目前学界所没有做过的工作。

最后，研究方法具有综合性。本书综合运用数字经济理论、比较研究、规范分析、实证分析等方法，探讨数字经济发展对合同法的影响，横向比较欧盟以及德国、荷兰、意大利等国家和地区数字交易规制的理论和最新立法成果，纵向研究我国现行法律对数字合同的制度更新和体系整合，研究方法使用多样，从而增强和提升了研究成果的系统性和学术性。

六、不足及继续深化研究之处

由于欧盟成员国 2021 年才开始陆续将《数字内容与服务合同指令》和《货物买卖合同指令》转化为国内法，未来成员国法律实施效果如何，还有待于继续观察和跟踪研究。目前，数字内容与服务合同作为一种合同类型，在我国现有法律语境与法律体系中还难以找到对应的术语与相应的位置，特别是在我国《民法典》已经实施的情况下，如何真正在我国现行法中融入对数字内容与服务合同的规范还有待于继续深入研究和论证。另外，我国司法机关目前审理相关数字合同的案件还未形成比较一致的案例指导意见，今后司法机关对该类型案件的审理经验也有待于进一步追踪观察。

数字经济对当代合同法提出的挑战

一、数字经济的兴起

（一）数字经济的内涵

目前世界范围内数字经济尚处于发展阶段，还远未形成国际公认的理论体系。但是数字经济的实践已经显示出与传统经济的巨大差异。所谓数字经济，本质上还是一个内涵比较宽泛的概念。2016 年 9 月 20 日发布的《二十国集团数字经济发展与合作倡议》对其形成了一个比较公认的概念，数字经济是指以使用数字化的知识和信息作为关键生产要素、以现代信息网络作为重要载体、以信息通信技术的有效使用作为效率提升和经济结构优化的重要推动力的一系列经济活动。[1]数字经济是继农业经济、工业经济之后的一种新经济形态。换句话说，它主要是以数字化信息（包括数据要素）为关键资源，以互联网平台为主要信息载体，以数字技术创新驱动为牵引，以一系列新模式和业态为表现形式的经济活动。

数字经济的内涵包含以下四个核心内容：一是数字化信息，指将图像、文字、声音等被存储在一定虚拟载体上并可多次使用的信息；二是互联网平台，指由互联网形成，搭载市场组织、传递数字化信息的载物，如共享经济平台、电子商务平台等；三是数字化技术，指能够对数字化信息进行解析和处理的新一代信息技术，如人工智能、区块链、云计算、大数据等；四是新型经济模式和业态，表现为数字技术与传统实体经济创新融合的产物，如个体新经济、无人经济等。[2]

---

〔1〕 参见《二十国集团数字经济发展与合作倡议》，载中国网信网，http://www.cac.gov.cn/2016-09/29/c_ 1119648520.htm，最后访问日期：2021 年 11 月 20 日。

〔2〕 参见陈晓红等：《数字经济理论体系与研究展望》，载《社会科学文摘》2022 年第 6 期。

（二）数字经济的特征

当今数字经济发展速度之快、辐射范围之广、影响程度之深前所未有，正推动着人类社会生产方式、生活方式和治理方式的深刻变革，成为重组全球要素资源、重塑全球经济结构、改变全球竞争格局的关键力量。[1]随着大数据、云计算等新业态、新技术的不断涌现，知识和技术在生产过程中的作用日益凸显，经济的增长越来越依赖知识的投入。而传统工业经济中依赖物质生产要素投入的模式将逐步被知识和技术的创新所替代，数字经济新业态的发展将为推动社会经济增长提供新动能。在生产方式层面，从高成本生产转向低成本复制。数字经济的特征主要表现为：

首先，数字技术研发成本高，但数字内容复制分发成本很低。数字经济新业态的发展促使大量生产过程向数字化、智能化转型，因其低廉的推广成本，能够更高效地整合社会经济资源。

其次，数字技术新业态的发展不断推出新应用、创造数字化生活的同时，也孕育了新产品、新服务和新模式。[2]数字化的本质是将信息化产生的复杂多变的信息，转变为可以度量的数据，以计算机作为运算对象，再辅以模型算法加工处理的过程。这个过程本质是通过信息重组、分析、提炼价值，驱动商业模式创新，重塑组织和提升价值链，所以说数字化实际上是信息化发展的高级阶段。在这一过程中新业态新模式竞相发展，数字技术与各行业加速融合，电子商务蓬勃发展，移动支付广泛普及，在线学习、远程会议、网络购物、视频直播等生产生活新方式加速推广，互联网平台日益壮大。

最后，数字产品是打开数字经济场景的一把金钥匙。数字产品是指基于数字技术，通过时空叠加创造新场景，在数字空间形成具有新价值的产品或形态。数字经济场景需要数字产品提供服务，反过来，数字产品服务也进一步催生了数字经济新场景出现。数字产品服务在制造业、金融业、文化业等不同的场景落地，数字经济将会伴随数字产品创新场景的涌现而不断演进，数字产品思维也将成为未来数字商业的底层思维逻辑，而数字产品本身就是

---

[1]　参见国务院：《关于印发"十四五"数字经济发展规划的通知》（国发〔2021〕29号），载中国政府网，http://www.gov.cn/zhengce/zhengceku/2022-01/12/content_5667817.htm，最后访问日期：2022年1月12日。

[2]　参见张晓莉等：《我国数字经济新业态发展现状及对策研究》，载《现代审计与会计》2022年第10期。

未来数据资产的一个重要组成部分，属于不断增长的，而且价值不断增值的数据资产之一。而与其他无形资产不同的是，数据的聚合和重组又可以创造新的价值，因此数据被资产化，通过自身不断整合挖掘，将形成具有极大优势的数据资产规模，从而为数据资本化提供足够的投资和转换空间。因此，数字经济被称为"新经济"范式，意味着它本身带来的是一场价值革命。数字化革命正在以数字技术的不断创新为推动力，以开放的数字知识为基础，从各领域如制造领域、管理领域、流通领域的数字化，扩展到包括政府宏观调控的一切经济领域，逐渐形成了一个经济体系。[1]

二、我国数字经济的发展现状与立法需求

（一）我国数字经济的发展成就

数字经济不断为全球经济增长注入新动能，正在成为推动全球经济复苏的重要引擎。特别是在疫情影响之下，越来越多的经济活动转移到线上，催生了远程医疗、在线教育、在线办公等新的业态和经济增长点；数字技术与实体经济融合创新的特征更加明显，继消费互联网之后，产业互联网成为各方关注的重点。[2]在论及当前面临的总体形势时，2022 年 10 月 28 日国家发展和改革委员会发布的国务院《关于数字经济发展情况的报告》指出，放眼全球，新一轮科技革命和产业变革深入发展，互联网、大数据、云计算、人工智能、区块链等数字技术创新活跃，数据作为关键生产要素的价值日益凸显，深入渗透到经济社会各领域全过程，数字化转型深入推进，传统产业加速向智能化、绿色化、融合化方向转型升级，新产业、新业态、新模式蓬勃发展，推动生产方式、生活方式发生深刻变化。数字经济已经成为重组全球要素资源、重塑全球经济结构、改变全球竞争格局的关键力量。世界主要国家都在加紧布局数字经济发展蓝图，着手制定战略规划、加大研发投入，力

---

〔1〕 参见果刚：《深刻理解数字经济演变路径 促进数字经济向更高水平发展》，载《数字经济》2021 年第 11 期。

〔2〕 2022 年 11 月 9 日，在 2022 年世界互联网大会乌镇峰会期间，《世界互联网发展报告 2022》和《中国互联网发展报告 2022》蓝皮书对外发布。《世界互联网发展报告 2022》蓝皮书显示，2021 年全球 47 个国家的数字经济增加值规模达 38.1 万亿美元，同比名义增长 15.6%，占 GDP 的比重达 45%。《中国互联网发展报告 2022》《世界互联网发展报告 2022》蓝皮书发布，载光明网，https://m.gmw.cn/baijia/2022-11/11/36153469.html，最后访问日期：2022 年 11 月 12 日。

图打造国家未来竞争新优势。[1]

我国的数字经济发展虽然起步晚，但后发优势明显，特别是近几年发展迅速，获得了长足的成就。具体表现为数字经济总量持续增加，数字基础设施建设也已经跻身全球一流水平，在数字技术的部分领域达到全球领先水平，特别是互联网消费快速发展，商业模式不断创新，并成为我国经济增长的动力之源。国务院发布了《"十四五"数字经济发展规划》，该规划指出，"十三五"时期，我国深入实施数字经济发展战略，不断完善数字基础设施，加快培育新业态新模式，推进数字产业化和产业数字化取得积极成效。2020年，我国数字经济核心产业增加值占国内生产总值（GDP）比重达到7.8%，数字经济为经济社会持续健康发展提供了强大动力。[2]《关于数字经济发展情况的报告》也进一步阐明，党的十八大以来，我国深入实施网络强国战略、国家大数据战略，先后印发数字经济发展战略、"十四五"数字经济发展规划，有关部门认真落实各项部署，加快推进数字产业化和产业数字化，推动数字经济蓬勃发展。10年来，我国数字经济取得了举世瞩目的发展成就，总体规模连续多年位居世界第二，对经济社会发展的引领支撑作用日益凸显。其中主要成就是数字产业快速成长，数字经济核心产业规模加快增长，全国软件业务收入从2012年2.5万亿元增长到2021年9.6万亿元，年均增速达16.1%。截至2021年，我国工业互联网核心产业规模超过1万亿元，大数据产业规模达1.3万亿元，并成为全球增速最快的云计算市场之一，2012年以来年均增速超过30%。此外，服务业数字化水平显著提高。全国网络零售市场规模连续9年居于世界首位，从2012年的1.31万亿元增长到2021年的13.1万亿元，年均增速达29.15%。近年来，我国电子商务交易额保持快速增长，由2012年的8万亿元增长至2021年的42.3万亿元，年均增长20.3%。电子商务、移动支付规模全球领先，网约车、网上外卖、数字文化、智慧旅

---

[1]　参见《国务院关于数字经济发展情况的报告》，载中国人大网，http：//www.gov.cn/xinwen/2022-11/28/content_5729249.htm，最后访问日期：2022年11月28日。

[2]　国务院：《关于印发"十四五"数字经济发展规划的通知》（国发〔2021〕29号），载中国政府网，http：//www.gov.cn/zhengce/zhengceku/2022-01/12/content_5667817.htm，最后访问日期：2022年1月12日。

游等市场规模不断扩大。[1]

根据最新公布的《中国互联网发展报告（2022）》，2021年我国数字经济规模增至45.5万亿元，总量稳居世界第二。其中，工业互联网核心产业规模达10 749亿元，人工智能产业规模达4041亿元，云计算市场规模达3229亿元。在直播带货、内容电商和社区团购等新模式、新元素的带动下，电子商务在拉动消费方面的作用更加凸显。报告显示，2021年，我国电子商务平台全国电子商务交易额达到42.3万亿元，同比增加19.6%。在细分市场上，全国网上零售额达13.09万亿元，同比增长14.1%；农村网络零售额为2.05万亿元，同比增长11.3%；跨境电商进出口规模达19237亿元，同比增长18.6%。[2]

上述国家权威统计数据表明，我国数字经济发展取得了巨大成就，并且数字经济已经成为我国未来经济发展的主要模式和经济增长的动力，为此党的二十大对加快建设数字中国作出重要部署。习近平总书记强调，要站在统筹中华民族伟大复兴战略全局和世界百年未有之大变局的高度，统筹国内国际两个大局、发展安全两件大事，充分发挥海量数据和丰富应用场景优势，促进数字技术和实体经济深度融合，赋能传统产业转型升级，催生新产业新业态新模式，不断做强做优做大我国数字经济。我国《"十四五"数字经济发展规划》和《关于数字经济发展情况的报告》都对我国未来数字经济的发展提出了目标，要统筹国内和国际、发展和安全，坚持科技自立自强，以数据为关键要素，以推动数字技术与实体经济深度融合为主线，以协同推进数字产业化和产业数字化，赋能传统产业转型升级为重点，以加强数字基础设施建设为基础，以完善数字经济治理体系为保障，不断做强做优做大我国数字经济。到2025年，我国数字经济迈向全面扩展期，数字经济核心产业增加值占GDP比重达到10%，数字化创新引领发展能力大幅提升，智能化水平明显增强，数字技术与实体经济融合取得显著成效，数字经济治理体系更加完善，我国数字经济竞争力和影响力稳步提升。展望2035年，数字经济迈向繁荣成

---

〔1〕 参见《国务院关于数字经济发展情况的报告》，载中国人大网，http://www.gov.cn/xinwen/2022-11/28/content_5729249.htm，最后访问日期：2022年11月28日。

〔2〕 参见《中国互联网发展报告（2022）》：2021年中国数字经济规模达到45.5万亿元，载新浪财经，https://baijiahao.baidu.com/s? id=1749660637374963319&wfr=spider&for=pc，最后访问日期：2022年11月12日。

熟期，力争形成统一公平、竞争有序、成熟完备的数字经济现代市场体系，数字经济发展基础、产业体系发展水平位居世界前列。[1]

（二）我国数字经济的法律需求

当然与我国数字经济快速发展的同时，也还存在着一些短板，主要是在我国数字经济规模快速扩张时期，发展不平衡、不充分、不规范的问题较为突出，还存在大而不强、快而不优等问题，其突出表现在以下四个方面：一是关键领域创新能力不足。在操作系统、工业软件、高端芯片、基础材料等领域，技术研发和工艺制造水平落后于国际先进水平。二是传统产业数字化发展相对较慢。农业、工业等传统产业数字化还需深化，部分企业数字化转型存在"不愿""不敢""不会"的困境，中小企业数字化转型相对滞后。三是数字鸿沟亟待弥合。不同行业、不同区域、不同群体的数字化基础不同，发展差异明显，甚至有进一步扩大的趋势。四是数字经济治理体系还需完善。适应数字经济发展的规则制度体系有待健全，数据要素基础制度体系尚在建设，既能激发活力又能保障安全的平台经济治理体系需要完善，与相关法律法规配套的各类实施细则亟待出台，数字经济国际治理参与度需进一步提升。[2]

为解决上述问题，国家特别强调迫切需要转变传统发展方式，加快补齐短板弱项，其中非常重要的一项工作就是提高我国数字经济治理水平，走出一条高质量发展道路。从未来发展看，通过工业互联网发展推动数字经济与实体经济融合发展，通过强化核心技术研发以增强数字经济的竞争力，特别是通过数字经济治理以推动规范发展，将是数字经济发展的重要趋势。早在2016 年，《二十国集团数字经济发展与合作倡议》提到要进一步释放数字经济潜力，其中之一就是促进电子商务合作，要加强消费者权益保护合作，发展争端解决方式，确保为消费者提供与电子商务特点相适应的多种选择，这些选择应在本国法律法规框架下，并与该成员的国际法律义务保持一致。在

---

〔1〕　参见国务院《关于印发"十四五"数字经济发展规划的通知》国发〔2021〕29 号，载中国政府网，http://www.gov.cn/zhengce/zhengceku/2022－01/12/content_ 5667817. htm，最后访问日期：2022 年 1 月 12 日；《国务院关于数字经济发展情况的报告》，载中国人大网，http://www.gov.cn/xinwen/2022-11/28/content_ 5729249. htm，最后访问日期：2022 年 11 月 28 日。

〔2〕　参见《国务院关于数字经济发展情况的报告》，载中国人大网，http://www.gov.cn/xinwen/2022-11/28/content_ 5729249. htm，最后访问日期：2022 年 11 月 28 日。

未来前进的方向上，采取行动带来改变，鼓励二十国集团成员交流政策制定和立法经验，分享最佳实践。[1]

习近平总书记在党的二十大报告中明确提出，加快发展数字经济，促进数字经济和实体经济深度融合，打造具有国际竞争力的数字产业集群。我们要完善以宪法为核心的中国特色社会主义法律体系，加强宪法实施和监督，加强重点领域、新兴领域、涉外领域立法，推进科学立法、民主立法、依法立法。[2]参见《关于数字经济发展情况的报告》明确了加快数字贸易化发展及其立法目标任务，提出要以数字化驱动贸易主体转型和贸易方式变革，营造贸易数字化良好环境。完善数字贸易促进政策，加强制度供给和法律保障。要借鉴国际规则和经验，围绕数据跨境流动、市场准入、反垄断、数字人民币、数据隐私保护等重大问题探索建立治理规则。[3]

三、数字经济中合同法面临的挑战

随着数字内容和电子产品的出现，新型的交易模式不断迭代，以合同法为代表的传统法律体系，是否会因数字革命而受到颠覆性冲击？数字时代合同法面临的挑战，诸如数字合同交易标的有无特殊性、数字合同标的的质量瑕疵如何认定、消费者的权利如何救济？以及面对传统的合同类型划分，提供数字内容与服务合同是否适用于传统的合同分类理论？等等。这些都是合同法在数字时代所面临的新问题。

（一）合同交易中的个人数据对价化问题

从实体经济进入数字经济时代，消费者与经营者之间的利益交换由"服务换取价款"（Dienst gegen Geld）向"服务换取数据"（Dienst gegen Daten）转变，个人数据上的经济价值愈加显现。[4]消费者不再以支付价款的方式，

---

〔1〕 参见《二十国集团数字经济发展与合作倡议》，载中国网信网，http://www.cac.gov.cn/2016-09/29/c_1119648520.htm，最后访问日期：2021年11与20日。

〔2〕 参见习近平：《高举中国特色社会主义伟大旗帜 为全面建设社会主义现代化国家而团结奋斗—在中国共产党第二十次全国代表大会上的报告》，载新华社，http://www.gov.cn/xinwen/2022-10/25/content_5721685.htm，最后访问日期：2022年10月25日。

〔3〕 参见《国务院关于数字经济发展情况的报告》，载中国人大网，http://www.gov.cn/xinwen/2022-11/28/content_5729249.htm，最后访问日期：2022年11月28日。

〔4〕 Axel Metzger, Dienst gegen Daten: Ein synallagmatischer Vertrag, AcP 2016, S.817, 818.

而是通过提供个人数据并同意相关处理行为，取得数字产品的使用权。[1]在取得个人数据及其处理权限后，经营者通过数据处理生成用户画像，继而得以生产契合消费需求的增值产品、实现个性化广告的精准投放，获取巨大的经济利益。[2]

长期以来，消费者认为靠广告招揽生意的互联网服务是免费的，将提供个人数据作为独立于获得数字内容与服务的承诺，而未以对价的视角审视其个人数据的经济价值。无须支付价款的数字内容与服务往往使消费者产生免费的错觉，不假思索地同意数字内容与服务提供者对其个人数据的收集和处理。"服务换取数据"不仅已经成为众多互联网企业吸引消费者的常用手段，而且也为企业滥用和泄露个人数据提供了便捷。一方面，消费者的理性是有限的。普通消费者对互联网公司利用其个人数据的实际获益无从知晓，更不知晓其个人数据的实际经济价值。对数据价值认识的缺陷，是导致告知同意模式流于形式的原因之一。[3]另一方面，在面对"免费"的数字内容与服务时，消费者有限的理性对个人数据被收集、处理行为表现得十分冷漠。个人信息泄露或滥用的危险一般是将来的、潜在的和不可确定的，而在将当期的收益与未来可能的成本损失作比较时，消费者往往高估当期的收益而低估未来可能的成本损失。获得"免费"数字内容与服务的心理冲击使得消费者对提供者超出必要范围收集、处理其个人信息表现出极大的宽容。

相较于"服务换取数据"这一商业模式在数字经济中的快速发展，相关立法和理论研究却略显滞后。在现行个人数据法律体系中，个人数据保护与利用的兼顾被简单化为重保护轻利用、重人格权益轻财产权益的制度设计，这种立法模式虽然回应了个人数据立法的初衷，却致使实践中常见的"服务换取数据"这一商业模式处于个人数据保护法和合同法的"灰色地带"。一方面，个人数据的强保护规则致使知情同意趋于形式化；另一方面，个人数据

---

〔1〕 Richtlinie (EU) 2019/770 des Europäischen Parlaments und des Rates vom 20. Mai 2019 über bestimmte vertragsrechtliche Aspekte der Bereitstellung digitaler Inhalte und digitaler Dienstleistungen, 22. 5. 2019, Erwägungsgrund 24.

〔2〕 Carmen Langhanke, Martin Schmidt - Kessel, Consumer Data as Consideration, EuCML 2015, p. 218.

〔3〕 参见蔡培如、王锡锌：《论个人信息保护中的人格保护与经济激励机制》，载《比较法研究》2020 年第 1 期。

利用的规则也严重滞后于数字经济的发展，交易中常见的"服务换取数据"无法可依、无规可循。

而在我国，尽管经济学学者早已详细剖析了"零价格"数字产品背后隐含"服务换取数据"商业模式，[1]但是由于个人信息许可使用尚未被明确规定在《民法典》之中，受重保护轻利用的立法模式的影响，法学界针对个人信息许可使用为数不多的讨论主要集中在其合法性与合理性上，"数据支付""个人信息对价"等舶来的法律概念虽出现在部分学者的论文中，但并未引起广泛讨论，也未出现具体的制度构建。

在欧盟，自 2015 年《数字内容合同指令建议》首次在立法层面提出消费者提供个人数据可作为合同的"对待给付"到 2019 年《数字内容与服务合同指令》对"服务换取数据"这一商业模式的正式确认，其第 3 条规定本指令适用于经营者向消费者提供或承诺提供数字内容或数字服务，并且消费者向经营者提供或承诺提供个人数据的情况。首次在规范层面承认了"数据支付"的合法性，将通过提供个人数据及个人同意履行合同、获取数字产品的消费者纳入合同法保护的范围。学界对个人数据作为对价的合法性与合理性争论基本达成共识，讨论重点继而转变为如何将欧盟指令的制度构想落地为可实际操作的具体合同法规则，在此过程中，提供个人数据与个人同意二者何为主合同义务、个人同意效力对合同效力的影响，以及是否应当通过合同解除规则平衡经营者利益成为讨论的焦点，这些争论在 2021 年 6 月 25 日公布的《德国民法典》对指令的转化中都逐一得到了回复，回应了个人数据及个人同意的对待给付性质、个人同意的撤回对合同效力的影响等诸多问题。至本书完成时，诸如《慕尼黑民法典评注》等主要的民法典评注也基本完成了对相关新增和修改条款的著述，为司法实践提供了较为详细的参考。由此可见，德国理论界和立法机关对个人数据许可使用的合理性与合法性已达成共识，制度建构也已基本完成，研究的重点进而落脚在司法实践中的具体操作。

（二）合同订立中的不公平条款问题

随着网络交易的逐渐繁荣，数字内容合同订立的方式也随之更新，特别

---

〔1〕 参见焦微玲、裴雷：《数字产品"免费"的原因、模式及盈利对策研究》，载《现代情报》2017 年第 8 期；刘莉莉、朱欣民：《免费：网络服务市场的破坏性创新》，载《云南师范大学学报（哲学社会科学版）》2014 年第 1 期。

是出现了网络点击许可和浏览许可的方式。因此，绝大多数数字内容合同都是在"无谈判"（Non-negotiated）模式下订立的，消费者要么对合同条款全盘接受，要么不签订合同。[1]

在网络点击许可中，标准合同条款以电子方式呈现给用户，而用户只需要点击一个按钮或者标有"我同意"的选框就可以同意这些条款。具体来说，由于网络点击许可的技术化程度不同，消费者可能需要在下载或安装软件时对条款表示同意，有时需要两个阶段的双重同意。

还有一种向消费者提供标准合同条款的方式是浏览许可。通过这种方式，同意条款只需通过经营者网站上的一个链接就能实现。与网络点击许可的方式不同，消费者在浏览许可的情形下并不是通过主动点击按钮或勾选选框对条款表示同意，而是在使用该网站时即被推定为同意这些条款。如果不使用这个网站，人们根本无法阅读合同，甚至可能意识不到合同的存在。

一般来讲，如果格式合同中的某一条款违反了诚实信用原则，那么这个条款就是无效的，因为它使合同双方的权利义务严重不对等。例如，如果合同中有对消费者的私人复制行为进行限制或者对其隐私权进行限制的条款，是否可以宣布整个合同为无效？或者消费者是否无须再支付酬金？这些问题不仅取决于数字内容合同的主要内容的范围，还取决于版权法和隐私保护法中的规定，以及合同法与这些特别法之间的关系。

尽管在一些欧盟指令[2]中对合同的订立问题有零星规定，但在司法实践中，有关这些在线上和移动环境中订立的"无谈判"合同的有效性和约束力的问题仍然不清晰，这些法律文件中的规定有时也相去甚远，甚至完全相反，这使成员国的立法者感到十分困惑。法律的这种不确定性会损害经营者和消费者双方的利益，一方面会影响经营者的市场部署，另一方面会影响消费者对数字内容的实际使用。因此，欧盟试图就合同条款的透明性和可理解性、格式条款的效力、消费者表示同意的各种表现形式等问题进行全面协调。

（三）合同双方的信息严重不对称问题

数字内容与服务往往依托于科技，数字内容与服务的呈现、运行均需依

---

[1]　Marco B. M. Loos，Natali Helberger，et al.，Analysis of the applicable legal frameworks and suggestions for the contours of a model system of consumer protection in relation to digital content contracts，https://www. researchgate. net/publication/301683917，p. 59，Last visited：24. 12. 2019.

[2]　如《消费者合同中的不公平条款指令》和《电子商务指令》。

赖于计算机技术。而普通人很难对大量繁杂的数字内容与服务有较为全面和深刻的认知。因此，出现比较严重的因技术依赖性导致合同双方信息的不对称问题，如何安装、使用、能够通过该数字内容或服务得到何种价值及程度上的满足，大多都需要提供方进行解释和说明。

第一，过高的专业技术壁垒可能会带来合同双方严重的信息不对称，尤其是生活中大量数字内容与服务交易模式是 B2C 在线交易模式，消费者本就对数字内容与服务相关技术陌生，在线交易模式下对于交易对象仅能依赖提供方的说明与展示，消费者处在一个弱势的不利地位，引发合同双方地位的倾斜。除此之外，数字技术行业内部也可能存在技术垄断的问题。在这种情况下，由于交易标的的不可替代，数字内容与服务的独家提供方可能会扮演一个绝对强势的角色，交易双方地位相差可能会愈加悬殊，大量对消费者不利的格式条款亦可能会随之出现。[1]

第二，数字内容与服务对技术的较高依赖性也可能会引发对提供方履行义务判断上的难题，尤其是使用流媒体等在线履行方式。目前互联网技术处于飞速发展的阶段，由于数字内容与服务本身是算法的呈现，计算机底层技术的优化和算法革新，都可能对数字内容与服务的质量产生深刻且广泛影响。无专业技能的用户，在没有系统地对数字内容与服务的质量予以规范和没有可参照标准的情况下，可能很难判断提供方是否真正完成了合同中约定的履行义务。

第三，技术更迭带来的更新问题。由于数字内容与服务的状态取决于其底层技术，而技术更新换代的速度又很快，免费提供维持数字内容与服务持续适约的更新服务能否成为提供方的义务？如成为提供方的义务，该义务的范围边界应如何确定？数字内容与服务的更新服务主要包括三种：一是针对旧版本的问题进行优化；二是为适应数字内容与服务运行环境，或与其运行相关的其他必要的数字内容或服务的升级而作出更新；三是对数字内容与服

---

[1] 比如，《腾讯企业微信软件许可及服务协议》第 5.2 条规定，为了保证本软件及服务的安全性和功能的一致性，腾讯有权不经向用户特别通知而对软件进行更新，或者对软件的部分功能效果进行改变或限制。第 7.2.4.1 条规定，腾讯不对用户在本软件及服务中相关数据的删除或储存失败负责。第 7.2.4.2 条规定，腾讯有权根据实际情况自行决定单个用户在本软件及服务中数据的最长储存期限，并在服务器上为其分配数据最大存储空间等。用户可根据自己的需要自行备份本软件及服务中的相关数据。参见《腾讯微信软件许可及服务协议》，载 https://jiazhang.qq.com/zk/SmallWeixin_agreement.html? lang=zh_CN，最后访问日期：2021 年 3 月 22 日。

务的功能升级和优化。通常情况下，提供方会免费提供第一二种更新服务，但不一定会以免费的形式提供第三种服务，这与经营者的商业运营模式紧密相关。

从技术角度而言，上述三种服务的划分标准并不明显，因为技术本身一直在进步和发展，对于旧版本中问题的修正既可以被认定是对数字内容与服务适约性的维持，也可被认定是技术升级，最终还是要取决于提供方自己的判断。

（四）合同履行的适约性判断标准问题

尽管在理论上，欧盟成员国对数字内容合同的性质和分类有较大争议，但实践中他们对这类合同的处理并没有太大分歧。特别是在数字内容是否适约的判断标准上，大多数国家都是参照普通商品适用《消费品买卖及担保指令》第2条的规定。[1]总的来说，数字内容适约性的检验标准（Conformity Test）十分灵活，它基本能够适应数字内容合同多样性的特征。首先，数字内容需要符合合同的约定，或者符合消费者根据合同对数字内容的合理预期。其次，如果合同中对此没有约定，或者消费者不能证明自己的合理预期，那么数字内容需要符合同类商品的通常使用目的（Ordinary Purpose）。问题在于，关于消费者的合理预期并不存在一个统一标准。而且，"同类商品的通常使用目的"本身也是一个十分模糊的标准。此外，在实践中，消费者的合理预期往往受到行业规定的影响。如果行业声明（Statement by the Industry）中规定某种对数字内容的使用行为是被禁止的，那么不管这种声明是由于技术本身的性质还是出于商业考量，数字内容合格的标准将会被经营者们所操纵。由此看来，数字内容合格的标准最终还是取决于订立合同时经营者向消费者告知的关于数字内容的各种信息。

不适约（Non-conformity）的数字内容通常是指如下三种类型：第一，数字内容在可读性、功能性以及兼容性方面出现问题；第二，数字内容的质量太差；第三，数字内容存在瑕疵、缺陷或者安全性方面的问题。由于数字内容大多是"体验商品"（Experience Good），因此数字内容的这些问题常属于

---

〔1〕　Directive 1999/44/EC of the European Parliament and of the Council of 25 May 1999 on certain aspects of the sale of consumer goods and associated guarantees, Official Journal of the European Communities, L171, Vol. 42, 7 July 1999, p. 14.

隐藏缺陷（Hidden Defect），消费者只有实际使用之后才能意识到这些问题的存在。因此，在合同订立前，经营者应当在知道或应当知道这类缺陷存在的情况下将这些隐藏缺陷告知消费者，否则数字内容将被视为不合格，经营者要对此承担责任。在这一点上几乎是不存在争议的。

第一类问题主要是由于软件供应商在数字内容产品中采用了技术性保护措施。这些措施有的使消费者很难读取数字内容，或者限制其将数字内容转移到其他设备上使用；有些使消费者不能随时随地使用数字内容，如区域编码（Region Code）；还有些保护措施对消费者复制数字内容供个人使用的行为进行限制。调查显示，消费者普遍希望能够进行这种复制，但这种希望在法律上并无根据。尽管 2011 年的《信息社会版权指令》第 5 条第 2 款第（二）项指出，成员国法律可以允许消费者的"私人复制"行为，前提是经营者得到了适当补偿。第 6 条明确了技术性保护措施是合法的，但成员国可以采取适当措施保护消费者行使"私人复制"行为的权利。但是，在任何情况下，版权权利人可以采取适当措施对消费者复制数字内容的次数进行限制。这意味着在欧盟的任何一个成员国，由于版权法的这种规定，并不存在不受限制的"私人复制"行为。而且在欧盟层面，关于"私人复制"行为也并没有完全协调化的法律规定。根据《信息社会版权指令》的规定，如果版权权利人自愿设计了一套允许消费者进行私人复制的技术性措施，那么消费者的私人复制权就仅限于这种措施允许的范围内。成员国关于保护私人复制权的其他规定将被这种自愿的措施排除而不再适用。如此一来，消费者在成员国的法律规定下享有的私人复制权就这样轻易地被权利人颠覆了。

第二类问题的典型表现是数字内容没有达到合同要求的质量标准。例如数字内容的视觉或听觉效果达不到合同约定的标准，或者数字内容中的数据被破坏，再如数字内容使得消费者的计算机系统瘫痪。这些情形下的数字内容显然是不合格的。问题是，即使是这种具体的质量问题，也没有明确的判断标准。首先是由于各种新类型的数字内容和相关设备的不断涌现。新型数字内容的出现并不意味着以前的数字内容就是有质量问题的，这与有形商品的情形相似，不能因为新的商品投入市场，就认为旧的商品是有缺陷的。当然，如果新版本对旧版本作出了改进，修复了以前的缺陷，经营者就要告知消费者这种改进。如果不履行这种告知义务而仍然提供旧版本，那么这种旧版本数字内容也是不合格的。其次，如果消费者和经营者在订立合同时都知道数字内容本身就是低质量的，那么这是消费者自己作出的选择，并非数字内容不合格。此外，关于数字内容的质量保证期间的问题也应当引起重视。实践中，消费者可以通过不断更新的方式来保证数字内容可以被使用。如果在合同中规定了这种更新义务，若经营者不提供这种更新就是违约。即使没有这种关于更新的规定，消费者也应当能够在一段合理期间内使用数字内容。因此，如果数字内容的通常使用目的允许消费者可以在一段时间内使用该数字内容，那么一旦因为技术问题阻碍了这种使用，数字内容将被视为不合格。

第三类问题是数字内容的瑕疵、故障或者缺陷使消费者的硬件或软件受到病毒或木马的攻击，从而带来的安全问题。《欧洲经济》最近的一项研究表明，在过去的 12 个月中，9% 的数字内容消费者遇到过安全性方面的问题。[1]许多安全性方面的问题都与垃圾邮件和垃圾短信相关，也有一些数字内容直接对进行软件安装的设备造成破坏，或者使其暴露在病毒的攻击之下。

主要争议是，如果数字内容本身并未造成损害，但消费者的硬件或软件由于它而遭受了病毒和木马的攻击，那么该数字内容产品是否合格呢？有人从数字行业的角度提出观点，认为一款复杂的软件在刚刚投入市场时往往都会存在一些瑕疵、缺陷以及故障。在实践中，自动更新服务也通常能够尽快处理并修复新发现的瑕疵。问题是，瑕疵、缺陷以及故障的常见性是否就意味着即使存在这些问题，数字内容产品仍然是合格的？问题的关键仍在于该数字内容是否达到了消费者的合理预期。在这方面，软件上线的时间长短、是否是测试版本、是否为免费使用等因素都会影响消费者的合理预期。但是，一旦确定数字内容没有达到消费者的合理预期，那么不管它的瑕疵是否严重，都是不合格的。

如果数字内容不合格，消费者可以通过消费者法要求补救措施或者损害赔偿。此外，根据欧盟《隐私保护与电子通信指令》第 13 条第 1 款和第 3 款，通过垃圾邮件向消费者进行直接推销的行为是违法的，因为这种行为是一种不公平的商业行为。但是，如果消费者在之前的某一份合同中透露过自

---

〔1〕　在实践中这个比例应该会更高，因为很多安全问题并没有引起消费者的注意，一方面因为这些安全隐患在被发现之前就得到了修补，另一方面是由于数字内容具有高度技术复杂性。

己的电子联络方式，那么只要他没有明确拒绝这种自动推送，这种行为就不违法。也有人认为，如果消费者在前一份合同签订时提供了自己的联络方式，但之后拒绝了这类推送，那么持续推送这类信息的行为，视为前一份合同履行不当。当然，无论哪一种解释，法律上针对不公平的商业做法规定的救济条款都可以适用。

此外，还有一个相关的问题有待解决：消费者是否需要，以及在何种程度上需要配合供应商的软件维护工作？例如当供应商告知消费者，需要安装新版本才能获得某种保护的时候。供应商似乎有理由期待消费者会作出配合，并允许他们通过自动更新软件的服务来修复出现的瑕疵和故障。即便这种配合不是消费者的法定义务，但如果他们不这么做，将会因为构成"债权人迟延"或者共同过失行为而承担不利后果。但是，如果软件的更新不是免费的，那么消费者是否还需要配合？欧盟在这一问题上至今还没有得出明确答案。

（五）合同中的消费者权利救济问题

目前欧盟在数字内容合同的违约救济上并没有单独的法律规定，因此，消费者只能从现有的消费者保护法或合同法一般规则中寻求获得法律救济的依据。此时，对数字内容合同的分类又将再次发挥作用，因为只有买卖合同可以适用《消费品买卖及担保指令》[1]中关于违约救济的规定，如果是服务合同将只能援引合同法一般规则的相关规定。然而，关于违约救济内容的规定是十分相似的。适用《消费品买卖及担保指令》和合同法一般规则的差别仅体现在对消费者选择救济方式的顺序限制上。根据《消费品买卖及担保指令》第3条第3款规定，损害赔偿和实际履行、修理、更换是第一顺序的救济方式；但根据合同法一般规则，消费者可以在损害赔偿、实际履行以及解除合同这些方式中自由选择。对于损害赔偿请求权行使的方式，《消费品买卖及担保指令》并没有规定，而是适用国内合同法。需要指出的是，损害赔偿并不一定是以支付金钱的方式完成的，虽然这种方式是最常见的，但对于数字内容合同，经营者还可以通过免费下载、免费延长使用期或者在下次交易时给予对方折扣的方式履行。

如果消费者选择了解除合同这种救济方式，将会引发一些问题。因为大

---

〔1〕 该指令可以作为国内法的补充。

多数国家的法律都规定，一旦合同被解除，合同双方需要返还已经从对方的给付中获得的利益。在数字内容合同中，这种返还虽然在理论上也是可行的（可以要求消费者删除已经获得的数字内容），但实践中基本无法确保消费者履行了这种义务。

数字内容与服务和物产生经济价值的原因和掌控力的不同，也会导致数字内容与服务的返还具有一定特殊性。有形物的返还可通过返还占有的方式完成，如果原物有减损或灭失，按照合同价款进行相应补偿即可。但数字内容与服务本身是无形物，通常很难被返还。由于数字服务往往是在被提供的过程中产生的，提供结束，该服务自然也消失，因此数字服务并不存在返还的可能。与数字服务不同，数字内容可被返还，但该返还往往并无意义。物的返还通常是为了恢复提供方的权利状态，保证其利益不被减损。往往数字内容的价值在于其上承载的数据，提供方可以同时向多人提供同一项数字内容的复印件，如该数字内容已然为用户方所获得并使用，仅将复印件返还提供方于提供方而言毫无价值，反而会对其造成经济损失。

数字内容的返还还会涉及副本的删除问题。数字内容具有易复制性，即便使用方真的返还，也很难保证其不会私存副本，此时删除所有副本也应成为使用方必须履行的义务之一，而该删除义务的履行程度多是取决于提供方的加密技术，无法简单为合同条款所控制。

四、我国数字内容与服务市场的发展与法律问题

（一）我国数字内容与服务市场的发展现状

近年来，随着我国数字经济的增长，数字内容与服务交易发展迅猛。庞大的互联网用户基础，促进了数字内容与服务市场的高速发展，为数字市场注入庞大经济价值。根据中国互联网络信息中心发布的第 47 次《中国互联网络发展状况统计报告》显示，截至 2020 年 12 月，我国国内市场上监测到的 App 数量为 345 万款；网络游戏用户规模达 5.18 亿，游戏市场实际销售收入 2786.87 亿元；网络音乐用户规模达 6.58 亿，网络音乐平台继续从免费模式向付费模式转变，截至 2020 年 10 月，我国网络音乐付费用户超过 7000 万，占整体网络音乐用户的 10.9%；网络文学用户规模达 4.60 亿，用户付费意愿显著提升；网络视频用户规模达 9.27 亿，以抖音海外版 Tik Tok 为例，2020 年上半年全球下载量高达 6.62 亿，名列全球第一，产生收入为 4.21 亿美元，

列全球第三。[1]

而根据 2022 年 8 月中国互联网络信息中心发布的第 50 次《中国互联网络发展状况统计报告》显示，[2]截至 2022 年 6 月，我国网民规模为 10.51 亿，互联网普及率达 74.4%。2022 年上半年，我国各类个人互联网应用持续发展，其中短视频增长最为明显，截至 2022 年 6 月，我国短视频的用户规模增长最为明显，达 9.62 亿，较 2021 年 12 月增长 2805 万，占网民整体的 91.5%。即时通信用户规模达 10.27 亿，较 2021 年 12 月增长 2042 万，占网民整体的 97.7%。网络新闻用户规模达 7.88 亿，较 2021 年 12 月增长 1698 万，占网民整体的 75.0%。网络直播用户规模达 7.16 亿，较 2021 年 12 月增长 1290 万，占网民整体的 68.1%。在线医疗用户规模达 3.00 亿，较 2021 年 12 月增长 196 万，占网民整体的 28.5%。

从上述数据可以看出，我国数字内容与服务行业正处于迅猛发展的阶段，多样化的数字内容与服务正逐渐涌向千家万户，于国民生活具有普遍意义；提供方式也正逐步从免费模式向付费模式过渡，创造了高达上千亿的经济价值，对经济发展具有重要意义。

（二）我国数字内容与服务交易的立法问题

数字内容产品和服务是数字经济时代的特殊产物，以数据为基础的数字产品以及数字服务成为经济发展的新引擎，在日常生活中占有越来越重要的地位。我国数字内容与服务市场日益繁荣，产生高达千亿的经济利益，然而不管是生产数字内容，还是提供数字服务，经营者由于掌握数字技术，在交易过程中显然占据主动的优势。而对于消费者来说，摆在他们面前的却是巨大的数字鸿沟，双方地位差距悬殊。尽管数字内容与服务的消费者的利益正得到越来越多的关注，但从总体现状来看，我国数字内容与服务合同相关立法仍处于比较初级的阶段，相关立法不足，无法完全应对实践中可能出现的纠纷。

---

[1] 参见中国互联网络信息中心：第 47 次《中国互联网络发展状况统计报告》，载 http://www.cnnic.net.cn/hlwfzyj/hlwxzbg/hlwtjbg/202102/P020210203334633480104.pdf，最后访问日期：2021 年 3 月 22 日。

[2] 参见中国互联网络信息中心：第 50 次《中国互联网络发展状况统计报告》，载 http://www.cnnic.net.cn/n4/2022/0914/c88-10226.html，最后访问日期：2022 年 8 月 31 日。

1. "数字化商品"和"数字产品"等概念界定模糊

如前所述,在我国立法中曾经出现过"数字化商品"和"数字产品"等概念,但在立法层面上并未对这些概念做出界定,如《消费者权益保护法》第 25 条规定,经营者采用网络、电视、电话、邮购等方式销售商品,消费者有权自收到商品之日起 7 日内退货,且无需说明理由,但下列商品除外:(1)消费者定作的;(2)鲜活易腐的;(3)在线下载或者消费者拆封的音像制品、计算机软件等数字化商品;(4)交付的报纸、期刊。根据该规定,消费者在线下载或者消费者拆封的音像制品、计算机软件等"数字化商品",将不能享受 7 天无理由退货的权利。"数字产品"一词曾出现在《中华人民共和国民法合同编(草案)》(2017 年 8 月 8 日室内稿)第 58 条第 2 款的规定中,即电子合同的标的为现在提供数字产品的,以承担交付义务的当事人一方将数字产品发送至对方指定的特定系统并且能够检索识别的时间为交付时间。但是 2020 年颁布的《民法典》合同编中并没有使用"数字产品"这一术语,与之相关的是现行《民法典》第 512 条的规定,即通过互联网等信息网络订立的电子合同的标的为交付商品并采用快递物流方式交付的,收货人的签收时间为交付时间。电子合同的标的为提供服务的,生成的电子凭证或者实物凭证中载明的时间为提供服务时间;前述凭证没有载明时间或者载明时间与实际提供服务时间不一致的,以实际提供服务的时间为准。电子合同的标的物为采用在线传输方式交付的,合同标的物进入对方当事人指定的特定系统且能够检索识别的时间为交付时间。

全国人大在 2018 年提交的《〈电子商务法(草案)〉的说明》针对电子商务法调整对象的说明中明确指出,电子商务法调整对象和范围的确定,直接关系到促进发展、规范秩序、保障权益的立法目标顺利实现,关系到整个电子商务法总体框架设计,应综合考虑我国电子商务发展实践、我国的现实国情并与国际接轨、与国内其他法律法规的衔接等。综合各方意见,草案将电子商务定义为:通过互联网等信息网络进行商品交易或者服务交易的经营活动。在此定义中,信息网络包括互联网、移动互联网等;商品交易包括有形产品交易和无形产品交易(如数字产品);服务交易是指服务产品交易;经营活动是指以营利为目的的商务活动,包括上述商品交易、服务交易和相关辅助经营服务活动。[1]据此《电子商务法（草案）》第 44 条规定，电子合同的标的为在线提供数字产品的，以承担交付义务的一方当事人将数字产品发送至对方当事人指定的特定系统并且能够检索识别的时间为交付时间。该条规定与上述《中华人民共和国民法合同编（草案）》（2017 年 8 月 8 日室内稿）第 58 条第 2 款的规定较为一致，说明立法者也想试图保持立法的一致性，但是 2018 年 8 月颁布的《电子商务法》并没有此条规定，而且该法第 2 条第 2 款规定，本法所称电子商务，是指通过互联网等信息网络销售商品或者提供服务的经营活动。第 3 款规定，法律、行政法规对销售商品或者提供服务有规定的，适用其规定。金融类产品和服务，利用信息网络提供新闻信息、音视频节目、出版以及文化产品等内容方面的服务，不适用本法。《电子商务法》所规定的电子商务并没有明确通过互联网等信息网络销售商品中是否包含数字产品，而且第 3 款明确将利用信息网络提供新闻信息、音视频节目、出版以及文化产品等内容方面的服务，排除适用《电子商务法》。上述立法草案中出现的术语表明，立法者已经注意到数字时代出现的新交易对象和新交易模式，但遗憾的是，立法者并没有界定其内涵与外延，而且正式颁布的立法中并未出现相关规定。

《最高人民法院关于审理买卖合同纠纷案件适用法律问题的解释》第 2 条规定了标的物不以有形载体交付的电子信息产品的交付方式，将无需以有形载体交付的"电子信息产品"纳入买卖合同之中，[2]规定在无约定的前提下，以买受人收到约定的电子信息产品或者权利凭证为交付时点。该条虽然已经将标的物从有形载体扩展到如无形信息产品上，但对无形信息产品也没有给出明确的界定。

2. 调整"数字内容"和"数字服务"的立法缺失

为促进数字经济发展，规范数字产业市场，在法律层面，我国近几年先后出台了《电子商务法》《中华人民共和国电子签名法》（以下简称《电子签

---

[1] 参见全国人大关于《中华人民共和国电子商务法（草案）》的说明，载中国人大网，http://www.npc.gov.cn/npc/c30834/201808/45a74ec672414b438a3147f3dbf59ac1.shtml，最后访问日期：2020 年 8 月 31 日。

[2] 《最高人民法院关于审理买卖合同纠纷案件适用法律问题的解释》第 2 条规定，标的物为无需以有形载体交付的电子信息产品，当事人对交付方式约定不明确，且依照民法典第 510 条的规定仍不能确定的，买受人收到约定的电子信息产品或者权利凭证即为交付。

名法》)、《中华人民共和国网络安全法》（以下简称《网络安全法》)、《中华人民共和国数据安全法》（以下简称《数据安全法》) 和《个人信息保护法》等相关法律，形成了对数字经济发展的法律保护体系。在具体政策方面，自"十三五"以来，我国陆续出台了百余件与数字经济相关的政策措施，这些措施既涉及行业整体发展，又涉及各类试点工作，还涉及对数字经济发展的规范，如我国先后颁布了《互联网信息服务管理办法》《网络游戏管理暂行办法》《全国人民代表大会常务委员会关于维护互联网安全的决定》《全国人民代表大会常务委员会关于加强网络信息保护的决定》等一系列法规，为规范互联网相关活动提供了法律依据，从而建立起了较为丰富的数字经济发展的政策和法规体系。但上述法律、法规主要集中在互联网内容与业务管控、个人信息保护、网络安全等方面，并未过多涉及数字产品与服务交易的合同法方面的立法。似乎比较相关的是中国人民银行等五部委于 2013 年发布的《关于防范比特币风险的通知》。[1]该通知指出，比特币是一种特定的虚拟商品。但除此之外，并没有进一步明确其是否属于数字内容的虚拟商品。

在我国现有立法中难以找到关于"数字内容""数字服务"的明确法律规定以及司法解释。目前我国《民法典》合同编也没有将数字内容与服务作为被特别规制的对象。数字内容与服务的质量标准、技术要求、交易方式等与传统"物"的交易有较大区别，导致数字内容与服务合同中双方权利义务具有一定的特殊性，这些特殊性通常无法被买卖合同、租赁合同、承揽合同规则所囊括，此时合同双方的权利义务将主要依赖当事人的自行约定，当数字内容与服务提供方处于强势地位的情况下将会演变成仅依赖于提供方一方的"意思自治"，无法实现合同的实质公平。

（三）我国数字内容与服务交易的司法实践问题

1. 我国涉及数字内容与服务合同的司法判例实证分析

在数字经济正在日益成为重组全球要素资源、重塑全球经济结构、改变全球竞争格局关键力量的背景下，作为为数字经济保驾护航的司法机关也需要积极回应数字经济的发展需求，构建数字时代的司法新模式，推动司法审

---

〔1〕 参见中国人民银行、工业和信息化部、中国银行业监督管理委员会等五部门《关于防范比特币风险的通知》（银发〔2013〕289 号），载 http://www.gov.cn/gzdt/2013-12/05/content_ 2542751. htm，最后访问日期：2020 年 11 月 2 日。

判实现质量变革、效率变革、动力变革，以更高水平的数字正义来服务于数字经济的高质量发展。

由于数字内容与服务交易于国民生活和国民经济具有重要意义，而我国相关立法不足，缺乏数字内容产品的交易规则。另外，我国数字内容与服务市场的过快发展以及行业准入门槛过低，致使实践中经常出现数字内容与服务质量良莠不齐，数字内容与服务适约性标准难以统一，存在大量用户在权利受侵害时救济不周全等情况，实践中纠纷难以得到有效处理，长此以往，将会对数字内容与服务行业的稳定发展造成不利影响。

实践中，我国数字内容与服务合同多以标准合同形式出现，其单价并不高，比如 2020 年上半年阅文集团用户月均付费仅为 34.1 元；[1]付费软件的价值多在 1 元~200 元。因此，如果数字内容与服务合同双方因交易标的的质量出现纠纷，用户一般很少会选择诉讼这种费力、费时的救济方法，通常会选择与客服沟通、举报、刷差评等私力救济方式。以苹果 APP Store 中"人类跌落梦境"这一付费软件为例，该软件定价为 18 元，有 1.3 万个评分，平均评分为 3.4 分，评论中常被提及的是该游戏的闪退及卡顿等问题，游戏开发商针对该问题为用户提供了退费选项，同时收集 bug 并不断推出修复包。这一举措使得部分用户称其为"良心商家"，但这又引发了另一个问题，如果软件存在这种比较普遍的质量问题，为何该质量问题没有在测试时发现？或者为何没有先免费公测，确认该软件无质量问题后再开通付费下载模式？为何这种正常修复软件、使其具备产品应有功能的行为可以被称为"良心之举"？其后展现的是数字内容与服务市场典型交易规则的匮乏。

为了解和掌握我国司法机关对有关数字内容与服务合同争议的判决情况，本书主要从中国裁判文书网、北大法宝、元典智库等我国司法裁判数据库收集和筛选了 100 个判决，从合同性质争议（表 1）、适约性及合同履行争议（表 2）、违约救济争议（表 2）三个方面对我国人民法院的司法判例进行了实证研究，分析目前司法实务中存在的不足之处。

---

〔1〕 参见中国互联网络信息中心：第 47 次《中国互联网络发展状况统计报告》，载 http://www.cnnic.net.cn/hlwfzyj/hlwxzbg/hlwtjbg/202102/P020210203334633480104.pdf，最后访问日期：2021 年 3 月 22 日。

（1）合同性质争议

在实践中，涉及数字内容与服务合同的交易经常会存在合同（案由）定性的问题，具体来说包括买卖、承揽、技术服务、技术开发、计算机软件著作权许可使用等合同类型之间的争议。合同的性质与合同相对方的权利义务和法律责任直接相关，而合同各方的权利义务又是由合同内容具体确定的。判断合同的性质，合同名称固然是考量的因素，但更关键的应考量合同的内容，即应从合同中载明的各方当事人权利义务的内容来确定。不能撇开合同内容，仅仅依据合同名称而定。[1]在案例中主要有以下几种情况：

A. 计算机软件著作权许可使用合同和技术开发合同

技术开发合同是当事人之间就新技术、新产品、新工艺、新品种或者新材料及其系统的研发开发所订立的合同。判断合同性质的关键是看合同是否就新技术、新产品、新工艺、新品种或者新材料及其系统进行研发。[2]计算机软件著作权许可使用合同是指双方当事人就计算机软件著作权中的一项或多项财产权利许可另一方以约定的时间、范围、方式行使所订立的合同。在案例中，在许可的基础上进行满足个性需求的适应性开发被认为是著作权许可使用合同纠纷。例如，法院判决理由："本合同系在辰商公司享有软件著作权的 VMC-Anywhere 全渠道互联网商务软件 V1.0 基础上进行适应性开发，在招投标阶段以及合同签订和履行期间，双方均清楚系使用 VMC-Anywhere 全渠道互联网商务软件 V1.0 进行的为宝能公司需求提供个性化开发。综合合同目的，交付内容、授权情况，涉案合同本质上属于计算机著作权许可使用合同纠纷，并由许可人在软件基础上为被许可人做适应性开发满足被许可人宝能公司的个性化需求。"[3]

B. 技术服务合同和承揽合同

第一，承揽合同并不仅仅局限于有形工作成果，工作成果交付内容涉及数字内容或服务等无形物也可以是承揽合同。例如，相关法院判决理由：根据全国人大常委会法工委编写的《中华人民共和国合同法释义》（第二版）中对《中华人民共和国合同法》第 251 条的释义中明确阐明，承揽人完成的

---

[1] 参见广东鸿太升软件科技有限公司、广东志高暖通设备股份有限公司计算机软件开发合同纠纷二审民事判决书。

[2] 参见宝能百货零售有限公司与上海辰商软件科技有限公司计算机软件合同纠纷民事判决书。

[3] 参见宝能百货零售有限公司与上海辰商软件科技有限公司计算机软件合同纠纷民事判决书。

承揽工作需有承揽工作成果，该工作成果可以是有形的……也可以是无形的"。本院认为，合同法并未限定承揽合同中的工作成果必须是有形物，且从上述两份协议的约定内容来看，是会搜公司根据王春玲提供的资料为其开发unionapp 手机客户端和阿凡提微商系统的微信公众号并提供相应技术服务，其具有承揽合同的特征，王春玲可依法在会搜公司未履行完毕合同之前行使解除权。[1]

第二，合同中约定软件维护升级、数据更新等义务并不一定会被认为是技术服务合同，如果合同的履行主要是完成工作、交付成果的形式，法院仍将其认定为承揽合同，赋予定作人任意解除权。例如，法院判决理由：该合同的主要内容为杭宇公司按照茗迪公司的要求完成工作，交付工作成果，茗迪公司给付报酬，合同性质应认定为承揽合同而非技术服务合同。[2]

第三，案件中涉及买卖、定作、服务等多种关系，有法院认为不能直接判断是什么合同类型，要根据具体争议进一步认定。例如，法院判决理由：双方签订的合同名称为《智慧养老信息平台采购项目合同书》，其内容包括视纪科技公司为官堰居委会定制智慧养老信息平台各子系统的软件安装、调试、测试及联调，维护其正常运行，以及采购 75 英寸液晶电视及阿里云服务器等硬件设备，提供技术培训、软件升级及线上运营等服务，官堰居委会为此支付货款、报酬等价款。由此可见，双方至少形成买卖合同、定作合同及技术服务合同三种合同关系。因此，不能以其中之一种合同类型来确定本案案由，还需依双方具体争议进一步确定案件性质。[3]

C. 买卖合同和计算机软件著作权许可使用合同

关于计算机软件著作权许可使用合同和买卖合同的区别，最高人民法院在判决中作出了解释：计算机软件著作权许可使用合同是指双方当事人就计算机软件著作权中的一项或多项财产权利许可另一方以约定的时间、范围、方式行使所订立的合同。买卖合同是指出卖人转移标的物的所有权于买受人，买受人支付价款的合同。由此可见，计算机软件著作权许可使用合同涉及软件著作权人将一项或多项财产权利许可他人行使，而买卖合同仅仅是销售普

---

〔1〕 参见王春玲与杭州会搜科技有限公司承揽合同纠纷二审民事判决书。
〔2〕 参见浙江杭宇电力设备有限公司、浙江茗迪电力科技有限公司承揽合同纠纷二审民事判决书。
〔3〕 参见湖北视纪印象科技股份有限公司、荆门市掇刀区白庙街道办事处官堰社区居民委员会买卖合同纠纷二审民事判决书。

通标的物……合同名称与合同约定的权利义务关系不一致的，应当按照合同约定的权利义务内容，确定合同的类型，并适用相应的法律、法规。涉案合同名称虽为《金蝶软件销售合同》，但从合同约定的权利义务关系来看，该合同约定的内容并不仅仅是买卖软件，而是一个典型的计算机软件著作权许可使用合同。[1]

D. 买卖合同和技术服务合同

涉案合同是买卖合同还是技术服务合同，主要是从合同约定的具体的标的以及合同的目的来判断。例如，法院判决理由：从上述合同约定的当事人双方的权利义务内容看，涉案合同明确约定了合同标的为"技术服务"，即山丽公司应当依约"满足甲方数据防护的需求，以及解密策略的应用"的合同目的，合同具体的标的为"系统软件的安装与调试、系统软件使用和设置的技术培训、系统软件使用和设置的文档、系统软件的维护等"。这些约定内容均符合合同法规定的"当事人一方以技术知识为另一方解决特定技术问题所订立的合同"的特征。再加上上述其他合同条款的内容也约定了"完成服务内容的工作""合同服务费""合同软件服务总额费用""乙方负责提供……进行技术培训、提交培训技术资料和其他有关文档"等与技术服务有关的内容。因此，涉案合同应当认定为技术服务合同，并非买卖合同。[2]

E. 买卖合同和计算机软件开发合同

一方面，可以从软件是否是标准化产品，是否有明确的质量标准来判断。例如，法院判决理由：涉案计算机软件是金碟软件（中国）有限公司早已投放市场的标准化软件产品，有明确的质量标准。湖北政龙公司在知晓或者应当知晓该软件已具有的功能和质量标准的前提下与湖北科脉公司签订《金碟软件使用许可及服务合同》，实际上是购买计算机软件，原审法院将本案定为买卖合同纠纷并无不当。[3]

另一方面，也可以从合同约定的所有权转移角度和权利义务内容来判断。

---

〔1〕 参见广东中港联信科技有限公司、东莞市特普拉斯电子科技有限公司计算机软件著作权权属纠纷、计算机软件著作权许可使用合同纠纷二审民事判决书。

〔2〕 参见威海银河风力发电有限公司与上海山丽信息安全有限公司技术服务合同纠纷二审民事判决书。

〔3〕 参见湖北政龙建筑工程有限公司、湖北科脉计算机信息工程有限公司著作权许可使用合同纠纷、技术服务合同纠纷二审民事判决书。

例如，法院判决理由：转移标的物所有权是买卖合同的基本属性。本案双方当事人签订《销售合同书》，约定志高公司购买鸿太升公司所开发的人力资源企业化办公管理软件 V1.0，在合同附件一中约定了志高公司对软件的具体需求，但在合同第八条中约定该软件的所有权仍归鸿太升公司所有，并约定"志高公司所定制的软件开发代码，双方共同拥有，鸿太升公司不得将该软件扩散或转让给第三方使用……"合同约定的双方所负的权利义务与买卖合同中卖方负有给付合同约定标的物的义务，买方负有支付合同对价的义务明显不同。合同约定交付的标的物是鸿太升公司根据志高公司的要求而开发的人力资源管理软件，即该软件的内容及性能在于满足委托方志高公司的特定需求，该合同的标的物具有特定性。从合同约定看，其并不是软件的买卖合同，而是志高公司委托鸿太升公司在其自行研发的软件基础上进行二次个性化开发所订立的技术开发合同。从合同的实际履行情况看，鸿太升公司向志高公司提供的《鸿太升 eHR 人力资源管理系统实施总体规划》及鸿太升公司提交的《实施日志》《关于解除〈销售合同书〉回函》中所涉相关内容显示鸿太升公司实际上实施的是技术开发行为，而非买卖软件的行为。[1]

F. 买卖合同和承揽合同

买卖合同与承揽合同的争议主要也是从合同义务方面来判断，即一方当事人是否只需提供数字内容或服务，还是需要根据另一方的需求而制作。例如，法院判决理由：铁晟公司与亿升公司签订的《软件销售合同》，虽名为销售合同，但亿升公司的合同义务不仅是提供 E5 软件，还要根据铁晟公司的需要制作相应的应用模块，构建正常运行的管理软件系统，更符合承揽合同的特征，故一审判决认定讼争合同的性质为承揽合同并无不当。[2]

（2）适约性及合同履行争议

履行的方式主要包括数字内容研发、交付、维修、技术支持和支付价款等。在案例中，质量是否符合标准、是否在约定期限内完成交付是主要的争议焦点。

---

〔1〕 参见广东鸿太升软件科技有限公司、广东志高暖通设备股份有限公司计算机软件开发合同纠纷二审民事判决书。

〔2〕 参见厦门市铁晟进出口有限公司与厦门亿升科技有限公司合同纠纷二审民事判决书。

A. 质量瑕疵

质量瑕疵的判断标准主要涉及以下几个问题：

第一，质量标准很大程度上体现为软件的功能需求，关于功能需求如何界定的问题，最高人民法院的裁判观点：在计算机软件开发合同的履行中，功能需求集中体现了委托方对于开发软件的技术要求，是认定开发成果是否符合约定的标准。功能需求可能在签订合同时通过合同文本或附件明确，也可能在合同履行中随着双方交流、委托工作的阶段性完成而逐渐明晰。在软件开发过程中，对软件开发的内容和功能进行调整较为常见。如果双方在合同文本中约定了软件名称和软件实现的目的，而在合同履行中对功能需求进行磋商、沟通的，经双方确认的功能需求是对合同内容的补充，构成软件开发合同的内容。鉴于计算机软件开发合同的特殊性，双方在开发过程中对功能需求的确认往往没有书面形式，只要双方的意思表示达成一致，不能因为没有书面形式而否认其约束力。[1]

第二，软件是否应当具有某项特定的功能，如果合同中没有明确约定或约定不明的，应当结合合同目的来判断。例如，法院判决理由：云章软件并未实现与英捷特公司开发的软件的融合，也即英捷特公司为大百科出版社部署的软件系统一直都无法实现财务功能模块，导致大百科出版社无法实现合同目的。原审法院有关涉案软件不应包含财务系统项目的认定没有结合涉案合同的目的进行考量，有所不当，应予纠正。[2]鉴于双方始终未就软件设计方案的质量标准达成补充协议，也无法从合同其他条款及交易习惯确定，而双方也未提交相关的国家标准、行业标准或通常标准作为证据，故双方应当根据符合合同目的的标准履行。[3]

第三，在认定质量是否有瑕疵时也要考虑另一方当事人的配合。软件的开发和设计等需要繁琐的程序和过程，所以在案例中提交的一次开发成果存在质量问题不能被认定为最终提供的内容而承担违约责任。例如，法院判决理由：因涉案项目系软件程序开发工作，按照商业惯例和实际开发情

---

〔1〕　参见南宁千极网络科技有限公司、黄玉明计算机软件开发合同纠纷二审民事判决书。

〔2〕　参见中国大百科全书出版社有限公司、北京英捷特数字出版技术有限公司计算机软件开发合同纠纷二审民事判决书。

〔3〕　参见北京殷塞信息技术有限公司、中石化森美（福建）石油有限公司计算机软件开发合同纠纷二审民事判决书。

况，委托方与受托方之间会在项目实际开发进程中对开发项目进行检测，并提出修改意见，受托方会根据就修改意见进行软件的修补和完善。在双方未明确约定开发周期的情况下，且在慧都公司不存在其他违约行为的情况下，用友公司依据慧都公司提交的一次开发成果即主张存在质量问题确有不妥。[1]

第四，债务人第一次交付的产品有瑕疵是很正常的，这便需要另外一方当事人对问题及时反馈，可以说当事人双方均对此负有责任。例如，法院判决理由：原被告双方对于涉案软件中存在未完成的功能点均具有过错。其一，如前所述，涉案软件中需要原告完成配置或解析后才能实现的功能点未完成，原告亦有过错。其二，原告未及时将涉案软件存在的问题反馈被告存在过错……一般而言，在软件开发的过程中，开发方最初交付的软件中存在 bug 属于正常现象，委托方在测试后有义务将测试问题及时反馈给开发方以便开发方可以及时进行修改、完善。原告未及时将涉案软件存在的问题反馈被告存在过错。[2]

第五，在数字内容使用过程中出现的问题不一定会被简单地认定为质量瑕疵，还要考虑到其他各种因素。一方面，对于一些特定的软件，尤其是游戏软件，就算是最终交付的产品存在某些瑕疵，有时也属于正常现象。例如，法院判决理由：尽管在正式运营中出现了游戏的 bug 问题，但游戏运营中存在 bug 问题亦属正常……[3]再比如，关于与麻将游戏有关的死机、卡死现象。通常理解，游戏玩法规则冲突会引起游戏软件运行故障，本案中，由于始终存在"听牌东风"规则冲突问题，本院认为，与麻将游戏有关的死机、卡死现象，不能归责于纤原公司存在履行瑕疵。[4]

另一方面，也要考虑到使用者的硬件配置问题，债务人对此一般只需要尽到提醒和指导操作义务即可，比如建议更换服务器等。例如，法院判决理由：关于与服务器配置有关的卡顿、死机现象。廉志帅反馈"扎金花玩二十

---

[1] 参见用友建筑云服务有限公司与慧都创新（北京）科技有限公司计算机软件开发合同纠纷二审民事判决书。

[2] 参见中聚森煌健康管理（上海）有限公司与上海商创网络科技有限公司计算机软件开发合同纠纷一审民事判决书。

[3] 参见上海掌将网络科技有限公司与北京掌阔移动传媒科技有限公司计算机软件著作权许可使用合同纠纷民事一审案件民事判决书。

[4] 参见河南纤原网络科技集团有限公司、廉志帅计算机软件开发合同纠纷民事二审民事判决书。

多局会死机""游戏瘫痪了，苹果手机不能点语音，一点就掉线"现象，通常属于硬件配置问题。对此，首先，开发合同第二条第 11 项关于"乙方负责指导甲方管理人员操作运行该在线手机游戏"以及第六条"关于技术支持"的规定，关于硬件配置问题，纤原公司负有指导操作、技术支持的义务。其次，在案证据表明，纤原公司推荐廉志帅购置了阿里云服务器，并将游戏软件部署到阿里云服务器，在发生游戏软件卡顿现象后建议更换服务器，由此表明，纤原公司实际履行了指导操作、技术支持义务，不存在履行瑕疵。[1]

第六，标的物的交付往往需要双方当事人的配合才能完成。例如，法院判决理由：软件的安装、测试及验收，应由双方技术人员配合实施，自每一项安装完成后，姜亚状应在一二三科技公司指导下 24 小时内进行测试，否则视为已经合格，具有较为复杂的程序，并非一二三科技公司主张的自行网上下载即可，亦可佐证其未能交付合同约定的标的物。[2]

B. 迟延履行

迟延履行主要有以下几个方面的争议：

第一，如果双方未约定开发周期是否构成迟延履行的问题。例如法院判决理由：本院认为慧都公司存在延期开发任务的前提是双方当事人就开发周期进行了约定……未约定开发周期，因此不构成迟延履行。用友公司无证据证明双方就开发周期的问题进行了约定，故用友公司主张慧都公司存在延期开发的上诉理由不能成立，本院不予支持。[3]

第二，迟延履行的认定也需要结合软件开发的特点，交付的时间并不是唯一的标准。例如，最高人民法院裁判观点：在软件开发过程中，对软件开发的内容和功能进行调整较为常见，是否构成履行迟延的认定，不能仅以软件开发方超过合同约定时间交付软件即简单认定构成迟延履行，而要针对导致迟延交付的原因，结合合同履行中双方是否在履行中对于交付时间进行了变更，委托方是否增加或变更了功能需求导致需要额外付出开发时间等事实综合认定。[4]

---

〔1〕　参见河南纤原网络科技集团有限公司、廉志帅计算机软件开发合同纠纷民事二审民事判决书。

〔2〕　参见威海市一二三计算机科技有限公司、姜亚状买卖合同纠纷二审民事判决书。

〔3〕　参见用友建筑云服务有限公司与慧都创新（北京）科技有限公司计算机软件开发合同纠纷二审民事判决书。

〔4〕　参见南宁千极网络科技有限公司、黄玉明计算机软件开发合同纠纷二审民事判决书裁判观点。

第三，关于一方存在迟延履行与相对方付款义务的关系问题，最高人民法院的裁判观点：合同履行过程中，一方存在迟延履行行为，但合同履行结果符合约定且对方已经受领的，相对方应依约承担付款义务，但可以主张因迟延履行造成的违约损失。[1]

（3）违约救济争议

A. 解除合同

（a）是否具备解除合同的条件

第一，是否因质量瑕疵而解除合同，需要判断质量瑕疵是否导致合同目的无法实现。在实践中可以从质量瑕疵是否能被修复、所占比例大小以及双方过错程度等方面考量。例如，法院判决理由：一方面在线上合同的履行过程中"人脸合成系统"可以运行，可见上述质量问题可以被修复，另一方面上述质量问题所占比例较小，且不影响瑜伽互动游戏其他模块的运行，尚不足以导致缇缇卡公司的线上合同目的无法实现，故针对实野公司的该节违约行为，缇缇卡公司亦不享有线上合同和线下合同的解除权。[2]再比如，涉案软件未完成的功能点系双方的共同过错所致，且该些涉案软件未完成的功能点既可以通过设置、修复等方式予以进一步完善，也未实际影响涉案软件其他功能点的正常使用，故本院认为，涉案软件未完成的功能点尚不足以导致原告的合同目的无法实现。[3]

第二，合同一方当事人反复更改需求导致"延期"，在这种情况下也需要充分考虑合同双方过错程度以及合同约定。例如，法院判决理由：在涉案合同的履行中，世联公司变更、增加涉案项目的开发需求，平台各关联方对上线平台进行审核等因素，均导致了涉案合同的履行延期，因此，在案证据尚无法证明涉案项目未能按期交付，系基于北明公司的单方过错所致。且在2017年1月之前，世联公司也未就涉案项目的延期履行向北明公司进行催告，反而在其邮件中明确了2016年12月底项目上线的时间节点。因此，世联公

---

[1] 参见轩睿电子商务有限公司与北京瑞友科技股份有限公司计算机软件开发合同纠纷民事二审民事判决书。

[2] 参见实野信息科技（上海）有限公司与惠州缇缇卡服饰有限公司计算机软件开发合同纠纷一审民事判决书。

[3] 参见中聚森煌健康管理（上海）有限公司与上海商创网络科技有限公司计算机软件开发合同纠纷一审民事判决书。

司就上述延期履行所提出解除合同的要求，并不符合涉案合同第 13.2 条第（1）项 "……在收到甲方发出的要求乙方纠正违约行为的通知后 10 天内仍未能采取纠正措施……" 的约定条件。[1]

（b）返还价款

第一，软件和硬件部分的价款返还问题。法院判决理由：本案讼争合同分为软件部分与硬件部分，两者相互依存，具有牵连性，在处理上亦应当保持一致。软件部分属于技术委托开发性质，开发方在履行合同过程中所付出的劳动已经不存在返还的可能性，故软件部分不适用恢复原状的民事责任。鉴于软件开发部分合同关系无法恢复原状，硬件部分也不宜相互返还。森美公司诉请殷塞公司返还硬件部分的价款，法院不予支持。[2]

第二，合同解除后针对已经付出的劳动返还价款的问题。法院裁判理由：虽然毕胜虎交付的涉案网站（软件）并未达到双方约定的标准，但毕竟其付出了相应的劳动，且涉案网站（软件）在部分成果上也曾得到贾建英的认可，因此贾建英应当给予毕胜虎部分工作成果的费用……关于毕胜虎完成的部分成果的价值，由于双方并未对此明确约定，产生纠纷后也无法达成一致，且没有其他可供参考的依据，因此本院根据本案情况酌定该部分成果价值为5000 元。[3]

B. 违约金

关于违约金过高的问题，最高人民法院的裁判观点：当事人主张约定的违约金过高请求予以适当减少的，人民法院应当以实际损失为基础，兼顾合同的履行情况、当事人的过错程度以及预期利益等综合因素，根据公平原则和诚实信用原则予以衡量，并作出裁决。当事人约定的违约金远低于超过造成损失的百分之三十的，不应认定为主张约定的违约金 "过分高于造成的损失" 而予以减少。[4]

---

[1] 参见北明软件有限公司与上海世联正华供应链管理有限公司计算机软件开发合同纠纷一审民事判决书。

[2] 参见北京殷塞信息技术有限公司、中石化森美（福建）石油有限公司计算机软件开发合同纠纷二审民事判决书。

[3] 参见贾建英、毕胜虎计算机软件开发合同纠纷二审民事判决书。

[4] 参见广州会玩互娱网络科技有限公司、海南联港网络科技有限公司计算机软件著作权权属纠纷、计算机软件著作权许可使用合同纠纷民事二审民事判决书。

2. 司法实践中的问题分析

（1）合同定性不明

"数字内容"以数字为载体，以内容为核心，包括具体的"数字内容"及其相关的"数字服务"，是比"数字产品"更为科学合理的表达。但是实践中，商品和数字内容之间在界限划分上存在一定的模糊性，两者区分的标准在于，不是因为数字内容有载体而成为物，而是因为物成为包含数字内容的商品。

合同（案由）定性的问题在涉及数字内容与服务合同的交易中经常会遇到，由于我国并没有数字内容与服务合同这一类型，而且数字内容与服务合同与买卖、承揽、技术开发等合同有交叉关系，因此，实务中经常出现买卖、承揽、技术服务、技术开发、计算机软件著作权许可使用等合同类型之间的争议。案由定性在一些情况下可能会直接影响实体权利，比如当事人一方是否拥有任意解除权的关键在于法院是否将合同定性为承揽合同。在选取的案例中可以看出，目前法院采取的方法是不能依据合同名称而定，而是要关注合同约定的具体权利义务。这个方法确实可以帮助法官解决大部分的案由争议。但是在分析合同约定的权利义务时，由于缺乏相关规定，很可能会导致裁判标准不统一的问题。而且从案例中可以看出，实践中双方当事人的合同内容可能会同时涉及买卖、承揽、服务等相关权利义务，这也给法官在判断案由造成了很大的困难。

（2）适约性司法判断标准模糊

数字内容与服务是科技高速发展后形成的具有高水平技术特征的集合，其功能与价值主要是通过数据代码该等无形物，经过一系列逻辑运算后才可得以体现。与有形物不同，其本身的存在就是创新的，其功能取决于对生产者或运营者的逻辑计算。不同生产者或运营者的计算能力不同，导致最终呈现的数字内容与服务的功能或有很大差异，因此很难对数字内容与服务制定统一质量标准。

数字内容与服务交易市场中产品繁多，行业内部也并未形成一套较为统一的通用标准，只能通过依据实际数字内容与服务运行状态来判定其是否满足该产品通用之目的。基于数字内容与服务属性，同样的数字内容与服务往往因提供方技术不同而可能呈现不同状态、具备不同功能，因而合同相对方很难直接对提供者履行情况作出有效判断。

我国《民法典》第511条、第512条规定，合同当事人应按照合同约定、交易习惯履行合同义务，未对质量有所约定或约定不明确的，应参照"国家标准""行业标准""合同目的"予以确认。如前文所述，数字内容与服务难以形成行业标准，且主观性较强，因此，当合同双方对数字内容与服务的质量产生争议时，往往仅能依靠"合同目的"解释，这又引发了一系列"合同目的"解释的相关问题：如何解释"合同目的"？如何判断"合同目的"是否被满足？应当以哪些因素作为衡量标准？针对这些内容法律并无指引，使得合同争议仍无法被有效解决。

因为数字内容与服务合同的履行标准具有新的特点，对司法实践提出了更多要求。比如质量标准在很多情况下是由双方在合同履行中协商确定的，而不是一开始就明确约定在合同中，而且就算在合同中进行了约定，但双方对软件的内容和功能往往还会进行调整。因此，在处理这类合同纠纷时，法官不仅要关注合同内容，还要关注合同履行过程中双方的交流和配合。只要双方的意思表示达成一致，不能因为没有书面形式而否认其约束力。也正是因为双方需要在合同履行过程中进行协商，因此很多时候一次性提交的成果不能被直接认为是有瑕疵，而是要考虑另一方当事人是否给出修改意见、是否配合修改完善以及使用者的数字环境。另外，委托方在合同履行过程中增加或变更了功能需求导致需要额外付出更多时间也会影响迟延履行的判定。

（3）消费者权利救济措施不完备

数字内容与服务合同规定重点在于提供的数字内容商品和服务的质量，因此合同适约性规则是核心。适约性的主观标准和客观标准，为买卖双方的主要权利义务作出了限定，并为作为消费者的买方提供了权利救济依据。在经营者未能立即或者在合同双方明确约定的合理期限内提供数字商品或服务，那么消费者有权解除合同；在合同履行不适约的前提下，消费者可以请求经营者继续履行、减价或解除合同。但是目前并无专门针对数字内容与服务合同特殊性的救济途径规范，可能会限制对消费者权利的保护水平。特别是在消费者以"个人数据"作为"费用"或者"对价"进行支付的情况下，"减价"这一救济方式并无可适用的空间，可能会冲击传统的合同权利救济体系。在解除合同的情况下，双方各负的返还义务也可能会因为数字内容的特殊性而无法履行。上述诸多实践问题都有待相关规范的进一步完善。

根据我国《民法典》第577条的规定，当事人一方不履行合同义务或者履行合同义务不符合约定的，应当承担继续履行、采取补救措施或者赔偿损失等违约责任。因此，数字内容与服务合同的违约救济必然会涉及文所述的合同履行标准来判断是否构成违约。从选取的案例中可以看出，法院是否支持继续履行合同，主要还是要判断其是否已经完成合同约定的义务，以及双方是否已经达成终止合同的条件。另外，数字内容与服务合同的特点也会影响实践中救济权利的行使。若一方主张单方解除合同，是否有法定解除权往往需要先判断是否导致合同目的无法实现，比如在涉及质量问题时，可以从质量瑕疵是否能通过技术进行修复、所占比例大小以及双方过错程度等方面考量，而且在合同解除后还涉及价款返还的问题，比如软件和硬件是否可以被视作一个整体等，这些涉及技术的新问题和新情况在实践中也给法官裁判案件带来难题。

表 1　合同性质争议案例

序号	案件名称	标的	核心问题——合同性质	案由定性
1	湖北视纪印象科技股份有限公司、荆门市掇刀区白庙街道办事处官堰社区居民委员会买卖合同纠纷二审民事判决书	社区智慧养老信息平台采购	承揽合同/买卖合同/技术服务合同	不属于单一的技术服务合同纠纷，而是一个综合的合同纠纷（至少形成买卖合同、定作合同及技术服务合同三种合同关系）
2	绿地集团乌鲁木齐南旅置业有限公司、西安轻屋易购数字科技有限公司技术服务合同纠纷民事管辖裁定书	HVR 平面区位图制作	定作合同/技术服务合同	属于技术服务合同
3	王春玲与杭州会搜科技有限公司承揽合同纠纷二审民事判决书	手机客户端应用开发服务	承揽合同/技术服务合同；是否可以行使任意解除权	具有承揽合同的特征，可以行使任意解除权

续表

序号	案件名称	标的	核心问题——合同性质	案由定性
4	浙江杭宇电力设备有限公司、浙江茗迪电力科技有限公司承揽合同纠纷二审民事判决书	系统软件技术服务	混合合同/承揽合同/技术服务合同；是否可以行使任意解除权	属于承揽合同，具有任意解除权
5	威海银河风力发电有限公司与上海山丽信息安全有限公司技术服务合同纠纷二审民事判决书	数据安全防护软件购买及实施项目	买卖合同/技术服务合同	属于技术服务合同
6	广州畅悠网络科技有限公司、陈庆味计算机软件开发合同纠纷二审民事裁定书	游戏开发	买卖合同/计算机软件开发合同	属于计算机软件开发合同
7	济南新诺金软件有限公司、山东大嫂家庭服务有限公司计算机软件开发合同纠纷二审民事判决书	家政系统开发	买卖合同/计算机软件开发合同	属于计算机软件开发合同
8	武汉云联万家企业管理有限公司、姑苏区誉诚贸易商行计算机软件开发合同纠纷二审民事裁定书	软件开发	买卖合同/计算机软件开发合同	属于计算机软件开发合同
9	青岛天地经纬国际贸易有限公司、青岛汇信互联技术有限公司技术服务合同纠纷民事二审民事判决书	软件开发	买卖合同/计算机软件开发合同	属于计算机软件开发合同
10	林信昌与中山市桂系演义软件开发有限公司计算机软件开发合同纠纷二审民事判决书	软件开发	买卖合同/计算机软件开发合同；合同效力	属于计算机软件开发合同；合同无效

续表

序号	案件名称	标的	核心问题——合同性质	案由定性
11	西安丝路智慧科技有限公司、陕西盛世盈合科技有限公司计算机软件开发合同纠纷（9312）民事二审民事裁定书	旅游数据中心建设	买卖合同/计算机软件开发合同	属于计算机软件开发合同
12	广东鸿太升软件科技有限公司、广东志高暖通设备股份有限公司计算机软件开发合同纠纷二审民事判决书	软件开发	买卖合同/计算机软件开发合同	属于计算机软件开发合同
13	湖北政龙建筑工程有限公司、湖北科脉计算机信息工程有限公司著作权许可使用合同纠纷、技术服务合同纠纷二审民事判决书	软件使用许可及服务	买卖合同/计算机软件开发合同	属于买卖合同
14	宝能百货零售有限公司与上海辰商软件科技有限公司计算机软件合同纠纷民事判决书	电商系统建设项目开发实施服务	软件许可合同/计算机软件开发合同	属于计算机著作权许可使用合同
15	广东中港联信科技有限公司、东莞市特普拉斯电子科技有限公司计算机软件著作权权属纠纷、计算机软件著作权许可使用合同纠纷二审民事判决书	软件许可使用	买卖合同/计算机软件著作权许可使用合同	属于计算机软件著作权许可使用合同
16	广州鼎商科技有限公司、纪海霞买卖合同纠纷二审民事判决书	系统销售	计算机软件著作权许可使用合同/买卖合同纠纷	属于买卖合同纠纷
17	厦门市铁晟进出口有限公司与厦门亿升科技有限公司合同纠纷二审民事判决书	软件制作销售	承揽合同/买卖合同	属于承揽合同

序号	案件名称	标的	核心问题——合同性质	案由定性
18	北京雅电科技有限公司、成都恺缔科技有限公司计算机软件开发合同纠纷民事二审民事判决书	软件开发	买卖合同/计算机软件开发合同	属于计算机软件开发合同

表 2　合同履行及救济争议案例

序号	案件名称	案件标的	主要争议——合同履行以及救济
1	北京莱湾兴业科技有限公司、北京新诺阳光国际文化传播有限公司计算机软件著作权权属纠纷、计算机软件著作权许可使用合同纠纷二审民事判决书	协同办公 OA 系统搭建服务	履行是否符合合同约定（交付时间和交付方式）；解除合同；返还价款
2	北京殷塞信息技术有限公司、中石化森美（福建）石油有限公司计算机软件开发合同纠纷二审民事判决书	软件开发	返还价款（是否返还硬件部分的价款）
3	郑州兴宏恒网络科技有限公司、陈立根合同纠纷二审民事判决书	游戏软件开发	质量瑕疵；解除合同
4	北明软件有限公司与上海世联正华供应链管理有限公司计算机软件开发合同纠纷一审民事判决书	软件开发服务	质量瑕疵；迟延履行；解除合同
5	陈海龙、黄东计算机软件开发合同纠纷民事二审民事判决书	软件开发	质量瑕疵；支付价款
6	大连米洛克食品有限公司、大连龙采科技开发有限公司合同纠纷民事一审民事判决书	网络建设与维护	质量瑕疵；解除合同
7	高斯贝尔数码科技股份有限公司与上海英立视数字科技有限公司计算机软件著作权许可使用合同纠纷二审民事判决书	提供用于机顶盒的浏览器软件并销售推广	是否按合同约定完成交付；违约责任；返还价款（客观履行不能）

续表

序号	案件名称	案件标的	主要争议——合同履行以及救济
8	广州市叉叉信息科技有限公司、厦门凯科信息科技有限公司计算机软件著作权权属纠纷、计算机软件著作权许可使用合同纠纷二审民事判决书	游戏软件许可使用	质量瑕疵
9	河南纤原网络科技集团有限公司、廉志帅计算机软件开发合同纠纷民事二审民事判决书	游戏软件开发	是否按合同约定完成交付；质量瑕疵
10	湖北奇言信息技术有限公司、武汉金百瑞科技股份有限公司计算机软件开发合同纠纷二审民事判决书	软件开发	是否应当履行付款义务
11	玫瑰里文化集团有限公司与凯捷咨询（中国）有限公司服务合同纠纷二审民事判决书	系统开发服务	是否应当支付款项；服务费标准计算
12	青岛智拓软件有限公司、青岛中冶新材料科技有限公司计算机软件开发合同纠纷二审民事判决书	软件开发	是否按合同约定完成交付；解除合同
13	三胞集团有限公司、广东天正计算机服务有限公司计算机软件开发合同纠纷二审民事判决书	软件开发	是否应当继续支付费用
14	厦门相悦无限网络科技有限公司、奥飞娱乐股份有限公司计算机软件开发合同纠纷民事二审民事判决书	软件开发	是否已交付；权利瑕疵
15	山东河马信息技术有限公司、偃师懒精灵电子商务有限公司计算机软件开发合同纠纷二审民事判决书	软件开发	是否按合同约定完成交付；质量瑕疵

续表

序号	案件名称	案件标的	主要争议——合同履行以及救济
16	上海申脉信息技术有限公司、山东春旭电气有限公司计算机软件著作权权属纠纷、计算机软件著作权许可使用合同纠纷二审民事判决书	软件许可使用	质量瑕疵
17	上海展湾信息科技有限公司与上海工业自动化仪表研究院有限公司买卖合同纠纷一审民事判决书	软件销售	质量瑕疵、迟延履行；逾期付款违约金
18	上海掌将网络科技有限公司与北京掌阔移动传媒科技有限公司计算机软件著作权许可使用合同纠纷民事一审案件民事判决书	软件开发、技术维护	质量瑕疵；解除合同
19	上海众惠口罩滤片有限公司、上海微盟企业发展有限公司计算机软件开发合同纠纷二审民事判决书	软件开发	合同是否无效；解除合同
20	实野信息科技（上海）有限公司与惠州缇缇卡服饰有限公司计算机软件开发合同纠纷一审民事判决书	软件开发	质量瑕疵；解除合同
21	松原市极速传媒有限公司、吉林省星广传媒有限公司计算机软件开发合同纠纷民事一审民事判决书	软件开发	迟延履行；解除合同
22	谭练、佛山市卓源科技有限公司计算机软件开发合同纠纷二审民事判决书	软件开发	质量瑕疵；解除合同
23	天津车乾坤信息技术有限公司、天津智联新农科技有限公司计算机软件开发合同纠纷二审民事判决书	软件开发	质量瑕疵；解除合同

续表

序号	案件名称	案件标的	主要争议——合同履行以及救济
24	轩睿电子商务有限公司与北京瑞友科技股份有限公司计算机软件开发合同纠纷民事二审民事判决书	软件开发	质量瑕疵；迟延履行；损害赔偿
25	用友建筑云服务有限公司与慧都创新（北京）科技有限公司计算机软件开发合同纠纷二审民事判决书	软件开发	质量瑕疵；迟延履行（未约定开发周期）
26	在线金融服务有限公司、王智慧计算机软件开发合同纠纷民事二审民事判决书	软件开发	迟延履行；解除合同
27	浙江创泰科技有限公司与成都交投智慧停车产业发展有限公司计算机软件开发合同纠纷一审民事判决书	软件开发	质量瑕疵
28	中国大百科全书出版社有限公司、北京英捷特数字出版技术有限公司计算机软件开发合同纠纷二审民事判决书	软件开发	质量瑕疵；迟延履行；解除合同
29	中聚森煌健康管理（上海）有限公司与上海商创网络科技有限公司计算机软件开发合同纠纷一审民事判决书	软件开发、技术服务	质量瑕疵；解除合同
30	北京易拓普科技有限公司等与鼎捷软件股份有限公司计算机软件著作权许可使用合同纠纷二审民事判决书	软件开发	按约支付价款；违约责任
31	成都景和千城科技股份有限公司、宇通建设投资集团有限公司计算机软件著作权许可使用合同纠纷二审民事判决书	3D景区项目建设运营	返还价款
32	成都灵武科技有限公司与北京天赐之恒网络科技有限公司计算机软件著作权许可使用合同纠纷二审民事判决书	游戏开发运营	质量瑕疵，违约责任；解除合同

续表

序号	案件名称	案件标的	主要争议——合同履行以及救济
33	广东飞威集团有限公司、刘运海计算机软件开发合同纠纷二审民事判决书	软件开发	质量瑕疵；迟延支付；解除合同
34	广州畅悠网络科技有限公司、钟小慧计算机软件开发合同纠纷二审民事判决书	网络游戏开发，平台搭建	迟延履行；解除合同；返还价款
35	广州会玩互娱网络科技有限公司、海南联港网络科技有限公司计算机软件著作权权属纠纷、计算机软件著作权许可使用合同纠纷民事二审民事判决书	授权运营游戏	违约责任；违约金
36	广州市行心信息科技有限公司、伍勇慈计算机软件著作权权属纠纷、计算机软件著作权许可使用合同纠纷二审民事判决书	软件授权使用	部分解除（实则为要求变更合同，但未达成一致意见）
37	广州宇讯信息技术有限公司计算机软件开发合同纠纷二审民事判决书	软件开发	解除合同；迟延履行
38	广州珍棋葩网络科技有限公司、韩冰计算机软件开发合同纠纷二审民事判决书	软件开发	适格主体；解除合同
39	韩景山、郑州冠东科技有限公司买卖合同纠纷二审民事判决书	游戏软件销售服务	质量瑕疵；解除合同
40	济南北斗润通软件有限公司与济南望海康信科技有限公司计算机软件著作权许可使用合同纠纷二审民事判决书	医院信息管理系统软件技术开发	违约责任；解除合同；返还价款
41	济南丰运建筑装饰有限公司、王赟计算机软件开发合同纠纷二审民事判决书	微信公众号商城项目开发	违约责任；解除合同；返还费用

续表

序号	案件名称	案件标的	主要争议——合同履行以及救济
42	贾建英、毕胜虎计算机软件开发合同纠纷二审民事判决书	开发装饰装修商城系统软件	迟延履行；质量瑕疵；解除合同
43	贾明、武汉掌易乐游网络技术有限公司计算机软件开发合同纠纷二审民事判决书	游戏定制开发服务	解除合同
44	江苏易商动力网络科技有限公司、昆山良慧电子商务有限公司计算机软件著作权权属纠纷、计算机软件著作权许可使用合同纠纷二审民事判决书	微信平台运营服务	迟延履行；解除合同；返还价款
45	李定波、广西雄狮投资管理有限公司计算机软件开发合同纠纷二审民事判决书	数据系统和APP应用项目开发	迟延履行；解除合同；返还价款
46	李俊与成都猿团科技有限公司计算机软件开发合同纠纷二审民事判决书	软件开发	迟延履行；解除合同；返还价款
47	南宁千极网络科技有限公司、黄玉明计算机软件开发合同纠纷二审民事判决书	联动中心报警APP开发	迟延履行；质量瑕疵；解除合同
48	广州赞客信息技术有限公司、孔德慎等合同纠纷民事二审民事判决书	软件销售	解除合同；退还价款
49	欧阳利与李善明计算机软件开发合同纠纷二审民事判决书	软件开发	质量瑕疵；解除合同；违约金
50	潘建波与常河计算机软件开发合同纠纷二审民事判决书	开发停车软件	迟延履行；协议解除合同；违约金
51	任烨、杭州星屹科技有限公司计算机软件开发合同纠纷民事二审民事判决书	APP及小程序开发	质量瑕疵；解除合同；违约责任；返还款项

续表

序号	案件名称	案件标的	主要争议——合同履行以及救济
52	陕西导航科技有限公司、陕西中创云车科技有限公司计算机软件开发合同纠纷民事一审民事判决书	汽车维修电子健康档案系统建设维护	质量瑕疵；迟延履行；违约责任
53	陕西汇泽合润医疗科技有限公司与陕西锐力信息技术有限公司计算机软件著作权许可使用合同纠纷二审民事判决书	软件销售、使用许可	质量瑕疵；违约责任；合同解除
54	深圳市新图科技有限公司、珠海市永利玩具厂计算机软件著作权权属纠纷、计算机软件著作权许可使用合同纠纷、计算机软件开发合同纠纷二审民事判决书	软件使用许可	迟延履行；解除合同；返还价款；违约金
55	泰安市诺盾网络有限公司与泰安市迈迪医疗电子有限公司计算机软件著作权权属纠纷、计算机软件著作权许可使用合同纠纷二审民事判决书	软件使用许可	质量瑕疵；解除合同；返还价款；赔偿损失
56	涂四海、徐辉等计算机软件开发合同纠纷民事二审民事判决书	APP 平台开发	迟延履行；解除合同；返还价款
57	网际傲游（北京）科技有限公司计算机软件著作权权属纠纷、计算机软件著作权转让合同纠纷民事二审民事判决书	知识产权收购	迟延或拒绝履行，解除合同；是否支付款项
58	武汉市宇狐网络科技有限公司、梁涛计算机软件开发合同纠纷二审民事判决书	游戏平台建设、维护	迟延履行；解除合同；返还价款
59	武汉市宇狐网络科技有限公司、刘洪计算机软件开发合同纠纷二审民事判决书	游戏平台建设、维护	迟延履行；合同解除；返还价款

续表

序号	案件名称	案件标的	主要争议——合同履行以及救济
60	武汉掌易乐游网络技术有限公司、熊长文计算机软件开发合同纠纷二审民事判决书	游戏软件开发	是否按合同约定完成交付，质量瑕疵；解除合同，退还价款
61	新疆华信投资有限公司、赵亮计算机软件开发合同纠纷二审民事判决书	电子商务平台及软件系统研发	是否按合同约定完成软件开发并交付，质量瑕疵；违约金
62	杨成杰、岑泽伦计算机软件开发合同纠纷二审民事判决书	提供论文网APP客户端	解除合同；返还价款
63	郑州兴宏恒网络科技有限公司、杨振斌计算机软件开发合同纠纷二审民事判决书	游戏软件销售和服务	是否按合同约定完成交付，质量瑕疵；解除合同；返还价款，赔偿损失
64	中山市极服务信息技术有限公司、合肥江湖信息科技有限公司计算机软件开发合同纠纷二审民事判决书	软件开发	迟延履行；解除合同；返还价款
65	杭州慧一舍网络科技有限公司、魏儒家计算机软件开发合同纠纷二审民事判决书	游戏平台产品销售	迟延履行；解除合同
66	南阳新诚科技有限公司与北京信酷网络科技有限公司计算机软件著作权转让合同纠纷二审民事判决书	游戏软件销售	是否按合同约定完成交付；协商解除；返还价款
67	奇创网联（北京）科技有限公司与薛崇明计算机软件开发合同纠纷二审民事判决书	通信软件销售	迟延履行；解除合同；返还价款
68	南京瑜讯信息科技有限公司与王建渊计算机软件开发合同纠纷二审民事判决书	游戏软件销售	质量瑕疵；解除合同；返还价款
69	上海管易云计算软件有限公司、四川天味食品集团股份有限公司计算机软件开发合同纠纷二审民事判决书	软件销售	质量瑕疵；解除合同；价款返还

序号	案件名称	案件标的	主要争议——合同履行以及救济
70	宁波市鄞州亚大汽车管件有限公司与北京合力天下数码信息技术有限公司买卖合同纠纷二审民事判决书	软件销售	质量瑕疵；解除合同；返还价款
71	河南启智信息科技有限公司、金蝶软件（中国）有限公司合同纠纷二审民事判决书	软件销售	迟延履行；解除合同；违约责任
72	上海申脉信息技术有限公司、山东春旭电气有限公司计算机软件著作权权属纠纷、计算机软件著作权许可使用合同纠纷二审民事判决书	软件销售和服务	质量瑕疵；违约责任
73	伊犁华发房地产开发有限责任公司、苏州美房云客软件科技股份有限公司定作合同纠纷民事二审民事判决书	软件定作	是否按合同约定完成交付（修改后的软件是否交付）；合同解除权
74	山东众瑞深思信息系统有限公司与济南银泉科技有限公司买卖合同纠纷二审民事判决书	软件销售	是否按合同约定完成交付；先履行抗辩权
75	广州富天投资有限公司与深圳市多元世纪信息技术有限公司买卖合同纠纷二审民事判决书	软件销售	质量瑕疵（是否按约定完成调试工作）
76	威海市一二三计算机科技有限公司、姜亚状买卖合同纠纷二审民事判决书	软件销售	是否按合同约定完成；解除合同
77	青岛芳滋餐饮管理有限公司、青岛科创互联网络科技有限公司买卖合同纠纷二审民事判决书	软件销售	是否按合同约定完成交付，质量瑕疵；质量瑕疵
78	西安若兮计算机技术开发有限公司与贵州一起飞网络信息有限公司承揽合同纠纷二审民事判决书	系统、源代码定购	是否按合同约定完成交付

续表

序号	案件名称	案件标的	主要争议——合同履行以及救济
79	湖南广能电力有限公司、湖南华自售配电有限公司合同纠纷二审民事判决书	软件销售	欺诈、重大误解；撤销合同；违约金
80	青岛天地经纬国际贸易有限公司、青岛汇信互联技术有限公司技术服务合同纠纷民事二审民事判决书	技术服务	迟延履行；质量问题；解除合同
81	东莞市鑫鸿冠业包装实业有限公司、东莞市丰华计算机有限公司买卖合同纠纷二审民事判决书	软件销售	质量瑕疵；解除合同；返还价款
82	阜阳市路通汽车销售有限责任公司与安徽鸿创信息科技有限公司买卖合同纠纷二审民事判决书	软件销售	质量瑕疵；解除合同

一、数字内容与服务合同的生成

（一）欧盟消费者合同法作为实在法的显现

20 世纪 70 年代初，随着关税同盟的建立，欧共体开始着手进行共同市场的建设并关注欧洲范围内的消费者保护问题，尝试出台一些相关政策。早在 1972 年巴黎峰会期间，各成员国国家元首首次提出在消费者保护领域采取一致的政治行动。欧共体委员会就消费者保护问题制订了共同行动计划，发布了《关于共同体消费者保护和信息政策初步方案》[1]，作为纲领性文件，这个文件包含了消费者：保护安全与健康、保护经济利益、要求赔偿、获得信息与教育以及可以被代表的五项权利。[2]

从 20 世纪 80 年代起，消费者保护法就已经成为欧共体/欧盟立法的一个核心部分，有些成员国也出台了针对消费者保护的规定。之后，欧盟的立法举措进一步推进了各成员国的消费者保护立法的发展。[3]1987 年 7 月 1 日《欧洲单一法案》的生效表明，欧共体开始承认消费者保护已经成为一项独立的政策。[4]消费者共同政策首次被引入《欧洲经济共同体条约》中。该条约第 100a 条款赋予了欧共体委员会采取措施保护消费者利益的建议权力。这一条款也为欧共体消费者政策的制定提供了法律依据。欧共体颁布了以 1985 年《上门销售

---

〔1〕 See Preliminary programme of the European Economic Community for a consumer protection and information policy, Official Journal of the European Communities, C92, Vol. 18, 25. 04. 1975.

〔2〕 参见苏号朋、刘春梅：《欧盟消费者保护立法述评》，载 http://ielaw. uibe. edu. cn/fxlw/gjsflc/djj/12575. htm，最后访问日期：2019 年 12 月 9 日。

〔3〕 参见［德］赖讷尔·舒尔茨：《迈向欧洲私法之路》，金晶等译，中国政法大学出版社 2016 年版，第 201 页。

〔4〕 参见杜志华：《欧盟消费者保护政策的形成与发展》，载《欧洲》2001 年第 5 期。

指令》为代表的一系列指令，正式确立了消费者合同是一种新类型的合同。[1]围绕着消费者的基本权利，欧盟颁布了数十个指令性法律文件，并与传统的合同法制度相结合，以诚实信用原则、合同中的不公平条款、消费者的撤回权、知情权和获得救济权为核心，在欧盟层面建立起较为完备的消费者保护体系。

1993 年随着欧盟的建立，欧盟实现了消除边界、完成内部统一市场的目标，进一步推动了消费者市场的扩大和完善。这一时期，消费者政策已成为欧盟完成统一市场一般性政策的一部分。[2]《欧盟条约》第 129a 条是消费者保护政策的基础性法律规范。2009 年经《里斯本条约》的修改，现行《欧盟运行条约》第 169 条是目前消费者政策的法律基础，该条规定为促进消费者的利益，确保对消费者的高水平保护，联盟应致力于保护消费者的健康、安全和经济利益，促进其知情权、受教育权及为维护其权益而成立消费者组织。《欧盟运行条约》第 12 条（原《欧洲经济共同体条约》第 153 条第 2 款）还特别强调，在确定和实施其他联盟政策及行动时，应重视消费者保护要求。这一条款成为欧盟的一项普遍适用条款，为欧盟的消费者保护提出了一般要求，根据该条款的规定，欧盟在制定其他各项政策时也必须充分考虑消费者的利益。

欧盟内部市场的目标是实现成员国之间的人员、货物、服务和资本的自由流动。为了在整个欧盟内促进经济活动的和谐及均衡发展，确保内部市场的竞争不被扭曲，就必须进行协调与合作，以使各成员国对内部市场的建立和运转具有直接影响的法律、法规和行政规章趋于一致。对于消费者保护领域的立法也是如此。《欧盟运行条约》第 114 条是成员国进行法律协调的法律依据，该条第 1 款规定，欧洲议会和理事会应通过普通立法程序，经咨询经济与社会委员会后，采取措施，使各国依据以内部市场建立和运行为目标的法律、法规或行政性措施制定的条款得以协调。该条第 3 款还特别规定，委员会在根据本条第 1 款的规定提交的关于健康、安全、环境保护和消费者保护的提议中，应以高水平保护为基础，特别要根据科学事实考虑任何新的发展情况。欧洲议会和理事会也应在各自权力范围内尽力实现这些目标。[3]同

---

[1] 参见张学哲：《德国当代私法体系变迁中的消费者法——以欧盟法为背景》，载《比较法研究》2006 年第 6 期。

[2] 参见刘春青：《欧盟加强对消费者利益的保护》，载《世界标准信息》2003 年第 11 期。

[3] 参见程卫东、李靖堃译：《欧洲联盟基础条约：经〈里斯本条约〉修订》，社会科学文献出版社 2010 年版，第 90~91 页。

时，各成员国除遵守欧盟统一的消费者保护政策外，在内容符合《欧盟运行条约》规定且已通报欧盟委员会的前提下，还可自行制定比欧盟统一政策更为严格的消费者保护政策。

欧盟消费者保护法目的在于促使欧盟内部市场的开放、公平和透明，并使消费者对消费品有充分选择的空间，假冒伪劣产品将被排斥在欧盟市场之外，从而使欧盟消费者和相关产业获益。[1]欧盟的消费者合同法不是传统意义上的法典或部门法，而是以《欧盟条约》为依据，通过授权由欧盟理事会和欧洲议会颁布的与消费者合同相关的一系列法律文件的统称。而这类被称为"消费者合同法律文件"（consumer contract acquis）的主要类型是指令性的法律文件，它们与《欧盟条约》和《欧盟运行条约》中的基础性条款共同构成了欧盟消费者保护法。

（二）欧盟合同法的协调和统一

1. 通过指令的方式进行协调

在过去的几十年中，欧共体/欧盟颁布了一系列指令，如《上门销售指令》[2]《包价（一揽子）旅游指令》[3]《消费者合同中的不公平条款指令》[4]《分时度假（不动产分时段使用权）合同指令》[5]《远程销售合同指令》[6]《消费品买卖及担保指令》[7]《消费者信贷合同指令》[8]《电子商务指

---

[1]　参见张彤等：《欧盟经贸法》，中国政法大学出版社 2014 年版，第 116 页。

[2]　See Directive of 20 December 1985 to protect the consumer in respect of contracts negotiated away from business premises（85/577/EEC），Official Journal L 372，31. 12. 1985，pp. 31-33.

[3]　See Directive of 13 June 1990 on package travel，package holidays and package tours（90/314/EEC），Official Journal L 158，23. 6. 1990，pp. 59-64.

[4]　See Directive of 5 April 1993 on unfair terms in consumer contracts（93/13/EEC），Official Journal L 095，21. 4. 1993，pp. 29-34.

[5]　See Directive of the European Parliament and the Council of 26 October l 1994 on the protection in respect of certain aspects of contracts relating to the right to use immovable properties on a timeshare basis（94/47/EC），Official Journal L 280，29. 10. 1994，pp. 83-87.

[6]　See Directive of the European Parliament and the Council of 20 May 1997 on the protection of consumers in respect of distance contracts（97/7/EC），Official Journal L 144，04. 06. 1997，pp. 19-27.

[7]　See Directive of the European Parliament and the Council of 25 May 1999 on certain aspects of the sale of consumer goods and associated guarantees（99/44/EC），Official Journal L 171，07. 07. 1999，pp. 12-16.

[8]　See Directive of 22 December 1986 for the approximation of the laws，regulations and administrative provisions of the member States concerning consumer credit（87/102/EEC），Official Journal L 042，12. 02. 1987，p. 48-53，as amended by Directive 90/88/EEC of 22 February 1990（Official Journal L 061，10. 03. 1990，p. 14-18）and Directive 98/7/EC of 16 February 1998（Official Journal L 101，01. 04. 1998，pp. 17-23）.

令》[1]等，通过这些指令对成员国消费者保护法的协调，从而催生了具有统一性（至少具有协调性）的欧洲民法。欧盟关于合同法中的很大一部分立法（主要是指令）都涉及消费者合同法。

但是迄今为止，这些推动欧盟成员国消费者保护法协调和统一的指令通常只限于特别的对象或者挑选出来的各个零碎问题，诸如包价旅游合同、消费信贷合同、消费者合同中的不公平条款等。这样的统一方法，结果是催生了大量零碎不全的单个规则，而忽视了这些规则背后的共同基础。因此，它们非但没有简化法律的适用，反而可能使原来的问题更难解决。在欧盟《消费者权利指令》出台之前，欧盟消费者保护法的问题主要集中表现在以下三点：第一，不同的消费者指令无论在内容，还是术语上都不统一，这些规则具有分散化和碎片化的缺点；第二，不同的消费者指令中的规则没有形成一般的欧洲合同法，这意味着消费者保护的中心问题可由各国国内法来决定，而各国国内法由于历史原因本身就存在着巨大差异；第三，欧洲消费者保护法之前追求实现最低程度的法律协调，即通过若干指令确定了最低的保护标准，成员国可以自己决定是否引进更为严苛的保护消费者的规定或是维持成员国法律的原状。拥有选择权的众多成员国可以以不同的力度来转化指令，这也造成了各个成员国消费者保护法律的差异。[2]欧盟所需要做的就是在不断完善已有法律协调手段的同时，应当开始选择尝试制定统一法的方式。在20世纪80年代由欧共体指令统一的合同法领域还仅以保护"内部市场"为目的，以消费者保护法为核心发挥着积极作用。但是这种情况发展到21世纪已经大大改变。如何才能将各自独立分散的消费者保护法发展成一个真正"具有内在紧密联系的欧洲合同法（a coherent European Contract Law）"成为欧盟机构最为关注的问题。

在欧洲经济一体化的过程中，为在欧盟各成员国之间形成一个没有贸易壁垒和法律障碍的统一大市场，欧盟实际上从20世纪80年代率先开始在合同

---

[1] See Directive of the European Parliament and the Council of 8 June 2000 on certain legal aspects of information society services, in particular electronic commerce (2000/31/EC), Official Journal L 178, 17. 07. 2000, pp. 1-6.

[2] 参见张彤：《欧洲一体化进程中的欧洲民法趋同和法典化研究》，载《比较法研究》2008年第1期。

法领域进行了协调和统一。[1]进入 21 世纪，随着欧洲一体化的深入和拓展，欧盟合同法协调和统一的步伐也在加快。2004 年 10 月，欧盟委员会在其发布的《欧洲合同法及对现有法的修正：下一步的道路》[2]中声明，与制定欧洲私法的《共同参考框架》（CFR）的准备相平行的一个计划是对欧盟已有的 8 项消费者指令[3]进行重新审查和修改。2007 年欧盟委员会出台了一个《关于复审消费者保护的绿皮书》。[4]它从不同层面提出了一些问题，例如，欧盟消费者保护法的全面协调是否必要，是否应该有一项横向的指令以及是否各种附加的事项都应该被该指令所调整。2008 年欧盟委员会发布了一项《消费者权利指令的建议》，[5]拟将消费者权益保护领域的四个最重要的指令"合并"为一个"单一保护水平的规范"，这对欧洲合同法的成形有着潜在的重大政治意义。2008 年的指令建议背离了之前指令所采用的"最低限度协调化"（Mindestharmonisierung）的方法，运用的是一种"完全协调化"（Vollharmonisierung）的概念。[6]欧盟委员会制定这一指令建议时的原意是实现消费者法律的完全统一，也就是说，成员国的规定将被排除适用，即使它是有利于消费者的。因此，此次欧盟立足于全面协调化这一原则，通过指令试图构建统一的法律框架来促进内部市场的正常运行，并且保持欧盟消费者保护的一贯高水平。[7]

为在内部市场统一并简化有关消费者保护的法律，持续提高消费者保护的水平，欧盟于 2011 年 10 月 25 日正式发布了《消费者权利指令》，[8]该指

---

〔1〕　关于欧洲私法、特别是在合同法领域的统一化进程，请参见张彤：《欧洲私法的统一化研究》，中国政法大学出版社 2012 年版。

〔2〕　European Contract Law and the revision of the acquis: the way forword, COM（2004）651 final.

〔3〕　即以下 8 个指令：Directives85/577, 90/314, 93/13, 94/47, 97/7, 98/6, 98/27, 99/44.

〔4〕　Green Paper on the Review of the Consumer Acquis, COM（2006）744 final.

〔5〕　See Proposal for a Directive of the European Parliament and of the Council on Consumer Right, COM（2008）614.

〔6〕　See Reinhard Zimmermann, "The Present state of European Private Law", *The American Journal of Comparative Law*, Vol. 57, 2009, pp. 486–489.

〔7〕　See Andreas Schwab, Amelie Giesemann, Die Verbraucherrechte-Richtlinie: Ein wichtiger Schrittzur Vollharmonisierung im Binnenmarkt, Europäische Zeitschrift für Wirtschaftsrecht, Heft 7, 2012, S. 253.

〔8〕　See Directive 2011/83/EU of the European Parliament and of the Council of 25 October 2011 on consumer rights, amending Council Directive 93/13/EEC and Directive 1999/44/EC of the European Parliament and of the Council and repealing Council Directive 85/577/EEC and Directive 97/7/EC of the European Parliament and of the Council Text with EEA relevance, OJ L 304, 22. 11. 2011, pp. 64–88.

令首要考虑的是追求消费者法的完全协调化，旨在一种更高的水平上对欧盟消费者进行保护。该指令主要是对以前的《消费者合同中的不公平条款指令》和《消费品买卖及其担保指令》进行了修改，并废除了《上门销售指令》和《远程销售合同指令》。至此，欧盟范围内对消费者进行高水平保护的法律得到了协调。[1]《消费者权利指令》的一个重点是规定了经营者须保障消费者的知情权，就此须承担与消费合同标的相关的信息义务，这些信息要求应当以耐用性媒介保存并提供给消费者。所谓"耐用性媒介"是指消费者所需要的信息储存介质，包括纸张、光盘、U盘、DVD、硬盘、储存卡以及电子邮件等。指令规定了普通消费合同（是指除远程合同和上门销售合同之外的消费合同）的信息要求和远程合同及上门销售合同中的信息要求；还严格规定了合同的形式要求。此外，《消费者权利指令》的另一个重点是规定了消费者的撤销权，并将撤销期限延长为14日。

2011年采用完全协调化方法颁布的《消费者权利指令》还有一个重要的标志就是它在欧盟颁布"欧洲数字单一市场战略"前就关注到了数字交易，并第一次对数字内容合同进行调整，将数字内容合同看成一种"特殊的、自成一类"的合同。

综观上述这些指令，不难发现当代欧盟债法的发展趋势之一就是强化对消费者的保护以及及时回应数字时代的法律需求。由于现代社会中产品或服务的专业化、销售方式的多元化和电子商务的应用给消费者带来便利的同时，也带来了更多的风险。民商事法以及其他法律强化对处于弱者的消费者保护，必然地要限制合同自由，强化生产者和经营者的合同附随义务，特殊情况下甚至赋予消费者反悔的权利，从而突破了罗马法中就有的信守合同的原则。[2]

2. 通过条例的方式进行统一

如上所述，虽然欧盟主要通过颁布指令来间接完成对于成员国私法的协调，但指令本身存在着一些弱点，即转化指令会造成欧盟法律的碎片化，成员国转化指令还需要消耗法律成本。另外，如果成员国法律的保护程度高于

---

[1] See Oliver Unger, Die Richtlinie über die Rechte der Verbraucher-Eine systematische Einführung, ZEuP2012, S. 270-272.

[2] 参见吴越等译：《欧盟债法条例与指令全集》，法律出版社2004年版，第1~5页。

指令，"完全协调"会对该成员国造成不利影响。由于欧盟内部法律分裂的状态被欧盟委员会视为是内部市场的一大障碍，这些障碍都将阻碍欧盟内部市场的建设与运行，并限制竞争。因此欧盟涌现出为法律适用设计出一部可选择的法律文件的想法，而且这项可选择的法律文件具有排除强制性的国内法律适用的特点。为此，制定一部可选择的"欧洲共同买卖法"主要是为了未来消除欧盟成员国间形态各异的合同法规定对欧盟内市场跨国交易造成的阻碍。首先，合同法的不同对跨国交易所造成的障碍影响了企业在欧盟内部市场的竞争力。在欧盟每年的跨国交易中，单单合同法不统一这一因素所造成的成本就高达上百亿欧元。特别是对中小企业来说，这种法律的差异阻碍了跨国间交易，也对扩大在新成员国之间的市场造成干扰。由于企业间跨国交易成本过高，必然导致商品进口数量减少，而消费者可选择的商品类别也就因此减少，而且进口商品由于其稀缺性，其价格也会有所提高。其次，对消费者来说，法律的差异影响了其选择国外商品和服务的积极性。虽然国外市场为消费者提供了更多的选择，并以更低的价格提供更好的商品质量，消费者还是倾向于在国内消费。一个很直接的问题是，如果他们在其他欧盟国家购买的商品不符合他们合同的约定，那么他们应该怎么办呢？由于各国的合同法规定不同，消费者会由此产生不信任感，阻碍了其跨国购买商品和服务。

　　为了考虑将来欧洲合同法的统一，并保证欧盟高水平的消费者保护标准，2010 年 7 月欧盟委员会发布了一份《走向一部为消费者和经营者的欧洲合同法的政策选择绿皮书》（以下简称《2010 年绿皮书》）。[1]就通过欧盟合同法来强化欧盟内部市场交易的几种政策选择方案向公众征询意见。欧盟在这份《2010 年绿皮书》中指出了未来在合同法领域的 7 个可选择的行动方案：保持现有政策不变（不采取任何措施）；将学者研究成果作为立法者的"工具箱"；制定发布一部欧洲共同买卖法的建议；制定发布一部可选择适用的欧洲合同法的条例；制定发布关于一部欧洲共同买卖法的指令；制定发布一部欧洲共同买卖法的条例；制定发布一部欧洲民法典的条例。该《2010 年绿皮书》的发布是为了征询公众以及利益相关者对于未来在欧洲合同法领域采取

---

　　[1]　Green Paper from the Commission on policy options for progress towards a European Contract Law for consumers and businesses, COM（2010）348 final.

行动的几种选择方案的意见和建议，这一征询期从 2010 年 7 月 1 日到 2011 年 12 月 31 日。[1]

欧盟委员会通过该《2010 年绿皮书》表明了要迅速推进欧洲私法统一的意愿。这一点明显地表现在它针对各个方案简短的介绍上，那些不能在短期内立即见效的方案将得不到欧盟委员会的青睐。欧盟委员会收到了各种意见，尤其是各个成员国官方的意见。欧盟委员会于 2011 年 5 月 3 日发布了专家组工作成果《〈欧洲合同法〉专家组草案》，也称为《可行性研究》（Feasibility Study），它是适用于消费者与经营者间合同（Business-to-consumer Contracts）以及经营者与经营者间合同（Business-to-business Contracts）的独立完整的规则体系。[2]公开《可行性研究》之后的近 2 个月时间里，所有感兴趣的团体都发表了看法，欧盟委员会收到了官方或民间许多有价值的意见，草案也进行了几次修改，最终的版本为 2011 年 8 月 19 日发布的版本，[3]这些成果构成了此后《〈欧洲共同买卖法〉条例建议》的基础。

欧洲议会于 2011 年 6 月 8 日对《2010 年绿皮书》作出回应并达成决议，对强化欧盟内部市场并促进其运行，且有利于经营者、消费者、成员国法律体系的手段表示坚决支持。另外，从欧盟委员会的"欧洲 2020"[4]中可以看出，通过一部可选择适用的合同法来简化不同欧盟国家间的经营者之间或其与消费者之间的合同缔结程序是十分必要的。"欧洲数字议程"[5]中也考虑在欧洲合同法中采用可选择适用的手段，以克服欧盟范围内合同法不统一的问题，并强化消费者对电子商务的信任。

由此看来，为了尽量减小法律差异对跨国交易发展造成的阻碍，减轻法律适用造成额外的成本负担，欧盟选择了《2010 年绿皮书》中"制定发布一部可选择适用的欧洲合同法的条例"的这种立法方式。欧盟选择了制定一部

---

[1] Green Paper from the Commission on policy options for progress towards a European Contract Law for consumers and businesses, COM（2010）348 final, p. 13.

[2] 参见《专家组 2010 年 5 月 1 日第一次会议纪要》，载 http://ec. europa. eu/justice/contract/files/first-meeting_ en. pdf, 最后访问日期：2011 年 8 月 20 日。

[3] Contract Law, Work in Progress（CLWP）, Version of 19 August 2011, 载 http://ec. europa. eu/justice/contract/files/feasibility-study_ en. pdf, 最后访问日期：2011 年 8 月 20 日。

[4] The Single Market Act, COM（2011）206 final, 13. 4. 2011, p. 19, and Annual Growth Survey, Annex 1, progress report on Europe 2020, COM（2011）11–A1/2, 12. 1. 2010, p. 5.

[5] The Digital Agenda for Europe, COM（2010）245 final, 26. 8. 2010, p. 13.

可选择的欧洲合同法法律文件的路径，合同各方当事人可以在这部合同法的条例和国内合同法中进行选择。这部合同法的条例或许将第一次使得所有欧盟成员国拥有一部共同的法典化的合同法。[1]

　　欧盟委员会于 2011 年 9 月 11 日发布了《〈欧洲共同买卖法〉条例建议》（Common European Sales Law, CESL）。[2]该条例建议的主要目的是通过促进跨境贸易来改善内部市场的运作。合同当事人可以将他们的合同置于一个统一的法律制度下，这样企业降低大宗交易成本就成为可能。同时，如果依照"欧洲共同买卖法"来订立合同对消费者来说也具有吸引力，那么它应当着眼于一个特别高的消费者保护水平，而这个水平"在总量上超过每一个单个成员国的保护水平"。

　　欧盟如果将来依本建议推行一部"欧洲共同买卖法"，即一部囊括高度协调化的合同法规范和消费者保护规范的独立的、统一的法律规范，并在各成员国作为第二套合同法规范被适用。在跨境交易中，若交易双方对"欧洲共同买卖法"的适用达成一致，对于其规定范围内所有事项，其将成为唯一可适用的法律。在这种情况下将不能再适用另一个国家的合同法。对适用"欧洲共同买卖法"的合意是建立在对同一个成员国法律体系内的两套买卖法规范的选择上的，其与国际私法意义上的法律选择并不相同，也不可将二者相混淆。[3]这种法律选择适用协议不同于国际私法意义上的准据法选用，也因此不得依国际私法进行变更。相反，这种法律选择应被理解为是在依照国际私法规则确定的可适用的国内法中对法律进行选择适用。

　　《〈欧洲共同买卖法〉条例建议》的法律基础为《欧盟运行条约》第 114 条。经 2009 年 12 月 1 日生效的《里斯本条约》修改，现行的《欧盟运行条约》第 12 条（原《欧洲经济共同体条约》第 153 条第 2 款）特别强调：在确定和实施其他联盟政策及行动时，应重视消费者保护要求。这一条款成为欧盟的一项普遍适用条款，为欧盟的消费者保护提出了一般要求。欧盟内部市

〔1〕　Walter Doralt, Rote Karte oder grünes Licht fuer den Blue Button? Zur Frage eines optionalen europäischen Vertragsrechts, Archiv für die civilistische Praxis, Bd. 211, 2011, S. 4.

〔2〕　Proposal for a Regulation of the European Parliament and of the Council on a Common European Sales Law, COM/2011/0635 final-2011/0284.

〔3〕　Proposal for a Regulation of the European Parliament and of the Council on a Common European Sales Law, [COM（2011）635 final].

场的目标是实现成员国之间的人员、货物、服务和资本的自由流动。为了在整个欧盟内促进经济活动的和谐及均衡发展，确保内部市场的竞争不被扭曲，就必须进行协调与合作，以使各成员国对内部市场的建立和运转具有直接影响的法律、法规和行政规章趋于一致。对于消费者保护领域的立法也是如此。该条约第 114 条对成员国法律进行协调进行了一般性规定，其中第 114 条第 3 款特别规定，委员会在根据本条第 1 款的规定提交的关于健康、安全、环境保护和消费者保护的提议中，应以高水平保护为基础，特别要根据科学事实考虑任何新的发展情况。欧洲议会和理事会也应在各自权力范围内尽力实现这些目标。第 169 条规定，为促进消费者的利益，确保对消费者的高水平保护，联盟应致力于保护消费者的健康、安全和经济利益，促进其知情权、受教育权及为维护其权益而成立消费者组织。[1]根据上述规定，欧盟在制定其他各项政策时必须充分考虑消费者的利益。

依据上述基础性法律规范，欧盟制定《〈欧洲共同买卖法〉条例建议》的目标是，通过促进企业间的跨国交易以及消费者的境外消费来巩固以及加强欧盟的内部市场，并使其运行更加顺畅。这个目标可以通过一个独立的、统一的法律规定，即“欧洲共同买卖法”来实现。[2]它将消除由各国不同的法律规范引起的跨境基本自由的障碍，特别是额外的交易成本、经营者在跨境贸易中面临的复杂的法律环境，以及消费者在境外购买商品时对自身权利的不确信。

欧盟委员于 2011 年 9 月会向欧洲议会和欧盟理事会提交了《〈欧洲共同买卖法〉条例建议》。经过讨论，欧洲议会于 2014 年 2 月 26 日作出决议，通过了该条例建议的一读程序。[3]该条例建议由三大部分组成：条例、附录一“欧洲共同买卖法”、附录二标准信息表。[4]其中，“欧洲共同买卖法”在条例

---

〔1〕 参见程卫东、李靖堃译：《欧洲联盟基础条约：经〈里斯本条约〉修订》，社会科学文献出版社 2010 年版，第 61 页、第 91 页、第 113~114 页。

〔2〕 Vorschlag für eine Verordnung des europäischen Parlaments und des Rates über ein Gemeisames Europäisches Kaufrecht, COM（2011）635 11. 10. 2011.

〔3〕 European Parliament legislative resolution of 26 February 2014 on the proposal for a regulation of the European Parliament and of the Council on a Common European Sales Law.

〔4〕 Vorschlag für eine Verordnung des europäischen Parlaments und des Rates über ein Gemeisames Europäisches Kaufrecht, 11. 10. 2011.

建议的附录一，即"欧洲共同买卖法"文本，[1]是整个条例的核心内容。"欧洲共同买卖法"的结构采取了《德国民法典》式的总—分结构，条例的标题中提到的买卖法，实际上还包括合同法的一般规则、提供数字内容的合同、与买卖合同和数字内容提供合同紧密相关（装配、安装、修复、维护）的服务合同，总共分为八个部分。

"欧洲共同买卖法"在一定程度上可与1980年在维也纳签署的《联合国国际货物销售合同公约》（CISG）相比较，不同的是它是一部所谓的"可选择性的法律文件"，即只有在利害相关人选择适用该法律文件时才会发生法律效果的法律文件。推行一部可选择适用的统一的合同法条例被视为几种方案中相较来讲最合适的一种，因为它降低了对其他成员国进行出口的经营者的交易成本，同时保障了消费者有种类更多、价格更便宜的商品可供选择。这样一套法律规范也将提高对消费者在境外购买商品时的保护水平，并使消费者可以确信，他们在整个欧盟范围内都将享有同样的权利。[2]

欧盟的这部"欧洲共同买卖法"不会使欧盟成员国的国内法无法适用，也不能直接适用于所有的在欧盟成员国内缔结的合同，它的适用需要合同双方当事人的共同约定，只有当买卖双方分别明确地声明要选择适用"欧洲共同买卖法"时，它才能得到适用，因而这部共同买卖法被看作是一种"选择性（optional）的法律文件"。根据欧盟委员会的设想，合同双方当事人的选择权可以根据成员国法律的相关适用条款来行使。[3]

"欧洲共同买卖法"规定了该法的具体适用范围。首先，该法适用于商品买卖合同、数字内容合同以及配套的服务合同（如所销售的商品组装和安装等）。其次，该买卖合同还必须是跨国交易合同，这就要求合同双方当事人在不同的国家有办公地点或者分支机构，而这些国家中至少有一个国家必须是欧盟成员国。最后，消费者与经营者为合同一方当事人，经营者必须符合"欧洲共同买卖法"第7条第2款关于"中小型企业"的规定。根据该条规

---

[1]　2014年2月26日欧洲议会通过版本的中文译文，参见张彤、戎璐译：《欧洲共同买卖法》，载梁慧星主编：《民商法论丛》（第58卷），法律出版社2015年版。

[2]　Proposal for a Regulation of the European Parliament and of the Council on a Common European Sales Law, COM（2011）635 final.

[3]　Thomas Rüfner, Sieben Fragen zum EU-Kaufrecht. Oder：Was man heute schon über den Verordnungsvorschlag für ein Gemeinsames Kaufrecht wissen sollte, ZJS Heft 4, 2012, S. 476.

定，这个"选择性的法律文件"主要适用于经营者为卖家（不管是中小型企业还是大型企业）与消费者作为买家之间的买卖合同。除此之外，还适用于两个中小型企业之间缔结的买卖合同，或者一个中小型企业与一个大型企业订立的买卖合同。而对于两个大型企业之间、消费者之间，以及消费者作为卖家而企业作为买家所订立的买卖合同，皆不适用"欧洲共同买卖法"。

"欧洲共同买卖法"被视为欧洲私法一体化和民法法典化进程中的一个非常重要的里程碑，其中体现了一些先进的立法理念：第一，将消费者保护作为欧盟合同法立法的核心目标。"欧洲共同买卖法"既包含了合同法方面的条款，也包含了消费者保护条款，被看作是除了成员国国内合同法之外的第二个合同法。如果合同双方约定适用"欧洲共同买卖法"，那么企业就无须适用合同相对方国家的合同法，因为"欧洲共同买卖法"的规定囊括了合同订立整个周期所涉及的法律问题。因此，企业只需就极个别并不重要的问题根据国内法进行磋商。对于企业和消费者订立的合同来说，也无须首先适用消费者所在国的消费者保护条款，因为"欧洲共同买卖法"中所规定的消费者保护条款在整个欧盟来说已经是保护力度很高的条款了。"欧洲共同买卖法"的适用所带来的一个很直接的效果就是，企业用于了解和适用其他国家合同法的额外交易费用可以节省下来。由此，企业家们可以更好地利用欧盟内部市场并将其业务扩展到国外，同时也能增加企业在内部市场的竞争力。而消费者方面也有了更多的选择，且在消费时对所适用的法律也有了更多的了解和信任。[1]"欧洲共同买卖法"的内容涉及合同法相关的方方面面，其中重点对经营者对消费者的告知义务、消费者的撤回权、买卖双方权利义务和针对买受人的补救措施作出规定，显示了对消费者权利保护的重视。[2]第二，反映了欧盟合同法对新型消费方式和数字化时代的及时回应。长期以来，欧洲大陆法系中的合同之债的法律规范主要以传统的合同类型为调整对象。但是现代信息技术的出现为当下的法律制度提出了新的任务和挑战，法律制度迫切需要与时俱进，以便为技术在不断革新和日新月异的发展过程中出现的种种问题提供适宜的法律解决方案。亟待解决的种种问题之一便是如何将新出

---

[1] Vorschlag für eine Verordnung des europäischen Parlaments und des Rates über ein Gemeisames Europäisches Kaufrecht, 11.10.2011.

[2] Thomas Grädler, Manuel Köchel, Der Kommuissionsentwurf eines Gemeinsamen Europäishen Kaufrechts, Fokus, 2012, S.109-114.

现的以软件等数字内容为对象的债权合同纳入传统的合同类型之中。随着各不同层次和阶段的欧洲私法法律文件的涌现，这一问题现今也逐渐演变为欧洲层面的问题。[1] 若是"欧洲共同买卖法"也适用于数字内容合同，须首先解决如何将这一全新的合同形式纳入欧洲私法传统的合同类型中的问题。欧盟立法者的意图，因此也可以称作是检测他们所制定的法律规定的标准，就是将这一具有经济意义的合同纳入"欧洲共同买卖法"中，以此来创造欧盟的法律安全性并由此推动内部市场的经济增长。[2]

《〈欧洲共同买卖法〉条例建议》是首个明确适用于数字内容合同的买卖合同法律文件。从其内容来看，它对数字内容合同作出了比较详细的规定。[3] 这些规定涵盖了合同缔结前的信息披露、合同缔结、成立以及成立后因各种给付障碍而产生的双方的权利义务关系以及时效等规定，基本上已经覆盖了整个合同的过程。这对电子商务中的经营者来说已经确立了其经营的基本标准，电子商务的经营者可以直接适用"欧洲共同买卖法"来发展境外贸易，无须再考虑各个国家的相关规定，因为"欧洲共同买卖法"给跨国电子商务提供了较为简便和适宜的规则。

内部数字市场的建立是欧盟委员会 2015 年确立的十项优先事项之一，而且欧盟委员会在其工作计划中也明确，其修订原来《〈欧洲共同买卖法〉条例建议》草案的原因是欲完整地发挥电子商务在内部市场的潜力。欧盟委员会的考虑是，首先在电子商务领域实现法律的完全统一，并以此为之后在电子商务以外的领域实现法律的完全统一铺平道路。但是欧盟委员会也同时强调，应当首先寻求制定一部可选择的法律文件，并以此为整个欧洲统一的合同法作准备。这部法律文件应当是可以被合同各方选择适用的，并且是优先于具

---

〔1〕 Bastian Zahn, Die Anwendbarkeit des Gemeinsamen Europäischen Kaufrechts auf Verträge über digitale Inhalte, ZeuP, Heft 1, 2014, S. 81.

〔2〕 Proposal for a Regulation of the European Parliament and of the Council on a Common European Sales Law, COM（2011）635 final, p. 4.

〔3〕《〈欧洲共同买卖法〉条例建议》第 2 条 j 项为数字内容的定义："数字内容"：数据——可能按照客户标准——以数字形式制造和提供，包括视频、音像、图片或文字内容、数字游戏、软件或者使现有的硬件或者软件私人化的数字内容，但是下列除外：a. 电子形式的金融服务，包括网上银行，b. 以电子形式提供的法律或者金融咨询服务，c. 电子形式的健康服务，d. 电子形式的通信服务和通信网络以及与此相关联的设施和服务，e. 赌博，f. 新的数字内容的制造或者消费者对已有数字内容的变更，或者任何其他的由其他使用者的创造进行的干涉……

有强制性的国内法的，只有这样才有可能消除消费合同法领域实际存在的法律分裂的状态。[1]

3. 回归指令方式的协调

《〈欧洲共同买卖法〉条例建议》对欧洲消费者合同法来说是一个具有重大意义的文件，因此它受到了特别的关注，也引起了一场在欧洲最大范围内的批判性讨论。

对于《欧洲共同买卖法》将来能否施行，首先被提出的一个问题是，欧盟是否有权制定这样一个由其成员国共同适用的共同买卖法？欧盟立法权的基本原则是有限的个别授权，只有《欧盟条约》的立法权限条款可以授予欧盟制定法律文件的权利。尽管经过了长时间的讨论，然而有关通过"选择性的法律文件"统一欧洲私法的立法权限的来源争论，目前还未得出结论。欧盟制定该条例建议的立法权限来自《欧盟运行条约》的第 114 条。该条款规定，为了实现欧盟内部市场的功能，欧洲议会以及欧盟理事会可以制定协调各成员国的法律规定以及行政规章的相关措施。[2]如果使用该条款作为授权条款的话，那么根据《欧盟条约》第 16 条第 3 款和《欧盟运行条约》第 294 条的规定，[3]制定的法律需在理事会以绝对多数通过，也即无须经过所有成员国的同意。而另一种比较具有代表性的反对观点是，制定该条例建议的立法权限并不是来自《欧盟运行条约》第 114 条，而是来自第 352 条，[4]该条款为一般条款，适用于在《欧盟条约》中没有其他特别的授予权限条款的情况。根据该条款而制定的法律文件则必须经过欧盟理事会的一致同意才能生效。由于这种差别，适用哪个条款的争议就变得很重要：如果只是根据第 352条，那么《〈欧洲共同买卖法〉条例建议》的通过就必须经过所有欧盟成员国的一致同意，这样一来，要克服的政治藩篱也就明显更高了。

紧接着人们考虑的一个问题是，"欧洲共同买卖法"能够在欧盟境内生效吗？不可否认的是，这样一个试图统一欧洲买卖合同法并为欧洲各国不同的

---

〔1〕 参见张彤：《〈欧洲共同买卖法〉析评》，载王洪亮主编：《中德私法研究》，北京大学出版社 2018 年版，第 219~239 页。

〔2〕 参见张彤主编：《欧盟法概论》，中国人民大学出版社 2011 年版，第 310 页。

〔3〕 参见程卫东、李靖堃译：《欧洲联盟基础条约：经〈里斯本条约〉修订》，社会科学文献出版社 2010 年版，第 38 页、第 150~152 页。

〔4〕 参见程卫东、李靖堃译：《欧洲联盟基础条约：经〈里斯本条约〉修订》，社会科学文献出版社 2010 年版，第 168 页。

法律传统寻找折衷方案的尝试是值得肯定的。然而对欧盟委员会的立法权限来源是否来自《欧盟运行条约》的第114条的争论，也减少了"欧洲共同买卖法"条例实现的可能性。即使撇开这点不谈，也还存在着许多其他因素，会导致"欧洲共同买卖法"条例的实现具有不确定性。首先，每部法律在刚出台时都会面临着法律解释的困难，如果"欧洲共同买卖法"条例以现在的草案颁布，那么里面包含的许多不确定的法律概念将极大地加深法律解释的困难。当然，这些不确定的概念将在司法解释的不断补充中被消除。然而在实践中存在这样的危险，合同当事人对法律的不确定性具有一定的忧虑，于是就放弃约定适用"欧洲共同买卖法"。如果法律的目标群体并未准备好去适用这部法律，那么这部所谓的"选择性的法律文件"也就毫无用武之地了，即便它在最后通过了立法程序。

以上是从具体操作层面讨论"欧洲共同买卖法"条例实施的可能性，而从欧洲私法统一化的角度考虑，"欧洲共同买卖法"条例的施行在欧洲也存在着广泛的争议。固然它对于降低交易成本，促进欧盟成员国间的贸易，消除合同法多元化对市场活动的消极影响有好处。[1]然而，欧盟各成员国的合同法间的巨大差异使得一体化进程困难重重，因为法律趋同并不只是简单地制定一部统一的法典就能解决的，它还涉及不同历史、文化、法律文化以及发展的融合，需要谨慎行事。如果这种选择性的法律文件被实践所拒绝，这对于欧洲合同法统一化进程来说无疑是一个重大的打击。然而如果实践接收了这样一部共同买卖法，那么在未来几年，欧洲的公民、企业家以及法学家们就必须生活在这样一种法律背景之下："欧洲共同买卖法"的缺点和其所带来的成本费用将极大地对欧洲内部市场造成负担。首先欧盟委员会制定该法之时，想要以此减少跨国交易的成本的目标似乎是不太实际的。因为企业还是需要与不同的法律规定中的格式条款打交道，同时为了给消费者提供一个"更高层面的"消费者保护条款，企业方面的保证责任明显增加，然而没有为消费者带来更多的好处，这些都会提高交易的成本。此外，"欧洲共同买卖法"文本的法律漏洞以及技术性缺陷也会继续加深这种法律的不确定性。

2014年2月26日，欧洲议会投票通过《〈欧洲共同买卖法〉条例建议》

---

〔1〕　参见李永军：《合同法发展趋势的前瞻性探索——读〈欧盟合同法一体化研究〉有感》，载《人民司法》2010年第17期。

提案的同时，对此作出了 264 项修订，将该法的适用对象限定于远程销售合同，尤其是电子商务合同。2014 年年底对于这项法案的建议又有了最新的变化，欧盟委员会 2015 年工作计划中又撤回了该项条例建议，[1]表明要对该提案进行重新修订，并把优先重点放在电子商务中的数字产品版权和消费者权益的保护上。[2]欧盟所需要的是尽可能多地对"欧洲共同买卖法"文本进行政治以及法律方面的讨论，并给予一定的时间用于思考。

然而，欧盟推进数字立法的脚步并没有就此停止，而是继续通过可行的立法方式推进其数字立法。在对立法工具进行选择时，欧盟委员会提出了两个全面协调化的指令建议：《数字内容合同指令建议》以及《在线及其他远程买卖合同指令建议》。欧盟表明，选择指令方式使成员国在进行国内法转化时有一定的回旋余地。例如，建议中并未确定关于数字内容合同是属于买卖合同、服务合同、租赁合同，还是自成一类的合同，而是由成员国对此作出决定。而与指令相比，条例则需要十分详细和更加全面的规则，以产生直接适用的法律效力，但结果是对国内法带来十分显著的干涉。因为与指令相比，条例的规定足够详尽且具有直接的适用效力，导致这种完全统一的法律规定在面对技术和经济的快速发展时，没有调整的余地，如面对数字内容的快速发展即如此。

欧盟委员会于 2015 年 5 月 6 日发布了"欧洲数字单一市场战略"，它是欧洲未来建立数字单一市场的正政策文件和指导方针，为欧洲发展数字经济指明了方向，包括三个支柱：（1）为全欧洲的消费者和企业提供更好的数字产品和服务。主要任务是提供消费者和经营者能够信任的跨境电子商务规则、提供让消费者负担得起的高质量跨境物流服务、防止不公平的地域性壁垒、通过一个版权框架使消费者更好地获取数字内容。（2）创造有利于数字网络和服务繁荣发展的环境和法律。主要任务是制定目标一致的电信规则、建立21 世纪的媒体框架、打造适合平台和中介机构的监管环境、发挥在线平台的

---

〔1〕 Arbeitsprogramm der Kommission für 2015, Ein neuer Start, Straßburg, den 16. 12. 2014, COM (2014) 910 final.

〔2〕 实际上，2015 年年底欧盟已经为统一关于提供数字内容和在线销售货物的法律规定而公布了一项立法动议。其中包括两个方面的立法动议：（1）关于数字内容合同的特定方面的指令建议；（2）关于在线货物销售和其他远程销售合同的特定方面的指令建议。上述两项指令建议尤其不再采取建立一整套全面规则的方式，而是包含了一系列有针对性的和完全协调的规则，将适用范围限于在线和其他远程货物买卖，也将适用范围扩展到数字内容合同方面。

作用、打击互联网非法内容等。（3）最大化地挖掘出欧洲数字经济的发展潜力。主要任务是构建数据经济，提高竞争力，建设一个包容性的互联网社会。[1]

针对上述第一支柱，即为全欧洲的消费者和企业提供更好的数字产品和服务，提供消费者和经营者能够信任的跨境电子商务规则，欧盟公布了一项关于数字内容提供和在线货物销售统一规则的立法动议，其中包括两个方面的指令建议：（1）关于提供数字内容合同的特定方面的指令建议；（2）关于在线货物销售及其他远程销售合同的特定方面的指令建议。此后欧盟委员会作为动议机关于 2015 年 12 月发布了这两个指令的建议《数字内容合同指令建议》[2]和《在线及其他远程买卖合同指令建议》[3]正如欧盟委员会在 2015 工作计划中宣布的，这两项指令建议吸取了在《〈欧洲共同买卖法〉条例建议》谈判过程中的经验。这两项建议并没有采取可选择的模式和建立一套全面规则的方式，而是以一系列有针对性的规则的完全协调为目标。此外，这两项指令建议采纳了许多《〈欧洲共同买卖法〉条例建议》在欧洲议会一读程序时的修改方案，其调整适用范围一方面限制于在线销售和其他远程货物销售，另一方面扩大至非以金钱为对价的数字内容提供。[4]

根据当时发布指令建议时的调查，欧洲 39% 非跨境在线销售的经营者提出，成员国之间合同法的差异是跨境交易的最大障碍。[5] 49% 的欧盟在线零售商和 67% 的正试图或考虑跨境在线销售的经营者提到的，这样的障碍特别表现在商品瑕疵担保的救济方面。[6]不同国家合同法的差异，给零售商带来了大约 40 亿欧元的一次性成本，这样的成本给微型企业和中小企业带来的影

---

〔1〕 European Commission Communication, A Digital Single Market Strategy for Europe, COM（2015）192 final, 06. 05. 2015.

〔2〕 Proposal for a Directive of the European Parliament and of the Council on Certain Aspects Concerning Contracts for the Supply of Digital Content, COM（2015）634 final, 09. 12. 2015.

〔3〕 Proposal for a Directive of the European Parliament and of the Council on Certain Aspects Concerning Contracts for the Online and Other Distance Sales of Goods, COM（2015）635 final, 09. 12. 2015.

〔4〕 Proposal for a Directive of the European Parliament and of the Council on Certain Aspects Concerning Contracts for the Supply of Digital Content, COM（2015）634 final, 09. 12. 2015.

〔5〕 Flash Eurobarometer 396 „ Retailers attitudes towards cross-border trade and consumer protection "（2015）.

〔6〕 Flash Eurobarometer 396 „ Retailers attitudes towards cross-border trade and consumer protection "（2015）.

响最为严重。这两个指令建议的目的是创造一个企业友好型的环境，使企业跨境交易更加便利，特别是微型企业和中小型企业。经营者在本国市场外销售商品或数字供应时，应当获得法律的确定性，且避免承担由各国法律差异带来的不必要的成本支出。2014 年，出于私人目的使用互联网的消费者中，只有 18%的人在线从欧盟其他国家购买商品，55%的人则会在线从本国购买。[1]消费者由于在数字内容有瑕疵时缺少明确的合同权利而处于劣势地位。数字内容包含的产品类型多样，如音乐、电影、应用程序、游戏、影像、云存储服务以及体育节目转播等。据估计，在过去的 12 个月中，由于数字内容的问题以及解决这些问题而花费的时间成本给消费者带来的经济损失为 90 亿至110 亿欧元。而且消费者在跨境购物时并没有信心，其中一个主要原因是消费者们并不能确定他们的关键合同权利。因此，他们将错失有利的机会，只能以竞争力较弱的价格来选购有限的产品。[2]

由于在向其他成员国的消费者提供数字内容时，经营者会面临不同的消费者合同方面的强制性法律规定。在不同的成员国，对数字内容供应合同的归类也不同。在不同国家，这些合同被归为买卖合同、服务合同或者租赁合同。另外，在同一个成员国内部，根据不同的数字内容对这些合同也进行不同的归类。[3]因此对于数字内容来说，在成员国之间，消费者的权利义务和救济措施都是不同的。其中一些规定是非强制性的，并且可以通过各方协商来修改，而其他的规定则是强制的。另外，一些成员国近期为数字内容供应合同颁布了专门的强制性法律，或者开始对此进行准备工作。但是这些规定在范围和内容上都是不同的。其他的成员国也有可能会追随这一趋势。如果欧盟不采取行动，经营者将会面临关于提供数字内容的消费者合同法方面越来越多的不同强制性规定。

现存和即将出现的法律碎片化为经营者进行跨境交易制造了障碍，因为他们必须承受与合同法有关的成本。经营者也不确定他们的权利和义务。这

---

〔1〕 Eurostat-Erhebung zur IKT-Nutzung in Privathaushalten und durch Privatpersonen (2014).

〔2〕 Proposal for a Directive of the European Parliament and of the Council on Certain Aspects Concerning Contracts for the Supply of Digital Content, COM（2015）634 final, 09. 12. 2015.

〔3〕 Comparative Study on cloud computing contracts (2014) DLA Piper, p. 33 and seq.；Analysis of the applicable legal frameworks and suggestions for the contours of a model system of consumer protection in relation to digital content contracts；University of Amsterdam：Centre for the Study of European Contract Law（CSECL）Institute for Information Law（IViR）；Amsterdam Centre for Law and Economics（ACLE）p. 32 and seq.

将直接影响内部市场的建立和运行，且对竞争有负面影响。由于数字内容在线市场的不统一性，由市场来克服这一碎片化十分困难。[1]

因此，上述《数字内容合同指令建议》特别强调了其总体目标是，促进欧洲数字单一市场的快速增长，使消费者和经营者都能从中获益。在消除跨境交易中与合同法相关的关键障碍时，建议中的规则将致力于减少由于复杂的法律规定给消费者和经营者带来的不确定性以及由于各国合同法的差异给经营者带来的额外成本。本项指令建议目的是通过提供具有明晰消费者权利的统一规则来提升消费者的信心。

经过多年的讨论和修改，欧盟最终于2019年5月20日正式发布了《数字内容与服务合同指令》和《货物买卖合同指令》两个指令。为了保持在全球市场上的竞争力，欧盟需要完善其内部市场的功能，并成功应对当今日益由技术驱动的经济所带来的多重挑战。"欧洲数字单一市场战略"制定了一个全面性框架，这一举措有利于将数字维度整合到内部市场。[2]

跨境电子商务是跨境企业对消费者商品销售最重要的组成部分，也是欧盟内部市场增长的关键驱动力。然而，它的增长潜力远未得到充分开发。为了加强欧盟竞争力并促进经济增长，欧盟需要迅速采取行动，鼓励经济参与者充分发挥内部市场的潜力。只有所有市场参与者都能顺利地进行跨境货物销售，包括跨境电商交易，才能充分发挥内部市场的潜力。而合同法对合同进行了规定，市场参与者达成交易的依据是决定是否跨境提供商品的商业决策的关键因素之一，这些合同法的规则也会影响消费者接受和信任电子商务的意愿。

互联网技术的进步导致了包含数字内容与数字服务的商品市场及与这些内容相关联的商品市场的不断增长。由于这类产品的数量不断增加，加之消费者对此类产品的接受程度迅速上升，因此欧盟层面上必须采取行动，以确保消费者受到高水平的保护，并且提高适用于此类产品买卖合同的规则的法律确定性。这一举措将有助于增强消费者和销售者的信任。因此，欧盟对所

---

〔1〕 Proposal for a Directive of the European Parliament and of the Council on Certain Aspects Concerning Contracts for the Supply of Digital Content, COM（2015）634 final, 09. 12. 2015.

〔2〕 Richtlinie（EU）2019/771 des Europäischen Parlaments und des Rates vom 20. Mai 2019 über bestimmte vertragsrechtliche Aspekte des Warenkaufs, zur Änderung der Verordnung（EU）2017/2394 und der Richtlinie 2009/22/EG sowie zur Aufhebung der Richtlinie 1999/44/EG, 22. 5. 2019.

有成员国协调的消费者合同法规则将使企业（尤其是中小企业）更容易在欧盟范围内提供数字内容或数字服务，它们为企业在其他成员国提供数字内容或数字服务时，可以提供稳定的合同法环境，它们还将防止因专门监管数字内容和数字服务国家的新立法而产生的法律的碎片化。消费者也可以从提供的高水平保护的数字内容和数字服务的协调规则中受益。当他们从欧盟的任何地方接收或访问数字内容或数字服务时，他们应该拥有明确的消费者权利，拥有这些权利能增加他们获取数字内容或数字服务的信心。[1]

《数字内容与服务合同指令》主要就经营者与消费者关于数字内容提供或数字服务合同的某些要求制定共同的规则，主要规定了数字内容或数字服务与合同的适约性、缺乏适约性时的补救措施、实施这些补救措施的方式等规则。该指令对消费者合同法的一些基本要素作出全面协调的规定，从而使企业（尤其是中小企业）更容易在其他成员国提供其产品。通过充分协调关键规则，消费者也将受益于高水平的消费者保护。[2]

《数字内容与服务合同指令》解决不同类别的数字内容、数字服务及其提供的问题。为了适应快速的技术发展和保持数字内容或数字服务概念的面向未来性，本指令尤其应涵盖计算机程序、应用程序、视频文件、音频文件、音乐文件、数字游戏、电子书或其他电子出版物，以及允许以数字形式创建、处理、访问或存储数据的数字服务，包括软件服务，例如视频和音频共享以及其他文件托管、文字处理或在云计算环境和社交媒介中提供的游戏。由于提供数字内容或数字服务的方式多种多样，例如在有形媒介上传输、消费者在其设备上下载、网络流媒体、允许访问数字内容的存储能力或访问社交媒体，本指令应独立于用于传输或访问数字内容或数字服务的媒介而适用。但是本指令并不适用于互联网接入服务。

欧盟之所以将其作为一种合同类型进行规定，主要有两个原因：第一是基于推动欧盟数字经济发展的需要。在数字内容与服务交易过程中，消费者和经

---

〔1〕 Richtlinie（EU）2019/770 des Europäischen Parlaments und des Rates vom 20. Mai 2019 über bestimmte vertragsrechtliche Aspekte der Bereitstellung digitaler Inhalte und digitaler Dienstleistungen, 22. 5. 2019. 本指令中文译文，参见张彤译：《欧洲议会和欧盟理事会〈关于数字内容提供和数字服务合同特定方面的（EU）第 2019/770 号指令〉》，北京大学出版社 2022 年版，第 348~349 页。

〔2〕 Richtlinie（EU）2019/770 des Europäischen Parlaments und des Rates vom 20. Mai 2019 über bestimmte vertragsrechtliche Aspekte der Bereitstellung digitaler Inhalte und digitaler Dienstleistungen, 22. 5. 2019, Erwägungsgrund 11.

营者的权利界限比较模糊，欧盟各国在这个领域存在法律空白，这会导致消费者在跨境交易中遇到各种困难，不利于欧盟内部市场经济的发展。欧盟针对该类交易内容进行特殊立法，旨在促进数字产品的跨境贸易，并使其法律更加透明和安全，以简化和规范数字内部市场。[1]第二是基于推动欧洲法律协调和统一的必要。在欧盟进行《欧洲合同法原则》[2]《〈欧洲共同买卖法〉条例建议》的尝试之后，欧盟立法者希望通过《数字内容与服务合同指令》规范一个迄今为止在大多数成员国中没有明确法律规定的领域，并通过有选择性地在给付障碍法和解除权等方面在跨合同类型的基础上进行统一规定，为未来形成统一的符合现代发展趋势的欧洲合同法提供基础。[3]总之，欧盟《数字内容与服务合同指令》的立法是以消费者保护为核心，以全面协调的方式，建立一个在欧盟内关于数字内容与服务合同的统一的消费者保护法律体系。

综上所述，数字内容与服务合同这一合同类型是在欧盟立法者的推动下诞生的，数字内容和数字服务是数字经济发展过程中出现的新型交易内容，将这种以数字内容和数字服务作为交易内容的情况统称为数字内容与服务合同，这种称谓最初也只是在欧盟法的语境之下，随着各个成员国对欧盟指令的转化才开始嵌入欧盟成员国的私法体系之中。

（三）《数字内容与服务合同指令》与《货物买卖合同指令》的关系

为适应因数字环境频繁变化而产生的数字内容与服务，并缩小规制漏洞，《数字内容与服务合同指令》和《货物买卖合同指令》制定了与"数字内容""数字服务""带有数字元素的货物"相关的规则。尽管这两个指令的适用范围和侧重点不同，但它们在数字元素的货物这一领域有着交集并对此作出了相应的规定。在对欧盟指令实际转化中，各成员国在转化时也多将两个指令同时转换。因此在讨论《数字内容与服务合同指令》时，不可避免地要将《货物买卖合同指令》共同讨论。

《数字内容与服务合同指令》和《货物买卖合同指令》这两个指令既有

---

〔1〕　Dennis-Kenji Kipker, Stärkung des digitalen Verbraucherschutzes durch zwei neue EU Richtlinien, MMR 2020, Rn. 71.

〔2〕　The Principles of Europcan Contract Law 2002（Parts I, Ⅱ, and Ⅲ）.

〔3〕　Christiane Wendehorst, Die Digitalisierung und das BGB, NJW 2016, Rn. 2611; Michael Grünberger, Verträge über digitale Güter, AcP 2018, S. 219.

区别，又是一种相互补充的关系。前者规定了有关提供数字内容或数字服务合同的某些要求，而后者则对有关货物销售合同进行了规定。因此，为了满足消费者的期望并确保为数字内容交易者提供清晰、简单的法律框架，《数字内容与服务合同指令》还应适用于以有形媒介，如 DVD、CD、U 盘和存储卡，提供的数字内容以及有形媒介本身，但该有形媒介仅用作该数字内容的载体。[1]而《货物买卖合同指令》主要适用于货物销售合同，包括带有数字元素的货物。就带有数字元素的货物的概念而言，是指与数字内容或数字服务相结合或相关联的货物，如果缺乏该数字内容或数字服务，货物就无法发挥其功能。以这种方式与货物相结合或相关联的数字内容或数字服务，如果是与销售合同项下的货物一起提供的，则应属于《货物买卖合同指令》的适用范围。本指令涉及合同中在克服内部市场中的合同法障碍方面特别重要的内容。由此，适约性要求、消费者在货物不适约情况下可获得的救济措施以及行使的基本方式应完全统一，并应较欧盟《消费品买卖及担保指令》能进一步提高消费者的保护水平。《货物买卖合同指令》是对 2011 年的《消费者权利指令》的补充，《消费者权利指令》主要规定了合同前的信息义务、远程销售合同及在营业场所外订立的合同中的撤销权以及货物的交付和风险负担条款，而《货物买卖合同指令》进一步引入了货物适约性规则、不适约情况下的救济措施以及行使这些措施的规则。[2]

总之，《数字内容与服务合同指令》与《货物买卖合同指令》的相关性主要体现在，《数字内容与服务合同指令》适用于数字内容或数字服务的供应，包括以有体数据载体提供的数字内容，如 DVD、CD、U 盘和存储卡，以及有体数据载体本身，前提是该有体数据载体仅用作数字内容的载体。相比之下，《货物买卖合同指令》适用于货物买卖合同，包括需要数字内容或数字服务才能行使其功能的具有数字元素的货物的买卖合同。两个指令互为补充，共同构成数字合同法的规则。

---

〔1〕 Richtlinie (EU) 2019/770 des Europäischen Parlaments und des Rates vom 20. Mai 2019 über bestimmte vertragsrechtliche Aspekte der Bereitstellung digitaler Inhalte und digitaler Dienstleistungen, 22. 5. 2019, Erwägungsgrund 19, 20.

〔2〕 Richtlinie (EU) 2019/771 des Europäischen Parlaments und des Rates vom 20. Mai 2019 über bestimmte vertragsrechtliche Aspekte des Warenkaufs, zur Änderung der Verordnung (EU) 2017/2394 und der Richtlinie 2009/22/EG sowie zur Aufhebung der Richtlinie 1999/44/EG, 22. 5. 2019, Erwägungsgrund 10, 11.

二、数字内容与服务合同的界定

（一）"数字内容与数字服务"的概念

厘清"数字内容与数字服务"的概念，辨明与其他相似概念的区别，是理解数字内容与服务合同的前提。

1. 欧盟立法中的"数字内容与数字服务"概念

如前所述，2011 年欧盟《消费者权利指令》立法理由第 19 条与 2011 年《〈欧洲共同买卖法〉条例建议》第 2 条第 10 项均对"数字内容"的概念作出说明和界定。欧盟《消费者权利指令》立法理由第 19 款说明："数字内容"是指那些以数字化形式制造并提供的数据，比如电脑程序、应用程序（Apps）、游戏、音乐、视频或文本等，并不取决于它是以下载，还是实时播放（流）的形式，或是以有体数据载体，还是以其他形式取得的。提供数码内容的合同也属于本指令的适用范围，如果数码内容是以有体数据载体如 CD 或 DVD 获取的，这些载体就被视为本指令意义上的商品。[1]《〈欧洲共同买卖法〉条例建议》第 2 条第 10 项规定，以数字形式产生并提供的数据，不论其是否根据购买者的要求制作，包括视频、音频、图片和可读写的数字内容、数字游戏、软件以及其他能够使现有的硬件或软件个性化（Personalize）的数字内容。[2]两项法规均共同规定，"数字内容"是"以数字化形式产生并提供的数据，如计算机程序、应用程序、游戏、音乐、视频等"。[3]不过《消费者权利指令》强调"数字内容"既可通过在线下载或者流媒体的方式获取，

---

〔1〕 „ Digitale Inhalte bezeichnet Daten, die in digitaler Form hergestellt und bereitgestellt werden, wie etwa Computerprogramme, Anwendungen（Apps）, Spiele, Musik, Videos oder Texte, unabhängig davon, ob auf sie durch Herunterladen oder Herunterladen in Echtzeit（Streaming）, von einem körperlichen Datenträger oder in sonstiger Weise zugegriffen wird ". Richtlinie（EU）2011/83 des Europäischen Parlaments und des Rates vom 25. 10. 2011 über die Rechte der Verbraucher, 22. 11. 2011, Erwägungsgrund 19.

〔2〕 „ Digitale Inhalte sind Daten, die – gegebenenfalls auch nach Kundenspezifikationen – in digitaler Form hergestellt und bereitgestellt werden, darunter Video-, Audio-, Bildoder schriftliche Inhalte, digitale Spiele, Software und digitale Inhalte, die eine Personalisierung bestehender Hardware oder Software ermöglichen ". Vorschlag für eine Verordnung des Europäischen Parlaments und des Rates über ein Gemeinsames Europäisches Kaufrecht, KOM（2011）635, 11. 10. 2011, § 2.

〔3〕 Richtlinie（EU）2011/83 des Europäischen Parlaments und des Rates vom 25. 10. 2011 über die Rechte der Verbraucher, 22. 11. 2011, Erwägungsgrund 19; Vorschlag für eine Verordnung des Europäischen Parlaments und des Rates über ein Gemeinsames Europäisches Kaufrecht, KOM（2011）635, 11. 10. 2011, § 2.

亦可通过有形载体或其他方式取得；[1]《〈欧洲共同买卖法〉条例建议》强调"数字内容"既可是根据购买者的要求定作的，亦可不是。[2]

2015年12月欧盟出台的《数字内容合同指令建议》则拓展了"数字内容"的范围，将数据处理服务、数据交互服务纳入数字内容的范围之中，其第2条第1款规定，"数字内容"是以数字形式制作并提供的数据，包括视频和音频内容、应用、数字游戏以及其他软件；对消费者提供的数据以数字形式进行制作、加工和存储的服务；实现消费者与其他用户以数字形式提供的数据的共同使用或对此种数据实现其他交互使用的服务。[3]

《数字内容合同指令建议》的立法目的是对具有"数字"特征的数据及相关服务制定统一规则，试图提取一个上位概念作为该统一规则的调整对象。数据处理服务与数据交互服务都是围绕数据产生的服务，实现服务的手段都是利用数字构建逻辑处理关系，因此可被归为数字内容中的"内容"。这种规范方式可能导致数字内容的性质难以界定。《消费者权利指令》和《〈欧洲共同买卖法〉条例建议》将数字内容放置于买卖合同项下，使数字内容具备商品属性，与归属于服务合同调整对象的数字服务区分开来。[4]但《数字内容合同指令建议》无意探讨数字内容与服务合同的性质，只是想通过扩充"数字内容"的范围来扩大该规范的适用范围。[5]这就产生了与其他指令规范的冲突，也导致成员国在转化时可能面临更复杂的合同分类问题。

考虑到这一点，2019年5月欧盟正式出台的《数字内容与服务合同指令》再次将"数字内容"与"数字服务"拆分，该指令第3条规定，数字内

---

[1] Richtlinie (EU) 2011/83 des Europäischen Parlaments und des Rates vom 25.10.2011 über die Rechte der Verbraucher, 22.11.2011, Erwägungsgrund 19.

[2] Vorschlag für eine Verordnung des Europäischen Parlaments und des Rates über ein Gemeinsames Europäisches Kaufrecht, KOM (2011) 635, 11.10.2011, § 2.

[3] Vorschlag für eine Richtlinie des Europäischen Parlaments und des Rates über bestimmte vertragsrechtliche Aspekte der Bereitstellung digitaler Inhalte, KOM (2015) 634 final, 10.12.2015, § 2.

[4] Richtlinie (EU) 2011/83 des Europäischen Parlaments und des Rates v. 25.10.2011 über die Rechte der Verbraucher, 22.11.2011, Erwägungsgrund 19; Vorschlag für eine Verordnung des Europäischen Parlaments und des Rates über ein Gemeinsames Europäisches Kaufrecht, KOM (2011) 635, 11.10.2011, § 9.

[5] "考虑到未来的发展，数字内容这一概念的定义被刻意广泛化，从而避免不正当竞争，并创造同等的出口条件"。Vorschlag für eine Richtlinie des Europäischen Parlaments und des Rates über bestimmte vertragsrechtliche Aspekte der Bereitstellung digitaler Inhalte, KOM (2015) 634 final, 10.12.2015, Erwägungsgrund 2.

容是以数字形式产生并提供的数据；[1]而"数字服务"是对消费者提供的数据以数字形式创建、处理或存储的服务；实现消费者和其他用户以数字形式进行数据交互的服务，常见服务类型如数据库和云计算服务、Facebook 等社交网络服务、电子拍卖、电子交易平台（亚马逊、eBay）、博客门户和Twitter、流媒体服务或 3D 打印服务等。[2]《数字内容与服务合同指令》将"数字内容"与"数字服务"拆分后并列为一个概念，并放弃为两项调整对象提取一个上位概念，将"数字内容与服务"作为同类合同标的物予以规制。该种做法既解决了与其他指令规范的冲突，又保证了适用范围不变，同时也使得成员国转化时可在本国法律语境下对"数字内容"与"数字服务"的概念进一步补充、区分和解释，使该指令更好地融入本国法之中。

　　从立法技术来看，欧盟立法者界定"数字内容与服务"概念的技术是一以贯之的，即以"抽象的基础特征描述"加"开放式举例"的方式对其概念进行界定，这是由于数字内容与服务具有多样性、复杂性的特征，且数字行业本就是一个正处在旺盛发展期并具有极高创新性的领域。这种规范方式避免了法律条文的严苛和僵化，可以有效延展法律条文的生命力，使该法律条文不至于很快被时代淘汰。除此之外，由于数字内容与服务的细分类别与提供渠道较为多样，通过这样的规范方式，可以模糊各类数字内容与服务之间的界限，使得商家不会因为提供渠道或生产设计方式的不同获得竞争上的优势或劣势，[3]避免因立法技术不完善带来不正当竞争后果，为市场上可以被规范的数字内容与服务创造同等条件。

　　我们可以从表 3 中，看出欧盟立法中的"数字内容"概念的变化。

---

〔1〕　Vorschlag für eine Richtlinie des Europäischen Parlaments und des Rates über bestimmte vertrags-rechtliche Aspekte der Bereitstellung digitale Inhalte, KOM（2015）634 final, 10. 12. 2015, § 3.

〔2〕　"如能够以数字形式创建、处理或存储数据并访问这些数据的数字服务，包括作为服务的软件，如视频或音频内容的共享以及云计算环境和社交媒体上提供的其他形式的文件托管、文字处理或游戏"。Richtlinie（EU）2019/770 des Europäischen Parlaments und des Rates v. 20. 5. 2019 über bestimmte vertragsrechtliche Aspekte der Bereitstellung digitaler Inhalte und digitaler Dienstleistungen, 22. 5. 2019, Erwägungsgrund 19.

〔3〕　Staudenmayer, Auf dem Weg zum digitalen Privatrecht-Verträge über digitale Inhalte, NJW 2019, Rn. 2497 ff.

表 3　欧盟立法中的"数字内容"概念

立法文件	概念定义	定义要素
2011 年欧盟《消费者权利指令》立法理由第 19 条	数字内容：以数字形式产生和提供的数据，如计算机程序、应用程序、游戏、音乐、视频或文本，无论它们是通过下载或流媒体获取，还是通过有形媒介或通过任何其他方式获得。	①以数字形式产生和提供 ②获取媒介不受限制（媒介中立性）
2011 年《〈欧洲共同买卖法〉条例建议》第 2 条	数字内容：以数字形式产生并提供的数据，不论是否根据买方的要求而制作，包括视频、音频、图片和可以读取编写的数字内容、数字游戏、软件以及其他能够使得现有的硬件或者软件个性化的数字内容。	以数字形式产生和提供
2015 年《数字内容合同指令建议》第 2 条	数字内容＝（数字内容+数字服务），以数字形式制作并提供的数据，包括视频和音频、应用、数字游戏和其他软件；对消费者提供的数据以数字形式进行制作、加工和存储的服务；实现消费者与其他用户的数据共享或其他交互服务。	①数据本身：以数字形式产生并提供 ②数据服务：数据制作、加工、存储；数据共享、交互
2019 年《数字内容与服务合同指令》	数字内容：以数字形式产生并提供的数据。数字服务：对消费者提供的数据以数字形式创建、处理或储存的服务，实现消费者和其他用户以数字形式进行数据交互的服务。	①：数据本身：以数字形式产生并提供。 ②数据制作、加工、存储；数据共享、交互

2. 与几个相似概念的辨析

数字经济领域中经常出现的概念主要是"数字产品""数字化商品""带有数字元素的货物""电子信息产品"等概念，而且如前所示，"数字产品"和"数字化商品"也出现在我国的相关立法草案中。

（1）"数字产品"

"数字产品"的概念目前尚未统一，或可从狭义和广义两个方面来理解。"数字产品"的狭义含义，是指以数字格式（二进制格式）存在，可以为计算机进行处理或存储的基于信息的交换物，[1]此时"数字产品"可等同于

---

〔1〕　参见胡春、吴洪：《网络经济学》，北京交通大学出版社 2015 年版，第 30~31 页；韩耀、唐红涛、王亮：《网络经济学》，高等教育出版社 2016 年版，第 35 页。2013 年 ITC 发布的《美国数字贸易与全球经济》也提及"数字产品只包括以数字编码存在的电子形式传输的产品"。United States International Trade Commission July 2013, Digital Trade in the U. S. And Global Economies, Part 1, USITC Publication 4415.

"电子信息产品"。[1]"数字产品"的广义含义，既包括以电子形式传输的产品，也包括依托于一定的物理载体而存在的信息产品，还包括基于数字技术产生并将其转化为数字形式通过网络来传播和收发的电子产品。[2]目前"数字产品"在我国立法中并没有明确的法律定义。[3]

与欧盟"数字内容与服务"的概念相比对，"数字产品"更倾向于强调商品性质，突出该对象是可被交易的信息产品这一特质。狭义的"数字产品"仅限于在线传输的产品，范围较"数字内容与服务"更窄；广义的"数字产品"还包括载有数字技术的有形商品，与欧盟《货物买卖合同指令》中带有数字元素的货物概念相近，范围虽较"数字内容与服务"更广，但是否带有数字功能的产品均可成为"数字产品"？"数字产品"的外延该如何界定？目前仍未出现统一的解答方式，致使广义概念存在范围不清的问题。

（2）"数字化商品"

"数字化商品"强调商品的数字化形式，有学者认为，"数字化商品"包括有形商品和无形商品，有形商品是指基于数字技术的电子产品，无形商品是指狭义的"数字产品"。[4]我国《消费者权益保护法》第25条采用的是"数字化商品"的概念，列举了"音像制品、计算机软件"的实例，提供该"数字化商品"既可以是通过线上的方式，亦可以是通过CD、DVD等有形载体。[5]

"数字化商品"与"数字内容"的概念具有一定的相似性，但两者并不完全等同。有些没有相应实物形式的产品或服务以知识和过程的形式存在也可成为"数字内容"，因此，数字内容可能是数字化商品，但也可能不是数字化商品；部分数字化商品，也不一定能够成为数字内容，比如数字化武器、

---

〔1〕《最高人民法院关于审理买卖合同纠纷案件适用法律问题的解释》第2条规定，标的物为无须以有形载体交付的电子信息产品，当事人对交付方式约定不明确，且依照《民法典》第510条的规定仍不能确定的，买受人收到约定的电子信息产品或者权利凭证即为交付。

〔2〕参见陈雪：《数字产品研究综述》，载《天中学刊》2007年第2期。

〔3〕我国曾在《民法典（草案）》（2017年8月8日室内稿）及《电子商务法（草案）》中使用"数字产品"一词，但均在正式版本中删除了该表述。

〔4〕参见胡春、吴洪：《网络经济学》，北京交通大学出版社2015年版，第31页。

〔5〕《消费者权益保护法》第25条规定，经营者采用网络、电视、电话、邮购等方式销售商品，消费者有权自收到商品之日起七日内退货，且无须说明理由，但下列商品除外：……（三）在线下载或者消费者拆封的音像制品、计算机软件等数字化商品……

数字化家电等。[1]

相较而言，"数字产品""数字化商品""电子信息产品"的概念更囿于商品特性之中，并且存在定义范围过窄或不清晰的问题。欧盟《数字内容与服务合同指令》采用"数字内容"的概念，而没有采用实践中常见的"数字产品"这一称谓，更具立法科学性。首先，软件类型是区分"数字产品"和"数字内容"概念的一项特别示例。原则上，软件可在有形载体上交付，例如在 CD 盘上进行交付。但是，软件买卖和软件租赁常常与经营者的其他数字形式的给付相互关联，例如，销售者在销售软件之外，亦负有防病毒软件的升级义务。因此，单纯以"有形数字载体的可交付性"标准来判断软件类型，具有不确定性。[2]其次，从"数字内容"的管理组织形式而言，若供应商签订"数字内容"合同时亦为用户提供相应数字支持设施，例如社交网络平台，那么合同就兼具服务合同的特征性给付。此时若仍限于"数字产品"概念，易自我设限于买卖合同类型。最后，履行给付的时限和频率可能会限定"数字内容"概念，尤其是可以将一次性即时提供的内容理解为数字内容，进而排除继续性债务关系，由此将产生区分问题。例如，数字流常可在一定时段内访问相关链接，并在该时限内允许多次访问。若不将此种给付视为数字内容合同，就可能导致欧盟《消费者权利指令》第 9 条、第 10 条和类似《德国民法典》第 356 条第 5 款有关"撤回权消灭"规定的规范目的落空。故在立法技术上，"数字内容"概念能够涵盖数字服务，但若采用"数字产品"概念，就会因产品的多种混合形式而导致难以进一步对"数字产品"进行特定化和具体化。因此，与"数字产品"概念相比较，"数字内容"概念更具抽象性和一般性，能够较好地覆盖多种交易形态。

(3)"带有数字元素的货物"

"带有数字元素的货物"这一概念出现在《货物买卖合同指令》并由其规制。所谓"带有数字元素的货物"是指与数字内容或数字服务相结合或相关联的货物，如果缺乏该数字内容或数字服务，货物就无法发挥其功能。以这种方式与货物相结合或相关联的数字内容或数字服务，如果是与销售合同

---

〔1〕 参见芮廷先：《电子商务经济学》，电子工业出版社 2002 年版，第 52 页。

〔2〕 See Ruth Janal, Jonathan Jung, Spezialregelung für Verträge über digital Inhalte in Theorie und Praxis, VuR, 2017, S. 334.

项下的货物一起提供的，则应属于《货物买卖合同指令》的适用范围。卖方签订的销售合同中所提供与货物相结合或相关联的数字内容或数字服务是否构成销售合同的一部分，应取决于该合同的内容。这应包括合同明确要求提供的与货物相结合或相关联的数字内容或数字服务，还应包括可理解为涵盖特定数字内容的提供或特定数字服务的销售合同，因为它们对于相同类型的货物来说是正常的，并且消费者可以合理地期待它们是货物性质所赋予的，以及考虑到卖方或代表卖方或包括生产者在内的交易链上的其他人员所作的任何公开声明。例如，如果智能电视在广告中包含特定的视频应用程序，则该视频应用程序将被视为销售合同的一部分。不论数字内容或数字服务是预先安装在货物本身，还是必须随后在另一设备上下载，只要与货物相关联的，上述规定都应适用。例如，一部智能手机可以在销售合同中附带一个标准化的预装应用程序，如报警应用程序或相机应用程序。另一个可能的例子是智能手表，手表本身就被认为是"带有数字元素的货物"，它只能通过销售合同提供的应用程序来实现其功能，但消费者必须下载到智能手机上，那么应用程序就是与货物相关联的数字元素。如果与货物相结合或相关联的数字内容或数字服务不是由卖方提供的，而是由第三方根据销售合同提供的，也应如此。为了避免交易商和消费者的不确定性，如对数字内容提供或数字服务是否构成销售合同的一部分有疑问时，《货物买卖合同指令》应予以适用。此外，确定销售者和消费者之间双方合同关系，其中提供与货物相结合或相关联的数字内容或数字服务构成合同的一部分，不应仅仅因为消费者必须同意与第三方签订许可协议以从数字内容或数字服务中获益而受到影响。相反，如果没有与货物相结合或相关联的数字内容或数字服务并不妨碍货物实现其功能，或者，如果消费者签订的数字内容或数字服务合同不构成关于具有数字元素的货物销售合同的一部分，则该合同应被视为独立于货物销售合同，即使卖方作为与第三方供应商签订的第二份合同的中间人，也可能属于本指令的范围。例如，如果消费者从应用商店（App Store）下载游戏应用程序到智能手机上，游戏应用程序的供应合同与智能手机本身的销售合同是分开的。因此，《货物买卖合同指令》应仅适用于智能手机的销售合同，而如果《数字内容与服务合同指令》的条件得到满足，游戏应用程序的买卖合同可能属于本指令的适用范围。另一个例子是，消费者明确同意购买没有特定操作系统的智能手机，然后与第三方签订提供操作系统的合同，在这种情况下，单独购买的操作系统的提供不构成销售合同的一部分，因此不属于《货物买卖合同指令》的范围，但如果满足了《数字内容与服务合同指令》的条件，则可以属于本指令的适用范围。[1]

（二）"数字内容与服务合同"的内涵

欧盟《数字内容与服务合同指令》对"数字内容与服务"的定义较为中性，聚焦于所描述对象的状态特征而不再局限于其交易属性，范围较为宽广，边界较为明确，因此，本书也将"数字内容与服务"作为研究对象。

首先，数字内容与服务是数据或与数据相关的服务，都是通过数字方式所呈现，是易于复制的、无形的、便于存储的，须依赖特定技术方可呈现其状态或实现其功能，多数情况下不会因为被使用而有所减损。其次，数字内容与服务的制作和加工并不拘泥于是否是提供方根据用户的需求所定作的，合同双方义务不会因生产或加工方式不同而产生差异。最后，提供数字内容与服务的方式具有多样性，既可以通过物理介质传递，也可以通过线上方式传递；既可以直接下载到设备上，也可以通过流媒体或创建其他访问存储空间的途径在线访问。无论数字内容与服务是以何种方式被提供的，都应被同等对待。

因此，本书中的"数字内容与服务合同"指的是：负有提供义务的一方，以多种形式向另一方提供数字内容与数字服务，使其可以使用、存储或利用该数字内容与服务的合同。该类合同既可发生在经营者与消费者之间，亦可发生在经营者与经营者之间；数字内容与服务既可通过在线下载或者流媒体等方式被提供，亦可通过有形载体或其他方式提供；数字内容与服务既可由提供方为使用方专门定作，亦可为提供方统一制作的标准版本；合同既可以电子形式缔结，也可以书面形式缔结。

（三）"数字内容与服务合同"的外延

1. 互联网分层理论下数字内容与服务合同的边界

从网络技术角度来划分，互联网可以分为物理层、逻辑层和内容层，其中，内容层又可以进一步分为内容亚层（终端用户在互联网上可访问的信息）

---

[1] Richtlinie（EU）2019/770 des Europäischen Parlaments und des Rates vom 20. Mai 2019 über bestimmte vertragsrechtliche Aspekte der Bereitstellung digitaler Inhalte und digitaler Dienstleistungen, 22. 5. 2019, Erwägungsgrund 21, 20.

和交易亚层（终端用户通过互联网达成的交易）。[1]不同层级中的提供方与用户的概念都是相对的，并具有不同的特点，因此应对不同分层的交易作出不同的规范处置。若将概念范围界定得过于宽泛会使得法律适用混乱，也会迷失立法重点所在。[2]

从概念上看，数字内容与服务合同被归为内容亚层，与其他层级内容有所区分。

（1）排除互联网接入服务合同

互联网接入服务属于基础性服务，通常由基础电信运营主体提供并被纳入基础电信业务之中。互联网接入服务中提供方通常占据主导地位，该类型交易通常是通过集中采购模式进行，与公众利益息息相关。该服务与内容层中的数字内容与服务完全不同，互联网接入服务是提供基础网络接入通道，而本书中的数字内容与服务是指对合同相对方提供的数据进行处理的服务或是提供交互功能服务，交互功能仅限于合同相对方与其他用户的数据共享，并不包含网络接入与可能涉及的网线搭建等服务。因此，互联网接入服务与内容层中的数字内容与服务合同完全不同，不可作同等规范，本书中的数字内容与服务合同并不包含互联网接入服务合同。

（2）与"电子商务"之区分

我国《电子商务法》第2条规定，本法所称电子商务是指通过互联网等信息网络销售商品或者提供服务的经营活动。电子商务的业务范围很广，包括企业对企业模式（B2B）、企业对消费者模式（B2C）、消费者对消费者模式（C2C）。[3]

电子商务是利用计算机网络实现商务流通和经营活动的一种商业模式，其所强调的是缔结销售商品或提供劳务合同的手段，即在互联网中缔结合同。电子商务应属于互联网内容层中的交易亚层，电子商务中被销售和提供的，既可以是数字内容与服务，也可以是实体商品或服务。通过电子商务方式订立的合同，可以是《最高人民法院关于适用〈中华人民共和国民事诉讼法〉的解释》第20条所规定的"以信息网络方式订立的买卖合同"，也可以是

---

〔1〕　参见葛鑫：《互联网服务合同入典问题探赜》，载《中国社会科学报》2018年第5期。
〔2〕　参见葛鑫：《互联网服务合同入典问题探赜》，载《中国社会科学报》2018年第5期。
〔3〕　参见郭彦丽、陈建斌主编：《信息经济学》，清华大学出版社2019年版，第269~271页。

《民事案件案由规定》中的"网络购物合同"。

由于数字内容与服务合同所强调的对象为合同标的，其存在并不局限于电子商务领域，传统实体交易市场中亦能见到数字内容与服务合同的身影，比如租售 DVD 等；而电子商务合同突出强调该交易是通过计算机网络而实现的。两类合同针对的对象不同，自然导致合同条款的侧重点有极大不同，不可作同等规范处置。因此，应将"数字内容与服务合同"与"电子商务合同""网络购物合同""以信息网络方式订立的买卖合同"进行区分，避免概念上的混同使用或立法上的混同规范。

（3）排除非以数字内容与服务为标的的合同

有些数字内容或服务虽是借助数字化数据所产生的，但合同标的物仅仅是以数字化形式展现的服务，比如翻译公司通过在线方式为客户提供翻译文件，或其他专业人士通过在线方式为客户提供专业建议等，此时，合同标的物实际是专业人士为合同相对方提供的服务，数字只是该服务表现形式而已，这与电子商务合同并无二致，因此，数字内容与服务合同应排除此类非以数字内容与服务为标的的合同。但数字内容与服务合同并不排除自动化专业服务，例如翻译服务（谷歌翻译等）、任何形式的机器人咨询（金融科技领域）或者新兴的自动化法律咨询（法律科技）等，[1]此时该专业服务是数字内容或服务本身的功能体现，数字不再仅仅是服务提供方的表达工具。

2. 数字经济模式中数字内容与服务合同的边界

免费的数字内容与服务常常出现在我们的生活之中，如开放访问数据、公开资源软件、各政府推出的便民数字内容或服务、免费软件等。使用这些免于支付金钱的数字内容或服务是否亦属于数字内容与服务合同范围，也是值得思考的问题。

（1）排除纯粹无偿的赠与合同

数字内容与服务合同的两项基础要素分别为数字内容与服务、交易。交易的本质是对价，数字内容与服务的提供方以获取相对方支付的财产对价为目标，为其提供符合约定的标的物。根据公平原则，正是因为相对方负有支付义务，提供方才负有按照合同标准履行的义务。

而赠与合同是非典型双务合同。纯粹的赠与是合同相对方在未履行任何

---

〔1〕 Sein Spindler, Die endgültige Richtlinie über Verträge über digitale Inhalte, MMR 2019, Rn. 415ff.

支付义务的情况下可以轻易获得提供方所提供的数字内容与服务的合同，在该种情形中，即便双方形成赠与合同，也并不会对双方利益产生实质影响。此时，赠与合同对双方权利义务的约束力过低，合同的订立、履行、救济等较有偿合同具有极大不同。

　　本书研究的是数字经济模式中的数字内容与服务合同。数字经济模式中，数字内容与服务提供者可通过其提供数字内容与服务的行为获取经济利益，在利益驱动下开展相应活动，合同双方的权利义务亦因数字内容与服务的有偿而具备对等性。纯粹的赠与合同难以体现典型数字内容与服务合同中双方权利义务的特征，因此，本书研究的数字内容与服务合同不包含纯粹的赠与合同。

　　（2）对价的扩充：从金钱到个人数据

　　传统交易模式下经营者的利益来源通常是合同相对方直接支付的金钱或具有金钱性质的虚拟货币，因此，传统民法体系中往往以是否有金钱给付义务作为有偿合同与无偿合同的划分标准。得益于数字行业交易的多边性，数字内容与服务提供方利益来源已不仅限于合同相对方，还包括愿意为数字内容或服务运营过程中所收集或产生的用户数据付费的第三方，甚至后者目前已经成为多数软件的主要收益来源。[1]

　　个人数据[2]的价值在互联网时代下逐渐凸显。在数字内容与服务免费模式中，合同相对方虽然未直接向提供方支付金钱或虚拟货币，但其提供了具有经济价值的个人数据，并且会因经营者将其个人数据交付第三方而面临个人隐私泄露的风险。如果仍将该种模式认定为免费模式，将提供方与使用方之间的关系认定为赠与，则提供方既获得因提供该数字内容与服务产生的经济利益，又无须受双务合同中履行义务标准的约束，相对地，使用

---

　　[1]　M. Schmidt-Kessel, A. Grimm, Unentgeltlich oder entgeltlich? – Der vertragliche Austausch von digitalen Inhalten gegen personenbezogene Daten, ZfPW 2017, Rn. 84 ff.

　　[2]　我国立法使用的是"个人信息"一词，如《民法典》第111条规定，自然人的个人信息受法律保护；而欧盟立法使用的是"个人数据"一词，如《一般个人数据保护条例》（GDPR）[Regulation (EU) 2016/679 of the European Parliament of the Council of 27 April 2016 on the protection of natural persons with regard to the processing of personal data and on the free movement of such data, and repealing Directive 95/46/EC] 中使用的是"data"。从两者的内涵与外延看，欧盟的"个人数据"与我国"个人信息"基本可以认定为同一概念。因此，本书使用的是"个人数据"和"个人信息"具有同一含义。

方则会承担个人数据被泄露和所得数字内容与服务质量不符合约定的双重风险。

考虑到可能出现的该种不公平现象，部分学者认为应将以个人数据为对价的合同认定为有偿合同并与支付金钱的合同作同等处理。[1]但个人数据的支付是否可以完全与支付金钱等同，其是否可以并且如何成为一项合同义务，提供方如何就该义务对相对方提出索赔等仍是值得思考的问题。欧盟目前已经将以个人数据为对价纳入了《数字内容与服务合同指令》适用范围中，[2]但并未解决上述所有的问题。我国立法中目前并未将以个人数据（信息）为对价的合同视作有偿合同。

（四）数字内容合同作为自成一类的合同类型

在消费者保护的合同法领域，欧盟主要是以指令的形式进行立法。在欧盟众多调整合同权利义务关系的指令中，最早针对数字内容合同进行单独规定的是 2011 年的《消费者权利指令》。在《消费者权利指令》出台前，数字内容合同只能通过解释适用《消费品买卖及担保指令》[3]、《消费者合同中的不公平条款指令》[4]和《电子商务指令》[5]等。在将以这些指令为代表的消费者合同法（consumer acquis）[6]适用于数字内容合同的过程中，出现了对数字内容合同性质的激烈讨论。

欧盟的消费者合同法通常以"商品（货物）"或"服务"作为一个重要

---

[1] 参见张新宝：《"普遍免费+个别付费"：个人信息保护的一个新思维》，载《比较法研究》2018 年第 5 期；Narciso, Gratuitous Digital Content Contracts in EU Consumer Law, EuCML 2017, Rn. 198 ff.

[2] 欧盟《数字内容与服务合同指令》中使用的是"个人数据（personenbezogene Daten）"一词，Richtlinie (EU) 2019/770 des Europäischen Parlaments und des Rates v. 20. 5. 2019 über bestimmte vertragsrechtliche Aspekte der Bereitstellung digitaler Inhalte und digitaler Dienstleistungen, 22. 5. 2019, § 3.

[3] Directive 1999/44/EC of the European Parliament and of the Council of 25 May 1999 on certain aspects of the sale of consumer goods and associated guarantees, Official Journal of the European Communities, L171, Vol. 42, 7 July 1999.

[4] Directive 93/13/EEC of 5 April 1993 on unfair terms in consumer contracts, Official Journal of the European Communities, L95, Vol. 36, 21 April 1993.

[5] Directive 2000/31/EC of the European Parliament and of The Council of 8 June 2000 on certain legal aspects of information society services, in particular electronic commerce, Official Journal of the European Union, L 178, Vol. 43, 17 July 2000, pp. 1-6.

[6] 所谓"消费者合同法"，其区别于一般合同法的显著特征，就是立法者基于消费者的弱势地位，对意思自治以及合同自由给予强制性干预，以达到实质性的公平正义的目标。刘青文：《〈消费者合同法〉立法建议》，载《中德法学论坛》第 8 辑。

的区分标准，这一点在欧盟的基础性法律和派生性法律中都有所体现。[1]由于数字内容的多样性及其交易形式的复杂性，数字内容合同的性质很难界定。然而，数字内容是商品还是服务，对明确交易双方的权利和义务具有重大的意义，如关于信息义务的规定是否适用？如果适用，哪些信息应当被披露？数字内容供应商对具有隐藏缺陷和不合格的数字内容是否需要承担责任？消费者是否可以援引有关撤回权的规定……因此，如果要将数字内容合同纳入欧盟现行法律制度中进行调整，必须明确其性质，才能准确适用法律。

关于数字内容的性质，主要有三种观点，即根据数字内容形式的不同将其认定为买卖合同、服务合同，或者自成一类的合同。

第一，《消费者权利指令》中的买卖合同是指，经营者转移或承诺向消费者转移商品的所有权，消费者支付或承诺支付商品价款的合同，也包含同时以商品和服务为标的物的合同。[2]"欧洲共同买卖法"在此基础上补充规定为，买卖合同包括需要对商品进行生产和制作的合同，不包括与政府行为有关的合同。[3]《消费品买卖及担保指令》也将需要对消费品（Consumer Goods）进行生产和制作的合同视为买卖合同。[4]因此，如果数字内容合同属于买卖合同，那么它至少需要满足三个关键条件：第一，数字内容可以被视为商品；第二，数字内容交易中发生了数字内容所有权的转移；第三，消费者支付或者承诺支付价款。

《消费品买卖及担保指令》第1条第2款b项对"消费品"进行了如下定义：消费品是指有形的可移动的物品，不包括由法律机关在执行程序或以其他方式出售的商品；水、电、天然气以及其他气体（但销售时具有固定的体积和数量的气体除外）。《消费者权利指令》中没有对"商品"的概念进行说

---

〔1〕　N. Helberger, M. B. M Loos, Lucie Guibault et al. , Digital Content Contracts for Consumers, Journal of Consumer Policy, March 2013, Volume 36, Issue 1, p. 42.

〔2〕　Directive 2011/83/EU of the European Parliament and of The Council of 25 October 2011 on consumer rights, Official Journal of the European Union, L 304, Vol. 54, 22. 11. 2011, p. 66.

〔3〕　Proposal for a Regulation of the European Parliament and of the Council on a Common European Sales Law, http://ec. europa. eu/justice/contract/files/digital_ contracts/dsm_ digital_ content_ en. pdf. p. 23, Last visited: 2. Mar. 2017.

〔4〕　Directive 1999/44/EC of the European Parliament and of the Council of 25 May 1999 on certain aspects of the sale of consumer goods and associated guarantees （《欧洲议会和欧盟理事会关于消费品买卖及担保指令》）, Official Journal of the European Communities, L171, Vol. 42, 7 July 1999, p. 14.

明，但"欧洲共同买卖法"中有相关规定：商品是指有形的可移动的物品，不包括水、电、天然气以及其他气体（但销售时具有固定的体积和数量的气体除外）。[1]由此可见，"商品"首先应当是有形的物品。因此，如果数字内容是通过 CD 或 DVD 等有形媒介提供的，那么它可以被视为一种"商品"。这种有形媒介在交易中当然发生了所有权的转移（除非交易双方约定了买卖之外的其他交易方式）。此外，如果这类数字内容的购买者支付了价款（或者承诺支付价款），那么这种形式的数字内容交易就属于买卖合同。

但问题是，如果是以网络下载或者流媒体的方式提供的数字内容，不具备有形媒介，则不属于《消费品买卖及担保指令》以及"欧洲共同买卖法"中的"商品"的范畴。买卖合同定义中的第一个条件就没有满足，因此这类数字内容交易并不是买卖合同。

第二，如果数字内容的提供是以网络下载或者流媒体的方式在线提供，那么这种交易是否可以视为一种服务合同呢？

2000 年的《电子商务指令》对"服务"范围进行了限定。该指令第 2 条第 a 款明确了"信息社会服务"适用欧盟第 98/34/EC 号《关于制定技术标准和规章领域内信息供应程序的指令》第 1 条中关于服务的定义，即根据服务接收者的要求，通过电子工具远程传输，并通常以获取报酬为目的的所有服务。[2]此外，《电子商务指令》强调了"服务"的概念中应当包含"通过能够处理和存储数据的电子工具提供"。[3]2006 年欧盟公布的《内部市场服务业指令》则将服务定义为"个体经营（self-employed）的经济活动，通常为有偿（remuneration）提供"。[4]这个定义是在《欧洲经济共同体条约》第

---

〔1〕 Proposal for a Regulation of the European Parliament and of the Council on a Common European Sales Lawhttp://ec. europa. eu/justice/contract/files/digital_ contracts/dsm_ digital_ content_ en. pdf. p. 24. Last visited：2. Mar. 2017

〔2〕 欧盟第 98/34/EC 号指令 Annex V 中列出了一个指示清单，列明了这个定义范围之外的服务类型。

〔3〕 Directive 2000/31/EC of the European Parliament and of The Council of 8 June 2000 on certain legal aspects of information society services, in particular electronic commerce（《欧洲议会和欧盟理事会关于信息社会服务，特别是电子商务的指令》），Official Journal of the European Union, L 178, Vol. 43, 17. 7. 2000, p. 5.

〔4〕 Directive 2006/123/EC of the European Parliament and of the Council of 12 December 2006 on services in the internal market（《欧洲议会和欧盟理事会关于内部市场服务的指令》），Official Journal of the European Union, L376, Vol. 49, 27. 12. 2006, p. 60.

50 条的基础上发展起来的。[1]为促进商品、资本、人员和服务的自由流动，对于不能被"关于商品、资本、人员的规定"所调整的交易类型，特别是具有工业性质（industrial character）或商业性质（commercial character）的活动以及工匠和专业人士（craftsmen and professions）的服务通常是需要支付酬劳的交易，《欧洲经济共同体条约》将它们划入了"服务"的范围之内。但从指令全文来看，《内部市场服务业指令》的适用范围也非常小，它将许多主要类型的服务合同都排除在外，而且这个指令也并不调整服务提供者和客户之间的合同关系。

2009 年发布的被称为"欧洲民法典草案"的《欧洲私法共同参考框架草案》（DCFR）[2]中关于服务的规定也概括性地描述了"服务"的形式："（1）合同的一方（服务提供商）提供或承诺提供服务，另一方（客户）支付或承诺支付价款；（2）合同的一方（服务提供商）承诺提供服务，另一方（客户）支付价款以外的其他对价"，并在适用范围的规定中列举了一些具体的服务合同类型，如建设工程、加工、保管、设计、信息咨询以及医疗服务。相比之下，真正对服务合同进行较为全面规定的只有《欧洲私法共同参考框架草案》，但这些规定还没有被大多数成员国所接受。[3]

根据 2011 年公布的《消费者权利指令》，服务合同是指"除买卖合同之外的、经营者向消费者提供或承诺提供某种服务，由消费者支付或承诺支付相应价款的合同"。[4]"欧洲共同买卖法"关于服务合同的定义与此一致。然而，这一定义并不是一个实质性的规定，更像是将某些不符合买卖合同条件的交易统一归为服务合同的一种做法，它并没有对服务合同的范围加以界定。

第三，如前所述，将数字内容合同认定为买卖合同或者服务合同，似乎都不能妥善解决其法律适用问题。欧盟成员国的许多学者因此建议应当将数

---

[1]　现为《欧盟运行条约》第 57 条，该条规定：服务是指通常为获取报酬所提供的，不在人员、货物和资本流动有关规定规范范围内的"服务"。"服务"特别应包括以下类型：（1）工业性质的活动；（2）商业性质的活动；（3）手工业活动；（4）专门职业活动。

[2]　Christian von Bar, Eric Clive, et al. (eds.), Principles, Definitions and Model Rules of European Private Law: Draft Common Frame of Reference (DCFR), Munich: sellier. european law publishers GmbH, 2009, pp. 302–304.

[3]　Christian von Bar, Eric Clive, et al. (eds.), Principles, Definitions and Model Rules of European Private Law: Draft Common Frame of Reference (DCFR), Munich: sellier. european law publishers GmbH, 2009, p. 751.

[4]　Directive 2011/83/EU of the European Parliament and of The Council of 25 October 2011 on consumer rights, Official Journal of the European Union, L 304, Vol. 54, 22. 11. 2011, p. 66.

字内容合同视为一种特殊的、自成一类的合同（sui generis contract）。欧盟在2011年的《消费者权利指令》中采纳了这种观点。

根据《消费者权利指令》立法理由的第19条的说明，如果数字内容是通过CD或DVD等有形媒介提供的，那么它可以被视为这个指令中所指的"商品"。如果不是通过有形媒介方式提供数字内容，则既不属于买卖合同，也不属于服务合同。由于标的物在出售的时候没有体积限制（limited volume）和固定数量（set quantity），这种情形下的数字内容合同与供水或供电合同相类似。

从具体条文来看，《消费者权利指令》为数字内容合同提供了一种特殊制度。该指令并没有对在线提供的数字内容作出明确分类，只是针对不在营业场所订立的合同和远程销售合同中的经营者信息义务和消费者撤回权问题作出了特别规定。这样一来，该指令将两种提供数字内容的方式（具备或不具备有形媒介）都明确纳入其调整范围，以此回避了对数字内容如何分类的问题，使这个问题显得并不重要了。欧盟的这种处理方式与成员国对消费者合同法进行合理变通和类推适用的方式甚为相似，例如，在关于消费者撤回权的规定上就作出了如下变通：对于不是以有形媒介的形式提供的数字内容，一旦合同经过消费者的同意开始履行，并且消费者知晓他将因此丧失撤回权，那么他就不再享有撤回权。

2015年欧盟委员会公布的《数字内容合同指令建议》中对数字内容的定义也充分说明，欧盟层面已经基本认同了数字内容合同是一种自成一类的合同。2019年《数字内容合与服务合同指令》第2条第1款规定，数字内容包括：（1）以数字形式制作并提供的数据，包括视频和音频内容、应用、数字游戏以及其他软件；（2）对消费者提供的数据以数字形式进行制作、加工和存储的服务；（3）实现对其他用户以数字形式提供的数据的共同使用或对此种数据实现其他交互作用的服务。可见，这一指令所适用的数字内容合同的范围十分广泛，既包括商品性质的数字内容，也包括服务性质的数字内容；既包括通过有形媒介传输的数字内容，也包括在线获取的数字内容；既包括支付价款获得的数字内容，也包括支付其他对价获取的数字内容；既包括一次性使用的数字内容，也包括长期使用的数字内容。

三、数字内容与服务合同的特征

数字内容与服务交易是数字时代出现的一种新的交易形式，具有其独有的特征，该等特征导致数字内容与服务合同的表现形式及权利义务相较于传统合同具有一定特殊性。

（一）标的为"数字内容与数字服务"

从字面含义来看，《数字内容与服务合同指令》所指的数字内容与服务合同的核心概念是"数字内容"和"数字服务"。有些欧盟学者认为"数字内容"和"数字服务"是区分数字内容与服务合同与其他类型合同的标准，进而将其看作是数字内容与服务合同的标的来讨论。[1]《数字内容与服务合同指令》中的"数字内容"指以数字化形式制作与呈现的数据。"数字服务"是指使消费者能够创建、处理、存储或访问数字形式的数据的服务；或使消费者或有关服务的其他用户能够分享以数字形式上传或创建的数据，或与之进行其他互动的服务。[2]

与传统民法中的有形物相比，数字内容与服务是无形物，数字内容与服务虽可为有形载体所承载，但本身是以数字为构成单元所存在的无形物。数字与物质不同，物质是有限的、固定的、可被消耗的，但数字作为虚拟物是可以被无限使用的。[3]而且数字内容与服务因其逻辑运算过程中的知识和科技以及其上承载的数据具有经济价值。

1. 数字内容

第一，数字内容具有可重复性，也可以说它可以被重复生产，以复制品的形式存在，而且可以轻易地从一个储存器向另一个储存器转移。[4]第二，数字内容具有耐久性，与普通的商品不同，数字内容并不会因为使用磨损而减少价值。[5]第三，数字内容具有可修改性，合同订立之后，经营者可以很

---

〔1〕　Matthias Wendland, Digitale Inhalte und die Vertragstypen des BGB-Dogmatische Grundfragen des digitalen Vertragsrechts, in：Weller, Matthias /Wendland, Matthias（Hrsg.）, Digital Single Market, 2019, S. 78；Martin Schmidt-Kessel, Katharina Erler, Anna Grimm, Malte Kramme, Die Richtlinienvorschläge der Kommission zu Digitalen Inhalten und Online-Handel-Teil 2, GPR 2016, S. 55.

〔2〕　《数字内容合同指令》第 2 条第 1 款和第 2 款。

〔3〕　参见胡春、吴洪：《网络经济学》，北京交通大学出版社 2015 年版，第 32 页。

〔4〕　Sachverständigenrat für Verbraucherfragen（SVRV）, Lösungsoptionen-Auszug aus dem Gutachten des Sachverständigenrats für Verbraucherfragen „ Verbraucherrecht 2.0 - Verbraucher in der digitalen Welt ", in：Sachverständigenrat für Verbraucherfragen, 09. 2016, S. 6, http://www. svrverbraucherfragen. de/wpcontent/uploads/Kurzfassung-Verbraucherrecht-2.0_ Lösungsoptionen. pdf, 最后访问日期：2021 年 12 月 14 日。

〔5〕　Proposal for a Directive of the European Parliament and of the Council on certain aspects concerning contracts for the supply of digital content, 2015/0287（COD）, 立法理由书第 42 段。

容易对数字内容进行修改，可能只是修改一两个代码，但不容易被消费者察觉和控制。[1]第四，数字内容具有混合性，在数字内容与服务合同中，消费者想要正常使用数字内容往往需要经营者的帮助，因此，数字内容往往伴随着经营者的服务，以实现或保持其"可使用性"。因此，有德国判例将有关社交媒体软件的交易描述为具有租赁、承揽和服务要素的混合合同。[2]

2. 数字服务

数字服务常常伴随着数字内容而出现，而且也是消费者能正常使用数字内容的保障。然而从教义学的角度来看，将"数字服务"看作合同标的，有时难免会让人费解。因为，数字服务看上去是一种履行方式，而不是合同标的，这并不符合传统经典合同划分方法。但是，这种划分方式在欧盟法中并不是第一次出现，例如《欧盟运行条约》第 207 条第 1 款中就提到了"商品和服务"这个组合概念。[3]从实践的角度来看，有欧洲学者认为，将数字服务看作合同标的还是履行方式对于这类合同的适用范围是没有影响的，因为数字服务中的"服务"仍然是数字内容的"正常使用"。[4]鉴于此，德国在转化《数字内容与服务合同指令》时，为了适应本国的法律体系，将"数字内容"和"数字服务"统一称作"数字产品"（Digitale Produkte），[5]因此在《德国民法典》中数字内容与服务合同也可以被称作数字产品合同。

（二）通过"提供"而履行

"提供"而非"给付"

《数字内容与服务合同指令》中经营者的履行义务用德语表达是"提供"（Bereitstellung）。这一概念是《数字内容与服务合同指令》专为数字内容与服务合同而创设的。之所以将经营者对合同的履行称为"提供"，而没有使用传

---

〔1〕 Matthias Wendland, Digitale Inhalte und die Vertragstypen des BGB-Dogmatische Grundfragen des digitalen Vertragsrechts, in: Weller, Matthias /Wendland, Matthias（Hrsg.）, Digital Single Market, 2019, S. 78; Michael Grünberger, Verträge über digitale Güter, AcP 2018, S. 233f. .

〔2〕 BGH NJW 2018, 3119（3120）.

〔3〕 Matthias Wendland, Digitale Inhalte und die Vertragstypen des BGB-Dogmatische Grundfragen des digitalen Vertragsrechts, in: Weller, Matthias /Wendland, Matthias（Hrsg.）, Digital Single Market, 2019, S. 78.

〔4〕 Martin Schmidt-Kessel, Katharina Erler, Anna Grimm, Malte Kramme, Die Richtlinienvorschläge der Kommission zu Digitalen Inhalten und Online-Handel-Teil 2, GPR 2016, S. 55.

〔5〕《德国民法典》（2022 年新修订）第 327 条第 1 款第 1 句。

统民法术语"给付"（Lieferung），此种概念上的创新来源于数字内容与服务的无形性和交易模式的多样性。[1]因为数字内容进入消费者领域时，会要求相应的"数字环境"并通常需要消费者某种形式的行为，如访问数据。[2]

　　"给付"通常指向有形物，且主要被应用于一时性交易合同，如给付载有软件的 CD 等，通过转移对该物的占有以实现交付。而数字内容与服务合同的标的既包括数字内容，也包括数字服务；交易履行方式既可以通过有形载体或在线方式将数字内容或服务一次性发送给使用方，也可由使用方在一段时间内通过流媒体或其他访问途径在线访问数据库自行索取。"提供"作为可为不同情形下共用的词汇，能更好满足立法语言需求。

　　在提供方义务履行评判标准方面，"提供"也较"给付"更符合数字交易的规律。"给付"往往强调提供方的结果义务，而"提供"强调的是手段义务。在提供方仅需向用户提供数字内容的情况下，两种义务之间区别可能不大；但在实时在线交互数字服务合同中，因数据可实时交互传递，使用方对于交易标的的具体使用、网络服务环境对履行结果均有一定影响，提供方对于数据传输的控制力被减弱，难以完全控制该提供行为的结果，[3]在这样的情况下过于关注结果义务，可能会导致对数字内容与服务经营者施加的负担过重，不利于促进数字市场发展。

　　另外，"提供"的含义既能涵盖数字内容，也能涵盖服务。[4]该指令并没有对提供的形式和类型做出具体的分类，只是就"一次性提供或者一系列提供"和"持续性提供"在具体规则方面作出区分，而且只涉及下文将要讨论的经营者提供数字内容与服务的适约性等问题。

　　该指令规定，经营者在一次性提供或者一系列提供数字内容与服务的情况下，在必要时，有义务根据数字内容与服务的类型和目的以及消费者对数字内容与服务的期待进行更新。有学者认为，这种持续的更新义务让一时性

---

　　〔1〕　Jung Janaland, Spezialregelung für Verträge über digital Inhalte in Theorie und Praxis, VuR 2017, Rn. 332 ff.

　　〔2〕　参见［德］莱纳·舒尔策、［波兰］弗里德里克·佐尔：《欧洲合同法》，王剑一译，中国法制出版社 2019 年版，第 359 页。

　　〔3〕　Wendehorst, MüKoBGB, 8. Aufl. 2019, BGB § 312, bb ff.

　　〔4〕　参见金晶：《数字时代经典合同法的力量——以欧盟数字单一市场政策为背景》，载《欧洲研究》2017 年第 6 期。

合同也有了持续性的义务，呈现出了继续性合同的特点。[1]

欧盟《数字内容与服务合同指令》第 5 条规定了经营者的履行时间及履行方式。履行时间的要求是"unverzüglich"（不迟延），而这和《德国民法典》中的"sofort"（立即）的意思是有区别的。而 2015 年的《数字内容合同指令建议》曾经规定的也是"sofort"（立即）。[2]后来的这种改变可能就会导致在解除权行使条件中判断是否迟延履行的标准发生变化。经营者履行的方式是"提供或者使之可访问"（zur Verfügung gestellt oder zugänglich gemacht）。有德国学者提出，这种对履行方式的描述显示出合同法在数字时代正在发生的一种变化，即重心从"占有"向"使用"倾斜（von Haben zu Nutzen），"使用"针对的是合同标的的"可使用性"（Nutzbarkeit）或"可访问性"（Zugänglichkeit），而且强调使用者对于合同标的"功能"的期待。[3]这就意味着，单纯地对数字内容的"占有"是没有意义的，对数字内容的"使用"才是这类合同的关键。数字内容与服务和传统民法中的物不同，除非是以有形物为载体，否则无法形成事实占有；与物相比，除非采取保密或其他控制程序被锁定在使用方的管领范围内，否则使用人也很难对数字内容与服务形成绝对控制。

因此，数字内容与服务合同中使用"提供"一词更符合数字交易的趋势，也贴合多数实际交易场景，满足了数字立法科学化的要求。

（三）交易形式普遍采用电子格式合同

数字内容与服务交易形式可以多种多样，既可以采取电子合同方式缔结，也可以采取线下纸质合同方式缔结；既可以只针对一项数字内容或服务订立合同，也可以通过制定一揽子合同的方式缔约。

随着数字支付手段的普遍使用，线上交易逐渐成为数字内容与服务交易

---

〔1〕 Martin Schmidt-Kessel, Wandlungen des Privatrechts-Erwartungen an ein Privatrecht 2050, in：Beyer /Erler /Hartmann / Kramme / Müller / Pertot / Tuna /Wilke (Hrsg.), Privatrecht 2050-Blick in die digitale Zukunft, 2019, S. 16; Matthias Wendland, Digitale Inhalte und die Vertragstypen des BGB-Dogmatische Grundfragen des digitalen Vertragsrechts, in：Weller, Matthias /Wendland, Matthias (Hrsg.), Digital Single Market, 2019, S. 89.

〔2〕 《数字内容合同指令建议》第 5 条第 2 款。

〔3〕 Martin Schmidt-Kessel, Wandlungen des Privatrechts-Erwartungen an ein Privatrecht 2050, in：Beyer /Erler /Hartmann / Kramme / Müller / Pertot / Tuna /Wilke (Hrsg.), Privatrecht 2050-Blick in die digitale Zukunft, 2019, S. 15.

的常见模式，也就是说，数字内容与服务合同多以电子合同的形式出现，合同的履行也通常是通过在线方式提供。

就合同成立而言，电子合同通常是以网络点击许可和浏览许可的方式进行订立，使用方在下载或安装之前对许可内容进行确认即可。采用网络点击许可和浏览许可的合同订立方式比较简单，用户作为需用方仅需点击使用方提供的标准格式合同下方的"我同意"按钮或是直接浏览该标准格式合同一定时间，即可与使用方签订一份电子合同。

该格式合同往往是用户在下载或安装之前就已经签订，以使双方明确其在使用该数字内容或服务的过程中可能享有何种权利以及承担何种义务。但实践中可能出现的问题是，下载时向用户展现的合同并不是该数字内容或服务的完整合同，部分条款可能在安装时才会出现，而支付价款往往是在下载时就已经完成。此时可能导致的问题是，安装时才出现的额外增加的条款，是否可以被认定为有效。可以借鉴的是，美国法院在 Pro CD 公司诉 Zeidenberg 的案例中确认了该补充条款的有效性，[1]此时与买卖合同保持一致，即"当买方在有机会检查货物后却没有提出有效反对的异议，则视为接受"。[2]

实践中，数字内容与服务合同往往以混合合同形式出现，即一揽子合同的普遍应用，比如在社交网络的框架内提供游戏，提供方对于游戏的提供可能是在社交网络的框架下所约定的。用户与提供方之间可能就社交网络服务签订了一揽子合同，如果没有单独就提供游戏服务签订合同，此时游戏服务可能就会被认为是平台合同中的辅助服务，适用合同中社交网络服务相关条款。

这种混合合同可以是数字服务与数字服务的混合，也可以是不同数字内容与数字服务的混合，还可以是数字内容与服务和有形商品的混合。如果数字内容与服务合同与其他不同性质合同混合在一起，如何判断该混合合同的适用规则，可能就又回到了经典混合合同定性的问题之中。[3]

---

〔1〕　E. g. Pro CD, Inc. v. Zeidenberg, 86 F. 3d 1447, 1450（7th Cir. 1996）.

〔2〕　参见刘颖：《论计算机信息及计算机信息交易——美国〈统一计算机信息交易法〉与美国〈统一商法典〉相关概念和规则的比较》，载《暨南学报（哲学社会科学版）》2008 年第 5 期。

〔3〕　Hören & Sieber & Holznagel, Multimedia-Recht, Aufl. 2020, Rn. 477-488.

四、数字内容与服务合同和传统合同的辨析

数字内容与服务合同这一合同类型是在欧盟立法者的推动下诞生的。数字内容和数字服务是数字经济发展过程中出现的新型交易活动，将这种以数字内容和数字服务作为交易内容的情况统称为数字内容与服务合同，这种称谓最初也只是在欧盟法的语境之下，随着各个成员国对欧盟指令的转化才开始延伸至欧盟各国法律体系之中。由于数字内容与服务上的权利属性仍有争议，且数字内容与服务交易与买卖、租赁、知识产权相关，因此，数字内容与服务合同究竟是否可以为这些传统典型合同类型所囊括至今仍有争议，有必要将它们之间的联系与区别辨析清楚。

（一）与买卖合同之异同

根据我国《民法典》第595条规定，[1]买卖合同从其本质说是转让财产所有权的协议，买受人通过支付价款购买的方式获得标的物上排他、独占的权利。总体上来说，数字内容与服务合同和买卖合同相同之处在于，二者都是有偿合同。但区别在于，数字内容与服务合同并非转移数字内容与服务所有权的合同。

1. 均是有偿合同

买卖合同的主要特征是对价有偿，买受人通过支付价款来获取标的物的所有权，因其承担支付对价的义务，出卖人需对合同标的物承担瑕疵担保责任，[2]如标的物质量不符合合同约定，买受人可以选择要求出卖人承担修理、更换、重做、退货、减少价款或报酬、赔偿损失等违约责任；[3]如因出卖人交付不适约导致买受人合同目的无法实现，买受人还可解除该合同。[4]

数字内容与服务合同使用方基于合同的有偿性可以要求提供方在所提供的数字内容或数字服务不符合约定时承担违约责任。我国《民法典》第646条规定，法律对其他有偿合同有规定的，依照其规定；没有规定的，参照适

---

〔1〕《民法典》第595条规定，买卖合同是出卖人转移标的物的所有权于买受人，买受人支付价款的合同。

〔2〕《民法典》第615条规定，出卖人应当按照约定的质量要求交付标的物。出卖人提供有关标的物质量说明的，交付的标的物应当符合该说明的质量要求。第617条规定，出卖人交付的标的物不符合质量要求的，买受人可以依据本法第582条至第584条的规定请求承担违约责任。

〔3〕《民法典》第582~584条、第617条。

〔4〕《民法典》第631~633条。

用买卖合同的有关规定。买卖合同这一具有"一般性质"的规范，使得数字内容与服务合同是否应被视为买卖合同具有了讨论的必要。

2. 数字内容与服务合同并非转移所有权的合同

根据提供手段不同，数字内容与服务合同还可以划分为通过有形载体提供的合同和在线提供的合同。通过有形物载体提供的数字内容与服务合同往往被认为是买卖合同，[1]数字内容与服务可作为有形物的一部分被吸收和特定化，权利人可因享有载体的所有权而得以使用其上的数字内容与服务，但数字内容与服务本身并不能天然地成为所有权直接指向的客体。

无法以有形载体通过在线提供的数字内容与服务合同是否可以被视作买卖合同是有争议的。根据我国《民法典》第114条规定，[2]所有权是具有对物的直接支配性和排他性的权利。通过在线下载或流媒体等方式提供的数字内容与服务是无形的，作为无形物的数字内容与服务并不归于民法传统的财产范畴，它所承载权利究竟是所有权、使用权，抑或是一种新型财产权利，目前仍未有定论。[3]

本书认为，在线提供数字内容的合同并不是转让所有权的合同。第一，数字内容与服务不是传统民法上的"物"，数字内容与服务和"物"两者不能完全等同，因此无有形载体的数字内容与服务并不能直接适用"物"的规范，认定它所承载的权利为所有权。第二，无形的数字内容与服务上的权利并不具有所有权的支配性和排他性。所有权作为一种绝对权，所有权人可对其所有之物享有任意处置和支配的权利，但数字内容与服务使用方所享有的权利往往是受限的，尤其是受到其知识产权人的限制。比如，买卖合同中标的物会因"发行权首次用尽"[4]而免于受知识产权人的限制，买受人因此可

---

〔1〕　参见齐爱民：《数字文化商品确权与交易规则的构建》，载《中国法学》2012年第5期；黄玉烨、何蓉：《数字环境下首次销售原则的适用困境与出路》，载《浙江大学报（人文社科版）》2018年第48卷第6期。

〔2〕　《民法典》第114条第2款规定，物权是权利人依法对特定的物享有直接支配和排他的权利，包括所有权、用益物权和担保物权。

〔3〕　有学者认为，数据虽非民法上之物，但应依照所涉及的具体问题，类推适用民法之相关规定。参见梁慧星、陈华彬：《物权法》，法律出版社1996年版，第28页；也有学者认为数据之上为新型财产权。参见齐爱民：《数字文化商品确权与交易规则的构建》，载《中国法学》2012年第5期；龙卫球、林洹民：《我国智能制造的法律挑战与基本对策研究》，载《法学评论》2016年第34卷第6期。

〔4〕　一般而言，在英美法系国家习惯用"首次销售原则"（the First Sale Doctrine）一词，而在欧洲大陆法系国家则习惯用"权利穷竭原则（the Exhaustion of Right Doctrine）"一词。

以再次转让或出售该标的物；在线提供的数字内容与服务被提供后，使用方仍然要受知识产权人的约束，不得随意转让或出租该数字内容与服务。[1]

因此，数字内容与服务合同并不是转让所有权的合同，并不能满足买卖合同的所有典型特征，虽然可在实践中适用买卖合同的部分规范，但性质上不能被直接认定是买卖合同。

（二）与租赁合同之异同

根据《民法典》第 703 条的规定，租赁合同是出租人将租赁物交付承租人使用、收益，承租人支付租金的合同。[2]租赁合同的本质是转移物的使用权的一种继续性合同，出租人应当按照约定将租赁物交付承租人，并在租赁期限内保持租赁物符合合同约定的用途。[3]因此，租赁合同的特征主要包括：第一，承租人享有对标的物的使用权；第二，出租人的合同义务具有持续性。

1. 均为对标的物使用权的转让

根据我国《民法典》第 709 条的规定，租赁合同中承租人只能按照合同约定的方法或依据租赁物的性质使用该租赁物，[4]承租人对租赁物只享有有限权利。数字内容与服务合同中使用方权利与承租人权利类似，对合同标的物只能享有使用权，而且往往会受到提供方的限制。

数字内容与服务合同中提供者往往采用大型服务器构建网络虚拟空间，在虚拟空间之中通过为用户提供一个整体平台通道或单独子平台通道的方式来实现数字内容与服务的可用性（Verfügbarkeit）和交互性（Netzbarkeit）。这种模式下的数字内容与服务合同和租赁合同相似，数字内容与服务合同中用户所享有的权利是在合同约定的范围内享有对该数字内容与服务的使用权。

比如，《腾讯企业微信软件许可及服务协议》为用户制定了一系列软件使用规则，包括用户不得通过修改或伪造软件运行中的指令、数据，增加、删减、变动软件的功能或运行效果，或者将用于上述用途的软件、方法进行运营或向公众传播，无论这些行为是否为商业目的；通过非腾讯开发、授权的

---

[1] 《中华人民共和国著作权法》（以下简称《著作权法》）第 52 条规定，有下列侵权行为的，应当根据情况，承担停止侵害、消除影响、赔礼道歉、赔偿损失等民事责任：……未经视听作品、计算机软件、录音录像制品的著作权人、表演者或者录音录像制作者许可，出租其作品或者录音录像制品的原件或者复制件的，本法另有规定的除外。

[2] 《民法典》第 703 条。

[3] 《民法典》第 708 条。

[4] 《民法典》第 709 条。

第三方软件、插件、外挂、系统，登录或使用腾讯软件及服务，或制作、发布、传播上述工具；不得从事影响本软件服务体验的行为。[1]根据这些规则，用户仅享有对数字内容或服务的有限使用权，使用过程中仍然要受提供方的约束和管控，这与租赁合同中承租人的地位比较相似。

2. 数字内容与服务合同并非都是继续性合同

继续性合同是指在时间上具有持续性，合同义务无法被一次性履行完毕的合同，[2]比如软件会员服务合同等。相较于一时性合同，继续性合同双方负有持续尽力义务且具有极强的信赖关系，[3]提供方应在合同履行期间内持续保障其提供符合合同约定的义务。

租赁合同是一种典型的继续性合同，出租人的合同义务具有持续性，需不断提供维护服务以保证租赁物符合合同的要求。当然，这种持续性给付义务在数字内容与服务合同中也有体现。比如，《腾讯企业微信软件许可及服务协议》中明确约定，为了改善用户体验、完善服务内容，腾讯将不断努力开发新的服务，并为用户不时提供软件更新（这些更新可能会采取软件替换、修改、功能强化、版本升级等形式）。[4]但是，并非所有的数字内容与服务合同中提供方都负有持续性的义务，部分商供应商只是为用户一次性提供数字内容与服务，其义务并不具有持续性，如果要求供应商在这种情况下还要持续负担更新和维护义务，既不合理也不现实。比如在电子书城中购买电子书籍，用户在点击"下载"时即可获得电子书籍的复印件，提供方仅需保证该电子书的格式准确，可以在正常的计算机环境下为用户所使用即可，并不存在后续维护的义务。

因此，数字内容与服务合同和租赁合同虽有一些相似之处，但数字内容与服务合同既包括一时性的合同，也包括继续性的合同，而租赁合同并不能

---

〔1〕　参见《腾讯企业微信软件许可及服务协议》第 8 条，载 https://work. weixin. qq. com/nl/eula，最后访问日期：2021 年 3 月 22 日。

〔2〕　继续性合同中债的内容非一次给付可完结，而是继续地实现，其基本特色系时间因素（Zeitmoment）在债的履行上居于重要的地位，总给付之内容系于应为给付时间的长度。参见王泽鉴：《债法原理》，北京大学出版社 2009 年版，第 117 页。

〔3〕　参见屈茂辉、张红：《继续性合同：基于合同法理与立法技术的多重考量》，载《中国法学》2010 年第 5 期。

〔4〕　参见《腾讯企业微信软件许可及服务协议》第 5.1 条，载 https://work. weixin. qq. com/nl/eula，最后访问日期：2021 年 3 月 22 日。

包含数字内容与服务合同的全部类型，因此，在性质上认为数字内容与服务合同就是租赁合同也是比较牵强的。

（三）与承揽合同之异同

根据我国《民法典》第 770 条规定，承揽合同是"按照定作人的要求完成工作，交付工作成果"的合同，[1]其两项重要特征：一是"按照定作人的要求"；二是"交付工作成果"。

1. 数字内容与服务可成为"工作成果"

承揽合同中的"工作成果"是指承揽人通过自己的设备、技术和劳力完成工作后所形成的结果。该结果既可以是有形物，也可以是无形物。而数字内容与服务虽是基于数据运算而生成，但也凝结了操作计算机程序人员的技术和劳动，当供应商将数字内容与服务提供给用户时，可以看作将其工作成果提交给用户。从这一点来看，数字内容与服务可视为承揽合同中的"工作成果"。

2. 标准数字内容与服务合同并非典型定作合同

数字内容与服务合同依据合同标的是否为用户定作为标准，可进一步划分为标准数字内容与服务合同和定作数字内容与服务合同。实践中，数字内容与服务大多是标准合同，这由数字经济的运营方式决定。

就其中的定作数字内容与服务合同来说，其中的数字内容与服务的劳动成果往往由定作人提出要求并由其使用，承揽人从定作服务中获取报酬。而承揽合同要求承揽人按照定作人的要求完成工作，如承揽人将其承揽的主要工作交由第三人完成的，应当就该第三人完成的工作成果向定作人负责；未经定作人同意的，定作人也可以解除合同。[2]就按照定作人的要求完成工作这点而言，承揽合同与定作数字内容与服务合同有共同点。

但是就标准数字内容与服务合同而言，由于数字内容与服务具有易复制性，标准数字内容与服务提供方经常可以与多位用户同时缔约并履行合同义务。比如，软件运营商可以将标准版本软件上传至软件商城中，当用户点击"下载"时，软件自动复制，用户可在自己的设备上运行该复制件。整个过程中，软件运营商既可以通过用户付费下载获得利润，也可以凭借用户点击量

---

[1]《民法典》第 770 条。
[2]《民法典》第 772 条。

来换取广告收入。标准数字内容与服务合同并非按照定作人要求完成，并且标准数字内容与服务的提供方并不都是生产者，在提供方与生产者非同一主体的情况下，使用方也并不会因此获得合同解除权。因标准数字内容与服务合同更符合数字经济的行业特征，实践中较定作数字内容与服务合同更为典型和常用。

因此，常见的标准数字内容与服务合同与承揽合同的特征并不完全匹配，如将数字内容与服务合同认定是承揽合同似乎也是勉为其难的。

（四）与知识产权许可合同之异同

1. 两者的标的物都是无形物

知识产权许可合同是知识产权人为将自己的知识产权许可给他人使用而签订的协议。一般而言，合同的签订并不意味着知识产权许可的完成，还需登记备案。特别是在独占许可和排他许可中，在办理了登记备案手续后，被许可人才能获得知识产权的用益权。在合同有效期内，知识产权人负有维持知识产权有效的义务以防止他人提出知识产权无效请求，这是知识产权人应承担的权利瑕疵担保义务。知识产权许可合同的标的物是知识产权，是无形物，这点与数字内容与服务合同相同。

2. 两者的目的和功能不同

数字内容与服务作为科技发展的产物，与知识产权有天然的联系，有学者认为数字内容与服务合同应被视为知识产权许可合同，而非买卖合同或租赁合同。[1]当然这种观点也遭到其他学者的反驳，[2]其反对原因在于以下两点：第一，虽然数字内容与服务合同和知识产权许可合同的标的物都是无形物，但数字内容与服务是"以数字为承载、可通过计算机所表达的实实在在的无形物"，[3]虽然无法通过物理形式为人所感知，但可以通过计算机等载体被客观呈现；数字内容与服务本身并非知识产权，而是依赖知识产权产生的事物，是知识产权的客体，该客体上除了知识产权之外，还应包括对该客体的与知识产权无关的其他使用权利。因此，知识产权许可合同与数字内容与

---

〔1〕　参见金耀：《个人信息私法规制路径的反思与转进》，载《华东政法大学学报》2020 年第 5 期。

〔2〕　参见齐爱民、周伟萌：《论计算机信息交易的法律性质》，载《法律科学（西北政法大学学报）》2010 年第 3 期。

〔3〕　参见齐爱民：《数字文化商品确权与交易规则的构建》，载《中国法学》2012 年第 5 期。

服务合同的性质并不能完全等同。第二，知识产权许可合同旨在实现对知识产权的保护，并促进科技发展；而数字内容与服务合同的目的则是促进数字内容与服务市场的发展。数字内容与服务作为交易标的，除了要满足知识产权无瑕疵外，还应在质量、功能等方面满足合同要求，即具有适约性。实践中，数字内容与服务合同往往与知识产权许可并列出现，数字内容与服务合同条款通常仅针对数字内容与服务交易事项，而数字内容与服务上的知识产权相关事项通常被列在双方关于知识产权的特别约定条款或许可条款中，即便两类合同可能并列出现，也会将条款性质作出明显区分，比如，《腾讯企业微信软件许可及服务协议》[1]和《Oray 软件许可及服务协议》[2]都将许可协议条款与服务协议条款放置在一份协议中，但在标题上会将两份协议的进行区分。

因此，数字内容与服务合同和知识产权许可合同在的性质、订约目的上均有所不同，不能将两者混淆。

---

〔1〕 参见《腾讯企业微信软件许可及服务协议》，载 https://work. weixin. qq. com/nl/eula，最后访问日期：2021 年 3 月 22 日。

〔2〕 参见《Oray 软件许可及服务协议》，载 http://service. oray. com/question/1820. html，最后访问日期：2021 年 3 月 22 日。

第三章

欧盟对数字内容与服务合同的规制内容

一、《数字内容与服务合同指令》的立法目的

(一) 为欧洲构建单一数字市场提供交易规则

自 20 世纪 50 年代中后期《欧洲经济共同体条约》签订以来，建立单一市场，实现欧洲内部人员、货物、资本的自由流动，始终是欧洲一体化的最终目标。20 世纪 90 年代欧盟建立，随着互联网的出现和信息技术的发展，数字经济在全球经济板块中占据了越来越重要的位置，网络消费呈现出蓬勃向上的生命力。欧盟内部市场中的信息和数据的互联互通也开始成为欧盟经济的增长的重要突破点。一方面，信息技术改变了传统的交易方式，增加了成员国之间跨境交易的可行性，因此对于促进欧洲内部市场的建立起到了极大的推动作用。另一方面，数字产业的蓬勃发展极大地丰富了内容市场，使传统的内容产品得以借助互联网在整个欧盟甚至是世界范围内流动，而且仅以非常低的成本。可以说，数字领域互联互通不仅会成为经济发展的润滑剂和助推器，并将推动单一市场和欧洲一体化的深化发展。[1]

但是，欧盟数字经济的发展也暴露了一些问题。由于欧盟各成员国在信息技术和数字产业的发展水平不均衡，以及来自文化、政策和法律方面的阻力，欧盟数字市场在过去的数十年中的发展并不乐观。从电子商务的角度来看，欧盟的发展相对滞后于美国，据统计，在"欧洲数字单一市场战略"发布前，全欧盟仅有 7% 的中小企业向国外的消费者提供网购服务，只有 15% 的消费者尝试从欧盟其他成员国网购，而其中 62% 的消费者对购物体验不满意，60% 的电商因害怕出现法律纠纷而不愿进行欧盟内的跨境电商交易，而且欧

---

[1] 参见董一凡、李超：《欧盟〈数字单一市场战略〉解读》，载《国际研究参考》2016 年第 3 期。

盟本土也缺乏能够与亚马逊、ebay、雅虎等美日网购巨头相抗衡的大型企业。如果把目光再聚焦到数字市场，这种差距会更加明显。美国企业在欧盟数字市场的占有率已高达54%，欧盟成员国企业只是把持了各自国家的数字业务，约只占欧盟数字市场份额的42%，欧盟企业相互跨境业务只占到4%。因此，欧盟委员会负责数字经济的委员奥廷格疾呼"欧盟必须奋起直追"。[1]

为解决上述这些问题，促进欧盟数字经济的竞争力，欧盟采取的是先规范后发展的模式。欧盟于2010年发布"欧洲数字议程"（Digital Agenda for Europe），确立了欧盟数字战略步入第二个十年，进一步完善消费者合同制度的目标，以增强消费者跨境交易和线上交易的信心，实现内部市场的繁荣。

由于欧盟成员国众多，但是各成员国数字经济发展水平和法律体系存在很大差异，导致各成员国对数字经济立法亦有不同，这使得整个欧盟数字市场的立法呈现碎片化、差异化的状态。这种差异化立法直接体现为各成员国对于数字市场监管力度的不同，使得统一的数字市场难以构建，为数字跨境交易带来阻碍。从欧盟层面对数字市场相关事项统一立法，无疑是对上述问题的解决之道。[2]2015年5月6日，欧盟委员会发布"欧洲数字单一市场战略"，提出了三个主要目标：为消费者和企业提供更好的数字商品与服务访问渠道；塑造容许数字网络和服务的蓬勃发展的环境；创造一个具有长期增长潜力的欧洲数字经济和社会。[3]这三个主要目标也成为构建欧洲数字单一市场的三大支柱，欧盟为此提出了16项具体措施，其中最重要的是统一和细化整个欧洲的电子商务规则，制定新的合同法和消费者法方面的规则，并加强对网络平台的管理，消除因成员国之间法律的不同所产生的障碍，使数字内

---

〔1〕 参见董一凡、李超：《欧盟〈数字单一市场战略〉解读》，载《国际研究参考》2016年第3期。

〔2〕 参见闫德利：《欧盟：建设数字单一市场》，载《互联网天地》2019年第4期。

〔3〕 "Better access for consumers and businesses to digital goods and services-requiring the rapid removal of key differences between the online and off-line worlds to break down barriers to crossborder online activity; Shaping the environment to allow digital networks and services to flourish-requiring highspeed, secure and trust-worthy infrastructures and content services, supported by the right regulatory conditions for investment, fair competition and a level playing field; Creating a European digital economy and society with long-term growth potential-investment in ICT infrastructures and technologies is required here, such as cloud computing, big data, research and innovation to boost industrial competitiveness, as well as better public services, inclusiveness and skills". A Digital Single Market Strategy for Europe, COM (2015) 192 final, 05.05.2015.

容与服务得以在欧盟内部自由流通。[1]

"欧洲数字单一市场战略"的提出对于欧盟数字经济的发展具有重要意义。首先，通过提供消费者和经营者能够信任的跨境电子商务服务，既让消费者负担得起，也可防止企业受到不公平的地域性壁垒，从而能够为全欧洲的消费者和企业提供更好的数字产品和服务。其次，通过制定目标一致的电信规则、建立21世纪的媒体框架、营造适合平台和中介机构的监管环境，创造有利于数字网络和服务繁荣发展的环境和法令。最后，构建数据经济，提高竞争力，打造包容性互联网社会，可以最大化挖掘出欧洲数字经济的发展潜力。

如前所述，为促进数字内容的跨境在线销售，2015年12月欧盟出台《数字内容合同指令建议》和《在线及其他远程买卖合同指令建议》，目的是确保欧盟成为数字经济的先驱之一，并确保欧盟数字内容与服务公司可以在世界市场上扩张。[2]欧盟委员会认为，如克服目前数字市场中存在的市场分散及其他障碍，可为欧盟GDP带来4150亿欧元的增长。[3]《数字内容合同指令建议》在立法理由中也提及，2015年39%的非跨境在线销售商品的经营者认为跨境交易的最大障碍是欧盟成员国的合同法存在差异。[4]鉴于欧盟大多数成员国尚未为数字内容合同制定任何特殊规定，立法者希望开展开拓性工作，通过欧盟层面的协调立法，来抵御未来成员国数字内容与服务合同相关法律多样性的威胁。[5]

根据《欧盟条约》第5条关于"辅助性原则"的规定，欧盟应在条约及其目标授予的权限范围内采取行动。在其非专属权能领域，只有当成员国没有充分能力完成拟议中的行动目标，而出于拟议中的行动的规模和效果的原因，欧盟能更好地完成时，才由欧盟采取行动，且欧盟的行动不应超过实现条约目标所必需的范围。[6]欧盟公布《数字内容合同指令建议》的行动符合辅助性原则。

---

〔1〕　A Digital Single Market Strategy for Europe, COM (2015) 192 final, 05.05.2015.

〔2〕　Beate Gsell, Der europäische Richtlinienvorschlag zu bestimmten vertragsrechtlichen Aspekten der Bereitstellung digitaler Inhalte, ZUM 2018, Rn. 75 ff.

〔3〕　Beate Gsell, Der europäische Richtlinienvorschlag zu bestimmten vertragsrechtlichen Aspekten der Bereitstellung digitaler Inhalte, ZUM 2018, Rn. 75.

〔4〕　Flash Eurobarometer 396 „Retailers attitudes towards cross-border trade and consumer protection " (2015).

〔5〕　Beate Gsell, Der europäische Richtlinienvorschlag zu bestimmten vertragsrechtlichen Aspekten der Bereitstellung digitaler Inhalte, ZUM 2018, Rn. 75 ff.

〔6〕　参见程卫东、李靖堃译：《欧洲联盟基础条约：经〈里斯本条约〉修订》，社会科学文献出版社2010年版，第34页。

首先，这项立法动议的目标仅依靠成员国不能得到充分实现。这项立法动议的总体目标是消除网络交易中的消费者合同法壁垒，为了经营者和消费者的利益，建立一个真正的"欧洲数字单一市场"。而成员国没有能力全面消除国家间现存的不同法律规定的障碍，因此，一个欧盟层面的立法动议可以更好地实现这一目标。更明确地说，这项立法动议的目的是以协调一致的方式赋予消费者特定的权利，并为有意向其他成员国销售数字内容的经营者创造一个确定的法律环境。对数字内容合同进行专门立法时，每个成员国都无法保证与其他成员国的国内立法保持整体上的一致性。

其次，欧盟层面的行动比成员国国家层面的行动更加有效。一个欧盟层面的立法动议可以保证消费者权利以协调一致的方式行使，同时保证整个欧盟的消费者都能够受益于同样高水平的消费者保护。这样一个立法动议可以为法律的一致性提供持续的法律基础。

2019 年 5 月 20 日欧盟在其《官方公报》上正式发布了《数字内容与服务合同指令》，[1]该指令第 1 条规定了其调整对象和立法目的：本指令的目的是促进内部市场的正常运转，同时为消费者提供高水平的保护，就经营者和消费者之间关于数字内容的提供或数字服务的合同的某些要求制定共同规则，特别是关于以下方面的规则：数字内容或数字服务是否适约；在缺乏适约或未能提供的情况下的救济措施，以及行使这些救济措施的方式；对数字内容或数字服务的修改。

《数字内容与服务合同指令》的出台是以构建欧洲数字单一市场为目标，协调、平衡和克服欧盟内部各成员国有关数字内容与服务合同相关立法碎片化的问题。从立法目的与立场来看，欧盟关注的焦点是与数字内容与服务交易特质紧密相关的问题是否得以规制，此时，一般化、抽象化、普遍化的立法方式有利于达成其目的。欧盟无意对数字内容与服务合同的类型划分给出定论，这是因为各成员国的法律体系差异较大。如立法者在欧盟层面直接对数字内容与服务合同的性质进行界定，将会面临两个难题：一是很难提取公因式，找到统一和谐的分类方式；二是固定的分类方式可能会对成员国合同法体系产生冲击，使得成员国难以接受，不利于指令的转化与实施。因此，

---

〔1〕 Richtlinie （EU） 2019/770 des Europäischen Parlaments und des Rates vom 20. Mai. 2019 über bestimmte vertragsrechtliche Aspekte der Bereitstellung digitaler Inhalte und digitaler Dienstleistungen，ABl. Nr. L 136，1.

欧盟回避了传统教义学中典型合同的分类问题，仅是针对数字内容与服务合同特征提取了抽象性的规则，未对数字内容与服务合同的性质作出规定。

同日，欧盟《官方公报》也发布了《货物买卖合同指令》。[1]该指令第1条对调整对象和立法目的进行了规定：本指令的目的在于，通过对销售者和消费者之间订立的买卖合同制定共同规则，特别是规定货物适约性、货物不适约情况下的救济、行使救济的方式以及商业担保等规则，进而提供高水平的消费者保护以及促进内部市场的正常运作。该指令旨在设立销售商与消费者之间订立货物销售合约的一般规则，尤其是其核心问题，如对签订销售合同货物的适约性、不适约情况下的救济措施等规则进行了规定。

上述两个指令也有着共同目标，即就经营者与消费者订立的与买卖货物和提供数字内容或服务有关合同的若干问题作出统一规定，致力于建成一个真实、统一的数字市场，加强法律确定性并减少此类交易的成本。以上两条指令要求欧盟成员国在2021年7月1日之前完成转化，且在2022年1月1日前在成员国国内生效。

为使两个指令的规定更好地嵌入各成员国的民法体系，不对成员国民法体系造成冲击，欧盟选择了具有完全协调性的指令形式，而非具有强制性的条例形式，使得成员国在转化时，可结合欧盟指令内容与本国已有的规范及实践经验，更灵活地提升本国数字内容与服务合同的相关立法，促进相关交易市场的规制，以更好地达成构建数字单一市场的共同目标。

（二）为欧盟消费者保护提供统一规则

消费者保护一直是实现欧洲经济一体化的重要抓手。欧盟的各项信息技术政策、环境保护政策、产品质量与食品安全政策、竞争政策和消费者合同制度共同构建起消费者保护的政策和法律体系。其中，消费者合同制度在近年来有了较大的发展。2010年5月，欧盟委员会在其发布的"欧洲数字议程"中确立了完善消费者合同制度的目标，[2]旨在增强消费者跨境交易和线上交易的信心，实现内部市场的繁荣。[3]2011年《消费者权利指令》废除了

---

[1]　Richtlinie（EU）2019/770 des Europäischen Parlaments und des Rates vom 20. Mai. 2019 über bestimmte vertragsrechtliche Aspekte der Bereitstellung digitaler Inhalte und digitaler Dienstleistungen, ABl. Nr. L 136, 1.

[2]　Digital Agenda for Europe, http://eur-lex. europa. eu/legal-content/EN/TXT/HTML/? uri=LE-GISSUM: si0016&from=EN, Last visited: 2. Mar. 2017.

[3]　参见张进京:《欧洲数字议程（上）》，载《中国信息界》2011年第1期。

《上门销售指令》和《远程销售合同指令》，并修改了《消费品买卖及担保指令》和《消费者合同中的不公平条款指令》，对消费者知情权和撤回权等制度的具体适用规则进行了完善和重述。

2015 年"欧洲数字单一市场战略"的发布，也是旨在推动形成欧盟统一的数字市场，使得欧盟各成员国消费者和经营者能够在统一的市场内交易。当然统一市场在促进欧盟经济发展、减少贸易壁垒的同时，也带来了一些新的问题和诉求，在网络消费中保护消费者合法权益的呼声是不断变大。21 世纪以来，欧盟对消费者的保护呈现出许多新发展，主要体现在消费者权益保护规范的丰富、保护范围的拓展以及保护手段的多样化。面对数字经济和网络消费兴起而产生的提高消费者保护水平的新需求，欧盟层面积极回应，通过各种途径加强了对消费者权益的保护力度，其中一项重要措施就是颁布相关消费者保护的指令。因此，在 2015 年年底，欧盟按照原计划公布了两项立法动议，其中包括《数字内容合同指令建议》。

2011 年《消费者权利指令》将以有形物为载体的数字内容合同纳入指令之中予以规制；[1]《〈欧洲共同买卖法〉条例（草案）建议》将数字内容合同、数字服务合同与买卖合同并列纳入适用范围之中，[2]《〈欧洲共同买卖法〉条例建议》虽因成员国的反对而失败，但它已经提出了有关数字内容与服务合同的规则，为欧盟后来对数字内容与服务合同立法提供了借鉴。[3]受该部立法建议启发及"欧洲数字议程"及"欧洲数字单一市场战略"的要求，欧盟于 2019 年正式通过《数字内容与服务合同指令》。该指令试图寻求未曾在《〈欧洲共同买卖法〉条例建议》中所提出的新的路径，旨在构建以"违约救济"为中心的数字内容与服务合同中消费者权利保护体系，从而规范数字内容与服务交易市场，促进数字内容与服务跨境交易的稳健发展。[4]

欧盟于 2019 年 5 月 20 日通过的《数字内容与服务合同指令》和《货物

---

〔1〕 Richtlinie （EU） 2011/83 des Europäischen Parlaments und des Rates v. 25. 10. 2011 über die Rechte der Verbraucher, 22. 11. 2011, Erwägungsgrund 18.

〔2〕 Vorschlag für eine Verordnung des Europäischen Parlaments und des Rates über ein Gemeinsames Europäisches Kaufrecht, KOM （2011） 635, 11. 10. 2011, §5.

〔3〕 Gerald Spindler, Karin Sein, Die endgültige Richtlinie über Verträge über digitale Inhalte, MMR 2019, Rn. 415ff.

〔4〕 Vorschlag für eine Richtlinie des Europäischen Parlaments und des Rates über bestimmte vertragsrechtliche Aspekte der Bereitstellung digitaler Inhalte, KOM （2015） 634 final, 10. 12. 2015, S. 2.

买卖合同指令》，要求各成员国将其在国内完成转化，向消费者提供更高水平的保护。《数字内容与服务合同指令》的目的是在所有成员国引入统一的消费者合同规则，使整个内部市场关于数字内容与数字服务的合同规则有一个稳定和同质的框架，减少不同成员国国家法律之间关于数字内容与数字服务提供方面的法律分割，克服欧洲存在的、阻碍单一市场形成的监管碎片化的问题，进而减少跨境交易的困难和成本，使企业特别是中小企业，更容易在整个欧盟范围内提供数字内容和数字服务，同时也增加消费者的信心。而《货物买卖合同指令》的目的则是协调欧盟各成员国关于货物买卖合同的相关规定，特别是规定了带有数字元素的货物买卖合同。这两个指令共同为促进欧盟内部市场的运行、建立统一的数字市场、提高对消费者的保护水平提供了统一的规则。

二、《数字内容与服务合同指令》的适用范围

（一）可适用的范围

欧盟《数字内容与服务合同指令》在其立法理由中指出，该指令应以明确和毫不含糊的方式界定其范围，并为其范围内的数字内容或数字服务提供明确的实质性规则。该指令的范围及其实质性规则应在技术上是中立的，并能经得住未来的考验。本指令应就经营者与消费者关于数字内容提供或数字服务合同的某些要求制定共同的规则。为此，应充分协调关于数字内容或数字服务与合同的适约性、缺乏适约性或未能提供时的救济措施、实施这些救济措施的方式以及关于修改数字内容或数字服务的规则。对消费者合同法的一些基本要素进行全面协调的规定，使企业（尤其是中小企业）更容易在其他成员国提供其产品。通过充分协调关键规则，消费者将受益于高水平的消费者保护和获得福利。成员国不得在本指令的范围内再提供任何进一步的正式或实质性要求。例如，成员国不应规定不同于本指令的举证责任倒置规则，也不应规定消费者有义务在特定期限内通知经营者缺乏适约性的情况。[1]

本指令应适用于经营者向消费者提供或承诺提供数字内容或数字服务的任何合同。平台经营者如为与本身业务有关的目的而行事，并作为消费者的直接

---

〔1〕　Richtlinie （EU） 2019/770 des Europäischen Parlaments und des Rates vom 20. Mai 2019 über bestimmte vertragsrechtliche Aspekte der Bereitstellung digitaler Inhalte und digitaler Dienstleistungen, 22. 5. 2019, Erwägungsgrund 10, 11.

合同相对方而提供数字内容或数字服务，可被视为本指令下的经营者。[1]

本指令应解决不同类别的数字内容、数字服务及其提供的问题。为了适应快速的技术发展和保持数字内容或数字服务概念的面向未来性，本指令尤其应涵盖计算机程序、应用程序、视频文件、音频文件、音乐文件、数字游戏、电子书或其他电子出版物，以及允许以数字形式创建、处理、访问或存储数据的数字服务，包括软件服务，如视频和音频共享以及其他文件托管、文字处理或在云计算环境和社交媒介中提供的游戏。由于提供数字内容或数字服务的方式多种多样，如在有形媒介上传输、消费者在其设备上下载、网络流媒体、允许访问数字内容的存储能力或访问社交媒介，本指令应独立于用于传输或访问数字内容或数字服务的媒介而适用。但是，本指令不适用于互联网接入服务。[2]

为此，《数字内容与服务合同指令》第3条第1~3款规定了其可适用的范围：（1）本指令适用于经营者向消费者提供或承诺提供数字内容或数字服务，而消费者支付或承诺支付费用的任何合同。本指令也适用于经营者向消费者提供或承诺提供数字内容或数字服务，并且消费者向经营者提供或承诺提供个人数据的情况，除非消费者提供的个人数据专门是交由经营者为按照本指令提供数字内容或数字服务的目的，或为使经营者遵守其须遵守的法律规定而处理，且经营者不会为任何其他目的处理这些数据。（2）本指令也应适用于数字内容或数字服务是按照消费者的要求而开发的情况。（3）除第5条和第13条外，本指令还应适用于专门作为数字内容载体的任何有形媒介。

由以上规定可知，《数字内容与服务合同指令》主要适用于数字内容与服务的提供者与消费者之间订立的双务合同，消费者获得数字内容和数字服务需要支付价款或者提供个人数据。[3]

---

〔1〕 Richtlinie（EU）2019/770 des Europäischen Parlaments und des Rates vom 20. Mai 2019 über bestimmte vertragsrechtliche Aspekte der Bereitstellung digitaler Inhalte und digitaler Dienstleistungen，22. 5. 2019，Erwägungsgrund 18.

〔2〕 Richtlinie（EU）2019/770 des Europäischen Parlaments und des Rates vom 20. Mai 2019 über bestimmte vertragsrechtliche Aspekte der Bereitstellung digitaler Inhalte und digitaler Dienstleistungen，22. 5. 2019，Erwägungsgrund 19.

〔3〕 Richtlinie（EU）2019/770 des Europäischen Parlaments und des Rates vom 20. 5. 2019 über bestimmte vertragsrechtliche Aspekte der Bereitstellung digitaler Inhalte und digitaler Dienstleistungen，22. 5. 2019，Article 3.

（二）排除适用的范围

《数字内容与服务合同指令》第 3 条第 4、5 款规定了排除适用的情况。

第 3 条第 4 款规定，本指令不适用于第 2 条第 3 款意义上的合并在货物中或与货物互连的数字内容或数字服务，它们在销售合同中与这些货物一起提供，无论这种数字内容或数字服务是由卖方还是由第三方提供。如果对提供数字内容或合并或互连的数字服务是否构成销售合同的一部分有疑问，应推定该数字内容或数字服务被包含在销售合同内。也就是说，这种情况应属于《货物买卖合同指令》的调整范围。

根据第 3 条第 5 款的规定，本指令也不适用于以下方面的合同：

（a）提供数字服务以外的服务，不论经营者是否以数字形式或手段来产生服务的输出，或将服务交付或传送给消费者；

（b）第（EU）2018/1972 号指令第 2 条第（4）项定义的电子通信服务，但该指令第 2 条第（7）项定义的不依赖于号码的人际通信服务除外；

（c）第 2011/24/EU 号指令第 3 条（a）项所定义的医疗保健；

（d）博彩服务，即通过电子手段或任何其他通信技术，并根据此类服务接受者的个人要求，那些射幸游戏，包括在有技巧因素的游戏中押注具有金钱价值的赌注的服务，如彩票、赌场游戏、扑克游戏和投注交易。

（e）第 2002/65/EC 号指令第 2 条（b）项所界定的金融服务；

（f）经营者根据自由开放源代码许可证提供的软件，而消费者不支付任何费用，且消费者提供个人数据由经营者专门处理，以提高特定软件的安全性、兼容性或互操作性；

（g）提供数字内容，而数字内容作为表演或活动的一部分，通过信号传输以外的方式向公众提供，如数字电影放映；

（h）成员国公共部门机构根据欧洲议会和欧盟理事会第 2003/98/EC 号指令[1]提供的数字内容。

由上述规定可知，欧盟《数字内容与服务合同指令》第 3 条采用了一种"正面概括+反面列举"的立法模式规范了其调整范围。《数字内容与服务合同指令》仅适用于消费者合同，但欧盟并未完全将企业排除在消费者范围之外，

---

[1] Directive 2003/98/EC of the European Parliament and of the Council of 17 November 2003 on the reuse of public sector information. OJ L 345, 31. 12. 2003, p. 90.

将"消费者"的概念扩展至中小企业的权力仍留给了成员国。[1]比如文字处理软件等，可为个人购买后自用，也可为办公使用，经营者很难识别用户购买软件的目的。用户自己的声明或许会有一定帮助，但具体效果仍不明确。成员国可结合本国实践需求，适当扩大《数字内容与服务合同指令》的适用范围。[2]

基于数字内容与服务交易的特殊属性，数字内容与服务合同往往又同时与知识产权法、竞争法和个人信息保护法等多个部门法产生交叉关系，这就引发了《数字内容与服务合同指令》与其他指令之间的界限问题。[3]《数字内容与服务合同指令》为减少与其他指令的竞合作出了很多努力，比如，《数字内容与服务合同指令》第3条将"提供访问服务""电子通信服务""健康服务""博彩服务"或者"重要的金融服务"等已被其他指令规范的数字内容与服务排除在适用范围之外；[4]《数字内容与服务合同指令》立法理由第3条指出，本指令的适用不可直接对《一般数据保护条例》（GDPR）产生任何影响，[5]也不能直接干预知识产权相关权利。[6]总之，当发生冲突时，指令要为其他欧盟法案让路，[7]避免与其他指令内容重复或冲突，以维护欧盟法内部的协调性和整体性。

---

〔1〕 Richtlinie（EU）2019/770 des Europäischen Parlaments und des Rates vom 20.5.2019 über bestimmte vertragsrechtliche Aspekte der Bereitstellung digitaler Inhalte und digitaler Dienstleistungen, 22.5. 2019, Erwägungsgrund 16.

〔2〕 Gerald Spindler & Karin Sein, Die endgültige Richtlinie über Verträge über digitale Inhalte und Dienstleistungen, MMR, 2019, Rn. 415ff.

〔3〕 Reiner Schulze, Die Digitale-Inhalte-Richtlinie-Innovation und Kontinuität im europäischen Vertragsrecht, ZEuP 2019, Rn. 699 ff.

〔4〕 Richtlinie（EU）2019/770 des Europäischen Parlaments und des Rates vom 20.5.2019 über bestimmte vertragsrechtliche Aspekte der Bereitstellung digitaler Inhalte und digitaler Dienstleistungen, 22.5. 2019, §3; Sein Spindler, Die endgültige Richtlinie über Verträge über digitale Inhalte und Dienstleistungen, MMR, 2019, Rn. 415ff.

〔5〕 Richtlinie（EU）2019/770 des Europäischen Parlaments und des Rates vom 20.5.2019 über bestimmte vertragsrechtliche Aspekte der Bereitstellung digitaler Inhalte und digitaler Dienstleistungen, 22.5. 2019, §3 Abs. 8; Erwägungsgrund 37, 38.

〔6〕 Richtlinie（EU）2019/770 des Europäischen Parlaments und des Rates vom 20.5.2019 über bestimmte vertragsrechtliche Aspekte der Bereitstellung digitaler Inhalte und digitaler Dienstleistungen, 22.5. 2019, §3 Abs. 9; Erwägungsgrund 36.

〔7〕 Richtlinie（EU）2019/770 des Europäischen Parlaments und des Rates vom 20.5.2019 über bestimmte vertragsrechtliche Aspekte der Bereitstellung digitaler Inhalte und digitaler Dienstleistungen, 22.5. 2019, §3 Abs. 7.

三、《数字内容与服务合同指令》的规范重点

（一）合同的适约性标准

1. 适约性的界定

适约性是英美法系常用的法律术语，"适约性"（Vertragsmäßigkeit）这一概念最早出现在《联合国国际货物销售合同公约》（CISG）中，欧盟在其合同法立法中比较研究和借鉴了像 CISG 等国际层面的法律，因此在欧盟的一系列法律中也使用了这一概念。大陆法系的同义表达为"瑕疵担保"，该点在德国《数字内容合同指令转化法》中得到体现。"物之瑕疵担保"是指出卖人应当保证买受人所获得的合同标的物上没有质量和权利瑕疵。因为数字内容具有不确定性，在缺乏合同框架的情况下，其质量与权利瑕疵问题难以得到保障。为解决以上问题，《数字内容与服务合同指令》以一般物之瑕疵担保为基准，针对数字内容的特殊性，对经营者在提供数字内容时的瑕疵担保责任作出了详细的规定。在现有欧盟法语境下，瑕疵担保也被表述为"适约性"。

数字内容与服务合同适约性在《数字内容合同指令建议》和《数字内容与服务合同指令》中都是重点规制内容，因为"瑕疵是救济的开始"，明确且周延的适约性标准是建立完备的消费者救济体系的前提和基石。《数字内容合同指令建议》和《数字内容与服务合同指令》在数字内容与服务合同的适约性标准方面规定有所不同。本书主要是以正式颁布的《数字内容与服务合同指令》的规定为依据进行分析。

2. 适约性标准

由于数字内容与服务合同的特殊性，欧盟《数字内容与服务合同指令》进一步完善了主观和客观的"适约性"标准，这些规定影响了对违反"适约性"的经营者履行行为的判断。《数字内容与服务合同指令》第 6 条对数字内容与服务的适约性作出了一般性的规定，即，经营者应向消费者提供符合第 7 条、第 8 条和第 9 条规定的数字内容或数字服务，但不影响第 10 条的规定。《数字内容与服务合同指令》的第 7 条和第 8 条又分别从主观、客观两个维度制定了适约性标准，并以主观标准为主，客观标准为辅，对适约性标准进行了细化规定：

（1）主观适约性标准

根据《数字内容与服务合同指令》中第 7 条规定，合同双方对于数字内

容的适约性可以自行协商约定，但其前提条件需要符合主观标准。总体来说，主观标准主要包括合同订立的一般目的、特殊目的、售后服务和更新四个方面，具体包括：

首先，数字内容或服务应当符合合同所列明的各项具体要求，具有合同要求的描述、数量和质量，尤其是具备合同要求的功能性（Funktionalität）、兼容性（Kompatibilität）、交互性（Interoperabilität）等数字内容与服务所应具备的其他性能。

其次，若该数字内容合同是消费者基于特定目的所订立的，且经营者最迟于合同订立时同意的，则该特定目的应被得到满足。

再其次，经营者应按合同要求向消费者提供所有附件、所有说明（包括安装说明）和售后服务。

最后，经营者还应按照合同约定对数字内容或服务进行更新。[1]

如果双方在合同订立时未满足上述四种情形之一，那么就构成瑕疵，不符合适约性。例如，如果某一"社交媒体"平台不提供合同本应约定的功能，造成该功能一直无法使用，那么就存在主观性的物之瑕疵。消费者可就此根据指令第7条的规定，基于存在主观性的物之瑕疵，向相对人主张权利。[2]

（2）客观性适约标准

欧盟《数字内容与服务合同指令》还规定了数字内容与服务要符合合同客观性标准的要求。主要引入了欧盟、各成员国国家、各行业技术标准等作为主观标准的补充。[3]根据《数字内容与服务合同指令》第8条的规定，客观性适约标准与当事人的约定无关。通常在缔约当事人就数字内容瑕疵没有约定或者约定不明确的情形出现时，指令第8条就有了适用空间。

第一，技术标准。《数字内容与服务合同指令》第8条第1款规定，数字内容或服务应适用于同类数字内容或服务通常被使用的目的，可参考现行有

---

〔1〕 Richtlinie （EU） 2019/770 des Europäischen Parlaments und des Rates v. 20. 5. 2019 über bestimmte vertragsrechtliche Aspekte der Bereitstellung digitaler Inhalte und digitaler Dienstleistungen, 22. 5. 2019，§7.

〔2〕 参见吴桂德：《我国民法典视野下的数字内容瑕疵担保责任——基于欧盟背景下德国法的比较法考察》，载《政治与法律》2020年第1期。

〔3〕 Richtlinie （EU） 2019/770 des Europäischen Parlaments und des Rates v. 20. 5. 2019 über bestimmte vertragsrechtliche Aspekte der Bereitstellung digitaler Inhalte und digitaler Dienstleistungen, 22. 5. 2019，§8.

效的欧盟及其成员国的法律、技术标准；如没有此类技术标准，可参考特定行业的行为规则。数字内容与服务发展速度快、发展方向多样化，数字市场的实践往往先于立法，引入数字市场现行技术标准，使得经营者的履行行为得到明确的规范，也为判断经营者是否违约以及违约的程度提供明确的标准。这一规定能更好地反映出数字内容与服务的发展脉络，针对现有发展状况作出及时更新，能够很好补充现有立法规范，更具实践意义。[1]

第二，消费者的理性期待。欧盟《数字内容合同指令》第 8 条第 2 款 b 项规定，与数字内容与服务相关的质量、品质和性能特征（包括功能性、兼容性、可用性、持续性和安全性）需要达到同类产品的要求，而且要满足消费者对此类产品并且考虑到经营者或者相关个人给出的公开声明的合理期待。"符合消费者的合理期待"这一标准能在数字内容与服务合同中发挥多大的作用是值得进一步探讨的。《数字内容与服务合同指令》既包含以金钱为对价的数字内容与服务，也包括以消费者的个人数据支付方式的数字内容与服务，这两种合同中的消费者的合理期待的差异也应当明确。[2]而且，"消费者合理期待"在主观标准和客观标准中均有出现，是具有兜底性质的重要条款。[3]合同本就是当事人意思自治的体现，数字内容与服务的提供应首先满足消费者订立合同的目的。消费者对于数字内容或服务的体验更多的是主观上的感受，从合同信息和合同文本规范出发、从消费者订立合同目的的视角去评判经营者数字内容与服务的提供是否适约，更符合合同的属性以及对消费者权益保护的需求。

第三，经营者的更新义务。更新的义务除在《数字内容与服务合同指令》第 7 条 d 项主观适约性中提到以外，也是客观适约性的标准之一。在数字时代，技术研发迭代更新速度日益加快，经营者必须保证提供的数字内容在特定一段时间内能够正常运行，且在无相反约定下应当提供最新版本，即除非当事人之间另有约定，经营者应当保证所提供的数字商品需符合目的且为

---

〔1〕　Reiner Schulze, Die Digitale-Inhalte-Richtlinie-Innovation und Kontinuität im europäischen Vertragsrecht, ZEuP 2019. Rn. 699 ff.

〔2〕　参见金晶：《数字时代经典合同法的力量—以欧盟数字单一市场政策为背景》，载《欧洲研究》2017 年第 6 期。

〔3〕　Richtlinie（EU）2019/770 des Europäischen Parlaments und des Rates v. 20. 5. 2019 über bestimmte vertragsrechtliche Aspekte der Bereitstellung digitaler Inhalte und digitaler Dienstleistungen, 22. 5. 2019，§ 7 Abs. 1b；§ 8 Abs. 1b.

"最新可用版本"。《数字内容与服务合同指令》第 8 条第 2 款规定的是经营者对于更新的告知义务和提供义务（提供数字内容的义务），这两种义务没有时间的先后顺序。第 8 条第 2 款从时间的维度对不同类型的数字内容与服务进行了分类，即数字内容是在一段时间内持续提供还是一次性提供或者多次单独提供。在前一种方式中（比如软件订阅），提供义务和更新义务的时间是重合的，而在一次性提供或多次单独提供（如安装在用户设备上的翻译或语音识别程序）的情况下，提供义务的履行通常在一个时间点完成，这就与更新义务的履行时间不能完全重合。在这种情况下，根据第 8 条第 2 款 b 项规定，立法者将消费者根据数字内容与服务的类型和目的的合理期待作为更新义务持续时间的客观标准。这里的更新义务就根据继续性合同以及一时性合同而分成两类：在继续性合同中更新义务的履行时间与合同的履行时间重合，在一时性合同中更新义务的履行需要符合消费者的合理期待。[1]

基于数字内容与服务合同的特殊性，还必须准确区分更新和新产品的区别，因为原则上每一次更新都可以视为一个新产品，另一方面所谓的具有新功能的升级也只可能是更新，因此消费者不能要求供应商交付新产品。仅仅将更新描述为数字内容的新版本（如 1.0 到 2.0）并不一定意味着它实际上是一个不在保修范围内新产品。新产品（升级）的一个标志可能是引入了新的功能，使产品与以前的版本有明显的区别。[2]

虽然更新义务是该《数字内容与服务合同指令》的创新之处，也是数字内容与服务合同适约性标准的重要体现，但是，在一些德国学者看来，《数字内容与服务合同指令》对更新义务的规定并不完善，还需要判例和学说去补充。比如，在一时性合同中，经营者在提供了数字内容之后，需要根据消费者合理的期待来持续履行更新义务，但是《数字内容合与服务同指令》没有对这种更新义务的履行规定一个合理的期间。[3]《数字内容合与服务同指令》在其立法理由第 47 条中提到了一个模糊的期限，即经营者的更新义务至少应

---

〔1〕 Reiner Schulze, Die Digitale-Inhalte-Richtlinie-Innovation und Kontinuität im europäischen Vertragsrecht, ZEuP 2019, Rn. 715.

〔2〕 Gerald Spindler, Karin Sein, Die Richtlinie über Verträge über digitale Inhalte MMR 2019, 488, S. 2.

〔3〕 Reiner Schulze, Die Digitale-Inhalte-Richtlinie-Innovation und Kontinuität im europäischen Vertragsrecht, ZEuP 2019, Rn. 716; Ivo Bach, Neue Richtlinien zum Verbrauchsgüterkauf und zu Verbraucherverträgen über digitale Inhalte, NJW 2019, Rn. 1707.

该延续至瑕疵担保期间。然而，更新义务的履行期限并不仅仅指瑕疵担保的期间，对于有些软件来说，如果不再及时更新，这种软件就无法继续正常使用，这与普通的物的瑕疵是有区别的。所以日后还需规定更详细的规则，比如对于一些集成软件，更新义务的期限可以参照配套使用的硬件设施的一般寿命来确定。[1]

第四，经营者的正确安装义务。《数字内容与服务合同指令》第2条规定，"安装"是将数字内容与服务同消费者的数字环境中的组件连接或集成在一起，以便该数字内容与服务的使用可以符合适约性标准。[2]数字内容与服务的功能主要依赖于计算机系统的表达，因此，正确的安装是数字内容与服务可得在使用者的计算机环境中正常运行的重要前提，也突出了数字内容与服务具有"兼容性"的特征。

根据该指令第9条，数字产品需要与消费者所需的数字环境兼容，经营者应当保证数字内容能够且被正确安装的义务。《数字内容与服务合同指令》第9条规定的"不恰当的整合"（Unsachgemäße Integration）是对适约性的一个补充规定，不恰当的安装也被视为经营者提供数字内容与服务不符合合同约定的一种情形。

《数字内容与服务合同指令》第9条还规定，若数字内容与服务未能被恰当安装在消费者的数字环境中，则由此造成的一切违约可以被视为数字内容不符合合同约定，前提是该数字内容与服务应由提供方安装或由他承担安装责任的，或者该数字内容与服务的不恰当安装是由于消费者使用了提供方提供的有瑕疵的安装说明所导致的。[3]因此，该指令第9条的a项和b项分别规定了两种情况：一种是数字内容是由经营者安装的或由他承担责任的；

---

〔1〕　Ivo Bach, Neue Richtlinien zum Verbrauchsgüterkauf und zu Verbraucherverträgen über digitale Inhalte, NJW 2019, Rn. 1707.

〔2〕　„ Integration-die Verbindung und die Einbindung von digitalen Inhalten oder digitalen Dienstleistungen mit den bzw. in die Komponenten der digitalen Umgebung des Verbrauchers, damit die digitalen Inhalte oder digitalen Dienstleistungen gemäß den in dieser Richtlinie festgelegten Anforderungen an die Vertragsmäßigkeit genutzt werden können ". Richtlinie (EU) 2019/770 des Europäischen Parlaments und des Rates vom 20. 5. 2019 über bestimmte vertragsrechtliche Aspekte der Bereitstellung digitaler Inhalte und digitaler Dienstleistungen, 22. 5. 2019, § 2.

〔3〕　Richtlinie (EU) 2019/770 des Europäischen Parlaments und des Rates v. 20. 5. 2019 über bestimmte vertragsrechtliche Aspekte der Bereitstellung digitaler Inhalte und digitaler Dienstleistungen, 22. 5. 2019, § 7 Abs. 1b; § 9.

另一种是该数字内容应由消费者进行安装的，且该不当安装可归因于供应商提供的安装说明中的瑕疵。其实，在通常情况下，数字内容的安装（如软件）是自动安装的，所以多数情况下不恰当安装的责任还是由经营者来承担。

3. 权利的适约性

《数字内容与服务合同指令》第 10 条规定，经营者所提供的数字内容或服务必须无权利缺陷，尤其是在知识产权方面，如因经营者侵犯第三方权利导致消费者对数字内容或服务的使用受到实质性的阻碍和限制，除非成员国法律规定在该类情形中数字内容或数字服务合同无效或被废除，否则消费者可向经营者提起违约赔偿。[1]虽然《数字内容与服务合同指令》极力避免与其他指令或法规产生交叉或竞合，但基于数字内容与服务的天然属性，与知识产权的联结仍旧无法避免。《数字内容与服务合同指令》仅要求第三方权利不得妨碍其使用，因此，许可权在实践中的运用更为广泛。[2]经营者在签订数字内容与服务合同时，应着重将其数字内容或服务的权利状态与许可限制作出披露，使消费者对其权利范围有一个较为清晰的认知并以此作出合理期待。由于《数字内容与服务合同指令》并不对知识产权规范进行过多干涉，如何统一欧盟内部跨区域知识产权规范标准，化解数字市场的跨国界性与知识产权地域性之间的矛盾，还需要欧盟及各成员国在其他指令的立法及转化过程中予以协调。

（二）经营者的举证责任

《数字内容与服务合同指令》在第 12 条中首先规定了经营者的举证责任，[3]经营者应当就其义务的履行是否适约提供证明。经营者的举证责任在一时性合同与继续性合同中也会有不同体现：继续性合同中经营者仅在合同履行期间内承担举证责任，而一时性合同中将经营者的举证责任延长到了提

---

[1] Richtlinie（EU）2019/770 des Europäischen Parlaments und des Rates vom 20. 5. 2019 über bestimmte vertragsrechtliche Aspekte der Bereitstellung digitaler Inhalte und digitaler Dienstleistungen, 22. 5. 2019, § 10.

[2] Dirk Staudenmayer, Auf dem Weg zum digitalen Privatrecht – Verträge über digitale Inhalte. NJW 2019, Rn 2497 ff.

[3] Richtlinie（EU）2019/770 des Europäischen Parlaments und des Rates vom 20. 5. 2019 über bestimmte vertragsrechtliche Aspekte der Bereitstellung digitaler Inhalte und digitaler Dienstleistungen, 22. 5. 2019, § 12.

供数字内容或服务后 1 年。

一般情况下，经营者应承担其提供的数字内容或者数字服务符合合同要求的证明责任。但是商家也具有相应的免责事由，即经营者在订立合同前以清晰易懂的方式告知消费者其数字环境与数字内容或数字服务的技术要求不兼容，由于此不兼容导致的不适约，商家不承担责任。[1]

《数字内容与服务合同指令》在第 12 条中还规定了消费者的配合义务，如消费者未能配合，则举证责任则发生转移。消费者应在合理、必要、可能的范围内配合供应商，保证数字环境的兼容性，消费者的配合义务以技术上能够操作的方式为限，并应当将对消费者的干扰控制在最小限度内。这也就是说，在例外情况下，也存在证明责任倒置的情况：即为了确定数字内容或数字服务不一致是否是由于消费者的数字环境导致的，消费者应在合理、可能和必要的范围内与经营者合作。如果消费者不合作，并且经营者在订立合同前以清晰易懂的方式告知消费者该要求，则消费者应承担举证责任。[2]

（三）消费者权利的分级救济路径

数字内容与服务合同的违约救济手段与传统的买卖合同类似，但基于数字内容与服务的无形特性，《数字内容与服务合同指令》又有所调整。经营者违约分为两种形式：一是如果经营者未能立即或者在合同双方明确约定的合理期限内提供数字商品或服务，那么消费者有权解除合同；二是在合同履行不适约的前提下，消费者可以请求经营者继续履行、减价或解除合同。由于《数字内容与服务合同指令》是完全协调化的指令，排除了成员国在本指令的适用范围内颁布或保留低于或高于本指令要求的法律。因此，成员国不能超出《数字内容与服务合同指令》规定的救济途径范围，自行规定其他救济途径，如经营者的通知义务等，这在一定程度上限制了消费者的权利救济途径。但一些智能产品本身就与数字内容或服务密不可分，这种情形下可能会与在购买智能产品所涉及的消费者权利救济产生矛盾，会导致相当大的法律不确

---

〔1〕　Richtlinie（EU）2019/770 des Europäischen Parlaments und des Rates vom 20. 5. 2019 über bestimmte vertragsrechtliche Aspekte der Bereitstellung digitaler Inhalte und digitaler Dienstleistungen, 22. 5. 2019, § 12（1）,（2）,（3）.

〔2〕　Richtlinie（EU）2019/770 des Europäischen Parlaments und des Rates vom 20. 5. 2019 über bestimmte vertragsrechtliche Aspekte der Bereitstellung digitaler Inhalte und digitaler Dienstleistungen, 22. 5. 2019, § 14（4）,（5）.

定性。[1]另外，与《数字内容合同指令建议》相反，最终的《数字内容与服务合同指令》放弃了对损害赔偿的规定，在其第 3 条第 10 款的规定中将损害赔偿留给了成员国自行规定。《数字内容合同指令建议》中有关超过 12 个月长期合同的消费者的任意解除权、数据取回权和数据删除义务也留待成员国自行规定。

第一，《数字内容与服务合同指令》第 13 条规定了在经营者未能提供数字内容或服务时对消费者的救济：

（1）经营者未按照第 5 条规定提供数字内容或者数字服务的，消费者应当要求经营者提供数字内容或者数字服务。如果经营者仍然未能及时提供数字内容或数字服务，或在双方明确约定的额外时间内未能提供，则消费者有权解除合同。

（2）有下列情形之一的，不适用第 1 款规定，消费者有权立即解除合同：（a）该经营者已声明，或由当时的情况可以同样清楚地得知，该经营者将不会提供数字内容或数字服务；（b）消费者和经营者已经约定，或者从缔结合同的情况来看，明确的供应时间对消费者至关重要，而经营者未能在当时或之前提供数字内容或数字服务。

（3）如果消费者依据本条第 1 款或第 2 款解除合同，应适用第 15 条至第 18 条的规定。

第二，《数字内容与服务合同指令》第 14 条规定了缺乏适约性时消费者的权利行使方式：

（1）在缺乏适约性的情况下，消费者有权要求使数字内容或数字服务符合约定，按比例降低价格，或根据本条规定的条件解除合同。

（2）消费者有权要求使数字内容或数字服务符合约定，除非这无法实现或者会给经营者带来不成比例的成本，考虑到所有情况，包括：（a）如果不存在缺乏适约性的情况下，该数字内容或数字服务所具有的价值；以及（b）缺乏适约性的严重性。

（3）经营者应在消费者告知其数字内容或数字服务缺乏适约性后的合理时间内，根据第 2 款的规定，在考虑到数字内容或数字服务的性质以及消费

---

[1] Gerald Spindler & Karin Sein, Die Richtlinie über Verträge über digitale Inhalte MMR 2019, 488, S. 5.

者需要该数字内容或数字服务的目的的情况下，免费使该数字内容或数字服务符合约定，并且不给消费者造成任何重大不便。

（4）在下列任何一种情况下，如果数字内容或数字服务是以支付价金为交换条件提供的，消费者有权根据第 5 款要求按比例降低价格，或根据第 6 款要求解除合同：

（a）根据第 2 款，使数字内容或数字服务符合约定的补救办法是不可能或不成比例的；

（b）经营者没有按照第 3 款的规定使数字内容或数字服务符合约定；

（c）尽管经营者试图使数字内容或数字服务符合约定，但仍出现缺乏适约性的情况；

（d）缺乏适约性的情况严重到有理由立即降价或解除合同；或

（e）该经营者已声明，或由当时的情况可清楚得知，该经营者将不会在合理时间内，或在不给消费者带来重大不便的情况下，使数字内容或数字服务符合约定。

（5）与如果提供给消费者符合约定的数字内容或数字服务的价值相比，价格的降低应与向消费者提供的数字内容或数字服务的价值下降成比例；

如果合同约定数字内容或数字服务应在一段时间内提供，并且换取价金的，则价格的减少应适用于数字内容或数字服务缺乏适约性的那段时间。

（6）如果提供数字内容或数字服务以支付价金作为交换，消费者只有在缺乏适约性不轻微时才有权解除合同。经营者应对缺乏适约性的情况是否轻微承担举证责任。

《数字内容与服务合同指令》第 15 条还对合同解除权的具体行使作出了规定，消费者行使解除合同的权利，应当向经营者作出解除合同的声明。

从上述规定来看，《数字内容与服务合同指令》第 13 条和第 14 条分别规定了两种经营者的违约情形，即经营者不履行[1]或不适约履行[2]，而与之

---

〔1〕　Richtlinie（EU）2019/770 des Europäischen Parlaments und des Rates vom 20.5.2019 über bestimmte vertragsrechtliche Aspekte der Bereitstellung digitaler Inhalte und digitaler Dienstleistungen, 22.5. 2019, § 13.

〔2〕　Richtlinie（EU）2019/770 des Europäischen Parlaments und des Rates vom 20.5.2019 über bestimmte vertragsrechtliche Aspekte der Bereitstellung digitaler Inhalte und digitaler Dienstleistungen, 22.5. 2019, § 14.

对应的消费者的权利救济方式分别为"补正履行"、"减价"、"解除合同"和"赔偿损失"。但根据指令第3条第10款的规定，指令并没有对损害赔偿进行规定，而是由成员国国内法进行规制。[1]

《数字内容与服务合同指令》第13条第1款允许经营者在提供数字内容或服务失败的情况下有第二次机会，此时"补正履行"优先于"减价"，这是"契约严守原则"的体现。[2]但如果经营者从一开始就声明或者情况表明其不会履行义务或是该交易与明确的供应时间相关，交易价值在于按时交付，此时第二次机会没有任何意义（《数字内容与服务合同指令》第13条第2款第a）、b）项，则消费者有权解除合同；或是数字内容或服务与合同约定严重不符，以至于立即提出减价和解除合同是合理的（《数字内容与服务合同指令》第14条第4款第d）项，此时"补正履行"也不再具有优先性，消费者可以直接提出要求"减价"或"解除合同"。[3]

《数字内容与服务合同指令》第14条第6款规定，在以金钱为对价的合同中，即使是出现了不适约的情况，只要不是明显不符合合同要求，消费者就不能行使解除权，但是可以行使减少价款的权利，经营者应该去承担该"不明显"情况的举证责任。此时，"减价"优先于合同的解除。但如果该合同对价是消费者提供的个人数据时，即使不符合合同的程度很轻，消费者也有权解除合同，因为在这种情况下消费者无法通过减价这种方式来维护自己的权利。[4]

由上述规定可以看出，不同于《数字内容合同指令建议》和《消费者权利指令》，《数字内容与服务合同指令》中的消费者权利救济体系呈现出继续

---

〔1〕《数字内容与服务合同指令》第3条第10款规定，本指令不应影响成员国规制一般合同法方面的自由，如关于合同的成立、生效、无效或效力的规则，包括在本指令中没有规定的合同终止的后果，或损害赔偿权。

〔2〕参见〔德〕莱因哈德·齐默曼：《德国新债法：历史与比较的视角》，韩光明译，法律出版社2012年版，第156~157页。

〔3〕Richtlinie（EU）2019/770 des Europäischen Parlaments und des Rates vom 20. 5. 2019 über bestimmte vertragsrechtliche Aspekte der Bereitstellung digitaler Inhalte und digitaler Dienstleistungen, 22. 5. 2019, § 13.

〔4〕Richtlinie（EU）2019/770 des Europäischen Parlaments und des Rates vom 20. 5. 2019 über bestimmte vertragsrechtliche Aspekte der Bereitstellung digitaler Inhalte und digitaler Dienstleistungen, 22. 5. 2019, Erwägungsgrund 67; Spindler, Sein, Die endgültige Richtlinie über Verträge über digitale Inhalte und Dienstleistungen, MMR, 2019, Rn. 488ff.

履行—减价—解除合同的消费者权利救济体系。《数字内容与服务合同指令》中的救济制度较为灵活，但仍有学者认为这会给经营者带来很大不便。相较于补正履行，解除合同于经营者而言反而更加简便。数字内容与服务常以复制版本的形式出现，除非是根据消费者要求而定作的数字内容与服务，否则即便被退货也不会被认为是"二手商品"，合同标的物上价值不会因退货而减损，经营者可以迅速为消费者退货，并不会耽误经营者的二次销售。相对地，消费者可以迅速解除合同并寻找其他同类合适产品，无须在此过多等待。[1]

1. 继续履行

根据《数字内容与服务合同指令》第 14 条第 2 款的规定，在经营者提供的数字内容或服务不适约的情形下，消费者有权请求经营者将数字内容或服务恢复到适约状态，满足上文提及的主观和客观性要求，即继续履行。只要补救履约并非不可能或不成比例，且不会给消费者带来重大不便，经营者就有义务在合理的时间内免费进行补救履行。由此可见，继续履行的适用存在着相关限制，即继续履行不可能或不合比例。对"不合比例"的标准，该指令将其确定"给经营者带来综合考虑案件所有情况下不成比例的花费"。经营者不承诺对数字内容或服务的价值进行不成比例的昂贵维修。[2]

如何认定继续履行产生的费用需考虑以下方面：第一，数字内容或服务适约时的价值以及该违约在何种程度上影响了此类数字内容通常的使用目的的实现。例如，在需要数字内容或服务进行更新才能满足适约性的前提下，如果低价值应用的重新编程或更新成本过高，经营者通常会消除后续性能。第二，经营者可以自由选择继续履行的形式，只要不会给消费者带来重大不便，可以通过更新或给予消费者数字内容或服务的新副本或者其他方式，以符合合同的适约性。

相较于《数字内容合同指令建议》，《数字内容与服务合同指令》中删除了"违法"这一限制情形。"违法"这项限制其实具有一定意义。经营者所提供的数字内容或服务可能已经受到上游权利人的权利限制，例如，知识产

---

〔1〕　Fryderyk Zoll, The Remedies in the Proposals of the Online Sales Directive and the Directive on the Supply of Digital Content, EuCML 2016, Rn. 250 ff.

〔2〕　Richtlinie（EU）2019/770 des Europäischen Parlaments und des Rates vom 20.5. 2019 über bestimmte vertragsrechtliche Aspekte der Bereitstellung digitaler Inhalte und digitaler Dienstleistungen, 22.5. 2019, §14（2）.

权的限制。经营者对不适约的数字内容进行继续履行时，可能会违反这些上游的权利限制，此时提供者主张继续履行会侵害他人的合法权益导致"违法"，因而拒绝继续履行。在第三方权利（包括知识产权）和消费者权益的平衡中，指令一定程度上倾向于对消费者个人权益的保护，增加了消费者获得继续履行的可能性。

2. 减价

《数字内容与服务合同指令》在适用范围上相较《数字内容合同指令建议》有所扩大，所适用的数字内容合同可能是消费者以支付金钱来获得数字内容或服务，也可能是经营者要求消费者提供与个人有关的数据以获得数字内容或服务。显而易见，只有在以支付金钱的情况下才可能进行减价，但在以个人数据作为费用的情况下则不可能进行减价。

减价是一种次级性的救济权利，只有在因一定事由不能要求或无法合理期待经营者继续履行时，消费者才可以主张减价。但在经营者严重违约的前提下，消费者也可以无须请求经营者继续履行，直接要求减价或解除合同。解除合同是最末端的救济方式，只有在合同履行严重不适约的情形下，消费者才可以主张解除合同。但这种情形只适用于当数字内容或服务按照支付金钱对价提供时，换言之，若是由消费者提供个人数据来获得数字内容或服务，即使不适约较轻，消费者也有权解除合同，因为此种情况下，消费者无法通过减价获得救济。若消费者在支付金钱对价的情况下同时提供个人数据，如果合同不适约，消费者有权获得所有可用的救济，就是说，在满足其他条件的情况下，消费者有权要求经营者继续履行、减价或解除合同。

减价的具体数额应当按照消费者实际收到的数字内容的价值损失与该数字内容符合合同要求时的价值比例来计算。与之前不同的是，《数字内容与服务合同指令》增加了有关在一段时间内数字内容供应合同的规定。如果数字内容供应合同约定在一段时间内持续提供数字内容或服务，那么减价适用于数字内容或服务处于不适约状态的时段。但是《数字内容与服务合同指令》仅规定了在何种情形下消费者可以获得减价的救济，并没有规定消费者获得救济的途径。消费者是否必须通过投诉要求减价，消费者的单方面声明是否足够，还是需要通过提起诉讼，指令对此并未作出规定。[1]

---

〔1〕 Gerald Spindler, Karin Sein, Die Richtlinie über Verträge über digitale Inhalte MMR 2019, 488, S. 6.

3. 解除合同

（1）解除权行使的条件

经营者没有立即或在约定的期限内履行提供数字内容或数字服务的合同义务，根据《数字内容与服务合同指令》第13条，消费者享有解除合同的权利。[1]《数字内容与服务合同指令》在第5条对经营者提供数字内容和数字服务的义务进行了规定，为第13条的适用提供了前提和依据。[2]

该指令第5条规定的经营者提供数字内容或数字服务的义务有：

①经营者应向消费者提供数字内容或数字服务。除非双方另有约定，否则经营者应在合同签订后立即提供数字内容或数字服务，不得无故拖延。

②在下列情况下，经营者已履行了供应义务：（a）数字内容或任何适合访问或下载数字内容的手段被提供给消费者，或提供给消费者为此目的可选择的实体或虚拟设施；（b）数字服务被提供给消费者或提供给消费者为此目的可选择的实体或虚拟设施。

履行是指消费者可以直接访问数字内容或数字服务，而不需要经营者采取进一步措施。但是该指令也为消费者解除合同设立了前置条件，即消费者应该先催告，向经营者主张履行。由于数字内容和数字服务是以数据的形式传输的，除非合同另有约定，合理的履行期限通常应为立即履行。[3]第13条第2款同时规定了消费者可以不经过催告而直接解除合同的情况，一种是从经营者角度出发，如果经营者不再继续提供数字内容或数字服务，则消费者可以直接解除合同。由于技术更新速度很快，为维持产品持续的更新服务有时会给经营者带来巨大的成本（如旧的电脑系统）。所以，《数字内容与服务合同指令》第19条也赋予了经营者在一定条件下变更数字内容与服务的权利。如果经营者不愿意向消费者对旧的系统软件提供更新服务，经营者在满

---

〔1〕 Richtlinie（EU）2019/770 des Europäischen Parlaments und des Rates vom 20.5.2019 über bestimmte vertragsrechtliche Aspekte der Bereitstellung digitaler Inhalte und digitaler Dienstleistungen, 22.5.2019，§13.

〔2〕 Richtlinie（EU）2019/770 des Europäischen Parlaments und des Rates vom 20.5.2019 über bestimmte vertragsrechtliche Aspekte der Bereitstellung digitaler Inhalte und digitaler Dienstleistungen, 22.5.2019，§5.

〔3〕 Dirk Staudenmayer, Auf dem Weg zum digitalen Privatrecht - Verträge über digitale Inhalte, NJW 2019, S.249.

足一定条件下可以强制消费者接受新的数字内容与服务，并继续履行更新义务。[1]即经营者在某些情况下可以修改超出更新义务涵盖范围的数字内容与服务。但是经营者变更的权利也会受到很多的限制，比如经营者需要充分的理由；这种变更不能给消费者带来额外的费用；经营者以明显且易懂的方式通知消费者；经营者告知消费者在特定情况下有权解除合同。另一种情况则从消费者角度出发，如果特定的履行期限对于合同根本目的的实现至关重要，那么经营者在该期限内不履行将会导致根本违约，即使在此后采取补救措施也将无法实现合同预期的效果，因此消费者也有权直接解除合同。

《数字内容合同指令建议》第 11 条规定的消费者在经营者未提供数字内容时无须催告立即解除合同的权利没有被正式指令予以采纳，与该指令建议相比，消费者不享有优先适用解除合同这一救济方式的权利。这一变化是指令制定过程中多方利益平衡的结果。在《数字内容合同指令建议》出台之前的评估阶段，消费者和法律界人士主张将解除合同作为优先适用的第一救济手段，但是经营者则希望允许其在合同解除之前拥有继续履行的机会。现实中，如果继续履行对经营者而言意味着不成比例的成本或经营者已经事实上无法继续履行，则应允许消费者直接立即解除合同。因此原则上，如果经营者没有履行合同，消费者首先应当主张履行，如果仍然无法得到救济，消费者可以解除合同；同时在特定情况下消费者享有优先适用解除合同的权利。

《数字内容与服务合同指令》第 14 条规定了经营者提供的数字内容或数字服务不适约的救济，其中包括解除合同。虽然第 14 条第 1 款规定三种救济方式并列，但是根据以下几款规定，消费者解除合同仍然受到一定的限制。对于支付金钱对价的合同，消费者只有在重大违约的情况下才有权立刻解除合同。而对于轻微不适约，消费者应该优先通过继续履行和按比例减价获得救济。当然，如果经营者事实上无法将数字内容或数字服务恢复到适约状态，或使数字内容或数字服务适约会给经营者带来不成比例的成本，经营者明确拒绝或继续履行的措施并未成功，以及由于严重违约消费者无法合理期待经

---

[1] Ivo Bach, Neue Richtlinien zum Verbrauchsgüterkauf und zu Verbraucherverträgen über digitale Inhalte, NJW 2019, 1705, Rn. 1707; Reiner Schulze, Die Digitale-Inhalte-Richtlinie-Innovation und Kontinuität im europäischen Vertragsrecht, ZEuP 2019, Rn. 716.

营者能够将数字内容或数字服务恢复到适约状态的情况下，允许消费者直接立即解除合同。对于消费者没有支付金钱对价的合同，而是消费者提供个人数据作为对价的合同，即使轻微违约也允许消费者穷尽一切可能的救济方式，由于没有支付金钱对价，消费者不能通过减价获得救济，因此允许消费者直接适用解除合同的救济方式。对于轻微不适约，经营者承担举证责任。

综上所述，指令设置了严格的合同解除条件。一方面，当经营者没有履行合同或履行不适约时，优先适用继续履行，在继续履行仍然不能使消费者获得足够的救济的情况下，才能行使合同解除权。继续履行仍然不能获得足够救济也包括经营者并未真正采取继续履行措施，而预期不能获得救济，如经营者明示无法将数字内容或数字服务恢复到适约状态、从经营者所处的状态可以推断出恢复到适约状态是不可能的、继续履行意味着不成比例的成本等。原则上，催告以及继续履行仍然是行使解除权的前提条件。解除权的行使具有"次级性"。[1]另一方面，解除权的行使以严重不适约为前提。根据《数字内容合同指令建议》第12条第5款规定，适约的严重性应该综合考虑数字内容的兼容性以及安全性等其他重要性能特征。该指令提出的几种重要的衡量因素是高度概括的，可以预见，不适约的严重性将会成为具体案件的争议焦点。

对解除权行使设置限制的正当性在于保护合同关系的稳定和契约精神。通过设置较严格的解除权行使条件尽可能使合同得到履行。如果赋予消费者任何条件下优先解除合同的权利，将会为合同的稳定性带来巨大威胁。由于数字内容和数字服务是以数据形式传输的，而许多消费者并不需要支付金钱对价，解除权的行使比一般买卖合同更加便捷、解除合同的成本更低，因此如果不对解除权的行使设置限制条件，消费者在经营者履约未达预期效果时更倾向于行使解除权，解除合同后也能够花费很小的成本寻找可替代的、市场上同类的其他经营者订立合同而实现目的。如果消费者可以恣意解除合同，契约关系将会变成一种极不稳定的关系，对于契约双方都是不利的。一方面，经营者将面临巨大的不确定性和风险；另一方面，消费者虽然拥有更大程度的自由，但是不稳定的契约关系将会助长其不加考虑地任意妄为。因此，考

---

[1] 参见孙新宽：《论数字内容合同的权利救济体系——以欧盟〈数字内容合同指令议案〉为中心》，载《北京航空航天大学学报（社会科学版）》2017年第6期。

虑到数字内容和数字服务供应合同的特性，对消费者解除合同权利更加严格的限制对于维护稳定的契约关系是极其重要的。

（2）解除合同的法律后果

由于数字内容与服务合同的特殊性，欧盟《数字内容与服务合同指令》为了使成员国形成统一的规则，对合同解除的后果也进行了较为系统的规定，其中有些规则比起普通的买卖合同有很大的变化，更加有利于消费者保护。

第一，返还给付。

如前所述，数字内容具有无限可复制性和非损耗的特性，数字内容与服务合同解除后的返还关系也比较特殊，主要涉及数据载体的退回和返还消费者支付的价款问题。

就返还数据载体而言，如果合同解除，合同双方有义务返还对方的给付。然而对消费者来说，"返还"意味着不是数字内容的返还，而是可以退回物理数据载体。根据《数字内容与服务合同指令》第 17 条第 2 款，消费者只有在经营者的要求下才有义务返还物理数据载体。此外，当经营者要求消费者返还时，经营者应当承担返还费用的义务。经营者应当在合同解除后的 14 天内要求消费者返还。这个规定考虑的是物理数据载体对于经营者的经济利益，在很多情况下，返还数据载体，如 CD 光盘等，对于经营者来说是已经没有意义的事情。如果经营者在数字载体上设置了转载刻录的限制权限，返还数字载体对经营者来说是必要的话，经营者可以要求消费者返还。返还数据载体对于经营者是否有利益，这需要经营者自己来评估，因此，没有必要让消费者在经营者没有要求的情况下承担返还的义务。

就返还价金来说，欧盟《数字内容与服务合同指令》在对返还价金的问题上也有着不同的规定。根据该指令第 16 条第 1 款第 2 句，在合同解除后，经营者必须偿还消费者为履行合同而支付的价款，并且规定消费者在持续性合同中没有义务对数字内容与服务处于有缺陷的时期为使用数字内容与服务付费。一时性合同是否也同样适用该规则，根据《数字内容与服务合同指令》第 17 条第 3 款的规定，消费者在一次性合同中仍然不对有瑕疵的数字内容与服务负有支付价金的义务。这就意味着，合同解除的时间点对于判断价金的返还是不重要的。对此有德国学者提出，这样的规定就意味着《数字内容与服务合同指令》所规定的合同解除的溯及力既不是从合同解除之时（ex nunc），也不是从合同订立之时（ex tunc），而是从瑕疵出现的时间点开始起算。[1]合同解除后，经营者应退还消费者支付的价款。如果数字内容或数字服务仅在合同约定的一段时间内不适约，则仅按比例退还不适约期间相应的价款。另外必要时还需退还消费者提前为合同剩余期限支付的价款。

第二，折价补偿与返还利益。

上述关于返还价金的特殊规定从另外一方面表明，经营者在解除合同后，不享有对其提供的不具有"适约性"的数字内容与服务的折价补偿或返还收益的请求权。这个规定显然有利于保护消费者，如欧盟《数字内容与服务合同指令》立法理由第72条提到的，经营者不能针对具有瑕疵的数字内容与服务得到任何补偿，因为如果能够就具有瑕疵的产品得到补偿，那么消费者就不能受到有效的保护。还有一个有利之处是它免去了律师和法官对于使用具有瑕疵的数字内容与服务的价值补偿的计算负担。[2]

当然，针对这个规定的合理性是有质疑的。反对者认为，经营者的利益在这个规定中被完全忽视了，因为经营者提供了具有瑕疵的数字内容与服务，却要面临没有任何收益的风险。[3]相应地，在现实生活中，很多情况下消费者其实也可以从具有瑕疵的数字内容与服务中获得利益。例如，一个数字产品具有多种功能，但是只有一种功能有瑕疵，其他功能仍然可以使用。再比如，一个没有达到合同约定清晰度的视频，虽然它没有达到合同约定的标准，但是仍然具有一定的利益和价值。这些瑕疵可能会成为消费者解除合同的理由，而消费者也会或多或少从瑕疵产品中得到一些利益。[4]支持者认为，一是解除合同的前提条件是瑕疵不是轻微的，从而影响到了消费者的正常使用，尽管消费者可以从中获得一定的利益，但是这些利益也是极其微小和有限的。[5]另外，经营

---

[1]　Ivo Bach, Neue Richtlinien zum Verbrauchsgüterkauf und zu Verbraucherverträgen über digitale Inhalte, NJW 2019, Rn. 1710.

[2]　Ivo Bach, Neue Richtlinien zum Verbrauchsgüterkauf und zu Verbraucherverträgen über digitale Inhalte, NJW 2019, Rn. 1710.

[3]　Ivo Bach, Neue Richtlinien zum Verbrauchsgüterkauf und zu Verbraucherverträgen über digitale Inhalte, NJW 2019, Rn. 1710.

[4]　Bernhard A. Koch, Das System der Rechtsbehelfe, in: Stabentheiner &Wendehorst & Zöchling-Jud (Hrsg.), Das neue europäische Gewährleistungsrecht, 2019, S. 180; Bernhard A. Koch, Rechtsbehelfe des Verbrauchers bei Verträgen über digitale Inhalte, in: Wendehorst &Zöchling-Jud (Hrsg.), Ein neues Vertragsrecht für den digitalen Binnenmarkt? 2015, S. 148.

[5]　Florian Faust, Digitale Wirtschaft-Analoges Recht: Braucht das BGB ein Update? Gutachten A zum 71. Deutschen Juristentag, 2016, S. 50-52.

者损失这一小部分的利益可以看作其没有提供符合合同要求数字内容与服务的代价；二是由于数字内容与服务合同的特殊性，提供数字内容在通常情况下是针对一群消费者，而不是专门针对单独的消费者（除了专门按照消费者的要求定制的数字内容与服务）。数字内容在使用之后并不会有使用损耗，即不存在价值减损。这就意味着，和普通的商品买卖相比，解除合同后经营者不会受到因消费者使用而产生的商品价值减损的损害。[1]

因此，在数字内容与服务合同中，单独排除经营者折价补偿和返还利益的请求权与传统民法中的规定是不相适应的，但是，由于该《数字内容合与服务同指令》"完全协调"的要求，成员国目前是必须接受的。[2]

此外，对于消费者通过提供个人数据而获得数字内容与服务，合同解除后个人数据如何处理也是一个问题。如前所述，消费者提供的个人数据也具有一定经济价值，经营者会从中获利。但是，《数字内容合与服务同指令》没有规定消费者可以在解除合同之后向经营者请求折价补偿或利益返还。另外，在现实生活中，很少能够或者根本无法去确定消费者所提供的个人数据的价值，然后根据数据的价值向个人返回"退款"。[3]换句话说，就目前的规定和现实情况来看，消费者不能因为使用他的个人数据而向经营者要求任何补偿。

当然，经营者在合同终止后不能继续使用消费者为合同目的而提供或创建的个人数据，但例外条件：消费者的个人数据不能被用于合同以外的其他用途、个人数据已经和经营者的其他数据结合并且很难分离，以及消费者与其他消费者共同创建数据的情况下，为保证其他消费者仍然生效的合同而继续使用的。

另外，合同解除后经营者履行数据删除义务也会有新的难题。由于数字内容和数字服务的高度复杂性和专业性，消费者与经营者的信息不对称比传统消费合同更突出，消费者没有能力监督经营者是否履行了个人数据的删除

---

〔1〕 Fryderyk Zoll, The Remedies in the Proposals of the Online Sales Directive and the Directive on the Supply of Digital Content, EuCML 2016, Rn. 253.

〔2〕 Ivo Bach, Neue Richtlinien zum Verbrauchsgüterkauf und zu Verbraucherverträgen über digitale Inhalte, NJW 2019, Rn. 1710.

〔3〕 European Data Protection Supervisor (EDPS), Stellungnahme zu dem Vorschlag für eine Richtlinie über bestimmte vertragsrechtliche Aspekte der Bereitstellung digitaler Inhalte. In: European Data Protection Supervisor, 2017, S. 10. https://edps. europa. eu/sites/edp/files/publication/17 - 03 - 14 _ opinion _ digital _ content_ de. pdf, 最后访问日期：2021 年 12 月 14 日。

义务，也无法确保经营者是否在后台备份了应删除的个人数据，删除后是否可以通过技术手段恢复。因此，如何监督经营者履行个人数据的删除义务已经远远超出了纯粹法律问题的范围。

消费者在合同终止后不得继续使用数字内容和数字服务，也不得将其提供给合同以外的第三人使用。涉及有形媒介的，消费者有义务按照经营者的要求返还有形媒介。

指令本身并未规定任何损害赔偿条款，这也是指令本身被诟病的一点。此外，指令对经营者对消费者数字环境赔偿责任进行了限制，但没有对间接损害赔偿责任进行限制，且对损害赔偿是否需要过错要件未予明确，而是交由成员国自己规定。[1]

四、《货物买卖合同指令》对"带有数字元素的货物"的规制

（一）立法目的与调整范围

《货物买卖合同指令》的立法目的是在全球市场中保持欧盟的竞争力，欧盟需要完善内部市场的运行状况，以此来应对越来越由科技主导的数字经济发展的需求。为此，欧盟成员国有关货物买卖合同相关规定的一些方面需要进行协调，由此保障对消费者更高程度的保护水平，从而建立数字单一市场，增加法的安定性，特别是降低中小企业的法律成本。[2]

该指令第3条通过明确列举和排除的方式规定了其使用范围：（1）本指令适用于消费者和销售者之间的买卖合同。（2）消费者和销售者之间为供应将要制造或生产的商品而签订的合同也应被视为本指令目的的买卖合同。（3）本指令不适用于提供数字内容或数字服务的合同。然而，本指令应当适用于与第2条第（5）（b）项意义上包含在货物中或与货物相关联的数字内容或数字服务，并与买卖合同项下的货物一起提供，无论该数字内容或数字服务是由销售者还是由第三方提供。如果对包含或与之相关联的数字内容的供应或包含或与之相关联的数字服务是否构成买卖合同的一部分存在疑问，则应假定该

---

〔1〕　Gerald Spindler, Karin Sein, Die Richtlinie über Verträge über digitale Inhalte MMR 2019, 488, S. 7.

〔2〕　Richtlinie (EU) 2019/771 des Europäischen Parlaments und des Rates vom 20. Mai 2019 über bestimmte vertragsrechtliche Aspekte des Warenkaufs, zur Änderung der Verordnung (EU) 2017/2394 und der Richtlinie 2009/22/EG sowie zur Aufhebung der Richtlinie 1999/44/EG, 22. 5. 2019, § 1.

数字内容或数字服务属于买卖合同的范围。（4）本指令不适用于：（a）作为数字内容的唯一载体的有形介质，（b）通过执行或其他法律授权而出售的货物。（5）成员国可以将以下物品排除在本指令的买卖合同范围之外：（a）公开拍卖的二手物品；（b）活体动物。在第（a）点所述的情况下，消费者更容易获得由本指令产生的权利不适用的明确而全面的信息。（6）本指令不影响成员国自由规范合同法的一般性规定，如合同的订立、合同有效性、无效或合同的效果，包括合同终止的后果，以及在本指令没有规定的情况下的损害赔偿的权利。

从上述规定中可以看到，《货物买卖合同指令》第 3 条从正反两方面规定了其适用范围。该指令应用于消费者和销售者的任何销售合同，包括货物提供合同。第 3 条第 3 款、第 4 款列举了一些例外情况，其中包括提供数字内容与数字服务的合同，该类合同已经由《数字内容与服务合同指令》所规定。[1]

但是上述指令第 3 条第 3 款第 2 句特别强调：本指令应当适用于与第 2 条第（5）（b）项意义上包含在货物中或与货物相关联的数字内容或数字服务，并与买卖合同项下的货物一起提供，无论该数字内容或数字服务是由销售者还是由第三方提供。如果对包含或与之相关联的数字内容的供应或包含或与之相关联的数字服务是否构成买卖合同的一部分存在疑问，则应假定该数字内容或数字服务属于买卖合同的范围，此处便是《货物买卖合同指令》适用于"带有数字元素的货物"买卖合同的规定。指令第 2 条第（5）（b）项意义上"货物"，是指包含数字内容或数字服务，或者与其相关联的动产有体标的物，如果缺少该数字内容或数字服务，则该物品将无法实现其功能，也就是"带有数字元素的货物"。[2]

（二）对"带有数字元素的货物"合同的规范内容

1. 货物适约性判断标准

欧盟 2011 年的《消费者权利指令》主要规定了经营者的合同前信息义

---

〔1〕 Richtlinie（EU）2019/771 des Europäischen Parlaments und des Rates vom 20. Mai 2019 über bestimmte vertragsrechtliche Aspekte des Warenkaufs, zur Änderung der Verordnung（EU）2017/2394 und der Richtlinie 2009/22/EG sowie zur Aufhebung der Richtlinie 1999/44/EG, 22. 5. 2019, § 3.

〔2〕 Richtlinie（EU）2019/771 des Europäischen Parlaments und des Rates vom 20. Mai 2019 über bestimmte vertragsrechtliche Aspekte des Warenkaufs, zur Änderung der Verordnung（EU）2017/2394 und der Richtlinie 2009/22/EG sowie zur Aufhebung der Richtlinie 1999/44/EG, 22. 5. 2019, § 2（5）.

务、消费者在远程销售合同及在营业场所外订立的合同中的撤销权以及货物的交付和风险负担条款。为了明确消费者期望从货物中得到什么，以及如果销售者未能交付预期的货物将承担何种责任，有必要制定协调一致的规则以确定货物的适约性。因此，2019 年的《货物买卖合同指令》对《消费者权利指令》进行了补充，以普通货物买卖合同的瑕疵判断标准为基础，结合"带有数字元素的货物"的特殊性，作出了比较详细的规定，将货物的适约性作为重要的规范内容，引入了货物适约性规则、不适约情况下的救济措施以及行使这些措施的方式。此处所说的适约性，指的是货物是否符合货物买卖合同的要求。根据该指令第 6 条和第 7 条所确定的规则，可以分为主观适约性要求和客观适约性要求。如果安装是销售合同的一部分并已经由销售者履行或处于销售者的责任下，由错误安装导致的缺陷应被认为是货物的适约性瑕疵。由于销售者缺乏指引说明而导致的后果也是类似的。[1]

《货物买卖合同指令》第 6 条规定的货物的主观适约性要求：（a）应符合买卖合同的描述、类型、数量和质量，并具有买卖合同要求的功能、兼容性、互操作性和其他特性。（b）适用于消费者预期的特定目的，消费者最迟在订立买卖合同时已告知销售者并且经销售者同意。（c）按照买卖合同的规定，随附所有配件和说明书，包括安装说明书。（d）根据买卖合同的规定提供更新。

《货物买卖合同指令》第 7 条对货物的客观适约性要求作出了如下规定：

（1）除符合主观适约性要求外，货物应：（a）符合使用同类货物的一般性目的，并在适用时考虑到任何现有的欧盟和成员国法律、技术标准，或在没有此类技术标准时考虑到适用的特定部门行业行为规则；（b）应符合销售者在订立合同前提供给消费者的样品或模型的质量和描述；（c）应随配件一起交付，包括包装、安装说明或消费者合理期望收到的其他说明；（d）考虑到销售者自己作出或以销售者名义，或者其他（包括生产商）在交易链的先前环节，特别是在广告或标签方面作出的公开声明，关于货物的数量、质量和其他特性，包括耐用性、功能型、交互适用性和安全性等，对于同类货物

---

[1] Richtlinie (EU) 2019/771 des Europäischen Parlaments und des Rates vom 20. Mai 2019 über bestimmte vertragsrechtliche Aspekte des Warenkaufs, zur Änderung der Verordnung (EU) 2017/2394 und der Richtlinie 2009/22/EG sowie zur Aufhebung der Richtlinie 1999/44/EG, 22. 5. 2019, § 6, 7.

来说是正常的，而且消费者根据货物的性质可以进行合理期待。

（2）销售者若能证明以下情况，则不受第 1 款（d）项的公开说明的约束：（a）销售者不知情，也不可能有理由知情有关的公开说明；（b）相关的公开声明在合同订立时已经以相同或类似的方式更正；（c）购买货物的决定不可能受到公开说明的影响。

（3）对于"带有数字元素的货物"，销售者应确保在一段时间内告知消费者并向其提供安全更新等更新服务，以保持货物适约：（a）如果买卖合同对提供数字内容或数字服务的单一行为作出规定，考虑到货物和数字元素的类型和用途，并考虑到合同的情况和性质，消费者可以进行合理预期；（b）如果买卖合同规定在一段时间内连续提供数字内容或数字服务，则适用第 10 条第 2 款或第 5 款所述的期间。

（4）如果消费者未能在合理的时间内安装第 3 条所述的更新，销售者不对仅因缺乏相关更新而导致的不适约情况负责，但前提：（a）销售者告知消费者更新的可行性以及消费者安装失败的后果；（b）消费者没有安装更新或安装更新不当不是由于提供给消费者的安装说明的缺陷所导致的。

（5）如果在订立买卖合同时明确告知消费者货物的特性偏离了第 1 款和第 3 款规定的客观适约性标准，并且消费者在订立合同时明确接受了该偏离，则不存在第 1 款或第 3 款意义内的不适约。

此处重点强调的是《货物买卖合同指令》针对"带有数字元素的货物"的规范。该指令根据"带有数字元素的货物"的特点，重点规范了货物更新和安装的规则：原则上，对于带有数字元素的货物是通过单一行为供应的，销售者仅应对交付时存在的货物不适约情况负责。但是考虑到此类商品的数字环境在不断变化，因此，更新是一个必要的条件，以确保货物能够在使用时发挥同样的功能。此外，与传统商品相比，带有数字元素的货物并没有完全偏离销售者的范围，因为销售者或者根据货物买卖合同提供数字内容或数字服务的第三方可能会远程更新货物，这种远程更新通常是通过互联网。因此，如果数字内容或数字服务是由单一供应所提供的，销售者应负责提供必要的更新，以使货物在消费者合理期待的一段时间内保持带有数字元素货物的适约性，即便货物在交付时是符合规定的。

对于"带有数字元素的货物"，通常需要安装数字内容或数字服务，以使消费者能够按照其预期的用途使用这些货物。因此，在由销售者进行或者由销售者负责监督安装时，任何不当安装都可能会导致货物不适约，包括数字内容的不当安装以及包含数字服务或与其相关联的货物的不当安装，都应当被视为不适约。在货物是由消费者自行安装的情况下，如果货物安装不当是由于说明书的缺陷，例如说明书不完整或不清楚，使一般消费者难以使用这些说明书，则无论安装是否是由消费者进行或是由消费者负责监督安装的第三方进行，由于不当安装而造成的不符规定应被视为货物不适约。

货物的适约性应包括物的瑕疵和法律上的权利瑕疵。因侵犯第三方权利，尤其是知识产权，可能会阻碍或限制货物根据合同来使用。成员国应确保在这种情况下，消费者有权就本指令中规定的不适约性条款获得救济，除非国内法规定在这种情况下合同无效或解除合同。在这一问题上，《货物买卖合同指令》第 9 条首次明确了权利瑕疵的问题，虽然原则上消费者需要证明商品在交付时已存在瑕疵，但也有举证责任倒置的情形，即由出卖人而不是买受人证明，货物在交付时不存在不符合合同约定的情况，并且这一举证责任倒置的期限由原来的 6 个月延长至 1 年。[1]

2. 销售者的责任和对消费者的救济措施

《货物买卖合同指令》第 10 条规定了销售者的责任：（1）销售者应对交付货物时存在的以及在货物交付后两年内出现的货物不适约情况向消费者负责。在不违背第 7 条第 3 款的情况下，本款也应适用于"带有数字元素的货物"。（2）对于"带有数字元素的货物"，如果买卖合同规定在一定期限内持续供应数字内容或数字服务，则销售者也应对"带有数字元素的货物"交付后两年内发生的明显不适约负责。如果合同规定连续供应的时间超过两年，则销售者应对根据买卖合同供应数字内容或数字服务期间发生的或显著的数字内容或数字服务的不适约负责。

该指令第 11 条规定了举证责任：（1）自货物交付之日起 1 年内出现的货物明显不适约应推定在货物交付时已经存在，除非有相反的证明或这种推定与货物的性质不相符或本质缺乏适约性。本款也适用于"带有数字元素的货物"。（2）成员国可以保留或引入自货物交付之日起两年的期限，而不是第 1

---

〔1〕　Richtlinie（EU）2019/771 des Europäischen Parlaments und des Rates vom 20. Mai 2019 über bestimmte vertragsrechtliche Aspekte des Warenkaufs, zur Änderung der Verordnung（EU）2017/2394 und der Richtlinie 2009/22/EG sowie zur Aufhebung der Richtlinie 1999/44/EG, 22. 5. 2019, § 9.

款规定的 1 年期限。（3）对于买卖合同规定在一段时间内持续提供数字内容或数字服务的带有数字元素的货物，如果在第 10 条第 2 款所述的期限内不适约的情况变得明显，数字内容或数字服务在本条规定的期限内是否适约的举证责任应由销售者承担。

指令第 10 条规定销售者的责任和第 11 条规定举证责任都强调了对"带有数字元素的货物"的特别规定。但是，《货物买卖合同指令》并未规定"交付"的含义，而是交给成员国自行立法决定。但在指令相关解释中，欧盟委员会指出当一次性合同的物理和数字组件都已交付时，应视为已交付带有数字元素的货物。对于连续性合同，当数字内容或数字服务在一段时间内的供应开始时，即视为已交付。[1]

《货物买卖合同指令》以完全协调为目标，追求高水平的消费者保护。指令在第 1 条就规定了提供高水平的消费者保护目的，相比之前的《消费品买卖及担保指令》，消费者在很多方面法律地位得到了提高。

指令第 13 条第 6 款规定，消费者有权拒绝支付任何未支付的价金，直到销售者履行了指令规定的义务。此外，第 9 条明确规定，如果由于第三方的权利受到侵犯，特别是知识产权受到侵犯而导致对货物的使用受到阻碍或限制，消费者也可以行使上述适约性存在瑕疵时的救济措施。[2]

尤其是在指令第 13 条至第 16 条规定了在货物不适约的情况下，消费者的救济途径：

一是修理或更换，为了使货物适约，消费者可以在修理和更换之间作出选择，除非选择的补救措施是不可能的，或者与其他补救措施相比会给销售者带来不成比例的高成本（第 14 条）。

二是减价，在货物不适约的情况下，消费者有权要求降低价格。减价的比例应根据消费者实际收到的商品价值与商品符合合同约定时的价值之间的比例来计算（第 15 条）。

三是解除合同，消费者有权向销售者声明解除买卖合同，行使解除买卖

---

〔1〕 Gerald Spindler, Karin Sein, Die Richtlinie über Verträge über digitale Inhalte Gewährleistung, Haftung und Änderungen, MMR 2019, S. 488.

〔2〕 Richtlinie (EU) 2019/771 des Europäischen Parlaments und des Rates vom 20. Mai 2019 über bestimmte vertragsrechtliche Aspekte des Warenkaufs, zur Änderung der Verordnung (EU) 2017/2394 und der Richtlinie 2009/22/EG sowie zur Aufhebung der Richtlinie 1999/44/EG, 22.5.2019, §9.

合同的权利（第 16 条）。

《货物买卖合同指令》还首次在其立法理由中将"缔约各方权利与义务的均衡关系"列为指令的目标之一，将经营者的利益也考虑在内，而在该指令草案以及此前的《消费品买卖及担保指令》中并不存在相关表述。如指令第12 条规定，在发现缺陷之日起至少两个月内，消费者需要将不符合要求的情况通知销售者，从而才可以享受权利。由此可见，《货物买卖合同指令》不仅要改善买受人的法律地位，也想要改善出卖人的法律地位，更好地平衡二者之间的关系。

（3）商业担保

商业担保的声明应最迟在货物交付时以耐用媒介提供给消费者，而且应以简单易懂的语言起草。指令第 17 条第 2 款列出了商业担保必须包括的内容。第 17 条第 1 款规定，如果销售者向消费者提供涵盖某些商品时效的商业担保，销售者在整个担保期间对商品的维修或更换直接负责。如果商业担保和广告中提供的担保之间存在差异，如果广告中规定的条件更有利，则销售者应受其约束。此外，根据第 18 条的规定，可针对处于商业交易链条中先手经营者行使追索权，即如果销售者因交易链先前环节的人员作为或者不作为，包括根据第 7 条第 3 款对包含数字内容元素的货物负有更新义务而不履行，从而导致货物不适约，销售者需要对消费者承担责任。其后销售者有权向交易链中需要承担责任的主体行使追索权。[1]

《货物买卖合同指令》第 24 条规定，成员国将该指令转化为国内法的最后期限为 2021 年 7 月 1 日，相关规定应从 2022 年 1 月 1 日起实施。[2]

五、欧盟数字内容与服务合同立法的评析

欧盟早在 2011 年颁布的《消费者权利指令》中就已经界定了"数字内容合同"的概念。该指令指出，"数字内容合同"具有区别于传统的商品和服务

---

〔1〕　Richtlinie（EU）2019/771 des Europäischen Parlaments und des Rates vom 20. Mai 2019 über bestimmte vertragsrechtliche Aspekte des Warenkaufs, zur Änderung der Verordnung（EU）2017/2394 und der Richtlinie 2009/22/EG sowie zur Aufhebung der Richtlinie 1999/44/EG, 22. 5. 2019, § 17, 18.

〔2〕　Richtlinie（EU）2019/771 des Europäischen Parlaments und des Rates vom 20. Mai 2019 über bestimmte vertragsrechtliche Aspekte des Warenkaufs, zur Änderung der Verordnung（EU）2017/2394 und der Richtlinie 2009/22/EG sowie zur Aufhebung der Richtlinie 1999/44/EG, 22. 5. 2019, § 24.

买卖合同的形态，并在概念之上针对经营者的信息披露义务以及消费者撤回权的适用作出了规定。但当时的法律框架仍存在着诸多不足，并不能很好地促进欧盟内部市场电子商务的潜力增长，消费者和经营者在交易中都面临着巨大的不确定性因素。一方面，由于成员国内部合同法和消费者权利保护法的差异，以及跨境提供数字内容或数字服务时的法律不确定性，经营者通常会面临额外的成本，这种额外成本很大程度上阻碍了欧盟内部市场的建立和发展。此外，各成员国规制此类合同的特定法律也都存在着范围和内容上的不同，也给经营者增加了额外的负担。在这种经济和法律背景下，消费者和经营者都期待着在提供数字内容和数字服务交易中，有可适用的法律制度，来有效减少经营者成本，激发电子商务的增长潜力。另一方面，欧盟各成员国的消费者对跨境购买，尤其是对在线交易缺乏信心，其主要原因在于消费者合同对消费者主要权利规定的不确定性以及缺乏针对数字内容或数字服务的明确合同规则，许多消费者在遇到与数字内容或数字服务有关的质量问题并不能通过法律维护自身的合法权益，如收到错误或有缺陷的数字内容或数字服务，或根本无法访问数字内容或数字服务的情况下，由于缺少法律的保护，消费者往往只能被迫承受经济或非经济上的损失。而《数字内容与服务合同指令》则着力解决上述问题，在制度设计方面体现了对数字内容与服务合同的特别规制。

（一）更新了合同适约性的主客观标准

《数字内容与服务合同指令》共有 27 条，其中第 1 条至第 6 条，分别对指令的宗旨、成员国的转化保留程度以及涉及的一些特别术语，如数字内容、数字服务、个人数据、数字环境、兼容性等概念作出了规定。此外，对比此前欧盟发布的各项针对消费者保护的指令，《数字内容与服务合同指令》采用主客观相结合的方式规定了数字内容合同的适约性。其中第 7 条规定以合同条款、先合同信息等主观标准作为适约性的首要标准，第 8 条规定以客观使用目的、国际技术标准和公开声明等客观标准作为适约性的次要标准。换言之，数字内容首先应符合合同双方的约定，若缺乏清楚全面的约定，则须确定客观标准，还须参考同类数字内容的一般用途。

从主观标准来说，数字内容的交互性、功能性、兼容性等特性构成了当事人针对其进行品质约定的特别要素。例如实践中，数字内容的提供者经常发布试用版本，对此经营者可能明知该版本存在缺陷或漏洞，试用的目的正是提前获得必要的反馈以消除漏洞，这对于创新性的小型创业企业尤为重要。而主观标准便优先兼顾了试用版本这一特殊性的存在。相反，若优先适用法定的客观性适约标准，就有可能会阻碍此类企业活动的正常发展。从客观标准来说，由于数字立法常滞后于商业实践，数字产品专业壁垒更高、更新速度更快，故将行业技术标准和时效性引入客观标准予以辅助判定颇具实益。

《货物买卖合同指令》第 3 条规定了其适用范围，除了适用于消费者和销售者之间的买卖合同，以及消费者和销售者之间为供应将要制造或生产的货物而签订的合同之外，也将"带有数字元素的货物"的买卖合同也纳入调整范围，从而与《数字内容与服务合同指令》之间进行了有效衔接。《货物买卖合同指令》第 5 条~第 7 条也对货物的主客观适约性进行了规定。两个指令共同构筑起了完整的数字合同适约性的规范。

（二）构建了消费者权利的分级式救济体系

欧盟《数字内容与服务合同指令》和《货物买卖合同指令》都规定了合同缺乏适约性时对消费者的救济措施，指令进一步区分了消费者可以采取的不同层级的救济措施。其中《数字内容与服务合同指令》旨在针对数字内容与服务合同的特征，制定以"违约救济"为中心的消费者权利保护规则，但对合同的成立和生效、数字内容与数字服务的合法性以及可能涉及的信息权利保护等规范不多，[1]而且仅就数字内容与服务交易特征进行规范，强调抽象的特定义务和权利救济。[2]

《货物买卖合同指令》第 13 条至第 16 条规定了的四种合同缺乏适约性时救济权，即修理、更换、减价和解除合同。其中，修理和更换具有优先性，根据《货物买卖合同指令》第 13 条第 2 款，消费者可以在以上两种继续履行类型中自行选择。但该条第 3 款也规定，在需要为此支出不合理的费用时，出卖人有权拒绝消费者的这一请求。欧盟指令的规定还涉及诸如商品使用年限等问题，其目的就是避免弃置、销毁可退换的商品等情况。《货物买卖合同指令》立法理由第 48 条第 2 句强调，修理实际促进了商品的可持续使用并能

---

〔1〕 Richtlinie （EU） 2019/770 des Europäischen Parlaments und des Rates v. 20. 5. 2019 über bestimmte vertragsrechtliche Aspekte der Bereitstellung digitaler Inhalte und digitaler Dienstleistungen, 22. 5. 2019, Erwägungsgrund 12.

〔2〕 Gerald Spindler, Verträge über digitale Inhalte – Anwendungsbereich und Ansätze, MMR 2016, Rn. 147 ff.

延长商品的使用年限。因此，如果《货物买卖合同指令》能够明确修理较之于更换具有优先适用性，并规定消费者在修理和更换之间并无选择权，那么这将更有助于对可持续性目标的实现。但从不利于消费者选择权的角度对该条文进行目的性限缩解释的话，这一解释将与高水平的消费者保护原则有所冲突，欧盟委员会与成员国现只能够通过向消费者释明的方式，去建议、引导消费者优先选择要求修理。[1]

作为一般规则，消费者在一开始只能要求经营者采取补救措施使得货物符合合同约定。只有在缺陷达到严重不符合规定的情况下，如在《货物买卖合同指令》第13条第4款规定的情形下（严重违约或拒绝补救时），才可以请求降价或解除合同，即在轻微缺陷的情况下，消费者无权解除合同。可以说，上述这种消费者救济权分层级行使的措施既赋予消费者可选择的权利，平衡了消费者和经营者之间的利益，又有利于实现数字内容合同的持续性和产品耐用性，促进可循环经济的发展。

（三）纳入了经营者的更新义务

《数字内容与服务合同指令》和《货物买卖合同指令》两个指令中都规定了经营者的更新义务。更新义务在具体判断时，关键是对商品数字部分的修改程度进行定性。如果更改是根本性的功能扩展，则应被视为升级，即除非当事双方另有约定，经营者没有义务向消费者提供此类升级。但如果这是根据合同保持货物正常运行所必需的修改，则仍为更新，经营者负有此类义务。[2]

首先，《数字内容与服务合同指令》在客观适约性标准中规定了更新义务。将更新义务主要作为客观适约性的一部分，能够在合同约定之外更好地保护相对弱势的消费者合法权益。指令同时指出，主观适约性是首要标准，因为实践中，经营者可能会在合同中与消费者约定多种方式，实现数字内容与服务的更新或升级，需要尊重合同订立双方的意思自治。指令第8条第2款规定，交易者有义务对提供给消费者的数字内容进行更新，这里不仅包括新版本的更新，也包括经营者对安全漏洞作出的应对。《货物买卖合同指令》

---

[1] 参见［德］托马斯·马丁·约翰内斯·默勒斯：《〈货物买卖指令〉的不足——兼论对立法缺失的改进》，戴俊哲译，张彤校，载《中德私法研究》（第21卷），北京大学出版社2022年版。

[2] See Piia Kalamees, Goods with Digital Elements and The Seller's Updating Obligation, 12 (2) JIPITEC, 2021, pp.131-142.

第 7 条第 3 款也规定了经营者的更新义务，即经营者在消费者合理预期的一段时间内有更新义务。为确定时间长短，买卖双方需要考虑货物的类型、用途、所含数字元素，以及合同的情况和性质，而消费者的合理预期决定了经营者在某些情况下是否必须提供更新，指令并没有为其规定一个具体的时间限制，交由成员国根据国情或买卖双方自行决定。

其次，这种持续更新的义务同时适用于一次性合同及持续性合同。在一次合同的情况下，消费者的合理预期可以排除更新义务，例如，消费者向商家购买数码文件，商家一次性交付后无须履行更新义务。在持续性合同的情况下，经营者有持续更新的义务，必须保持数字内容或服务在合同期间内无缺陷，且提前通知消费者接受更新。但是，《数字内容与服务合同指令》并没有规定消费者有接受更新的义务，只是通过间接的方式在第 8 条第 3 款规定，如经营者已提前充分告知消费者未及时更新的法律后果，而消费者仍然没有在应当更新的时间内及时更新，则经营者对此期间的违约不承担责任。至于更新义务的具体承担者，不一定由卖家承担，也可以由第三方来承担，但卖家必须确保向消费者通知包括安全更新在内的更新，以保持这些商品的一致性。[1]

最后，更新责任的规定对应上文所述的一次性与连续性合同类型的缺陷补救措施，在《货物买卖合同指令》的第 10 条第 2 款规定中，提供数字内容与服务的合同卖方需承担数字内容与服务有缺陷的补救责任，对于一次性合同，保修期限为交付后的 2 年，对于超过 2 年的连续性合同，卖方应对在指定数字内容或数字服务期间出现缺陷的数字内容或数字服务及时补救，而不适用 2 年的期限。为了更好保护消费者权益，对更新责任应理解为规定卖方应自向消费者提供更新之日起 2 年内承担责任。对于使用寿命更长的商品，这意味着卖方可能要承担 10 年或更长时间的责任，这也是《货物买卖合同指令》的第 10 条第 1 款的措辞含糊不清的原因，卖方的责任期限通常会长于交付数字内容或服务后的 2 年，但这一前提必须是消费者可以合理地期望该商品将获得必要的更新，例如，购买无人驾驶汽车中对于汽车必要性能的更新。同时，《货物买卖合同指令》的第 10 条第 1 款规定成员国可以维持或引入比

---

[1] Gerald Spindler, Karin Sein, Die Richtlinie über Verträge über digitale Inhalte Gewährleistung, Haftung und Änderungen, MMR 2019, S. 488.

本条第 1 款和第 2 款中提到的时间限制更长的时间限制。

（四）带来了司法实践的巨大挑战

上述这些制度创新是欧盟对数字时代对合同法挑战的回应，并为提高消费者保护水平提供了一个合理的方案。但是这些新规定也意味着今后的司法审判实践可能会面临着巨大任务和难题：一方面，从规则创新来说，欧盟两个指令在很多方面体现了合同法领域的制度创新，但是也留有很多尚未解决的问题。比如，合同解除后关于个人数据上的权利义务关系，虽然《数字内容与服务合同指令》在合同解除后果方面进一步发展了清算返还的规则，但是如果经营者已经把收集的个人数据出售给第三方，则消费者的返还请求权可以在多大程度上追及第三方等问题还需进一步完善；另一方面，从法律适用角度来说，数字内容与服务合同所包含的商业模式具有多样性和复杂性，这给将来的法律适用带来一些新的难题，例如，合同解除制度中的一些规则不可避免地涉及技术问题，还有适约性标准的具体适用、经营者变更合同内容对数字内容使用性的"损害"程度的界定等，这些与技术紧密联系的规则都可能会使法律适用比之前的情况更加复杂。

一、欧盟成员国数字内容与服务合同立法的嬗变

（一）欧盟成员国对指令的转化义务

欧盟内部存在着两个既相互独立、又彼此互补的法律体系，即欧盟的法律体系和成员国的法律体系。欧盟与一般的国际组织的主要区别：一是欧盟区域间国际协调和合作的机制化已达到较高水平；二是欧盟成员国之间已超出一般"政府间"合作的范畴，通过建立欧盟机构实现了"超国家"的治理。从欧洲一体化历程来看，传统意义上的、绝对不可让渡的国家主权已经不再是欧盟成员国的现实选择，成员国的部分主权随着一体化的深入与拓展，特别是经济货币主权已经发生了向欧盟机构的转移。欧盟法律超越于成员国法律之上，具有优先适用性，也具有了"超国家性"，从而使成员国的主权受到限制。因此，欧盟法具有超国家性的特性。[1]

《欧盟运行条约》第 288 条规定，为了行使联盟权能，联盟机构应通过条例、指令、决定、建议和意见。条例具有普遍适用性，它在整体上具有约束力，应直接适用于所有成员国。就其旨在实现的结果而言，指令对于其所针对的每个成员国均具有约束力，但应由成员国当局选择实施指令的形式和方法。决定整体上具有法律约束力。明确规定了适用对象的决定仅对其针对对象具有约束力。建议和意见不具有约束力。[2]

按照《欧盟运行条约》上述规定，指令是欧盟立法机构作出的对特定成员国或所有成员国有约束力，并规定成员国在一定期限内通过国内立法程序

---

〔1〕 参见张彤主编：《欧盟法概论》，中国人民大学出版社 2011 年版，第 85 页。

〔2〕 参见程卫东、李靖堃译：《欧洲联盟基础条约：经〈里斯本条约〉修订》，社会科学文献出版社 2010 年版，第 148~149 页。

将其转换成国内立法的一种法律形式。通常指令只强调目的，至于实施的形式和方法，则由欧盟各成员国自行决定。其特点：第一，指令在成员国不具有直接适用的法律效力（但有例外：成员国在转化期限届满仍没有将该指令转化为内国法；从指令的内容上看，指令对于个案已经是确定的并且具有充分的适用性）；第二，指令不能对个体直接设定权利义务；第三，指令要求把其内容通过外在的法律形式转化为本国国内法，并设定了明确的转化期限。[1]因此，根据《欧盟运行条约》的第 288 条的规定，指令对成员国具有约束力，成员国必须在指令规定的日前将指令的内容转化为成员国的国内法，如未转化，该成员国将会承担包括经济制裁在内的相应责任。

2019 年 5 月生效的《数字内容与服务合同指令》和《货物买卖合同指令》均在其第 24 条规定了成员国对指令的转化：各成员国应于 2021 年 7 月 1 日前通过并公布遵守本指令所采取的措施。它们应立即将此通知欧盟委员会。它们应自 2022 年 1 月 1 日起实施这些措施。因此，根据指令对于转化期限的规定，成员国进行了新一轮的合同法变革，以完成对于数字内容与服务合同以及带有数字元素货物买卖合同在国内的转化立法。但具体到欧盟各成员国的情况，可以发现各国在转化过程中由于各国有着不同的立法传统和民法体系，对欧盟指令转化的途径和方式有所不同，从而呈现出的立法状态也不同，因此，关注成员国的具体转化过程及其最终成果对研究欧洲数字立法进程也有着至关重要的作用。

（二）成员国从解释适用现行法到统一单独立法

总体上来看，欧盟成员国的数字内容合同立法经历了一个从解释适用现行法到进行统一单独立法的过程。数字内容作为信息技术发展的产物和新兴事物，在适用现行法律时难免会出现问题。其法律上的含义、性质、分类都在欧盟成员国引起过激烈的讨论。然而在未对欧盟指令实行转化前，实践中各成员国的解决方法都比较相似，就是尽可能通过解释其现行法律将数字内容合同纳入其调整范围，以解决此类合同的纠纷。欧盟层面也一度以《消费品买卖及担保指令》等消费者合同法作为这类案件的法律依据。然而，由于数字内容与传统商品的差别，以及数字内容交易形式的复杂多样，适用这些消费者合同法并不能达到令人满意的效果。

---

[1] 参见张彤主编：《欧盟法概论》，中国人民大学出版社 2011 年版，第 93 页。

作为最早试图构建数字合同规则体系的区域，欧盟确立了新的"提供数字内容合同"概念，突破原有经典合同分类，采用更为抽象的方式重新界定了数字内容合同。[1]2011年欧盟选择了在《消费者权利指令》对数字内容合同进行单独分类和规定的方法。自欧盟委员会2015年提出"欧洲数字单一市场战略"以来，欧盟相继出台了有关数字合同的指令以促进该战略的贯彻实施，希望通过立法先行的方式破除各成员国之间的贸易壁垒，推动欧盟数字经济的发展。主要是通过带有"实施条例"性质的《数字内容与服务合同指令》来对数字内容合同进行规制。2019年5月欧盟发布的《数字内容与服务合同指令》不仅进一步概括了"数字内容"和"数字服务"的概念及适用范围，而且欧盟选择了以全面协调的方式对数字内容合同的特定方面进行立法。

《数字内容与服务合同指令》是以协调一致的方式为有意向其他成员国销售数字内容的经营者创造一个确定的法律环境。对数字内容合同进行专门立法时，每个成员国都无法保证与其他成员国的国内立法保持整体上的一致性，因此，欧盟层面的行动更有利于实现这样的效果。此外，《数字内容与服务合同指令》中的规定并没有涉及数字内容合同的所有方面，而且欧盟的立法初衷也并非想达到这种效果。例如，这一指令并没有涉及关于数字内容合同的形式、合同成立以及生效的规定，也没有关于内容合法性的规定，其关注的重点主要是保护消费者的权利，特别在经营者的更新和安装义务、数字内容符合合同约定（即适约性）的判断标准、对消费者的权利救济（如合同解除权）等进行了比较细致的规定，有效地平衡了消费者的保护与企业竞争力提升两者之间的关系。通过《数字内容与服务合同指令》与其同时发布的《货物买卖合同指令》两部法律，欧盟正在着力于以数字法律层面上的协调来促进欧洲数字单一市场的建立，以应对数字经济时代带来的新挑战，并借此促进数字经济在欧盟的发展。

欧盟《数字内容与服务合同指令》和《货物买卖合同指令》出台后，各成员国都面临着在两年内将指令规则转化为国内法的艰巨任务。由于欧盟《数字内容与服务合同指令》将合同分类的问题留给了成员国，如何对数字内容与服务合同类型进行定性？是将其归为原有典型合同的"次类型合同"纳

---

〔1〕　参见金晶：《数字时代经典合同法的力量——以欧盟数字单一市场政策为背景》，载《欧洲研究》2017年第6期。

入本国法之中，还是将其作为一项与其他典型合同并列的新合同类型？不同成员国可能有不同的做法，需要对成员国的转化立法进行进一步的考察和分析。由于德国、意大利、荷兰和奥地利这几个国家采取了不同的转化形式，本书主要考察《数字内容与服务合同指令》和《货物买卖合同指令》在德国、意大利、荷兰和奥地利的转化情况，以此来分析欧盟成员国合同法对于应对数字化在私法领域带来的挑战以及对数字内容与服务合同这类新型合同进行的规制模式。在考察研究时，主要以《数字内容与服务合同指令》为主，同时对《货物买卖合同指令》中的"带有数字元素的货物"相关规定的转化进行讨论和分析。

二、德国对《数字内容与服务合同指令》和《货物买卖合同指令》的转化

（一）德国对两个指令的转化模式

德国的合同法体系一直试图在维护自身法律体系完整性的基础上实现对欧盟指令内容的转化。德国对 2019 年出台的《数字内容与服务合同指令》和《货物买卖合同指令》是通过分别转化的方式完成的。德国于 2021 年 6 月 25 日同时颁布了对上述两指令进行转化的《关于提供数字内容和数字服务的合同法特定方面指令的转化法》和《关于带有数字元素的货物买卖以及买卖合同其他方面规定的转化法》[1]，相关新规则被纳入《德国民法典》，并于 2022 年 1 月 1 日正式生效。[2]

（二）德国对《数字内容与服务合同指令》的转化

根据欧盟《数字内容与服务合同指令》第 24 条对于转化期限的规定，德国于 2021 年 1 月出台了《关于提供数字内容和数字服务的合同法特定方面指令的转化法草案》，[3]同年 6 月 25 日颁布了《关于提供数字内容和数字服务

---

〔1〕 德国将《货物买卖合同指令》转化为《德国民法典》第 474 条及以下条款，所涉条款构成民法典消费品买卖法的一部分。

〔2〕 Gesetz zur Umsetzung der Richtlinie über bestimmte vertragsrechtliche Aspekte der Bereitstellung digitaler Inhalte und digitaler Dienstleistungen v. 25. 6. 2021, BGBl. I, S. 2123; Gesetz zur Regelung des Verkaufs von Sachen mit digitalen Elementen und anderer Aspekte des Kaufvertrags v. 25. 6. 2021, BGBl. I, S. 2133.

〔3〕 Bundesministerium der Justiz und für Verbraucherschutz, Entwurf eines Gesetzes zur Umsetzung der Richtlinie über bestimmte vertragsrechtliche Aspekte der Bereitstellung digitaler Inhalte und digitaler Dienstleistungen, 13. 01. 2021.

的合同法特定方面指令的转化法》，通过修订将该指令的内容转化至《德国民法典》之中，并于 2022 年 1 月 1 日生效。这样的转化使德国的消费者保护水平与数字市场交易规则与欧盟整体相协调。

此次《德国民法典》修订，共涉及 28 条新规则，其中 22 条新规则集中规定于债法总则，其余 6 条新规则分别安置于"各种之债"。第一，债法总则的新规则涉及两类合同：数字产品的消费者合同（第 327 条至第 327s 条）和数字产品的商事合同（第 327t 条与第 327u 条）。具体来讲，就是在《德国民法典》的债法总则（第 241 条及以下条款）新增一节"数字产品合同"，涉及第 327 条至第 327u 条，将《数字内容与服务合同指令》转化为《德国民法典》第二编"债之关系法"中第三章"约定债之关系"的新规则。具体是在《德国民法典》第二编第三章第二节"双务合同"和第三节"向第三人为给付之承诺"之间，新增了"第二节之一：数字产品合同"（Titel2a. Verträge über digitale Produkte），在"第二节之一：数字产品合同"之下又包含两个分目：第一分目为"数字产品的消费者合同"（第 327 条至第 327s 条），第二分目为"数字产品商事合同的特别规定"（第 327t 至第 327u 条）。第二，其他 6 条新规则主要被安置在《德国民法典》第八章债法分则之下的典型合同中，即分别在买卖、赠与、租赁和承揽合同之处作相应的调整，涉及的条文是：第 445c 条规定了数字产品合同的追索，第 475a 条规定了数字产品的消费品买卖合同，第 516a 条规定了数字产品赠与的消费者合同，第 548a 条规定了数字产品租赁，第 578b 条规定了数字产品租赁合同，第 650 条规定了数字产品承揽的消费者合同。

转化后《德国民法典》的相关法律规定可以大致分为三个部分：关于数字内容和数字服务的适约性、关于未履行或履行不符合约定时的救济以及《德国民法典》对指令的延伸规定。

1. 两种可能的转化方式

采用何种模式实现对欧盟《数字内容与服务合同指令》的转化曾在德国学界引起广泛热议，对此主要包含以下两种观点：

其一，将数字内容与服务合同纳入既有典型合同类型之中。

德国 Faust 等学者认为合同标的不能作为合同分类依据，而应以合同的给付特征为分类标准。[1]德国合同法分类传统是以合同的给付特征为标准，为维护这一标准，立法者曾在 2002 年债法改革中将以标的物为分类依据的"动物买卖合同"（Verträge über Viehkauf）从《德国民法典》中移除。[2]这些学者认为，数字内容与服务的提供并未突破已有典型合同的给付特征，它可以被买卖、租赁、承揽合同所包含，比如，永久出让数字内容与服务合同可以根据《德国民法典》第 453 条第 1 款的规定，准用买卖合同规则；短时出让数字内容与服务使用权合同可以被认定是租赁合同；制作数字内容或服务合同可以适用承揽合同规则。[3]因此，数字内容与服务合同并不能因欧盟《数字内容与服务合同指令》的特殊规范而成为一项新的合同类型，因而建议可以直接将《数字内容与服务合同指令》中的规范分别放入《德国民法典》各典型合同项下。[4]

其二，将数字内容与服务合同视作一种新合同类型。

也有一些学者认为，在转化欧盟《数字内容与服务合同指令》时应将数字内容与服务合同作为一种独立的合同来看待，因为如果要将《数字内容与服务合同指令》的规则拆分到各典型合同类型中并逐项转化（punktuelle Umsetzung），不仅可能会导致各类型合同规则的重复、混乱和无序，还无法体现数字内容与服务合同的特征。[5]德国学者 Metzger 认为，虽然立法者在拓展或改变《德国民法典》结构时应保持审慎的态度，但不可忽视的是，随着数字化与网络化发展，人们的交易方式已发生了巨大变化，有形商品与以物理方式提供的服务明显正在被数字化的提供方式所取代，这种变化还将一直持续，立法者不应忽视数字内容与服务合同应用的广泛性以及其上凸显的理论价值，必须对此有所回应。通过制定具有管制性和强制性的数字内容与服务合同的规则，可以从理论和实践两个层面推进法律体系的连贯性

---

〔1〕 参见［德］弗洛里安·浮士德：《数字经济：法之类推——民法典亟待革新?》，陈丽婧译，金可可校，载《苏州大学学报（法学版）》2018 年第 2 期。

〔2〕 Marx, Fallstricke in Pferderechtsprozessen seit Abschaffung des Viehgewährleistungsrechts, NJW 2010, Rn. 2839 ff.

〔3〕 参见［德］弗洛里安·浮士德：《数字经济：法之类推——民法典亟待革新?》，陈丽婧译，金可可校，载《苏州大学学报（法学版）》2018 年第 2 期。

〔4〕 Grünberger, Verträge über digitale Güter, AcP 2018, 231ff.

〔5〕 Grünberger, Verträge über digitale Güter, AcP 2018, 231ff.

发展。〔1〕因此，建议将数字内容与服务合同作为一项新的合同类型被纳入民法体系之中，这是顺应时代发展的需求，有利于长久维持民法规则的体系性和连贯性。

以上两种观点争议的焦点：数字内容与服务合同的特殊性是否足以使其成为一项新的典型合同类型，换句话说，欧盟《数字内容与服务合同指令》所新设的有关数字内容与服务合同的特殊规范是否可以使其完全突破原应归属的各典型合同。

2. 类合同模式的选择

德国在其《关于提供数字内容和数字服务的合同法特定方面指令的转化法》中确定了对该指令的转化路径，是对上述两种可能的转化路径的一种折衷方案，即将数字内容与服务合同作为类似于"消费者合同"的基本合同类型，这种"类合同模式"既能体现数字内容与服务合同的特征，又能保障传统民法中典型合同分类规则不受冲击。具体措施：在《德国民法典》合同法总则中增加"数字产品合同"类型（Verträge über digitale Produkte），将欧盟《数字内容与服务合同指令》的内容整体引入《德国民法典》第327条之中，包括数字内容与服务合同的概念、"产品瑕疵"标准、违约救济方式等多方面规范；并分别在消费品买卖合同〔2〕、赠与合同〔3〕、租赁合同〔4〕、承揽合同〔5〕章节下加入数字产品合同类型。

需要注意的是，德国《关于提供数字内容和数字服务的合同法特定方面

〔1〕 Metzger, Verträge über digitale Inhalte und digitale Dienstleistungen: Neuer BGB Vertragstypus oder punktuelle Reform? Juristen Zeitung 2019, S. 584-586.

〔2〕 Verbrauchsgüterkaufvertrag über digitale Produkte, Bundesministerium der Justiz und für Verbraucherschutz, Bundesministerium der Justiz und für Verbraucherschutz, Entwurf eines Gesetzes zur Umsetzung der Richtlinie über bestimmte vertragsrechtliche Aspekte der Bereitstellung digitaler Inhalte und digitaler Dienstleistungen, 13. 01. 2021, § 475a.

〔3〕 Verbrauchervertrag über die Schenkung digitaler Produkte, Bundesministerium der Justiz und für Verbraucherschutz, Entwurf eines Gesetzes zur Umsetzung der Richtlinie über bestimmte vertragsrechtliche Aspekte der Bereitstellung digitaler Inhalte und digitaler Dienstleistungen, 13. 01. 2021, § 516 a.

〔4〕 Verbrauchervertrag über die Schenkung digitaler Produkte, Bundesministerium der Justiz und für Verbraucherschutz, Entwurf eines Gesetzes zur Umsetzung der Richtlinie über bestimmte vertragsrechtliche Aspekte der Bereitstellung digitaler Inhalte und digitaler Dienstleistungen, 13. 01. 2021, § 548a, § 578 b.

〔5〕 Werklieferungsvertrag; Verbrauchervertrag über die Herstellung digitaler Produkte, Bundesministerium der Justiz und für Verbraucherschutz, Entwurf eines Gesetzes zur Umsetzung der Richtlinie über bestimmte vertragsrechtliche Aspekte der Bereitstellung digitaler Inhalte und digitaler Dienstleistungen, 13. 01. 2021, § 650.

指令的转化法》将欧盟《数字内容与服务合同指令》中"数字内容与服务"的概念纳入《德国民法典》第 327 条之中，却以"数字产品"来代替"数字内容与服务"。此外，以"数字产品"概念为基础，立法者还创建了"产品瑕疵"（Produktmangel）[1]的概念，是将"适约性"嵌入德国民法体系的术语转换。传统德国民法中，仅将"瑕疵"规定在买卖合同章节之中，将瑕疵分为"物的瑕疵"（Sachmangel）和"权利瑕疵"（Rechtmangel），[2]"产品瑕疵"（Produktmangel）的提出，在一定程度上解决了不同给付类型中合同风险负担和相应的瑕疵担保权利的行使差异。[3]

《关于提供数字内容和数字服务的合同法特定方面指令的转化法》在《德国民法典》合同法总则中增设数字产品合同类型的同时，也依据给付形式的不同将数字产品合同设置于各典型合同类型章节下。各章对数字产品合同的规范都比较简单，主要是对典型合同规则与总则中数字产品合同规则相冲突时的处理规则，即均应优先适用总则中数字产品合同的规则。

转化后《德国民法典》的相关法律规定可以大致分为三个部分：关于数字内容和数字服务的适约性、关于未履行或履行不符合约定时的救济以及《德国民法典》对指令的延伸规定，以下将会详细展开诠释。

3. 转化的主要内容

（1）数字内容与服务的适约性

适约性作为合同规定的基础性内容，要求经营者向消费者提供符合合同约定以及消费者合理期待的产品或服务，在《德国民法典》有名合同的相关规定中都有所涉及，在数字内容与数字服务合同中当然也不例外。《德国民法典》第 327 条~第 327h 条大致转化了指令第 2 条~第 8 条的规定，对产品提供、合同适约性等方面作出了规定；第 327r 条中的部分规定涉及经营者提供的数字内容和数字服务的修改，同样可归入适约性的范畴。

《德国民法典》第 327 条是对数字内容与数字服务合同部分的引入，概括

---

[1] Bundesministerium der Justiz und für Verbraucherschutz, Entwurf eines Gesetzes zur Umsetzung der Richtlinie über bestimmte vertragsrechtliche Aspekte der Bereitstellung digitaler Inhalte und digitaler Dienstleistungen, 13.01.2021, § 327e.

[2] Wendehorst, MüKoBGB, 8. Aufl. 2019, BGB § 434, § 435.

[3] 参见金晶：《数字时代经典合同法的力量——以欧盟数字单一市场政策为背景》，载《欧洲研究》2017 年第 6 期。

转化了指令第 2 条、第 3 条的规定，对转化内容的适用范围与概念作出了界定。第 327（1）条在宏观上规定了数字内容和数字服务合同的调整范围即经营者向消费者提供，或承诺向消费者提供数字内容或数字服务，且消费者支付或承诺支付价格的任何合同，其后的第 327（3）~（6）条及第 327a 条进一步列举了可适用和不可适用范围，作出了更明确的规定。第 327（2）条转化了指令"数字内容与数字服务"的概念，但特殊之处在于，指令第 2 条（1）~（13）对相关概念作出了明确的界定，但《德国民法典》第 327（2）条只是进行了概括的转化，指令中的"经营者""消费者""价格""数字环境"等概念界定并未提到，但在之后的第 327e 条补充转化了指令第 2 条（10）~（12）中对于功能性、兼容性、互操作性的解释。

涉及数字内容和数字服务提供的内容规定在《德国民法典》第 327b 条中，转化了指令第 5 条的内容，规定了如何确定履行的时间和经营者提供的方式等。

对于数字内容和数字服务合同的适约性，《数字内容与服务合同指令》在第 6 条~第 8 条作出了详细的规定，《德国民法典》相应地也在其第 327d 条~第 327g 条中进行了转化。第 327d 条是概括性的要求，规定"经营者所提供的产品和服务必须遵守合同，不能存在缺陷"，也就是与合同约定需具有一致性，符合消费者的合理预期。

《德国民法典》第 327e 条、第 327f 条、第 327g 条分别对产品瑕疵、更新要求、权利瑕疵的情况进行了进一步的规定。在指令第 7 条~第 9 条中规定了数字产品与服务在主观、客观、产品组合方面所应当达到的适约性的要求，《德国民法典》在第 327e 条中将其整体转化，即主观上要求产品的功能性、兼容性、互操作性以及说明、更新等需要遵守合同约定；客观上要求数量、质量、性能特征、版本、更新等方面要符合一般性要求及行业标准；在产品组合方面，要求经营者对出于自己过错的组合错误承担责任。第 327f（1）（2）条分别规定了数字产品的更新期间和免责条款，这一规定体现在《数字内容与服务合同指令》第 8 条客观要求中的第 2 款和第 3 款，要求经营者必须提供符合必需的、合同要求的更新。第 327g 条的权利瑕疵转化了指令第 10 条"第三方的权利"，同样要求数字产品或服务符合合同的要求，不得出现权利瑕疵的情况，如果出现权利瑕疵，消费者有权获得救济。这一点在第 327i 条中作出了更细致的规定。

指令第 8 条第 5 款规定了允许数字内容和数字服务合同突破适约性、出现偏离的情况——"消费者签订合同时明确且单独地接受了该不一致"，《德国民法典》也完全转化了此项规定，经营者在提交合同声明之前已明确告知消费者的情况下出现的偏离不认为是违反适约性。

在合同变更、数字内容和数字服务的修改这一方面，经营者同样要遵循适约性。通过转化《数字内容与服务合同指令》第 19 条的规定，一方面，《德国民法典》在第 327r（1）（2）条中规定了内容变更需满足的条件：在持续性合同中，在符合主观和客观适约性要求的前提下，如果满足下列要求，经营者可以对提供的数字内容和数字服务进行修改：合同允许并为这种修改提供有效的理由；这种修改不会给消费者带来额外的费用；以明确和可理解的方式告知消费者这种修改；在修改会对消费者造成不利影响的情况下，经营者应通过耐用媒介合理地提前告知消费者修改的特征和时间以及解除合同的权利，或不作这种修改而保持数字内容或数字服务的可能性。另一方面，当内容变更对消费者的权利造成减损时，消费者可以行使合同解除权，规定在《德国民法典》第 327r（3）（4）条，即如果修改对消费者获取或使用数字内容或数字服务产生不利影响，消费者有权解除合同，除非这一不利影响非常微小。消费者应当在收到修改通知或者商家对数字内容或数字服务进行修改之日起 30 日内（以较晚者为准）解除合同，且解除合同不应对消费者产生费用。

（2）未履行或履行不适约时的救济

在数字内容和数字服务合同未履行或履行不符合约定时，《德国民法典》在程序与实体上都相应地转化了指令的规定。

首先是程序方面，包括对于诉讼时效和举证责任的规定。《数字内容与服务合同指令》第 12 条规定了关于证明责任的内容，在《德国民法典》第 327k 条中大致对此进行了转化，规定了推定经营者存在过错、转移举证责任以及例外情况下的举证责任承担。而诉讼时效属于德国转化中的特色规定，在指令中并没有提及。《德国民法典》参考指令中的内容，区分了永久供应、经营者违反更新义务等情况，结合《德国民法典》关于有名合同的诉讼时效的规定，规定了不同情况下数字内容和数字服务合同的诉讼时效。

在实体方面，《数字内容与服务合同指令》第 13 条和第 14 条规定了经营者未履行以及违约履行情况下的三种救济方式，分别是要求继续履行、按比例减价以及解除合同。

a. 继续履行

德国在转化过程中将这一请求权规定在了《德国民法典》第327l 中。消费者有权要求经营者适约履行，除非该适约履行不可能或者会给经营者造成不合比例的成本负担。在这两种情况下，由于继续履行已经不可能，消费者可以要求解除合同。在判断是否"合乎比例"时要考虑经营者违约的严重程度以及适约履行情况下数字内容和数字服务所能具有的价值。

当消费者要求经营者适约履行时，后者必须在收到通知之日起的合理期间内按照约定履行义务，履行过程中不能收取额外费用，不能对消费者造成重大不便，根据该数字内容和数字服务的性质和消费者的相关要求履行合同义务，否则消费者有权行使合同解除权。

b. 按比例减价

《数字内容与服务合同指令》对减价有关的实体和程序问题分别进行了规定，德国在转化过程中为了内容的连贯性，将其同时规定在了《德国民法典》第327n 条。在经营者违约履行时，消费者可以主张按比例减价。在一时性合同和持续性合同中减价幅度的衡量范围有所区别。一时性合同中，经营者通过一次给付或者数次的独立给付履行合同义务，此时的减价幅度应与适约履行情况下数字内容和数字服务所具有的价值以及实际履行中所具有的价值相适应。持续性合同中，减价只限于违约履行期间的给付内容，同时减价幅度也应以实际履行与适约履行时的价值差为标准。

经营者应在收到消费者通知之日起 14 日内向消费者返还按比例减少的价金，如果无故拖延则构成二次违约。履行过程中不能收取额外费用，履行方式必须符合消费者的便利。

c. 解除合同

《数字内容与服务合同指令》把合同解除统一纳入救济条款（Remedies），但并未明确这是合同的救济抑或消费者的救济。如果是合同的救济，那么在逻辑上则会出现矛盾。

首先，合同解除权与继续履行和减价相比其实有本质上的区别，前者的目的在于终止合同，而后者的本意却是为了维系合同的效力。

其次，根据指令内容，消费者在解除合同之后，获得补偿的同时也须负担义务。

再其次，合同解除后，消费者不仅丧失了其所期待的经济效益，而且付出了经营者违约期间的时间成本以及失去了该时间段内与其他经营者订立此类合同的可能，与之相比消费者获得的补偿只能覆盖最为有限的直接损失。因此，在体例上将合同的解除与继续履行与减价一起置于权利救济项下似为不妥。德国在转化时也在第327i条中将合同的解除纳入给付瑕疵情况下的救济途径，但说明了是对消费者的权利救济（Rechte des Verbrauchers bei Mängeln），在逻辑上更加严谨。

最后，《德国民法典》第327o条规定了合同解除的声明及其法律后果，第327m条规定了以金钱为对价的合同终止后经营者的赔偿义务，第327p条规定了以个人数据为对价的合同终止后双方的权利义务。

合同的解除是消费者的最后一种救济手段，根据行使条件的不同可分为普通解除和即时解除。在行使普通解除权之前，消费者必须在违约行为发生后首先请求继续履行，如果经营者在合理期限内未能以免费、适宜的方式给付，消费者就可解除合同，无论经营者的二次违约是由客观不能还是主观过错所导致。如果经营者的首次违约就已经使合同目的根本无法实现，那么消费者可以即时解除合同。典型情况如经营者预期违约，或消费者订立合同的目的在于某一时间内获得给付，而经营者在这一时间之前以及这一时间内都未能履行。

合同解除后，经营者和消费者仍必须遵守合同中违约条款的规定并遵守相关的法定权利义务。在这一方面，德国相关实体法遵循了《德国民法典》的内容，根据对价的不同对双方权利义务分别规定。

以金钱为对价的数字内容和数字服务合同的解除主要产生赔偿（Reimbursement/Erstattung）和有形媒介的返还问题。在一次给付中，经营者应赔偿消费者支付的对价，且无权主张未履行给付之对价；在数次给付中，经营者只需赔偿特定时间内或某次的违约履行，如果是持续性合同，那么经营者也应赔偿消费者为下次履行提前支付的对价。如果经营者提供的数字内容以有形媒介为载体，那么经营者有权在收到解除合同的通知之日起14日内要求有形媒介的返还。

在以消费者个人数据为对价的合同中，合同一经解除，一方面，经营者不得再使用消费者在使用其提供的数字内容和数字服务过程中产生的个人数据之外的任何数据，除非该数据的使用在服务范围之外无其他用途以及不会侵犯消费者的隐私（包括该数据本身就不具有私密性或者经过经营者的处理不再具有私密性两种情况）。比如已与其他数据合并而无法分离、分离成本过高或者消费者虽不能继续使用，但因是消费者与其他消费者共同产生，其他消费者仍有使用的正当权利，经营者出于与其他消费者之间的合同关系也可继续使用这部分数据。另一方面，原则上消费者在合同解除后也不能再使用经营者提供的数字内容和数字服务，但对于消费者在使用过程中产生的个人数据以外的、与其他消费者共同产生的数字内容，消费者仍可主张在合理期限内继续使用。

总之，德国完成了《数字内容与服务合同指令》的转化，数字内容和数字服务合同被置于《德国民法典》第 2 编第 3 章第 2 节，即债法总则——因合同发生的债务——双务合同（详见图 1）。[1]

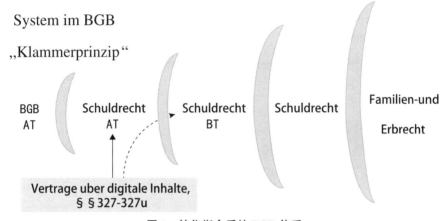

图 1 转化指令后的 BGB 体系

《德国民法典》第 327 条第 2 款对数字内容与数字服务进行了定义，[2]其界定与指令的规定一样。在内涵上，数字内容主要聚焦于未经加工处理的原生数据，而数字服务则聚焦于某一平台或服务产品。根据合同的主体不同，德国将提供数字产品的合同分为关于数字产品的消费者合同，即消费者与经

---

〔1〕　Gesetz zur Umsetzung der Richtlinie über bestimmte vertragsrechtliche Aspekte der Bereitstellung digitaler Inhalte und digitaler Dienstleistungen, vom 25. Juni 2021, Deutsche Bundestag.

〔2〕　Gesetz zur Umsetzung der Richtlinie über bestimmte vertragsrechtliche Aspekte der Bereitstellung digitaler Inhalte und digitaler Dienstleistungen, Vom 25. Juni 2021, Deutsche Bundestag.

营者缔结的数字产品合同以及经营者之间订立的关于数字产品的合同。此外，《关于提供数字内容和数字服务的合同法特定方面指令的转化法》还规定了与数字产品相关的租赁合同，德国在转化《数字内容与服务合同指令》时将数字内容与服务合同以及《货物买卖合同指令》中提供"带有数字元素的货物"的合同整合在一处规定（详见表4）。

（3）对《数字内容与服务合同指令》的延伸规定

A. 消费者数据保护声明的合同法后果

欧盟《数字内容与服务合同指令》并未明确在以消费者个人数据为对价的数字内容与服务合同中，如果经营者根据欧盟《一般数据保护条例》（以下简称 GDPR）从消费者处取得同意，能够获取和加工其个人数据，但之后这一同意无效、被撤回情况下对后续的服务合同会产生何种法律影响，《德国民法典》第 327q 条中对此有所回应。首先，当消费者数据保护声明（Datenschutzrechtliche Erklärungen des Verbrauchers）在合同缔结之后才作出，这并不会影响服务合同的效力。其次，如果消费者在合同履行过程中撤回了这一声明，无论服务合同中的给付行为是数次独立给付还是持续性给付，经营者都有权在对这一声明撤回后其所能使用的数据范围和合同继续履行时双方的利益进行充分衡量后，决定是否不受法定和约定期限的限制而提前解除合同。最后，解除合同后，经营者不得以此为理由向消费者主张赔偿。

《德国民法典》第 327q 条规定数据保护声明的效力不影响数字内容和数字服务合同规定，体现了德国民法对债权行为和物权行为的二分，体现了对分离原则与抽象原则的贯彻。消费者的数据保护声明相当于债权行为，消费者在作出声明之后，就有向经营者转移个人数据的义务，经营者有向消费者提供服务的义务；服务合同的履行相当于物权行为，消费者提供个人数据，经营者提供服务。两者效力独立，这有利于维持服务合同的稳定性。同时为了平衡双方的利益，条文赋予了经营者在消费者撤回该项声明时的解除权。

B. 偏离协议（Abweichende Vereinbarung）

德国在转化中通过《德国民法典》第 327s 条对偏离协议进行规定。根据条文内容，所谓偏离协议，即经营者通过与消费者订立合同或其他方式使消费者权利减损，偏离了本法所要求的保护程度，第 327s 条禁止这种行为，也禁止经营者以此作为违反法定标准履行的辩护，除非这一弱化的权利保护是在经营者违约履行后，消费者通知经营者适约履行情况下达成的合意。对偏离协议的规定主要目的在于防止经营者对相关法律的规避，更严谨地保护消费者权利。

C. 经营者的追索权

欧盟《数字内容与服务合同指令》第 20 条规定了经营者之间的追索权，当数字产品的提供方未能依其承诺向合同相对方提供数字产品，需补偿合同相对方因此而产生的与消费者相关的费用。[1]德国《关于提供数字内容和数字服务的合同法特定方面指令的转化法》在《德国民法典》第 327t 条规定了企业之间的数字产品合同的范围与《德国民法典》第 327 条、第 327a 条的经营者与消费者之间的数字产品合同范围相同；并在《德国民法典》第 327u 条规定了经营者之间的追索权，该追索权不与《德国商法典》第 377 条之规范产生冲突，并对该追索权增加了 6 个月的时效限定。[2]

《德国民法典》的扩展之处在于对追索时效的规定。如果经营者因为交易链中其他主体（如生产者或其他经销商）之故未能履行或违约履行，该经营者有权向过错方主张赔偿。如果消费者对经营者提出的缺陷在经营者的上游企业提供服务时已经存在，或者其上游企业违反了更新义务，经营者都有权向其上游企业行使追索权。经营者的追索时效区分两种情况：第一，从消费者主张违约之日起计算；第二，消费者向经营者主张适约履行的，则从经营者按约履行完毕之日起计算。同时，经营者的上游企业也不得以偏离协议为手段损害该经营者的权利。

（三）德国对《货物买卖合同指令》的转化

1. 转化的方式

《货物买卖合同指令》指令的目的是促进欧洲数字内部市场的正常运行，同时确保高水平的消费者保护，特别是对销售者和消费者之间"带有数字元素的货物"销售合同的某些要求规定了共同规则。德国于 2021 年 6 月 25 日公布了《关于带有数字元素的货物买卖以及买卖合同其他方面规定的转化法》，将《货物买卖合同指令》转化为《德国民法典》第 434 条、第 474 条及

---

〔1〕　Richtlinie（EU）2019/770 des Europäischen Parlaments und des Rates v. 20. 5. 2019 über bestimmte vertragsrechtliche Aspekte der Bereitstellung digitaler Inhalte und digitaler Dienstleistungen, 22. 5. 2019, § 20.

〔2〕　Bundesministerium der Justiz und für Verbraucherschutz, Entwurf eines Gesetzes zur Umsetzung der Richtlinie über bestimmte vertragsrechtliche Aspekte der Bereitstellung digitaler Inhalte und digitaler Dienstleistungen, 13. 01. 2021, § 327u.

以下条款，所涉条款构成了《德国民法典》消费品买卖法的一部分。从 2022 年 1 月 1 日新规则生效起，可以说德国的买卖法经历了可能是债法改革以来最大的一次现代化改造。该指令在德国的转化不仅改革了物之瑕疵的概念，也进一步强化了对消费者的法律保护。《德国民法典》第 434 条对《货物买卖合同指令》第 6 条~第 8 条中的部分内容进行转化，对原来的《德国民法典》产生了比较重大的变革。

2. 转化的具体内容

（1）物的瑕疵的新分类和新适用

A. 从二分到三分

转化指令前的《德国民法典》第 434 条在规定物的瑕疵时，规定标的物的质量有约定的以约定为准，无约定的才考虑通常使用要求，可期待的性质，公开声明过的性质，对瑕疵采用约定、法定的分类方式。而转化指令后的《德国民法典》根据指令的要求采用主观要求、客观要求、装配要求的分类方式，与原来的分类方式完全不同。

B. 从优先到并列

转化指令前的《德国民法典》中规定的约定的优先级也被德国立法者放弃。在转化指令后的《德国民法典》中，主观、客观要求和装配要求必须同时满足，同等重要，学者们也称之为"累计满足"。如果一个标的物符合约定的质量，但未达到通常的质量，也应视为有瑕疵。新版《德国民法典》也按指令的要求，把"约定质量""客观特征"标准化了，写明了约定标准的类型、数量、质量、功能、兼容性、互操作性和其他特征。[1]客观特征则主要包括货物的普通用途、买方的可期待性、与样品的一致性、附件等。在确定通常预期时，不仅要确定各自品牌的通常状况，而且要进行跨厂家的比较。[2]

《德国民法典》第 434 条的改动更有助于保护消费者（买方）权益，避免因买方和卖方的专业知识、地位、经验等差异，导致双方的约定不利于买方。

C. 背离性协议

《德国民法典》第 434 条第 3 款的法定客观性要求允许有效约定予以排

---

[1] Michaela Witzel, Der neue Mangelbegriff für digitale Produkte, ITRB. 2021, S. 289, 292.

[2] Matthias Giebler, Praktische Auswirkungen des Gesetzes zur Regelung des Verkaufs von Sachen mit digitalen Elementen und anderer Aspekte des Kaufvertrags, DAR. 2021, S. 673, 674.

除,《德国民法典》第 476 条就对此规定了背离性协议,这条是对指令第 7 条第 5 款的转化。经营者只有遵守第 476 条第 1 款的严格要求,才可能通过协议的方式排除特定客观要求。

（a）协议内容

从背离协议内容上看,经营者必须特别告知消费者该货物在多大程度上偏离了合同的客观要求。"特别"一词要求卖方必须向消费者提供比其他在缔结合同之前应当提供的信息更多的内容,仅仅了解情况本身不构成排除客观要求适用的条件。特别是在产品描述中仅将偏差列为货物的几个属性之一是不满足法律要求的,经营者应当描述货物具体是如何偏差的。

（b）告知时间

关于时间方面,《德国民法典》没有采用指令的字面意思。指令第 7 条第(5)款中提到的通知日期是"订立销售合同之日"。这一时间点没有被采纳,因为此时可能为时已晚,消费者无法在知悉货物偏差情况的很短时间内作出经过深思熟虑的决定。立法者认为应避免卖方先等待消费者的报价,然后在接受报价时才指出偏差。因此经营者需要提前考虑消费者通常可以期待什么,在消费者作出合同声明之前,必须让他知道货物的某一特性与客观要求的具体偏差。

（c）单独约定

偏离协议必须有明确和单独的约定。一方面,它必须"明确"地与合同的其余内容区分开来;另一方面,它必须"单独"约定,这可能需要为合同中提到的偏离情况创造一个额外的签名字段。通过一般条款和条件达成的协议不符合法律对背离协议的要求。任何默示协议也不符合法律要求。立法解释中提到,例如,在网上交易中,消费者仅仅不勾选一个方框是不够的,经营者应当在其网站上提供一个方框或按钮,使消费者能够点击,从而作出明确和单独的意思表示。

（d）买方知情

买方对货物瑕疵的知情不再是排除经营者瑕疵义务的理由。根据《德国民法典》第 475 条和第 439 条的修订,第 442 条不再适用消费品的买卖。[1]

---

〔1〕 Matthias Giebler, Praktische Auswirkungen des Gesetzes zur Regelung des Verkaufs von Sachen mit digitalen Elementen und anderer Aspekte des Kaufvertrags, DAR. 2021, S. 673-676.

原第 442 条规定如果买方在订立合同时知道缺陷，则买方因缺陷而享有的权利被排除。如果买方因重大过失而不知道缺陷，则只有在特殊情形下主张权利。德国立法者认为，一方面，制定指令时不知道德国这种责任排除；另一方面，如果保留第 442 条，那么第 476 条规定的这些正式要求很容易被规避。因此，尽管买方知情，卖方仍对相应的质量瑕疵负责，避免卖方声称已将缺陷告知买方，进而逃避义务。

有学者认为关于物的瑕疵的重新定位在 B2C 领域之外是相对的。因为，如果不是消费品的购买，就不适用于第 476 条，则卖方可以在没有严格要求的情况下与买方作出约定，使货物偏离客观性要求，最终与以前一样将取决于约定的内容。[1]

（2）"带有数字元素的货物"的适约性

《德国民法典》中对"带有数字元素的货物"的适约性规定是对指令第 3 条、第 6 条、第 7 条的部分内容的转化。

A. 带有数字元素货物的定义

根据《德国民法典》第 327a 条第 3 款第 1 句，主要是指货物在没有这些数字产品的情况下无法履行其功能。这与指令第 2 条的定义基本一致。带有数字元素的货物销售合同继续受到买卖法（Kaufrecht）的约束，对于这部分商品适用第 475a 及以下条款。对《货物买卖合同指令》和《数字内容与服务合同指令》的转化导致"带有数字元素的货物"和"数字产品"两个概念存在。如果对货物是否是"带有数字元素的货物"有疑问的话，那么就应当假定卖方的义务包括提供数字内容或数字服务，适用第 327 条及以下规定。

B. 更新义务

在适约性方面，《德国民法典》第 475b 条规定了"带有数字元素的货物"的主观要求、客观要求、组装要求，区别于其他货物的主要内容就是经营者的更新义务，即对指令第 7 条的转化。在主观上，必须在合同相关期间提供约定的更新。在客观上，必须在可预期的期限内提供与合同保持一致所需的更新。引入更新义务的意义在于，风险转移时存在的数字要素的无瑕疵状态将在一定时期内得到保持。根据第 476 条，更新义务也可以被偏离。根据立法解释，如果买方被特别通知偏离更新义务，并且这种偏离在合同中明确

---

〔1〕 Anna Biermann, Das neue Kaufrecht: Die wichtigsten Änderungen, DAR. 2022, S. 134.

和单独约定，新生产的物品被允许限制或排除更新义务，二手物品也被允许缩短更新义务时效。

C. 持续提供的"带有数字元素的货物"

《德国民法典》第 475c 是对指令第 7 条第 3 款第（b）项和第 10 条的转化，是对持续提供的"带有数字元素的货物"适约性的补充规定。第 475c 条款规定了 2 年的责任期，在此期间数字元素必须保持没有瑕疵。因此，对数字元素无瑕疵的评估不是基于风险转移的时间，而是基于整个提供期间。由于持续提供的特殊性质，在买卖法中编入了持续义务的要素，这是一个新奇之处，因为买卖法（销售法）通常是针对一次性履约的情况。尽管可以就永久性条款（因此更多的是租赁合同要素）达成一致，但它仍被归类为买卖合同。作为典型买卖合同的一般规则，数字元素的提供并不是永久性的，只能通过一次性提供来提供，因此更新的义务仍然存在。[1]

D. 系统漏洞和安全更新

科隆地方高级法院在 I-6U100/19 号判决中对于系统漏洞和安全更新进行了讨论。案件中原告从被告处购买了手机，认为该手机有系统漏洞而被告未告知。被告认为自己并非操作系统的研发商，对漏洞并不知情。[2]法院认为系统安全漏洞的信息对消费者来说并不是必不可少的。因为众所周知每个操作系统都有安全漏洞。由于制造商单独决定是否以及何时为进行操作系统的安全更新，所以经销商通常不知道这些信息。此外，为确定各个版本的操作系统是否有漏洞以及何时提供安全更新，零售商必须分别查看每个设备或制造商。对于像被告这样本身不制造手机，而是销售来自不同制造商的手机的卖家来说，这样的核查对其来说是不成比例的负担。

针对上述案件，《货物买卖合同指令》的适用与否对其裁判结果会产生影响。本案合同是在 2016 年签订的，法院认为如果本案合同在 2022 年 1 月 1 日以后签订，则卖方有义务确保买方了解并收到更新，包括安全更新，这是货物适约性所必需的。可见《货物买卖合同指令》对系统漏洞和安全更新义务的规定对《德国民法典》和法院判决都会产生重大影响，甚至使法官推翻本案判决。

---

〔1〕　Birgit Roth-Neuschild, Die Umsetzung der EU-Warenkaufrichtlinie, ITRB. 2021, S. 210, 217.

〔2〕　OLG Köln, Urteil vom 30. Oktober 2019-I-6 U 100/19-, juris.

表 4　指令转化概览

	§ 434 BGB	§ § 327a BGB	§ 475b BGB	§ 475c BGB
对象	物之瑕疵	数字产品＝数字内容或数字服务	"带有数字元素的货物"的瑕疵	在长期提供数字元素时，"带有数字元素的货物"的瑕疵
定义	物体：有体物	数字内容："数字内容"是指以数字形式产生和提供的数据；数字服务：是以数字形式进行创作、加工或储存的服务	"带有数字元素的货物"："带有数字元素的货物"指与数字内容或数字服务相结合或相联系的货物并且数字内容或数字服务的缺失或阻碍该商品发挥功能	
典例	显示器	数字内容：App、数字游戏、视频或者音乐文件；数字服务：流媒体服务、云服务、社交媒体	智能手表，智能电视	
适用范围	B2C，B2B	B2C	B2C	B2C
无瑕疵要求	§ 434BGB 物品在风险转移时必须满足：主观要求（主观适约性）；客观要求（客观适约性）；装配要求	§ 327eBGB 产品必须在标准时间内满足：主观要求（主观适约性）；客观要求（客观适约性）；兼容性要求	§ 434BGB "带有数字元素的货物"必须在风险转移时满足：1. 主观要求（主观适约性）；2. 客观要求（客观适约性）；3. 装配要求；4. 安装要求	§ 434BGB "带有数字元素的货物"必须在风险转移时满足：1. 主观要求（主观适约性）；2. 客观要求（客观适约性）；3. 装配要求；4. 安装要求

	§ 434 BGB	§§ 327a BGB	§ 475b BGB	§ 475c BGB
更新义务	—	经营者应确保（在合同存续期间内）告知消费者并向其提供了更新，包括安全更新；基于数字产品的类型和用途以及考虑到合同的状态和类型可以期待更新	合同存续期间以及消费者基于商品和数字元素的类型、用途以及考虑到合同的状态和类型可以期待（经营者履行更新义务）；在给付或提供产品后的最低2年内；同样适用于长期提供（产品）的合同，除非合同当事人另有约定	
偏离的约定	经营者在满足§476 BGB下的条件时，可以有瑕疵：在订立合同时，消费者被具体告知数字内容或数字服务的某一瑕疵（客观适约性标准），而且消费者在订立合同时明确地、分别地接受了这种瑕疵；这种偏离是明确的，并且被特别约定	§ 327s BGB 原则上对消费者不利的偏离不被允许，除非：约定是在消费者向经营者通知数字产品的瑕疵后达成的约定是在告知消费者数字产品的变更后达成的	经营者在满足§476 BGB的条件时，可以有偏离：在订立合同时，消费者被具体告知数字内容或数字服务的某一瑕疵（客观适约性标准），而且消费者在订立合同时明确地、分别地接受了这种瑕疵；这种偏离是明确的，并且被特别约定	
瑕疵救济权利	§ 437BGB 继续履行 减价 撤回 费用偿还 损害赔偿	§ 327iBGB 继续履行 减价 终止合同 费用偿还 损害赔偿	§ 437BGB 继续履行 减价 撤回 费用偿还 损害赔偿	
担保责任	卖方	提供者	卖方	

续表

	§434 BGB	§§327a BGB	§475b BGB	§475c BGB
举证责任	§477Abs.1 BGB 自风险转移后的1年内显现的瑕疵被推定瑕疵是在风险转移时就存在	§327k BGB 自提供后的一年内显现的瑕疵被认为推定是在风险转移时就存在	§477 Abs.2 BGB 如果买卖双方约定长期提供"带有数字元素的货物"中的数字元素，在提供期间内或在两年内出现与合同约定偏离的状态，则被推定该瑕疵是在提供商品时就存在的	
时效	§438 BGB	§327 j BGB	§475e BGB	

（四）德国转化两个指令的评价

1. 转化《数字内容与服务合同指令》指令对《德国民法典》提出的挑战

德国对欧盟指令的转化方式是将其置于《德国民法典》第2编第3章第2节中，作为双务合同进行规范。该种转化对《德国民法典》提出了诸多挑战。

（1）数字内容与服务合同与原有体系难以自洽。

欧盟《数字内容与服务合同指令》在《德国民法典》转化后，也被认为相关规范上下衔接不紧密会破坏民法典原有的融贯体系，主要体现在如下几点：

首先，由于《德国民法典》对数字内容与服务合同的转化主要规定在第327条之中，体系上属于合同之债的一般规定，而第327条前一条是有关于合同撤销的规定，后一条规定的是第三人利益合同，与该条在逻辑上连接并不紧密。

其次，第327条规定了有关于数字内容和数字服务合同诉讼时效等内容，而诉讼时效本来应该存在于总则当中，这样规定难以保持原有潘德克顿体系层层提取公因式的特点。

最后，第327条规定了适用的合同范围，即适用于经营者根据所支付价格提供数字内容或数字服务（数字产品）的消费者合同。这也就意味着其并非一种新的典型合同，即不能与租赁、买卖这种典型合同并列适用。甚至当一些买卖、租赁合同中带有数字内容时，可能存在同时适用数字内容与服务合同和买卖、租赁合同的情形。

（2）个人数据作为商品与人格利益相冲突。

数字内容与服务合同既包括为数字内容支付金钱的情形，也适用于提供数字内容以换取个人或其他数据形式的非金钱报酬的情形，换言之人们可以用他们的个人数据来支付，就像用货币支付一样。但是保护个人数据的权利不能简单地归结为消费者的利益，个人数据不能只被视为商品。个人数据本身作为商品所带来的问题：其一，个人数据兼具财产性和人格性，但是财产权和人格权二分的框架弱化了对其中人格权的保护；其二，个人数据的价值评估问题；其三，将个人数据解释为对价，可能会对消费者撤回权的适用构成挑战。

（3）数字内容与服务合同的转化与 GDPR 的冲突。

为了规范数字经济中个人数据的使用与保护，欧盟 2016 年通过了《一般数据保护条例》（GDPR），体现了欧盟立法者在数据保护与利用规则方面的平衡。而随着《数字内容与服务合同指令》的出台，尤其是在《德国民法典》中转化以后，其和 GDPR 中对个人数据的保护举措可能会产生重叠而无意中危及数字单一市场的一致性和协同性，并且可能导致监管分散和法律的不确定性。

首先，GDPR 第 4 条第 1 款对 "个人数据" 的界定是 "与被识别或可被识别的自然人相关的任何信息"。[1]这是一个非常宽泛的概念，因为它包括任何可自行使用的信息或者与其他信息结合起来用于识别个人身份的信息。而《德国民法典》中规定的 "数字内容" 是指以数字形式产生和提供的数据，其要素包括：必须以数字形式呈现；通常包括视频、音频、图片、数字游戏和软件等；既包含商品，也包含服务。由此可以看出，两个法规调整的范围有一部分是重合的，可能会产生这样的效果：《数字内容与服务合同指令》在《德国民法典》转化之后所涵盖的所有数据在 GDPR 中都被视为 "个人数据"。

其次，在 GDPR 中已经规定了可以对个人数据进行处理的严格条件，不需要通过《德国民法典》中有关于数字内容与服务合同的规定来改变或增加。虽然该规定显然认为在交换中使用数据是合法的，但以 GDPR 为例，它包含一套全新的条件来检查同意的有效性，然后决定在数字交易中是否可以认为是在没有任何胁迫的情况下给予的。

最后，《德国民法典》第 327 条中消费者在合同终止时向供应商收回其个

---

〔1〕　参见京东法律研究院：《欧盟数据宪章：〈一般数据保护条例〉GDPR 评述及实务指引》，法律出版社 2018 年版，第 36 页。

人数据的权利以及供应商不使用数据的义务可能与访问和可携性的权利以及供应商不使用数据的义务和 GDPR 下控制者的义务相重叠。这可能无意中导致对适用制度的混淆。[1]

（4）数字内容与服务合同被解除时可能会导致个人数据被滥用。

由于数字内容具有能简单复制和转发的可能性，在数字内容完全转移的情况下人们有机会充分接收到该数字内容。在数字内容解除后，信息的接收者（消费者）完全有可能以其他的方式将信息保存下来，这可能会导致数据被滥用。如果要确保消费者实际删除数据内容，而不是通过其他手段复制并提前转移，经营者得在技术保护措施方面提供更加强有力的保护，这会给经营者造成负担。如果对处理数字内容的最终授权加以限制，有可能会侵害消费者的信息自决权。在合同解除后还可能存在数字内容的提供者滥用数据的可能性。用户在浏览网站的时候也会生成一些数据，如 cookie 等，这些数据也拥有一定的保护价值。当涉及数字内容返还或终止使用的情况时，数字内容的提供者也有办法和方法避免删除个人数据，从而继续以对他有经济价值的方式对其进行评估和处理，这也侵害了用户的信息自决权。关于数据的滥用，有学者还提出如果在同意的情况下有选择和明确地传输数字内容，用户支付价值补偿的义务是否是更合适的解决方案，而不是删除索赔。

（5）损害赔偿可能难以执行。

目前可能还存在着对其他国家的经营者的索赔难以执行的情况。德国立法者不能规定向平台运营商（如应用商店的运营商）提出直接索赔，因此《德国民法典》第 327 及项下条款对于来自第三国（如美国、中国）的交易商向德国消费者提供数字产品的情况下，实际上很难强制执行。

《德国民法典》中也没有对消费者数字环境中数字产品造成的间接损害作出更明确的规定，例如"免费"的云服务提供删除所有家庭照片的服务，受病毒感染的应用程序使论文被毁坏，或者敏感的消费者数据通过安全漏洞泄露，这些数据具有精神或者私人上的价值，主观性极大，间接损失难以明确，难以进行量化。

---

[1] Zu dem Vorschlag für eine Richtlinie über bestimmte vertragsrechtliche Aspekte der Bereitstellung digitaler Inhalte European Data Protektion Supervisor Stellungnahme 4/2017.

2. 转化《货物买卖合同指令》引起的争议

（1）整体上的评价：囿于 1∶1 转化的要求。

德国在转化之初，根据多党派在议会上达成的协定，希望将指令以 1∶1 的方式转化实施。[1] 因为立法涉及诸多利益集团的冲突，所以必须执行欧盟指令的议会作出这种决定是可以理解的，他们通常没有什么动力去特别创新或采取特别勇敢的做法。但学界对立法者这种保守的态度持有一些反对意见。

从本次修改涉及的《德国民法典》部分来看，德国在此次转化中对于买卖法一般规定的部分改动较少，属于这一部分改动的仅有第 434 条、第 439 条、第 445a 条和第 445b 条，涉及的内容包括物的瑕疵、出售新制造物品的卖方追索权等。而大部分规定都放在了第三目里面，只约束消费品买卖。被放在第三目的新规定中也涉及买卖合同的核心问题，如撤销合同和赔偿的问题、索赔时效问题、举证责任问题等，以及非常重要的针对"带有数字元素的货物"的法律。

由于"带有数字元素的货物"的特殊性不仅在消费者订立的合同中有影响，而且对所有买方或者说货物的最终用户都有影响。举例而言，作为企业的购买者也会面临着这样的问题，即当他向卖方支付了全部的购买价格之时，这个购买价格不仅应当包括实物的移交和转让，还应当包括长期提供的软件更新和各种数字服务，否则没有这些服务，商品就无法发挥其功能。但是仅仅因为企业不能被称作消费者，所以法律就认定其所订立的合同不属于消费者合同，不能受到消费者合同这一目中的专属条款保护，这将会在法律适用上存在一些问题。因此，学者认为应当将新修订的这些基石性质的规定固定在第 433 条及以下的买卖法一般规定中。[2]

（2）具体对"带有数字元素的货物"的调整来说，也引起几个方面的争议。

其一，概念之变。

在修改后的《德国民法典》中，第 474 条和第 475 条均将"动产"（bewegliche Sache）或"物"（Sache）的概念换成了"货物"（Ware）。这样的改

---

〔1〕　Jand Dirk Harke, Warum nur 1∶1 Zum Regierungsentwurf für die Umsetzung der Warenkauf-Richtlinie, GPR 2021, S. 129-136.

〔2〕　Jand Dirk Harke, Warum nur 1∶1 Zum Regierungsentwurf für die Umsetzung der Warenkauf-Richtlinie, GPR 2021, S. 129-136.

动是为了与欧盟指令措辞保持一致。但学者认为，作出这样的区分本来是不必要的，并且会给法律的适用增添不必要的复杂性。立法者作出这样的改动，其目的只是保持与欧盟指令字面上的一致，但实际上，在欧盟的指令中，对货物的定义最终仍然落脚于"动产有体标的物"，与《德国民法典》中原本的"动产"一词并无二致。并且，《德国民法典》在其他章节中都统一使用"动产"或"物"的概念，只在消费品买卖这一目中使用了"货物"的概念。此外，同时期的《数字内容与服务合同指令》也经过转化，转化为《德国民法典》第 327 条及以下法条，在其中仍然使用具备数字元素的"物"的概念。因此有学者认为，消费者合同本不应该作出特殊的规定，这样的转化可能会使消费者合同进一步远离一般合同法。[1]

其二，数字产品与"带有数字元素的货物"之分。

数字产品与"带有数字元素的货物"的区分意义重大，因为这涉及同时期两部不同的指令的内容。据此区分，可以得出下列结论：只要满足两个累计条件，货物的销售者也应当对其上的数字服务的缺陷负责。[2]

条件一：数字服务与货物相互连接，如果没有该数字服务，货物就无法发挥其功能。条件二：数字服务是根据销售合同与货物一起提供或一起出售的。也就是说，这样的区分关系到将由哪一方承担产品缺陷责任的问题，而作出这样区分的条件主要考量这些一起出售的数字元素是否影响货物发挥"功能"。

然而这样的区分可能并不是严密的，可能出现以下争议情形：首先，空白领域。如果货物中的"数字元素"是免费的开源软件，如消费者在智能电视或智能手机的操作系统自主下载安装的非官方软件，情况会变得更加复杂。[3]依据欧盟《货物买卖合同指令》的转化，这种数字服务不属于货物销售合同的一部分。同时，如果消费者购买开源软件不支付价款，则这种免费开源软件也被排除在欧盟《数字内容与服务合同指令》转化内容的管辖范围之外。如果使用这些开源软件给设备带来损伤等，消费者在两方面都不会受到保

---

〔1〕 Dubovitskaya, Kauf von Waren mit digitalen Elementen, MMR 2022, S. 3.

〔2〕 Wilke, Das neue Kaufrecht nach Umsetzung der Warenkauf-Richtlinie, VuR 2021, S. 283.

〔3〕 Karin Sein, The Applicability of the Digital Content Directive and Sales of Goods Directive to Goods with Digital Elements, 30 JURIDICA INT'l, 2021, S. 23.

护，即出现了部分涉及数字元素的消费者无法受到法律保护的空白领域。[1]其次，模糊边界。对智能冰箱、智能洗衣机这些联网的家用电器来说，作出是否带有数字元素的判断比较容易。因为这些家用电器只有依靠联网的"智能"属性，才能实现消费者购买之后的预期功能。如果去掉这些智能属性或数字化元素，那么智能家用电器就会成为一个单纯普通的非智能电器，两者的价格也就是财产属性将完全不同。但在一些情况下难以作出上面这样理所应当的判断结论。数字产品与"带有数字元素的货物"的区分也存在分类上模糊的部分。例如，对于一辆带有导航系统和娱乐软件的现代机动车，它可以在没有这些附加软件的情况下仍然实现其作为交通运输工具的主要功能。然而，如果导航或娱乐软件出现故障，机动车的一项附加功能也将确定无疑地丢失。这种仅对附加功能产生的影响，是否足以将这类软件视为机动车上的数字元素，从而将机动车视为"带有数字元素的货物"？此种不确定性源于对法律所规定的带有数字元素的货物的"功能"这一概念的理解分歧。对于"功能"一词，可以从主观理解、客观理解，也可以分为起必要作用的功能、无关紧要的功能，种种解释不一而足。[2]在转化后法律的实行中，法院也将遇到同样的问题。因此，可能需要法院在实践中对具体个案中作出足够多数量的评价之后，再来作出合适的解释。最后，两者结合。在一些情形中，也会出现数字产品与"带有数字元素的货物"相结合的合同。例如，消费者在同一个合同中同时购买一台 PS 游戏机和上面的各种游戏。合同中，机器属于"带有数字元素的货物"，游戏属于数字产品，因此导致本来是一个整体的合同将会被法律拆分，可能产生法律适用上的不便利。德国立法者特意决定不为数字产品的提供创造一种新的合同类型，而是拆分适用不同的合同类型，所以两者产生争议后适用的法律条款将会不同，关于产品缺陷的规定不同，对不符合要求的补救措施也并不统一。有学者认为，许多法规本来可以以更清晰、更简单和更系统的方式进行管理，但现在法律规定的状况相当零散，法律适用也更为混乱。[3]

其三，"带有数字元素的货物"的更新义务。

---

　　[1]　Karin Sein, The Applicability of the Digital Content Directive and Sales of Goods Directive to Goods with Digital Elements, 30 JURIDICA INT' 1, 2021, S. 23.

　　[2]　Dubovitskaya, Kauf von Waren mit digitalen Elementen, MMR 2022, S. 3.

　　[3]　Dubovitskaya, Kauf von Waren mit digitalen Elementen, MMR 2022, SS. 3.

像其他货物一样，"带有数字元素的货物"必须符合主观要求、客观要求和安装要求，这属于欧盟《货物买卖合同指令》所要求的货物适约性。货物是否符合这些要求，一般应当在风险转移时，也就是交付货物时进行评估。然而，一个例外是"带有数字元素的货物"，卖方的更新义务也属于货物适约性的要求，但义务的持续时间长达整个更新期。这是因为更新对于带有数字元素的货物来说是必要的，以便货物能够以与交付时相同的状态正常运作。卖方的这种义务，在很长的更新期内并无相应的买方义务相配合，使这项义务成为卖方的"不对称的持续义务"。[1]

但法律规定更新的义务归于卖方，可能使其成为一项无法履行的义务。在实践中，通常不是卖方，而是货物的制造商或与他有合同关系的产品开发商可以对数字元素进行更新。因此，法律的规定可能是针对错误的主体。法律本身的解释性备忘录也承认了这一点，[2]试图通过《德国民法典》第267条所规定的第三方代位履行义务来解决这个问题。虽然法律为第三人代位履行义务留出了空间，但仍然没有考虑到，这项义务仍然被法条悬挂在卖方头上。卖方只能从制造商那里了解是否有更新，卖方对制造商也没有影响力，无法说服他提供更新。如果制造商不合作，卖方并无法自己决定履行更新义务。立法者又试图依靠《德国民法典》第445a条第1款规定的追索权解决上述难题，但这在大多数情况下是没有结果的。问题归根结底仍然在于，消费者对罪魁祸首制造商从一开始就没有法律规定的任何索赔权利。未来实践中将以何种安排来应对这一不成功的规定，还有待观察。

其四，卖方的追索权。

转化后的《德国民法典》第445a条第1款规定，如果卖方违反其客观的更新义务，导致货物出现缺陷，则出售新制造物品的卖方，可以就其不得不承担的与买方有关的费用向其供应商追索。这一规定也有两个问题：一是尽管更新的义务也适用于带有数字元素的二手货物的销售，但卖方有追索权仅限于出售新制造的货物。这造成了一种奇怪的情况，同样一个数字元素的缺陷同样都可以归咎于制造商的缺陷，但只有新制造的商品卖方才能向制造商追索，这样的规定似乎不太合理。二是该条款也不能达到其目的。根据立法

---

〔1〕 Dubovitskaya, Kauf von Waren mit digitalen Elementen, MMR 2022, S. 3.

〔2〕 Bundestag: BT-Drs. 19/27424-dejure.

解释的备忘录，该法条的目的是通过将更新的义务"通过供应链传递给制造商"，使更新的义务"实际有效"。[1]然而，《德国民法典》第 445a 条第 1 款并没有传递更新的义务，而是传递了卖方在随后的履行过程中或在履行更新的义务中不得不承担的费用。如果卖方仅仅违反了他的更新义务，或者只是他不遵守更新规定，将不会产生这种费用。并且，法律所转嫁的仅仅是事后补充履行的费用。有学者提出，如果转嫁的不仅仅是卖方事后补充履行所支出的费用，而是转嫁消费者因缺乏更新而撤回或降低购买价格时卖方所承担的损失，那么该规定可能会变得更加有效。[2]只有这些经济上的追索权通过供应链转移到制造商身上，制造商才会有动力提供更新。

其五，时效问题。

在违反主观和客观更新义务的情况下，根据《德国民法典》第 438 条第 2 款的一般规则，时效期间从交付货物时开始。但对于"带有数字元素的货物"，《德国民法典》第 475e 条第 2 款规定了一种特殊的时效中断。据此，这些索赔在更新期结束后的 12 个月内不会失去时效。这条规定的问题在于，《德国民法典》第 475b 条第 4 款提到的更新期非常模糊，而且由于《德国民法典》第 475e 条第 2 款与更新期的结束有关，所以这个法条规定的索赔期也是不固定的。模糊的更新期问题不可避免地会导致在时效方面也具有较大的不确定性。

总之，德国对于欧盟《货物买卖合同指令》的转化严格遵循指令的相关规定，买卖法经历了一次现代化改造，降低了交易成本，增强了对消费者的保护。在立法过程中，不同的利益集团从各自立场出发对法案提出建议，而在最终生效的法律文本中，立法者综合各种因素考虑并采纳了各方的部分观点。此次转化使得《德国民法典》对物的瑕疵有了新的分类方式和适用规则，新增了大量关于"带有数字元素的货物"适约性的要求，改变了合同解除和损害赔偿的规则，延长了举证责任倒置的期限，强化了卖方追索权，细化了担保的规定，明确了补充履行时的时效问题，是对《德国民法典》的一次补充和升级。总体而言，德国此次对欧盟《货物买卖合同指令》的转化基本与指令内容完全一致，因此在某些细节问题上体现出了灵活性不足的特点，尤其体现在规定于消费品买卖一目下的"带有数字元素的货物"的新规定中。本次

---

〔1〕 Bundestag：BT-Drs. 19/27424-dejure.

〔2〕 Lukas Firsching, Der Kauf von Sachen mit digitalen Elementen, ZUM 2021, S. 210.

转化所产生的许多问题仍然留待实践检验，方能作出更为合理的解释结论。

三、奥地利对《数字内容与服务合同指令》和《货物买卖合同指令》的转化

（一）奥地利对两个指令的转化模式

2022 年 1 月 1 日，《奥地利指令转化保障法》（Gewährleistungs-richtlinien-Umsetzungsgesetz，GRUG）业已生效，这意味着奥地利已完成对欧盟《数字内容与服务合同指令》与《货物买卖合同指令》的转化。与德国不同，奥地利采取了以单行立法《奥地利消费者保障法》（Verbrauchergewährleistungsgesetz，VGG）为主，同时修订包括《奥地利普通民法典》（Allgemeines burgerliches Gesetzbuch，ABGB）在内的现有法律的转化方式。

在奥地利的法律体系中，消费者保护制度被规定在几部法律之中：《奥地利普通民法典》《奥地利消费者保护法》（Konsumentenschutzgesetz，KSchG）及其他单行法，包括《奥地利分时利用法》（Teilzeitnutzungsgesetz，TNG）、《奥地利包价旅游法》（Pauschalreisegesetz，PRG）、《奥地利远程与户外交易法》（Fern-und Auswärtsgeschäfte-Gesetz，FAGG）中。这也意味着要转化上述两个与消费者保护相关的欧盟指令，需要考察这些既有的制度。

对于这两个指令规定的主要内容，即瑕疵担保制度，是由《奥地利普通民法典》所规定。与同为德语国家的《德国民法典》不同，《奥地利普通民法典》并没有采取潘德克顿体系，而是效法了盖尤斯《法学阶梯》的体系，[1] 在引言后规定了人法、物法、人法与物法的共同规定三编。合同规定于物法编中，而瑕疵担保就规定在物法合同的一般规定中，即《奥地利普通民法典》第 922 条以及以下各条。这也意味着，瑕疵担保的规定可以适用于所有的合同，包括所有的有名合同以及无名合同。其他有名合同的规定，也只是在一般规定的基础上对于特殊情形下的瑕疵担保，予以补充规定。即使不在民法典中规定数字合同，对于这种合同也可以适用瑕疵担保的规定。这样就可以通过民法典以外的单行法，转化这些指令瑕疵担保的部分。

根据《奥地利普通民法典》第 922 条，任何有偿转让某物的人，负有瑕

---

〔1〕 参见［德］茨威格特、克茨：《比较法总论（上）》，潘汉典等译，中国法制出版社 2017 年版，第 302 页。

疵担保义务。对于数字合同，较为重要的问题，就是作为标的物的数字内容或服务是否是本条规定的物。《奥地利普通民法典》对于物采取了罗马法式的规定，相较德国民法，其规定得更为宽泛。根据《奥地利普通民法典》第285 条，一切区别于人的，为人所用的，都是法律意义上的物。所以这些数字内容或服务，就可以认为是法律上的物，进而可以对相关的数字合同适用瑕疵担保的规定。

总之，在瑕疵担保上，《奥地利普通民法典》的现有制度可以适用于数字合同。这意味着在指令的转化中，不必要对其进行大改，没必要将这些指令转化进《奥地利普通民法典》中。

除了瑕疵担保的规定外，因为先前对欧盟 1999 年《消费品买卖及担保合同指令》的转化，《奥地利普通民法典》还有其他与欧盟法一致的对于消费者的保障，如证明责任的规定，见诸第 924 条。根据该条规定，一定期间内的物之瑕疵被推定为在交付时即存在。此外，在转化前《奥地利普通民法典》在其第 932 条第 1 款业已规定了多种救济方式，如补救（修理、补足短缺）、更换、适当减少对价（减价）、解除合同。

在《奥地利普通民法典》之外，更为具体的保护主要规定在《奥地利消费者保护法》中。此外，先前的一些欧盟指令，比如涉及分时度假、包价旅游的指令，也已通过单行法得以转化。总之，奥地利现有的法律对于消费者保护比较完备，而且也可以适用于数字内容及数字服务合同，相应指令转化难度不高，也不需要对于现行法律作出比较大的修改。

从《奥地利指令转化保障法》来看，其转化主要分为三部分：两部指令的主要内容，即瑕疵担保，由特别的单行立法《奥地利消费者保障法》予以转化。较小程度上修订《奥地利普通民法典》，如修改其法律用语，使其符合指令的规定，不与《奥地利消费者保障法》产生冲突。而指令有关履行迟延以及合同担保的制度则通过修订《奥地利消费者保护法》来转化，因为履行迟延本身不属于瑕疵，而合同担保在《奥地利消费者保护法》已有规定。

学者也认为这种转化路径是合理的。[1]要转化欧盟指令，就必须转化指令中对法律术语的定义。而《奥地利普通民法典》追求简洁，其中没有大段

---

〔1〕 Brigitta Zöchling-Jud, Digital Consumer Contract Law and New Technologies, JIPTEC, Dec. 4, 2021, p. 224.

的对于法律术语定义的规定。若将指令主要内容转化到《奥地利普通民法典》中，可能会产生结构上的冲突。但在单行立法中，规定一系列法律用语的定义就比较方便。此外，《奥地利消费者保障法》的一些制度是专门适用于消费者的，因为此前奥地利基本都是通过单行法的方式转化欧盟消费者相关指令，《奥地利普通民法典》本身并没有消费者合同的专章，因而若要将指令转化到《奥地利普通民法典》中，还需要在《奥地利普通民法典》中创设消费者合同的专章，这并不是很经济。

《奥地利指令转化保障法》（GRUG）包含三部分内容：单行的立法《奥地利消费者保障法》（VGG），以及对《奥地利普通民法典》（ABGB）和《奥地利消费者保护法》（KSchG）部分条款的修订与完善。

根据《奥地利指令转化保障法》，这次的转化共有三个立法目的：[1]第一个目的自然是转化上述两个指令。第二个目的是奥地利要通过此次转化创设规制数字内容与数字服务合同瑕疵担保的特别规定，因为即使《奥地利普通民法典》的一般的瑕疵担保规定可以适用于相关合同，立法者还认为，对于这类合同作出特别规定有利于更为公平地处理瑕疵担保相关问题。第三个目的是方便消费者行使瑕疵担保请求权。立法者认为在现行的法律框架内，消费者基于数字合同请求经营者承担瑕疵担保义务仍有一定的困难，因之需要立法使之便利化。

根据奥地利立法草案的说明，这次的转化有七项主要内容：第一项是将消费者提供个人数据作为对价的合同明确纳入瑕疵担保义务的适用范围，这对应了《奥地利指令转化保障法》的所有立法目的。如同立法草案说明所说，此种合同是否应适用瑕疵担保义务，一直以来是比较模糊的。学界甚至对个人数据是否可以作为对价也有所争论。《奥地利指令转化保障法》在此明确规定，即使消费者以个人数据而非金钱作为对价，也可以请求经营者承担瑕疵担保义务的权利。第二项是创设了调整"带有数字元素的货物"的规范。这对应了第一个与第二个立法目的。"带有数字元素的货物"本身也是《货物买卖合同指令》规定的法律用语之一，因此该内容也是奥地利作为成员国履行

---

〔1〕 Verbrauchergewährleistungsgesetz – VGG；Gewährleistungsrichtlinien – Umsetzungsgesetz – GRUG，URL：https://www.parlament.gv.at/PAKT/VHG/XXVII/ME/ME_ 00107/index.shtml#tab–Uebersicht，abgerufen am 23.12.2021.

义务的体现。第三项是对背离客观质量标准的明示、分别的同意的要求，防止经营者通过格式条款等手段逃避瑕疵担保义务。这对应了第一个和第三个立法目的。第四项是取消对于要求减价及解除合同的形式限制，不要求消费者提请诉讼行使权利，这对应第一个与第三个立法目的，也确实方便了消费者救济权利的行使。剩下三个内容与期间、诉讼时效和经营者的追索权相关，主要涉及的是对于《奥地利普通民法典》的修订。

（二）《奥地利消费者保障法》单独立法及其内容

1. 《奥地利消费者保障法》的立法

2021 年 7 月 7 日，为转化欧盟《数字内容与服务合同指令》和《货物买卖合同指令》两个指令，奥地利国家议会通过了新版的单行《奥地利消费者保障法》，并于 2022 年 1 月 1 日生效。该法特别适用于动产商品的销售合同和提供数字内容服务的合同，并主要就适用范围、保修期限、补救措施等方面作出了改变，对消费者和经营者而言都有较为重要的影响。[1]

2. 主要规范内容

（1）适用范围

1）适用的合同主体

A. 一般情况：消费者合同（Verbraucherverträge）

《奥地利消费者保障法》（VGG）的主要内容涉及一般货物买卖以及包含数字给付的消费者合同的保障救济规范。奥地利在立法过程中出于对法律文本本土化与简洁化的考虑，选择使用"数字给付"（Digitalen Leistung）这一术语来指代欧盟两个指令中的"数字内容与数字服务"的概念。根据奥地利立法者的阐释，在奥地利法律术语中，"给付"（Leistung）指的是合同上的给付义务，因此这一名词与形容词"数字"相联系，非常适合作为数字内容和数字服务的总括术语。使用这个概括性的术语来进行转化立法，将对减少文本的冗杂性与可理解大有助益。[2]

《奥地利消费者保障法》适用于消费者合同，也就是经营者和消费者之间的合同（Business to Consumer, B2C）。在《奥地利消费者保障法》中，经营

---

〔1〕 Fellner Wratzfeld et al., New warranty law–an overview, https://www.lexology.com/library/detail. aspx? g=72c80e62-b4da-4fbf-b66c b30b78637209. 最后访问日期：2021 年 9 月 9 日。

〔2〕 Bundesministerium für Justiz, Erläuterungen, https://www. parlament. gv. at/PAKT/VHG/XXVII/I/I_ 00949/fnameorig_ 983174. html, abgerufen am 24. 12. 2022.

者必须以供应商的身份出现，而消费者需要以客户的身份出现。而至于何为"经营者"和"消费者"，则按照《奥地利消费者保护法》（KSchG）予以确定。而需要注意的是，在经营者的业务筹备阶段（即公司的创立阶段）。[1]

B. 例外情况：经营者之间的合同（Verträge zwischen Unternehmern）

原则上，《奥地利消费者保障法》不适用于经营者之间的合同。但是在提供更新（Aktualisierungspflicht）义务的部分，有一个例外，即如果在某一经营者对另一个经营者负有数据更新（主要是系统更新）义务的情况下，则《奥地利消费者保障法》也是适用的。[2]

2）适用的合同标的

在奥地利，不同的消费者合同标的会将其适用的法律导向《奥地利普通民法典》或《奥地利消费者保障法》两个不同的法律之中。根据《奥地利消费者保障法》，只有两种合同标的适用于该法，即动产货物销售合同（包括尚未生产或制造的货物）以及数字服务供应合同，除此之外的标的的合同，则由《奥地利普通民法典》予以规制，由于《奥地利消费者保障法》立法原意是为了转化欧盟的《货物买卖合同指令》和《数字内容与服务合同指令》，故该部分着重对数字服务提供进行阐述。

A. "数字服务提供"与"带有数字元素的货物"的区分

鉴于货物买卖合同和提供数字内容与服务合同适用不同的规定，故有必要对两者进行区分，其中"带有数字元素的货物"买卖合同（应当适用商品买卖合同的规定）和"数字供应服务"合同最容易被混淆。

"带有数字元素的货物"是可移动的有形物体，数字元素在该物品中是起到促进其工作运行、发挥应有功能的因素之一，如预装了应用程序的智能手机、智能健身手表、智能冰箱等电子产品，则被视为"带有数字元素的货物"应当适用于货物买卖合同的规定。

---

〔1〕 Wirtschaftskammer Österreich, Verbrauchergewährleistungsgesetz（VGG）：Anwendungsbereich, Ausnahmen, Definitionen, URL：https://www.wko.at/service/wirtschaftsrecht – gewerberecht/vgg – anwendungsbereich–ausnahmen–definitionen. html, abgerufen am 2. 1. 2022.

〔2〕 Wirtschaftskammer Österreich, Verbrauchergewährleistungsgesetz（VGG）：Übersicht, URL：https://www.wko. at/service/wirtschaftsrecht–gewerberecht/vgg – uebersicht – gewaehrleistung – warenkauf – ab – 2022. html, abgerufen am 2. 1. 2022.

而如果所销售的货物虽然也是可移动的有形物品，但是该有形物仅仅作为数字内容的物理载体而存在，如 CD、DVD、CD-ROM 等产品的销售，则应当被认为是数字服务提供的一部分。[1]

B. "数字服务" 的定义

根据《奥地利消费者保障法》第二节，数字服务被定义为 "数字内容的创建"（die Erstellung digitaler Inhalte）和 "数字服务提供"（eine digitale Dienstleistung），前者主要是指以数字形式创建和提供数据，如网络音乐、电影的收听和收看；而后者主要是指提供使消费者能够以数字形式创建、处理、存储和访问数据，或者使数据能够与消费者或服务的其他用户以数字形式上传或创建的数据共享或以其他方式交互的服务，比较代表性的有提供云端存储服务和社交网络服务等。除此之外，《奥地利消费者保障法》所指的 "数字服务提供" 也适用于经营者根据消费者的指示开发相应数字内容的服务（类似于承揽合同）。

3）不适用的合同标的

《奥地利消费者保障法》规定，模拟服务（Analoge Dienstleistungen）、电子通信服务（Elektronische Kommunikationsdienste）、健康服务（Gesundheitsdienst-leistungen）、赌博服务（Glücksspieldienstleistungen）、金融服务（Finanzdienst-leistungen）、软件服务（Software）、数字内容（数字映画）供应服务（Bereitstellung digitaler Inhalte）不属于该法的调整范围。总结而言，这些服务往往已经被欧盟其他指令所另行规定，因而《奥地利消费者保障法》对其不再行进行规定，但需要注意的是，上述合同标的在以数字化的形式呈现时，也存在着适用《奥地利消费者保障法》的可能。[2]

4）强制适用

《奥地利消费者保障法》是强制性适用的规定，除少数例外情况外，如经营者和经营者之间的更新义务（可以例外适用），可以通过合同变更的方式进

---

〔1〕　Wirtschaftskammer Österreich, Verbrauchergewährleistungsgesetz（VGG）: Anwendungsbereich, Ausnahmen, Definitionen, URL: https://www.wko.at/service/wirtschaftsrecht-gewerberecht/vgg-anwendungsbereich-ausnahmen-definitionen.html, abgerufen am 2.1.2022.

〔2〕　Wirtschaftskammer Österreich, Verbrauchergewährleistungsgesetz（VGG）: Anwendungsbereich, Ausnahmen, Definitionen, URL: https://www.wko.at/service/wirtschaftsrecht-gewerberecht/vgg-anwendungsbereich-ausnahmen-definitionen.html, abgerufen am 2.1.2022.

行排除，但不允许进行会使消费者权益受到不利影响的更改。

5）适用时间

对于动产货物的买卖而言，《奥地利消费者保障法》适用于 2022 年 1 月 1 日以后签订的合同。而对于数字服务产品的买卖而言则有不同的规定，因为数字服务并非如动产交易那般因移转占有而交易完成，其服务的提供是一项持续性的行为，如社交网络服务、云端数据存储服务等，因此《奥地利消费者保障法》规定，即便数字服务合同签订于 2022 年 1 月 1 日之前，但是在该时间点之后依然有提供服务的行为出现时，对于该时间点之后所提供的数字服务，《奥地利消费者保障法》也同样地可以适用。而对于 2021 年 12 月 31 日之前的数字服务的提供，以及所签订的动产交易的合同，则仍然适用《奥地利普通民法典》所规定保修条款。[1]

（2）保修期（Gewährleistungsfrist）

根据《奥地利消费者保障法》第 10 条的规定，经营者为任何适用于该法的产品和服务提供保修，要求相关产品在交付的时候是可以使用的，并且相关产品的维修需求处于保修期内。保修期自移交之日起两年，但对于相关数字服务而言，经营者有义务在持续性地提供数字服务的过程中对服务中出现的任何缺陷提供保证。而对于二手商品，经营者可以和消费者订立较短的保修期，但是不能少于一年。该种保修期的缩短应当由经营者和消费者之间单独讨论达成，并且应当由消费者单独作出同意签字，而不能附于原有的消费者合同之中，即使是在文本中通过特殊强调（粗体或彩色印刷）的方式也是不可以的。[2]

（3）适约性的标准

奥地利以特别单行立法《奥地利消费者保障法》，完成欧盟指令的适约性标准转化，其中对指令的适约性的主客观标准的规定有绝大部分的重合。例如，都将瑕疵类型划分为两类，在对主观瑕疵及客观瑕疵的判断上异曲

---

〔1〕 Michael Ibesich et al. , The New Austrian Warranty Law-An Overview，载 OBLIN 网站，最后访问日期：2021 年 12 月 20 日。

〔2〕 Verbrauchergewährleistungsgesetz （VGG）：Gewährleistungsfrist, Verjährungsfrist und Beweislast beim Warenkauf ab 1. 1. 2022，载奥地利商会（Die Wirtschaftskammer Wien）网站，https://www.wko.at/service/wirtschaftsrecht - gewerberecht/vgg - fristen - beweislast - warenkauf - ab - 2022. html, abgerufen am 14. 1. 2022.

同工。

A. 合同约定排除与瑕疵

《奥地利消费者保障法》第 3 条是对《货物买卖合同指令》第 21 条的转化，明确了本法规定的条款不得因合同协议约定失效，而损害消费者的利益。但是，从消费者告知商家瑕疵之时起，约定的协议就开始生效。这种源于指令的时间上的区别显然是基于这样的想法：一旦消费者意识到瑕疵的存在并将其通知商家，就不再有被商家通过偏离协议而利用的风险，因为他已经意识到了瑕疵的存在。另一方面，这两项指令也希望允许就担保案件的具体处理达成协议；协商一致的安排不应受到法定担保条款的束缚。[1]然而，商家很可能从一开始就向消费者提供超出指令所规定的保护范围的合同条件，这是法律所不允许的。

B. 客观要求的特征

《奥地利消费者保障法》第 6 条是对《货物买卖合同指令》第 7 条关于"符合合同约定的客观要求"（objektiven Anforderungen an die Vertragsmäßigkeit）的转化。该条明确列出了符合合同约定的客观条件，只有在限定的条件下才能通过合同约定对这些客观条件进行排除，这是这两项指令与以前的消费者销售指令相比的一个重要的创新之处。这意味着引入了一个符合合同约定的法定最低标准。与指令中选择的名称不同，本法表述为"客观要求的特征"（objektiv erforderliche Eigenschaften），这与奥地利法律的术语相近。即使对指令规定的符合合同约定的客观要求的分析表明，这些要求可能与《奥地利普通民法典》第 922 条第 1 款意义上的"通常要求的特征"（gewöhnlich vorausgesetzten Eigenschaften）基本一致，[2]但新的《奥地利消费者保障法》第 6 条没有使用的这个术语，新的术语是为了表达这一最低标准是一个全新的概念。

C. 经营者的义务

奥地利为适应本国的国情，保护消费者利益，鼓励数字内容贸易，对经营者的更新义务（《奥地利消费者保障法》第 7 条）与安装义务（《奥地利消费者保障法》第 8 条）都有更为严格的规定。

---

〔1〕　Estifanos, J., Die Warenkauf-Richtlinie der EU: Ein nachhaltiges Kaufrecht?, Transformacje Prawa Prywatnego, 2022, S. 154.

〔2〕　Parapatits/Stabentheiner, ÖJZ 2019, 1041〔1044 f.〕.

（a）更新义务

关于"带有数字元素的货物"的更新义务规定在第 7 条。根据《奥地利消费者保障法》第 7 条规定了三项经营者更新义务，包括：经营者需要提供最新版本与更新义务；经营者只有在订立合同时消费者特别通知或明确且单独同意放弃更新才能免除更新义务；更新义务延续至整个数字服务期间，若只提供单次的数字服务，则更新义务为经营者提供的数字服务需要更新至能够达到消费者的合理预期的使用性质与目的。[1]虽然奥地利法律规定消费者有义务接受更新，以使数字服务继续符合合同，但明显奥地利更加偏向于保护消费者的利益，对于经营者规定了更为严苛的更新义务与更新期限，这意味着企业在数字内容交易中除了主客观标准中的瑕疵担保义务之外，还需要额外负担更新义务的开支，加重了经营者的责任。

更新是为了确保履约标的继续符合合同约定而必须进行的更新。如果没有提供必要的更新，例如，由于新的技术发展，"带有数字元素的货物"就无法保持与合同约定的一致性。那么此时货物或数字服务就是有瑕疵的，消费者可以据此提出相应的保证索赔请求。商家需要在一定期限内提供更新，必须在消费者合理期望（vernünftigerweise erwarten）商家提供更新期间。

当然，商家向消费者提供更新信息后，消费者可以自由地选择是否更新。但如果商家已告知消费者可提供的更新以及未安装更新的后果，并且如果消费者未安装更新或未正确安装更新并非由于安装说明存在瑕疵，则商家对仅因未安装更新而造成的任何瑕疵不承担责任。[2]

（b）安装义务

本义务是为了转化《货物买卖合同指令》第 8 条的规定。根据合同，商人除了交付货物外，还有义务组装或安装货物，但在这样做时，由于行为不当，造成了货物的瑕疵。或者由于商家提供的指示有误，消费者行为不当，导致货物出现瑕疵。在这两种情况下，根据担保法，商人对瑕疵负有责任。该条款基本对应于《奥地利消费者保护法》（KSchG）第 9a 条，该条款转化了消费者销售指令第 2（5）条。根据《货物买卖合同指令》WKRL 的说明，

---

[1] Verbrauchergewährleistungsgesetz-VGG, Ausgegeben am 9. September 2021, https://www. ris. bka. gv. at/Dokumente/BgblAuth/BGBLA_ 2021_ I_ 175/BGBLA_ 2021_ I_ 175. html, abgerufen am 14. 1. 2022.

[2] Föhlisch, Carsten, Die Entwicklung des E-Commerce-Rechts seit Mitte 2017, Verbraucher und Recht, 2019, S. 48-52.

说明中的瑕疵不仅包括技术上不正确的说明，还包括不完整或不清楚的信息，这使得普通消费者难以使用。

此外，《奥地利消费者保障法》中第 4 条还特别利用单独条款规定经营者的责任，要求经营者需要提供符合合同约定的特征与预期性能的数字内容与服务，且其能够被予以执行与安装，经营者对数字内容负有更新的义务。[1] 虽然该条款的具体内容在其后有详述，但法律具有滞后性且数字技术具有虚拟性，法律无法涵盖市场交易的各种情况，对经营者的责任作出单独规定，其作用更像是"兜底条款"，作为解释数字合同时的目的性指引与兜底性补充，维持了数字内容交易市场持续发展。例如，该条款有效限制格式合同企业的解释权利，保障参与交易的弱势方消费者的利益等。

基于上述分析可见，《奥地利消费者保障法》更加保障消费者在数字内容交易中的利益，对数字内容交易的经营者实行严格监管。在欧盟背景下奥地利法有关数字内容的瑕疵担保责任的规定，延续了欧盟"保护消费者，加重经营者责任"的立法理念，希望通过有关调整数字内容交易的法律规定，进一步协调单一市场并保护消费者利益。

（4）举证责任

《奥地利消费者保障法》第 11 条转化了《货物买卖合同指令》第 11 条中关于举证责任的规则。其中第 2 款从《货物买卖合同指令》的 11 条的第 3 款中转化而来，没有内容上的变化，只是进行了术语的调整。

《奥地利消费者保障法》第 11 条、第 19 条对《货物买卖合同指令》第 12 条[2] 举证责任倒置的规定进行了转化。之所以将证明责任赋予经营者，

---

[1]　§ 4. Der Unternehmer leistet Gewähr, dass die von ihm übergebene Ware oder die von ihm bereitgestellte digitale Leistung dem Vertrag entspricht, also keinen Mangel aufweist. Er haftet somit dafür, dass die von ihm erbrachte Leistung die vertraglich vereinbarten Eigenschaften（§ 5）sowie die objektiv erforderlichen Eigenschaften（§ 6）hat, dass gegebenenfalls die Aktualisierungspflicht nach § 7erfüllt wird und dass im Fall des § 8 die Montage, Installation oder Integration sachgemäß durchgeführt wird.

[2]　1. The burden of proof with regard to whether the digital content or digital service was supplied in accordance with Article 5 shall be on the trader. 2. In cases referred to in Article 11（2）, the burden of proof with regard to whether the supplied digital content or digital service was in conformity at the time of supply shall be on the trader for a lack of conformity which becomes apparent within a period of one year from the time when the digital content or digital service was supplied. 3. In cases referred to in Article 11（3）, the burden of proof with regard to whether the digital content or digital service was in conformity within the period of time during which the digital content or digital service is to be supplied under the contract shall be on the trader for a lack of conformity

是因为数字内容和数字服务的特殊性和高度复杂性，通常经营者作为专业人员拥有更好的知识和获得技术信息和技术支撑的机会，比消费者更了解该电子产品或服务是否以及为何不符合合同约定。也更有能力评估是否是出于消费者本身的过错，如未按照经营者事先已通知的技术环境使用该产品。[1]

《奥地利消费者保障法》第 11 条第 1 款和第 19 条第 1 款设置了全新的"第 1 年缺陷推定"原则：第一，对于单独提供的数字内容或服务，如缺陷在交付后 1 年内出现，即推定该产品缺陷在交付时已经存在。但此种情况有一个例外规定，即如实际缺陷与产品或服务性质不符，则不适用该推定；第二，而对于连续提供数字内容或服务的，只要是在该期间内任何时间点出现明显缺陷的，经营者都应当承担证明产品符合合同约定的责任。

出于对消费者和经营者权利保护的平衡，《奥地利消费者保障法》第 19 条第 3 款规定了经营者的豁免条款。如经营者已在订立合同前"明确""清楚"地告知消费者数字产品所需要的数字环境，而消费者未遵守的，则视为该缺陷系消费者的过错引起，经营者免除举证责任。这里的明确清楚要求必须是普通消费者能够理解的方式。

同时，《奥地利消费者保障法》第 19 条第 4 款还赋予了消费者有限的合作义务。其应当在合理必要和可能的范围内与经营者合作，以确定数字服务的使用缺陷是否是由消费者的数字环境造成的，但这种合作义务仅限于对消费

（接上页）which becomes apparent within that period. 4. Paragraphs 2 and 3 shall not apply where the trader demonstrates that the digital environment of the consumer is not compatible with the technical requirements of the digital content or digital service and where the trader informed the consumer of such requirements in a clear and comprehensible manner before the conclusion of the contract. 5. The consumer shall cooperate with the trader, to the extent reasonably possible and necessary, to ascertain whether the cause of the lack of conformity of the digital content or digital service at the time specified in Article 11 （2） or （3）, as applicable, lay in the consumer's digital environment. The obligation to cooperate shall be limited to the tech-nically available means which are least intrusive for the consumer. Where the consumer fails to cooperate, and where the trader informed the consumer of such requirement in a clear and comprehensible manner before the conclusion of the contract, the burden of proof with regard to whether the lack of conformity existed at the time specified in Article 11 （2） or （3）, as applicable, shall be on the consumer. See DIRECTIVE （EU） 2019/770, on certain aspects concerning contracts for the supply of digital content and digital services Article 12.

〔1〕 Verbrauchergewährleistungsgesetz （VGG）: Gewährleistungsfrist, Verjährungsfrist, Beweislast, URL: https://www.wko.at/service/wirtschaftsrecht-gewerberecht/vgg-fristen-beweislast.html, abgerufen am 14. 1. 2022.

者造成最小干扰的技术手段。如经营者在订立合同前已明确、清楚地告知消费者这一合作义务，而消费者不予以配合，则由消费者承担产品在交付时存在缺陷的证明责任。

（5）消费者的权利救济

《奥地利消费者保障法》中对消费者权利的救济主要分为实体和程序两个方面。[1]其中，对消费者实体权利救济方式转化《数字内容与服务合同指令》第14条，[2]包括了第一阶段的主要救济措施和第二阶段的次要救济措施，且明确规定只有在主要救济措施无法实现的情况下才能适用第二阶段的

---

〔1〕　Verbrauchergewährleistungsgesetz-VGG, Ausgegeben am 9. September 2021, https://www. ris. bka. gv. at/Dokumente/BgblAuth/BGBLA_ 2021_ I_ 175/BGBLA_ 2021_ I_ 175. html, abgerufen am 14. 1. 2022.

〔2〕　1. In the case of a lack of conformity, the consumer shall be entitled to have the digital content or digital service brought into conformity, to receive a proportionate reduction in the price, or to terminate the contract, under the conditions set out in this Article. 2. The consumer shall be entitled to have the digital content or digital service brought into conformity, unless this would be impossible or would impose costs on the trader that would be disproportionate, taking into account all the circumstances of the case including: (a) the value the digital content or digital service would have if there were no lack of conformity; and (b) the significance of the lack of conformity. 3. The trader shall bring the digital content or digital service into conformity pursuant to paragraph 2 within a reasonable time from the time the trader has been informed by the consumer about the lack of conformity, free of charge and without any significant inconvenience to the consumer, taking account of the nature of the digital content or digital service and the purpose for which the consumer required the digital content or digital service. 4. The consumer shall be entitled to either a proportionate reduction of the price in accordance with paragraph 5 where the digital content or digital service is supplied in exchange for a payment of a price, or the termination of the contract in accordance with paragraph 6, in any of the following cases: (a) the remedy to bring the digital content or digital service into conformity is impossible or disproportionate in accor-dance with paragraph 2; (b) the trader has not brought the digital content or digital service into conformity in accordance with paragraph 3; (c) a lack of conformity appears despite the trader´s attempt to bring the digital content or digital service into conformity; (d) the lack of conformity is of such a serious nature as to justify an immediate price reduction or termination of the contract; or (e) the trader has declared, or it is clear from the circumstances, that the trader will not bring the digital content or digital service into conformity within a reasonable time, or without significant inconvenience for the consumer. 5. The reduction in price shall be proportionate to the decrease in the value of the digital content or digital service which was supplied to the consumer compared to the value that the digital content or digital service would have if it were in conformity. Where the contract stipulates that the digital content or digital service shall be supplied over a period of time in exchange for the payment of a price, the reduction in price shall apply to the period of time during which the digital content or digital service was not in conformity. 6. Where the digital content or digital service is supplied in exchange for the payment of a price, the consumer shall be entitled to terminate the contract only if the lack of conformity is not minor. The burden of proof with regard to whether the lack of conformity is minor shall be on the trader. See Directive (EU) 2019/770, on certain aspects concerning contracts for the supply of digital content and digital services Article 14.

次要救济措施，这里所说的无法实现主要体现为救济措施不具有"相称性"；程序方面则主要体现为对原诉讼时效的规定的变更和举证责任倒置。

A. 救济措施

《奥地利消费者保障法》第 12 条～第 15 条规定了货物具有瑕疵时的两个层次的救济。[1]第 12 条第 1 款在转化时保留了"瑕疵"（Mangel）的术语，而不是"不适约"（Vertragswidrigkeit）。这跟奥地利在对欧盟 1999 年《消费品买卖及担保合同指令》的转化时的改造是一致的。第 12 条第 2 款转化了《货物买卖合同指令》第 13 条第 2 款的内容，并且进行了一定的细化规定。

《奥地利消费者保障法》中质保救济措施分为两个阶段：第一个阶段是"改善"（Verbesserung）和"更换"（Austausch），前者具体细分为纠正（Nachbesserung）和增补缺少的东西（Nachtrag des Fehlenden）。第二个阶段是要求减价或者解除合同。这两个阶段是有先后顺序的，第一个层次的救济是应被优先选择的，这是基于《奥地利普通民法典》第 932 条第 2 款的规定。原则上，在第一层次的两种补救措施中进行选择的权利在于消费者。

（a）主要救济措施

《奥地利消费者保障法》第 12 条第 2 款和第 20 条第 2 款对主要救济措施和不相称性做了详细论述。其中主要救济措施是指消除电子产品或服务本身的缺陷，以达到合同约定已经完全履行的状态，譬如更换、修理、重做、改进等手段。而到底选择哪一种方式的选择权则在于经营者，即服务提供者。一般而言经营者会选择成本最低的方式，但在具有以下情况时，则足以认定为救济措施不具有相称性，此时即便消费者要求经营者继续履行合同，经营者也有权拒绝：一是补救措施本身不可能；二是补救成本明显高于产品本身价值，如标的物本身价值仅为 10 欧元，但修复需要采取极为复杂的技术手段和花费大量的人力、物力，经营者即有权拒绝予以恢复。而在考虑补救成本时，主要考察因素包括缺陷的严重性以及其他补救措施可能给消费者带来的不便等。

《奥地利消费者保障法》第 12 条第 3 款转化了《货物买卖合同指令》第

---

〔1〕 Gewährleistung nach Verbrauchergewährleistungsgesetz（VGG）beim Warenkauf－echte aus der Gewährleistung，https://www.wko.at/service/wirtschaftsrecht－gewerberecht/vgg－rechte－gewaehrleistung－warenkauf－ab－2022.html，abgerufen am 24.12.2022.

13 条第 3 款，本款规范了经营者的权利，即如果第一层次的救济不可能实现或者会给经营者带来不相称的过高费用时，消费者有权选择第二阶段的救济措施。第 3 款转化了指令第 13 条第 4 款的内容。这是对消费者选择第二阶段救济的条件的规定。而由于指令本款中的 a 至 d 项中所列出的情况部分重叠，也没有明显的顺序，因此《奥地利消费者保障法》选择了与指令不同的结构：《奥地利消费者保障法》遵循了纠正瑕疵的时间顺序。从尽可能早的时间点开始列举，即由于缺陷的严重性，从一开始就不能考虑尝试第一阶段补救的情况，到缺陷轻微以至于消费者不能选择第二阶段救济。第 13 条是对指令第 14 条的转化。区别在于，指令中规定，改善和更换必须是免费的（unentgeltlich），这条关于免费的规定和指令第 2 条第 14 款中对"免费"的说明是一致的，即可以不加区分地适用为使货物达到适约而产生的必要费用，特别是邮费、运输费、人工费或材料费。但在《奥地利消费者保障法》中没有体现这一点，而是以"不造成费用"的说法来规定的。

（b）次要救济措施

《奥地利消费者保障法》第 12 条第 1 款和第 20 条第 1 款规定了次要救济措施，主要包括了按照比例减价和解除合同。第 12 条第 4 款和第 20 条第 4 款规定了二者共同的适用条件包括：第一，存在足以要求减价或终止合同的严重缺陷，法条中并未对"严重缺陷"的范围作出明确界定，具体应当参照《奥地利普通民法典》中的有关规定，至少不是经营者通过采取主要补救措施，在合理的维修成本内即可恢复的轻微缺陷；第二，经营者明确拒绝继续履行，包括无理由拒绝和以继续履行不具有相称性为由拒绝，也就是说即使经营者拒绝采取主要补救措施的理由是合理的，他也必须采取次要补救措施；第三，经营者虽未明确拒绝继续履行，但据其行为足以认定为其拒绝继续履行的，该种情况常常出现于消费者向经营者提出了采取主要补救措施、按照合同约定继续履行的申请，经营者却未予以回复的情况，若该种情形已经足以判定经营者通过自己的行为表达了拒绝采取主要补救措施的意思，则消费者即有权要求其减价或行使单方解除权；第四，经营者在合理期限过后仍未提供补救措施的，这一条也就是我们常说的相对于预期违约的实际违约；第五，经营者已采取补救措施，但仍无法达到合同约定条件的，譬如该严重缺陷已导致无法按照原合同约定履行合同，或合同目的已不能实现的。

除了上述共同的前提条件以外，按比例减价还要求消费者已为该数字产品或服务支付了相应的价款，不论多少。如数字服务系经营者免费提供，则消费者无权要求减价。《奥地利消费者保障法》第 26 条还规定了经营者应在收到消费者要求减价的通知后"毫不迟延"地按比例退还部分款项，最迟不得超过 14 日。且必须使用与消费者用于支付价款时相同的支付手段，除非双方约定了其他退款方式。通过这一规定有效防止了经营者借支付方式为由拖延退款的可能性。

对于解除合同，除要求产品或服务是在付费的情况下提供的这一条件以外，第 20 条还明确规定了对于"轻微损害"，消费者不得行使解除权。而该条第 6 款规定了如经营者对于缺陷的重要性，即该缺陷对产品或服务的正常使用的影响程度存在怀疑，则应当予以证明。

《奥地利消费者保障法》第 14 条开始是对第二层次的救济措施的规定。本条规定消费者可以通过不受任何特定形式约束的声明来行使其减价权。在指令中没有直接规定消费者行使减价权的方式。然而，根据《货物买卖合同指令》第 16（1）条规定，消费者有通过（单纯的）向卖方声明来行使其解除买卖合同的权利。既然行使解除合同这一影响最深远的补救措施的方式是自由的，那么对于影响较小的降价补救措施来说，不可能有更严格的行使方式的要求。第 15 条转化了《货物买卖合同指令》的第 16 条，是关于合同解除的详细规则。指令规定，消费者只需要通过声明就可以行使解除买卖合同的权利，这种声明不需要具体的形式。这一立法和《奥地利普通民法典》第 933 条第 1 款的规定是不同的，根据原来的《奥地利普通民法典》第 933 条，瑕疵担保请求权应当向法院行使，也因此在《奥地利消费者保障法》的第 15 条第 1 款中，转化的立法者进一步明确了消费者声明解除合同不受特定形式的约束。当然，只有消费者根据本法第 12 条的规定，因缺陷而有权解除合同时，这种解除合同的声明才会发生效力。不过，有学者指出，这种声明生效的时间在指令中并不明确。如果这种声明必须是需要受领的意思表示，那么从发出声明到收到声明之间就可能会存在时间差，如果经营者在收到声明前就对缺陷采取了补救措施，如发送了替换的产品，此时就会产生解除合同是否已经生效的问题。只有欧洲法院的解释才能明确消费者终止合同的声明生效的时间点，并解决这种时间差的问题。第 3 款的规定也是对指令的转化。根据指令规定，解除合同后，消费者必须将货物退回经营者，费用由经营者承担。但根据规定，退货和退款并不需要同时进行，经营者被赋予了拒绝退款的权利，直到他收到退回的货物或收到退货的证明。有学者认为，这种规定事实上是给消费者施加了提前付款的义务，这可能会被认为是不符合消费者保护的。

至于《货物买卖合同指令》第 16 条和第 17 条关于解除合同后消费者和经营者的权利义务，《奥地利消费者保障法》也作了具体规定。对消费者而言，根据《奥地利消费者保障法》第 25 条规定，其无须为合同终止前经营者所提供的不完全符合合同约定的数字产品或服务支付报酬；但是在合同终止后，消费者亦不得继续使用该数字产品或服务，或将其提供给第三方。对经营者而言，其退还全部款项的义务与上述部分退款类似，这里不再赘述。对于交付后即无法回收的数字产品或服务，经营者有权在合同终止后停止继续提供数字服务或阻止消费者继续使用该数字产品；而对于可以回收的产品或服务，经营者有权在合同终止后 14 日内要求消费者归还数据产品或服务的载体，但经营者应承担由此造成的包装、邮寄等费用。

值得一提的是，《奥地利消费者保障法》并不对欧盟《一般数据保护条例》（GDPR）[1]中所规定的消费者个人数据规定产生影响。合同终止后经营者仍能在一定的条件下继续使用消费者在使用数据产品或接受服务过程中产生、提供的个人数据，主要包括以下四种情况：第一，该个人数据仅与经营者提供的该数据服务相关的；第二，该个人数据完全与经营者提供的该数据服务相关的；第三，该类个人数据已被经营者与其他数据汇总，无法披露、区分或披露、区分成本极高的；第四，该个人数据由该消费者和其他消费者共同产生的，其他消费者仍有权继续使用。

消费者也有权要求经营者向其提供相关数据，除上述前三种情况以外，消费者还有权要求经营者在合理的时间内免费向其提供其在使用数据产品或服务过程中提供、创建的所有非个人数据，且经营者所提供的该类数据必须符合采用常用的机器可读的格式等要求。

---

〔1〕　Regulation（EU）2016/679 of the European Parliament and of the Council of 27 April 2016 on the protection of natural persons with regard to the processing of personal data and on the free movement of such data, and repealing Directive 95/46/EC（General Data Protection Regulation）〔2016〕OJ L119/1.

B. 诉讼时效

按下来是程序方面的规定。《数字内容与服务合同指令》立法理由第 58 条指出，[1] 对诉讼时效的规定属于各成员国的自由裁量权，故没有直接对此作出明确规定。而《奥地利消费者保障法》第 28 条对该内容进行了规定。诉讼时效是消费者可在该期限内就数字产品或服务提供的瑕疵向经营者索赔的期限，而超过此期限后，即使法院受理该案，经营者一旦提出抗辩，法院即驳回诉请或判决消费者败诉。这一规定主要是为了敦促当事人主动维权。例外是，如消费者已在保修期内向经营者提出请求，其可以依据该请求无限期地主张赔偿。[2]

诉讼时效通常为保修期结束后 3 个月，对于因所有权瑕疵产生的索赔诉讼时效则为消费者知晓或应当知晓之日起 2 年。对一次性交付的产品或服务，起算日期通常为产品交付或服务提供之日，而对于持续提供的数字服务，如提供时间超过两年，起算点为服务提供结束之日起 3 个月。[3] 这一规定也是为了回应《数字内容与服务合同指令》第 11 条第 3 款的要求。[4]

以上便是《奥地利消费者保障法》中对上述两个指令主要内容的转化，

---

〔1〕 Member States should remain free to regulate national limitation periods. However, such limitation periods should not prevent consumers from exercising their rights throughout the period of time during which the trader is liable for a lack of conformity. While this Directive should therefore not harmonise the starting point of national limitation periods, it should nevertheless ensure that such periods still allow consumers to exercise their remedies for any lack of conformity that becomes apparent at least during the period during which the trader is liable for a lack of conformity. See Directive (EU) 2019/770, on certain aspects concerning contracts for the supply of digital content and digital services.

〔2〕 Verbrauchergewährleistungsgesetz (VGG): Gewährleistungsfrist, Verjährungsfrist, Beweislast, URL: https://www.wko.at/service/wirtschaftsrecht-gewerberecht/vgg-fristen-beweislast.html, abgerufen am 14.1.2022.

〔3〕 Brigitta Zöchling-Jud, Digital Consumer Contract Law And New Technologies-Implementation Of The Digital Content Directive In Austria, URL: https://www.jipitec.eu/issues/jipitec-12-2-2021/5300, abgerufen am 14.1.2022.

〔4〕 3. Where the contract provides for continuous supply over a period of time, the trader shall be liable for a lack of conformity under Articles 7, 8 and 9, that occurs or becomes apparent within the period of time during which the digital content or digital service is to be supplied under the contract. If, under national law, the rights laid down in Article 14 are also subject or only subject to a limitation period, Member States shall ensure that such limitation period allows the consumer to exercise the remedies laid down in Article 14 for any lack of conformity that occurs or becomes apparent during the period of time referred to in the first subparagraph. See Directive (EU) 2019/770, on certain aspects concerning contracts for the supply of digital content and digital services Article 10.

从中不难看出，奥地利立法者努力通过该法平衡消费者和经营者的利益，在考虑到消费者的弱势地位的情况下，严格规定了经营者应当承担的义务，同时也未完全偏向消费者，避免因此抑制经营者的正常商业活动。

（三）奥地利在其他法律中对指令的转化

正如前文所述，奥地利主要通过一部全新的《奥地利消费者保障法》转化指令，从而避免了立法的碎片化，也避免了在现有的法律体系中插入过多的新内容，而使新法与旧法之间产生摩擦，变得不适配。然而与此同时，现行法中也存在着许多与这部新的《奥地利消费者保障法》所不相适应的地方，因此奥地利当局也意图通过《奥地利指令转化保障法》来对相关的现行法律进行微调，即对《奥地利普通民法典》与《奥地利消费者保障法》这两部法律进行修订，使之与新法衔接通畅。

1. 对《奥地利普通民法典》作出的修订

《奥地利普通民法典》作为一部一般性法律、基础性法律，发挥着填补特别法空白的功能。也就是说，当《奥地利消费者保障法》对某一问题无具体规定时，那么此时就落入《奥地利普通民法典》的调整范围，优先适用《奥地利普通民法典》有关于瑕疵担保的一般性规定。举例而言，《奥地利消费者保障法》的适用范围并不包括涉及 B2B 的合同（Business-to-Business，涉及经营者与经营者之间进行交易的经济模式）或是纯正的服务合同。而此时有关这些合同的担保问题就理所当然适用《奥地利普通民法典》的相关规定。除了作为提供一般性解决方案的"工具箱"，《奥地利普通民法典》也作出了一些与时俱进的改变。

（1）更新义务适用主体范围的扩大

此前，更新义务只适用于消费者与经营者之间签订的合同，而在《奥地利消费者保障法》出台后，《奥地利普通民法典》也将更新义务的适用范围扩大至 B2B 合同，也就是说即便双方都是经营者主体，也互负更新义务，即《奥地利消费者保障法》第 7 条的有关规定。但是，这一条款同时还规定了，如果双方协商一致，可以约定排除这一更新义务。这一规定为商事主体的交易留下了较大的自治空间，尤其是对于追求效率的经营者来说，极大地减少了交易成本，同时，经营者之间并不存在交易双方地位不匹配的现象，因此允许通过约定排除这一义务也不会出现权益保护的失衡现象。

（2）期限的变化

如表 5 所示，《奥地利普通民法典》为了配合《奥地利消费者保障法》的规定，也规定了与诉讼时效相关的规定，而这一部分的修改是完全参照《奥地利消费者保障法》规定的，《奥地利消费者保障法》第 19 条中囊括了关于举证责任倒置的规定，《奥地利消费者保障法》第 28 条则是关于诉讼时效的规定。诉讼时效的规定使对消费者的保护得到延长，也体现了欧盟指令中进一步保护消费者权益的意旨和决心。

表 5 《奥地利普通民法典》中的期限规定

	举证责任倒置	担保期限	诉讼时效
民法典（旧）	6 个月	2 年	
民法典（新）	6 个月	2 年	3 个月

（3）经营者追索权的扩张

《奥地利普通民法典》还对其第 933 条 b 款进行了修改，在新的法律规定下，经营者的追索权得到扩张，保证的范围实质上在供应链中向上游不断延伸。如果经营者向消费者提供了保证，那么该经营者也可以向他的前手索取保证，只要他的前手也是一名经营者。

实际上，这一条款也是对 B2B 合同的补充性规定，由于《奥地利消费者保障法》只规定了 B2C 的合同，因此而留下的空白就需要《奥地利普通民法典》来作出回应，尤其是经营者之间的保证的问题，通过这一条款的修改而被化解。

2. 对《奥地利消费者保护法》的修订

与《奥地利消费者保护法》相比，新出台的《奥地利消费者保障法》对消费者的定义更加宽泛，在一般的自然人基础上，《奥地利消费者保障法》还将自然人准备从事商业活动时签订的合同与未经营业务的经营者纳入了保护范围。与此同时，《奥地利消费者保障法》拥有更为严厉的具有强制性的一般保证条款。出于完整保护消费者权益的立法目的，《奥地利消费者保护法》的有关消费者权益保护的规定也将被继续保留与适用。正如《奥地利消费者保障法》第 9 条的规定，在知道缺陷之前，消费者的保证权利不能被排除或限制；在购买商品和提供数字服务时，必须继续遵守本法中有关瑕疵担保的规定。

根据《奥地利指令转化保障法》第 3 条的规定，《奥地利消费者保障法》

中填充了有关迟延履行的规定。即在能够履行而未履行的情形下，消费者有权要求在履行期限经过后的一定期限内继续要求经营者履行。如果在宽限期内经营者还没履行，消费者可以退出合同。但值得注意的是，这一权利属于单方享有的权利，作为合同相对方的经营者并不享有这一权利，即便是在B2B合同中，作为合同任意一方的经营者也不能向对方主张这一权利。如果这一合同为固定期限的交易合同，消费者有权随时立即退出合同，这一固定期限需要根据合同履行期满时的客观情况来确定，但也可以由双方协商确定。

然而，值得注意的是，对于数字内容的迟延交付，《奥地利消费者保障法》对其作出了特别规定，如果合同中没有约定，那么数字内容的交付应该是无任何迟延的，因此也不需要且不应该规定任何的宽限期。且这一迟延应该由消费者来提出，因此对迟延履行要求的撤回也只能由消费者提出，但是应该在合理期限内（较短的时间）提出。[1]

（四）奥地利转化两个指令的评析

1. 德奥转化指令情况比较

奥地利和德国拥有共同的语言文化传统，使得两国在立法传统、法律结构和法律思想上呈现出一定的相似性，借助于共同的语言基础，两国之间法律文明的交流互鉴也更为简便易行。本书尝试从比较法的视角，对德国和奥地利对指令的转化情况进行简要的评析。

从转化形式上来说，德、奥两国的共同点是都通过实施法（Umsetzungsgesetz）的形式对欧盟指令的转化进行总体结构设计，并在相应的实体法中落实对指令规定的转化。两国在转化形式上最主要的区别就在于立法结构上，德国仅修订了《德国民法典》的内容，在《德国民法典》买卖合同和消费者合同章节中对相应规则进行了完善；而奥地利则在修订《奥地利普通民法典》和《奥地利消费者保护法》的基础上颁布了一部全新的法律，即《奥地利消费者保障法》，对货物买卖的适约性问题、担保责任以及对"带有数字元素的货物"买卖合同等问题进行了规定。

从转化立法的适用范围来说，《德国民法典》第474条规定消费者合同适用于消费者和经营者之间；《奥地利消费者保障法》原则上亦仅适用于消费者

〔1〕　Mag. Ursula Illibauer, Dr. Peter Kubanek, URL: https://www.wko.at/service/wirtschaftsrecht-gewerberecht/verbrauchergewaehrleistung-digitale-leistungen.pdf, abgerufen am 6.1.2022.

和经营者之间，仅在第 7 条规定的带有数字元素或数字给付内容的货物买卖合同项下也扩张适用于经营者之间。从客观适用范围来说，除了对指令"有形动产"规定的转化外，奥地利还额外规定了对尚未制造的动产的适用。此外，在对"带有数字元素的货物"的界定上，两国并不存在任何实质性差异。

从适约性标准体系的构建来说，德国和奥地利的转化都和指令保持了高度一致。不同的是，德国对指令的转化主要是在《德国民法典》买卖合同和消费者合同章节中分别对一般货物和"带有数字元素的货物"的主观适约性要求、客观适约性要求和安装要求进行了规定，其主要围绕瑕疵（Mangel）这一概念的认定进行，可以概括为对适约义务的反向建构；而奥地利则是在《奥地利消费者保障法》的第 5 条~第 8 条对货物的适约性要求进行了正向规定。两者在立法技术上的另一个区别在于对一般货物和"带有数字元素的货物"的适约性要求是采取分别立法还是单一立法的方式，如前所述，德国对二者分别在《德国民法典》买卖合同和消费者合同章节中进行了规定；而奥地利则采取了单一立法的方式，在《奥地利消费者保障法》第 5 条~第 8 条中对二者进行了合并规定，并额外规定了"带有数字元素的货物"的更新义务。此外，在实体内容上二者都保持了与指令规定的高度一致性，在适约义务的具体建构以及对适约义务的合意排除条件上均不存在实质性差异。

从合同解除和损害赔偿的规定来说，德国和奥地利的相同点在于通过对指令的转化使得在传统民法框架下次级法律救济（Sekundäre Gewährleistungsbehelfe）的适用更为灵活，这也是欧盟最新指令相对于 1999 年《消费品买卖及担保指令》的一个重大进步。通过扩大直接适用合同解除和损害赔偿的情形，从而更好地保护消费者利益，促进交易效率。不同之处在于，《奥地利消费者保障法》第 12 条第 5 款中增加了对微小瑕疵（Geringfügigkeit des Mangels）举证责任的细节性规定，将瑕疵微小性的举证责任交由企业，如其能够证明瑕疵的微小性则可排除消费者直接解除合同的权利。

从货物瑕疵举证责任倒置的推定期间来说，德国和奥地利均规定一般货物的推定期间是 1 年，并额外规定持续性数字给付内容合同的推定期间为履行期间并不少于 2 年，以与指令相适应。二者的差异主要体现在期间起算点的表述上，《德国民法典》第 477 条对推定期间起算的表述是"自风险转移起"，而奥地利则区分一般货物与"带有数字元素的货物"分别表述为"自交付之日起"以及"自买受人占有货物并接受数字给付之日起"，这体现出了两个国家对风险转移的不同处理逻辑，《奥地利消费者保障法》对期间起算点的界定体现出其对一般货物与"带有数字元素的货物"风险转移的具体理解。

从瑕疵担保责任期间和消灭时效来看，指令第 10 条第 4 款和第 5 款允许成员国在瑕疵担保责任期间和消灭时效之间进行一元制立法的选择，也可以采纳二元制的立法模式，这也导致德国和奥地利采取了不同的立法建构。瑕疵担保责任期间和消灭时效的区别早在欧盟《消费者权利指令》中就已存在，欧盟法院的相关判决进一步确定了瑕疵担保责任期间和消灭时效之间的区别，瑕疵担保责任期间内货物出现不适约可引发出卖人的担保责任，消灭时效则是指消费者针对在瑕疵担保责任期间发现的瑕疵行使请求权的期间。[1]由于瑕疵担保责任期间和消灭时效的界分从未在《德国民法典》中出现，如引入二者的分别则可能带来较大的体系冲击，因此仅采用了消灭时效的一元制建构。[2]但是根据《德国民法典》第 435 和第 475b 的规定，仍可以认为瑕疵担保责任期间不得短于适约性要求中所规定的合理期间；此外，瑕疵担保责任期间对于持续性给付的数字合同也是适用的。瑕疵担保责任期间的立法缺失也导致德国对消灭时效的规定相对比较复杂，《德国民法典》第 475e 条第 3 款为保障消费者有充足时间行使请求权，规定瑕疵在时效期间内显现则时效起算不得晚于届满前 4 个月。总体而言，德国对时效的规定可概括为"四分法"，即《德国民法典》第 438 条和第 475e 两个条文对一般货物合同、持续性数字给付的数字合同、违反更新义务请求权以及补充履行担保的消灭时效进行了规定。而奥地利则采纳了二元制的立法建构，对一般货物合同和以数字给付为内容的合同规定了瑕疵担保责任期间和诉讼时效。其立法理由书中也提到二元制建构的原因，即加强消费者保护，保障其有足够的时间行使针对担保责任期间中出现瑕疵的请求权，而 3 个月的期限无论对买方行使权利还是买卖双方针对法律救济的协商都已经足够了。[3]此外，奥地利还区分物

---

〔1〕 EuGH Urteil v. 13. 7. 2017-C-133/16, Christian Ferenschild. /. JPC Motor SA, ECLI：EU：C：2017：541.

〔2〕 Schrader, Umsetzung der Warenkauf-Richtlinie：Auswirkungen auf die Haltbarkeit von Fahrzeugen mit digitalen Elementen, NZV 2021, S. 67.

〔3〕 Bundesministerium für Justiz, Erläuterungen, https：//www. parlament. gv. at/PAKT/VHG/XXVII/I/I_ 00949/fnameorig_ 983174. html, abgerufen am 24. 12. 2022.

的瑕疵和权利瑕疵，并进行了不同的立法设计，这和《奥地利普通民法典》中的立法设计是一致的，为了保证消费者的法律地位在《奥地利消费者保障法》中不会受到影响，因此对于权利瑕疵时效期间的起算点采取了"自知道权利瑕疵"这一表述，使得权利瑕疵时效期间的计算更为合理；同时，由于奥地利立法者对权利瑕疵时效期间起算点的认识和指令中对于担保责任期间的规定不尽一致，因此除了持续性给付的数字合同外，对于权利瑕疵不适用担保责任期间。[1]

2. 奥地利转化指令中的争议问题

为了消费者和经营者之间的利益平衡，奥地利立法转化中还试图解决以下几个问题：第一，卖方的最小耐久性告知义务。是否需要引入卖方对特定货物最小耐久性的先合同告知义务，也是立法决策中重点讨论的问题。反对观点认为，对告知义务适用范围的合理界定和类型化设计非常困难，告知义务的适用效果也不甚明晰，可能会造成卖方瑕疵担保责任期间不合理地延长；此外，卖方告知义务的引入也会导致管理成本的增加，可能会加剧疫情之下的经济；最后，告知义务的规定被认为是欧盟统一决策的任务，无须以奥地利国内法的形式进行规定。第二，瑕疵担保责任期间的二元制设计。在瑕疵担保责任期间的设计上，是否需要在延长瑕疵担保责任期间的基础上引入一个绝对最长期间的二元制立法设计？这一问题最终也未获得立法者的支持，原因和卖方告知义务的引入一样，也是出于类型化障碍、对经济的不合理负担以及对欧盟法统一决策的期待的考量。第三，生产商或进口商的直索责任。为加强消费者的保护力度，是否需要赋予消费者向生产商或进口商的直索请求权？对此，奥地利立法工作组的 Wendehorst 教授就在其专家草案中提出对消费者直索请求权以及与之配套的生产商或进口商之间追索权的详细立法建议。但是，由于立法技术和政治上的双重障碍，该建议也没有被采纳。一方面，从立法技术上来说，如引入直索责任的规定将给奥地利民法带来重大体系变革，生产者责任规定将趋于复杂，从而给法律适用带来一定的困难；另一方面，由于欧盟大多数国家（尤其是奥地利的重要合作伙伴）尚缺乏此立法机制，如引入该机制将对奥地利的对外经济合作产生重要影响，此外对交

---

〔1〕 Bundesministerium für Justiz, *Erläuterungen*, https://www.parlament.gv.at/PAKT/VHG/XXVII/I/I_00949/fnameorig_983174.html, abgerufen am 24.12.2022.

易秩序和交易安全的考量也是该建议未被采纳的重要因素。[1]

四、意大利对《数字内容与服务合同指令》和《货物买卖合同指令》的转化

(一) 意大利对两个指令的转化路径

意大利国内的数字经济发展呈现出地区发展不平衡、总体水平有待提高的特点，包括经济和社会数字化指数（DESI）在内的所有国际指标都表明，社会不平等和数字鸿沟是同一个恶性循环的组成部分，社会不平等是导致数字经济发展越来越重要的因素之一，同时，数字鸿沟也是社会不平等加剧越来越重要的因素之一，特别是当它与地域不平等结合起来看时。[2]对此，意大利国内对于数字经济的发展呈现出迫切的态势，意大利政府以积极的姿态在数字经济领域内进行立法。

欧盟数字内容合同的立法呈现出以完全协调的方式进行，以最大程度提高各国在数字内容合同方面的立法水平，提高对该领域消费者的保护水平，同时尽可能平衡各国于该领域的立法差异。在实践中，意大利通过完全协调的方式完成了对上述两个指令的转化，将指令内容尽可能地完全融入其国内立法中，当然在具体细节处仍体现了意大利的国家特色。

意大利对于上述两个指令的转化，主要是通过政府起草、议会审议、最终政府通过并颁布的程序。2021 年 4 月 22 日，意大利政府发布了第 53 号政令，同意接收欧盟指令和执行欧盟其他法案。该政令于 2020 年 1 月经部长会议批准，于 2020 年 10 月经参议院通过，最终于 2021 年 3 月经众议院通过。其内容由 29 个条款和一个列有 39 个欧盟指令的附件组成，其中，附件第 11 项是欧盟《数字内容与服务合同指令》，第 12 项是《货物买卖合同指令》。

2021 年 7 月 29 日，意大利部长会议初步批准转化欧盟《数字内容与服务合同指令》的法令草案和转化欧盟《货物买卖合同指令》的法令草案。随后议会对上述两份草案进行审查，2021 年 8 月 5 日分别以第 269 号文件和第 270

---

[1] Bundesministerium für Justiz, Erläuterungen, https://www.parlament.gv.at/PAKT/VHG/XXVII/I/I_00949/fnameorig_983174.html, abgerufen am 24.12.2022.

[2] Il digitale per rilanciare l'Italia. Gli investimenti del futuro digitale, si veda: https://www.euler-hermes.com/it_IT/news-e-approfondimenti/trade-magazine/business-trends/digital-transformation/il-digitale-per-rilanciare-italia.html, abgerufen am 16.12.2021.

号文件向大会宣布。2021 年 10 月 29 日，部长会议最终通过这两份法令，完成了对上述两个指令的转化。2021 年 11 月，意大利政府通过第 173 号立法令和第 282 号官方公报发布对欧盟《数字内容与服务合同指令》的转化结果，通过第 170 号立法令和第 281 号官方公报发布对欧盟《货物买卖合同指令》的转化结果。[1]纵观两个指令的整个转化过程，可以看到从指令发布到转化完成经过了约 30 个月的时间，但指令实际转化时间不足 8 个月。

欧盟《数字内容与服务合同指令》在意大利的转化未涉及《意大利民法典》的修订，主要表现为 2021 年《意大利消费法典》的修订。意大利是以完全协调的方式于 2021 年 11 月完成了对《数字内容与服务合同指令》以及《货物买卖合同指令》的转化，转化结果体现在对《意大利消费法典》第四编"产品安全与质量"第三章"消费者的法定担保和商业担保"的修订，增加了部分条文。指令转化在意大利也引发了一些争议，如个人信息数据能否作为对价的问题，个人数据在数字经济和网络消费中扮演着不可或缺的角色，在实践中明确个人信息数据的使用范围和受侵害时的救济方式对于推进意大利数字经济的发展和提高消费者保护水平具有重要意义。

意大利加入欧共体才使得其国内消费者保护立法迈开了第一步。《意大利消费法典》的许多规定源自欧共体的消费者保护规范。[2]2005 年 9 月 6 日，在《关于规范质量、法规调整和法典编纂的立法行动的法律》基础上，意大利将各部门法中与消费者保护相关的规定加以体系化，由此《意大利消费法典》正式出台，并在之后对欧盟《数字内容与服务合同指令》和《货物买卖合同指令》的转化中得以不断健全。

（二）意大利对《数字内容与服务合同指令》的转化

1. 结构方面

在结构方面，《数字内容与服务合同指令》的相关内容以第 135 条第 8 款到第 23 款总计 16 条法规的形式，对《意大利消费法典》第四编第三章进行补充。

---

〔1〕 Sul recepimento della Direttiva（UE）2019/770, si veda: https://www. politicheeuropee. gov. it/it/ normativa/recepimento-atti-ue/direttiva-ue-2019770/. Sul recepimento della Direttiva（UE）2019/771, si veda: https://www. politicheeuropee. gov. it/it/normativa/recepimento-atti-ue/direttiva-ue-2019771/.

〔2〕 参见［意］阿拉巴等：《意大利消费法典》，胡俊宏、雷佳译，中国政法大学出版社 2013 年版，第 2 页。

2. 内容方面

在内容方面，《意大利消费法典》中虽然有部分条文的名称与《数字内容与服务合同指令》不同，但条文所对应内容的相似度很高，几乎以"完全协调"的方式完成了对该指令的转化。16 条规定中举证责任、合同的适约性、第三方权利、经营者的责任、追索权等 11 条规定与《数字内容与服务合同指令》几乎完全一致，不同之处多体现在同义词的转换、语序的颠倒以及条文结构与名称上，如在第 135 条第 8 款中将"dalla presente direttiva"（从本指令）改为同义词"dal presente capo"（从本章）；在第 11 款中，将条文名称从指令中的"合同适约性的构成要件"改为"经营者的义务和消费者的行为"；在第 19 款中，将指令中的"合同终止时消费者和经营者的义务"合称为"合同的终止"；在第 20 款中，将指令中的"时效限制与经营者的赔偿责任"改为"对消费者的赔偿"；在第 23 款中，将指令中的"the scope of harmonisation"（协调化的范围）内化在"基于强制性规定的保护"中。

（三）意大利对《货物买卖合同指令》的转化

意大利于 2021 年 4 月 22 日颁布第 53 号政令，开启对欧盟《货物买卖合同指令》的转化进程。意大利部长会议于 2021 年 7 月 29 日通过了新法令草案框架，将其交由意大利议会参议院和众议院审查后，部长会议于 2021 年 10 月 29 日正式通过新法案，完成了对《货物买卖合同指令》在意大利国内法的转化。此次转化修订了意大利国内对消费者保护相关的单行法《意大利消费法典》（Codice del consumo，2005 年第 206 号立法令）的第四编"产品安全与质量"第三章"消费者的法定担保和商业担保"第一节"货物的销售"的相关条文。[1]

1. 结构方面

意大利在《意大利消费法典》第四编"产品安全与质量"第三章"消费者的法定担保和商业担保"中新增了第一节"货物的销售"，增加了从第 128 条到第 135 条之七（art. 135 septies）共 14 条，完成了对欧盟《货物买卖合同指令》的转化。鉴于《货物买卖合同指令》在第 1 条和第 3 条只提到了"货

---

[1] 参见《对欧盟〈货物买卖指令〉的转化情况》，载意大利欧洲政治局网站，https://www.politicheeuropee.gov.it/it/normativa/recepimento-atti-ue/direttiva-ue-2019771/，最后访问日期：2021 年 12 月 16 日。

物"，《意大利消费法典》该节的标题只提到了"货物的销售"，而没有提到"消费品货物"。

2. 转化内容

根据意大利政府《意大利消费法典》对欧盟《货物买卖合同指令》转化的具体情况所作的阐释报告（Relazione illustrativa）显示，[1]《意大利消费法典》第128条完成了对该指令第1条~第3条的转化。第128条第1款规定了消费者和经营者之间订立的合同和货物之间的一致性、在一致性存在瑕疵情况下的救济措施、行使救济措施的方式、约定担保。第128条第2款设置了一系列的定义，包括数字内容或数字服务的合同、活的动物等。第128条第3款完全转化了指令的第3条第3款，该条第4款部分转化了指令的第3条第4款。第128条第5款将的新规定的适用范围扩大到二手货物的销售。

《意大利消费法典》第129条转化了指令的第5条、第6条、第7条第1款，规定了货物与合同的一致性。第129条第1款中指出，卖方向消费者提供的货物应满足第2条和第3条规定的要求以及第130条和第131条的规定。第129条第2款列举了使货物和销售合同适约性的主观要件，在第3款中列举了和销售合同适约性的客观要件。

第130条转化了指令的第7条第2款~第5款，规定了销售者的义务和消费者的行为。

第131条转化了指令的第8条，该条指出，对货物的错误安装可能导致的适约性的瑕疵被认为是货物的适约性瑕疵。

第132条转化了指令的第9条，规定了第三方权利。该条将第135条之二规定的救济措施扩大到阻碍或限制使用根据第129条和第130条的规定所销售的一致性的货物的情况，由此对侵犯第三方权利，特别是知识产权进行限制，但不影响《意大利民法典》规定的关于合同无效、废止或假设合同解除的其他规定。

第133条转化了指令的第10条，规定了销售方责任。第133条第1款规定，销售方对消费者在交付货物时存在《意大利消费法典》第61条中任何的

---

[1] 参见《对欧盟〈货物买卖指令〉转化情况的阐释报告》，载意大利政府网，https://www.governo.it/sites/governo.it/files/DLGS_ DIRETTIVA_ 2019_ 771_ RI.pdf，最后访问日期：2021年12月16日。

适约性瑕疵的情况负责。第 133 条第 2 款规定，货物带有数字元素时，当销售合同规定了一段时间内数字内容或数字服务的持续供应，经营者也对在交付后两年内存在的适约性瑕疵负责。第 133 条第 3 款规定，针对经营者非欺诈性造成的瑕疵的直接诉讼，诉讼时效为货物交付后的 26 个月。

第 134 条转化了指令的第 18 条，规定了追索权。履行了消费者采取的救济措施的最终经营者，在给付完成的 1 年之内，可以针对责任主体进行追索，从而获得给付之物的返还。

第 135 条转化了指令的第 11 条，规定了举证责任。除非有相反的证据，推定任何在交付后 1 年内展示出的一致性的瑕疵在交付的日期已经存在，除非这种推测和货物的本质以及一致性的瑕疵不匹配。

第 135 条之二（art. 135 bis）转化了指令的第 13 条，规定了与一致性的瑕疵相关的救济措施。该条实现了完全协调。

第 135 条之三（art. 135 ter）转化了指令的第 14 条，规定了货物的维修或返还。

第 135 条之四（art. 135 quater）转化了指令的第 15、16 条，规定了价金减免和合同解除。价金的减免和消费者收到货物相较于和合同一致的货物的价值减损程度成比例。

第 135 条之五（art. 135 quinquies）转化了指令的第 17 条，规定了约定担保。

第 135 条之六（art. 135 sexies）赋予了《意大利消费法典》第四编第三章新增的第一节的内容以命令性的特点。

有关新增的第一节中没有规定的范围，第 135 条之七（art. 135 septies）提到应参照《意大利民法典》中关于合同的订立、有效性和效力的规定，包括终止合同的后果和损害赔偿的权利。

（四）意大利转化两个指令的评价

1. "完全协调化方式"与"解法典化"模式

意大利此次对《数字内容与服务合同指令》和《货物买卖合同指令》采取完全协调的方式进行转化，一方面是为了回应欧盟对消费者保护的要求，另一方面则是由其国内立法体系和本国对欧盟指令立法转化的惯例决定的。意大利司法部在对两个指令转化进行国内立法技术性评估时，认为欧盟最终意图使用完全协调的方式达成其立法目的，并将此项作为对国内法亦进行完全协调的根本依据。实际上，这两个指令的第 4 条强调了完全协调目标，要求成员国在国内法中不能继续保有或引入与欧盟法不相符的规定。应当注意到的是，为了直接将指令的强制性规定顺利引入国内法体系而不至于引起国内法体系的混乱与相互抵触，意大利通过《意大利消费法典》仅对两个指令的条文部分进行了转化，转化内容不涉及援引外国法且信息过载冗余的立法理由。

而在意大利的法律体系中，除《意大利民法典》《意大利刑法典》《意大利民事诉讼法典》《意大利刑事诉讼法典》等基本性法典（Codice）以外，还有《意大利消费法典》《意大利文化遗产与景观法典》《意大利环境法典》《意大利个人数据保护法典》等诸多部门法典（Codice di settore），每一个部门法典，都是将针对该领域所有的立法系统地编纂而成。自 2005 年《意大利消费法典》颁布以来，意大利政府便用一部部门法典应对欧盟颁布的旨在提高消费者保护水平的多个"零售式"指令。该部法典的起草人之一、意大利著名法学家 Guido Alpa 教授认为，这样的一个"部门法典"能够系统而有条理地容纳与消费者相关的所有法律规范，其相对于民法典，更容易进行修改更新。实际上，意大利此种"解法典化"的做法与德国形成了鲜明的对比，2001 年，以转化欧盟《消费品买卖及担保指令》为契机进行的德国债法现代化，一方面对《德国民法典》体系的革新作出重要推动，另一方面标志着德国采用"再法典化"的模式对欧盟指令进行协调转化。也许未来欧盟的指令会造成德国债法新一轮的调整，而意大利的解决方式更具操作性，[1]但对意大利来说，处理好部门法典与民法典在民法体系中的关系显然更具现实意义。

2. 转化《数字内容与服务合同指令》引起的争议

意大利民众对欧盟《数字内容与服务合同指令》在意大利的转化持有不同的态度。支持者认为，这次转化填补了《意大利消费法典》的法律漏洞，弱化了消费者与经营者在产品交易过程中地位的不对称性，消费者的权利有了"看得见"的保障。如明确了合同适约性的构成要件；第 135 条第 3 款、第 4 款明确规定了在交易商品缺乏适约性或未完成商品交付情形下，经营者

─────────

〔1〕 参见齐云：《对意大利〈消费法典〉的双重透视——以民法典与部门法典的关系为视角》，载《私法研究》2012 年第 2 期。

的义务；[1]细化了消费者在遭受侵权时寻求救济的程序。

反对者则认为，《数字内容与服务合同指令》必将带来个人数据的商品化，这就意味着人们要以"交付"一部分个人数据为代价，换来更为便利的交易环境，这一将个人数据与金钱交易挂钩的制度设计在有着深厚人权底蕴的包括意大利在内的欧洲社会难以使公众接受。此外，《数字内容与服务合同指令》势必带来个人数据安全问题，因此伴随新修订的《意大利消费法典》的出台，个人数据安全保护的配套措施也应当予以完善。

（1）个人数据能否作为对价

正如在其他欧盟成员国所发生的情况类似，意大利国内也引发了针对《数字内容与服务合同指令》中第3条关于消费者提供个人数据的争议，而该条则完全转化成为《意大利消费法典》中第135条之八的第4款，未作任何实质性改动。条文规定，该指令可适用于以下情况：出卖人向消费者提供数字内容或数字服务时，消费者在不支付金钱对价的情况下应提供个人数据，即消费者以个人数据作为对价，承认个人数据的可交易属性，赋予其相当于货币的功能。

但与货币不同的是，个人数据在未来的交易过程中不仅不会只经"一次"使用便脱离其使用主体，能够多次使用外，同一主体的个人数据还可由多个交易人所掌握，因此，个人数据相比于货币并不具有"排他性"；另外，个人数据也许不会遭遇与"货币贬值"类似的风险。对于大多数中小企业来说，获取和保有消费者的个人数据可以成为其增强市场竞争力的一个重要手段，[2]但是在具体的数字交易活动中，个人数据在作为对价使用而带来极大经济潜力的同时，必然会面临比货币更加复杂的情况，这是由它本身的信息复杂性和个体特殊性决定的。

（2）与国内外现有立法的冲突

意大利对个人数据的保护立法始于1996年，意大利以第675号法令通过了《意大利数据保护法》。至2003年6月30日，意大利又以第196号法令通

---

〔1〕　Cfr. Marco Martorana, Fornitura di Contenuti o Servizi Digitali: le Modifiche al Codice del Consumo, si ved-a: https://www.altalex.com/documents/news/2021/12/09/fornitura-di-contenuti-o-servizi-digitali-le-modifiche-al-codice-del-consumo, 最后访问日期：2021年12月16日。

〔2〕　Cfr. Ettore M L, Norma e algoritmo: alcune considerazioni sul nuovo ordine tecnologico, Giustizia Civile, 2020, pp. 1-16.

过了《意大利个人数据保护法典》，该法典自 2004 年 1 月 1 日起正式实施。该法典第 2 条第 1 款即规定，对个人数据的处理必须以尊重个人的基本权利、自由和尊严为原则，并将个人数据保护权视为法律上一项单独的权利。[1]

除意大利国内立法以外，《数字内容与服务合同指令》中首次将个人数据当作货币使用的规定也向欧盟 GDPR 相关条文的规定发起了挑战。GDPR 第 5 条对出于何种目的处理个人数据和第三方对个人数据的限期储存做出了限制，即"个人数据的收集应当具有具体的、清晰的和正当的目的，对个人数据的处理不应当违反初始目的""对于能够识别数据主体的个人数据，其储存时间不得超过实现其处理目的所必需的时间；超过此期限的数据处理只有在如下情况下才能被允许：为了实现公共利益、科学或历史研究目的或统计目的"。[2]那么，如何能够为商业交易中个人数据的提供与获取提供充分的理由？如何能够保证出卖人对消费者个人数据的储存时间保持在合理的期限内而不构成对个人数据的滥用？同时，GDPR 第 7 条规定，数据主体应当有权随时撤回其同意，那么，当消费者作为数据主体已通过交换个人数据而下载了出卖方提供的数字内容后，该消费者想要撤回同意的行为该如何认定？其行为与合同的关系又该如何处置？《数字内容与服务合同指令》给出了部分回答，其中第 13 条、第 14 条规定了消费者在提供个人数据的情况下，经营者未能提供数字内容或数字服务以及提供的数字内容或数字服务不适约时消费者的救济进路。

总之，意大利民众对这次转化成果褒贬不一，但是《意大利消费法典》于 2022 年年初才正式施行，因此对转化结果的评价尚不能盖棺论定。但是转化的结果必然有利有弊，但利弊博弈的最终结果需要时间的检验。

五、荷兰对《数字内容与服务合同指令》和《货物买卖合同指令》的转化

（一）荷兰对两个指令的转化模式

此次在对欧盟两个指令的转化方式上，荷兰立法者选择将《数字内容与

---

〔1〕 Cfr. B. CARRARA, A. ERAMO, Protezione dei dati personali: la risposta sanzionatoria all´illecito penale, Mercato Unico Digitale, Dati Personali e Diritti Fondamentali, p. 135.

〔2〕 参见京东法律研究院：《欧盟数据宪章：〈一般数据保护条例〉GDPR 评述及实务指引》，法律出版社 2018 年版，第 46 页。

服务合同指令》和《货物买卖合同指令》的转换尽可能与《荷兰民法典》系统保持一致。根据《荷兰宪法》第 107 条规定，民事法律规范将被编纂在《荷兰民法典》中。尽管立法者可以在具体立法中规范具体事项，例如消费者保护的法律事项，但由于荷兰法律没有独立的消费者法典，这意味着欧洲消费者法律相关指令的转化通常在民法典中执行。

荷兰对《数字内容与服务合同指令》和《货物买卖合同指令》的转化主要是通过《荷兰货物买卖和数字内容指令实施法案》（the Implementation Act Directives Sale on Goods and Digital Content）（以下简称《荷兰指令实施法草案》）完成的，荷兰同时完成了《货物买卖合同指令》和《数字内容与服务合同指令》的转化，但远远超出指令规定的转化期限。该法案于 2021 年 2 月 16 日被提交至荷兰议会讨论，经历漫长的讨论和修改后于 2022 年 2 月 1 日通过，并于 2022 年 4 月 12 日提交参议院审议，于 4 月 19 日获得通过，于 2022 年 4 月 26 日公布并实施。[1]

荷兰在转化欧盟指令时一直持较为保守的态度，通过分析荷兰在转化《数字内容与服务合同指令》和《货物买卖合同指令》过程中的背景和相关争议，也可以较为明显地窥见其转化指令时的保守立法倾向。

（二）荷兰对《数字内容与服务合同指令》的转化

1. 《消费者权利指令》转化引起的争论

2011 年欧盟的《消费者权利指令》最先规定了"数字内容"，在欧盟法律框架上对数字内容合同进行规制。2013 年，为了将《消费者权利指令》转化为国内法，荷兰在进行指令转化时就数字内容合同的问题进行了讨论。在转化提案中，荷兰政府提议修改《荷兰民法典》第七编关于消费者销售合同的规定，该条款规定了消费者销售合同的定义以及其他类型合同的类推适用规则。[2]因此荷兰政府建议将数字内容合同直接列为类推适用的合同清单，在第 5 条下列明数字内容合同的规定。[3]政府此项提议的理由：一是此种方式呼应 2012 年的最高法院的判决，明确标准化软件可以通过消费者销

---

〔1〕　荷兰对欧盟指令的转化信息，载 https://www.fieldfisher.com/en/insights/new-consumer-pro-tection-rules-in-the-netherlands，最后访问日期：2022 年 11 月 20 日。

〔2〕　Book 7 Dutch Civil Code, Art. 7：5.

〔3〕　Marco B. M. Loos, The (Proposed) Transposition Of The Digital Content Directive In The Nether-lands, JIPITEC 229 (2021).

售法进行规制；[1]二是将数字内容合同类推适用消费者销售法要求该合同满足消费者销售合同的构成要件，而当涉及的合同的性质不适合适用时，数字内容合同就无法规制。但是政府的提议遭到了参议院内的反对，参议院指出转换《消费者权利指令》并不需要将数字内容合同纳入消费者销售法的范围。最终由于参议院的反对，《荷兰民法典》最终也没有直接增加数字内容合同类型，而对此类合同的规制只能通过消费者销售合同进行类推适用。

2. 荷兰对《数字内容与服务合同指令》的转化路径

在《数字内容与服务合同指令》转化前，荷兰法律长期将以耐用介质（如 CD 或 DVD）提供给消费者的数字内容合同归类为消费者销售合同。随着消费者越来越多地成为数字内容的接受者，考虑到数字产业的快速发展以及特定行业法规或横向法规中的保护机制已不足以保护消费者，欧盟委员会在 2015 年提出《数字内容合同指令建议》，旨在为消费者提供更高层次的保护，响应欧盟"数字单一市场战略"的倡议。该建议提案规定了统一的数字内容合同的保护规则，以应对成员国之间的数字内容合同法律差异问题，其中包括及合同的变更和解除规则（包括消费者行使权利的救济和方式）。[2]

如何将 2019 年的《数字内容与服务合同指令》的内容转化到《荷兰民法典》中，其所处位置存在较大争议。由于《货物买卖合同指令》在很大程度上是消费者销售指令的现代化，该指令的转化毫无疑问应当在规定销售规则的第 7.1 章中实施。而作为同时颁布的《数字内容与服务合同指令》，其转化方式如果跟随《货物买卖合同指令》被纳入《荷兰民法典》第 7.1 章中将会存在冲突，因为《数字内容与服务合同指令》中涉及的"数字服务"不是《荷兰民法典》第 7.1 章意义上的"商品"。因此，《荷兰民法典》第 7.1 章不能对"数字服务"进行规制。[3]并且，《数字内容与服务合同指令》也适用于消费者只承诺提供个人数据而不以金钱为给付方式的合同，不符合 7.1 章规定的"销售"情况，因此荷兰立法者没有将该指令的规定直接纳入销售

---

[1] Hoge Raad 27 april 2012, ECLI：NL：HR：2012：BV1301（Beeldbrigade）.

[2] Hervé Jacquemin, Digital Content and Sales or Service contracts under EU Law and Belgian/French Law, JIPITEC 27（2017）.

[3] Marco B. M. Loos, The（Proposed）Transposition Of The Digital Content Directive In The Netherlands, JIPITEC 229（2021）.

合同的章节中。最终，荷兰立法者选择通过在第 7 编中插入新章节的方式来进行转化。条款为第 7：50aa~50ap，章节标题为 7.1AA，新的章节将放置在标题为 7.1A（第 7：50a~50i BW）的章节之前。

3. 荷兰对《数字内容与服务合同指令》的具体转化

（1）尽量遵守欧盟指令

欧盟《数字内容与服务合同指令》允许成员国在指令规定的范围内选择适合本国的措施进行变通的转化，该指令第 10 条规定，因侵犯第三方权利导致提供的数字内容或服务存在瑕疵，成员国应确保消费者有权根据指令第 14 条就合同的非适约性获得补救，除非成员国国内法认为该合同无效。此处，"成员国国内法认为合同无效"就是指令提供给成员国的选择权。然而，荷兰并没有利用指令第 10 条允许的选择权，相反《荷兰指令实施法草案》第 50 条 af 款第 2 项规定，因侵犯第三方权利导致提供的数字内容或服务存在瑕疵，消费者可以根据草案第 50 条 ai 款进行救济。[1]而第 50 条 ai 款复制了指令第 14 条的内容，使得荷兰有关规定与指令的内容一致。

与利用欧盟指令允许的选择权相较，荷兰更倾向于遵循欧盟指令，而不对其进行减损或增加额外措施。这与荷兰的法律传统有关，《荷兰法律说明》（Aanwijzingen）对此作出了详细的解释。《荷兰法律说明》并非法律，不具有约束力，但是却可以为立法者提供指引，如果在转化法律的过程中，立法者违反《荷兰法律说明》，需要提供充足的理由进行论证。[2]《荷兰法律说明》9.4 对立法者是否应当利用指令的选择性条款进行指引，它并不建议立法者在转化指令时利用选择权来减损该指令或增加具体的附加措施。[3]官方评注对此作出解释：一方面，建立符合欧盟指令的立法，将减少工作人员的筹备工作，如不需要对增加的额外措施的影响进行评估，法案将比较容易在指令规定的最后期限前完成。[4]另一方面，如果国家对欧盟指令作出改变，法案则可能会进入全民公投程序，影响法案的生效。[5]荷兰全民公投有关规则规定：

---

〔1〕　Art. 50af, Voorontwerp implementatie richtlijnen verkoop goederen en levering digitale inhoud.

〔2〕　Rijksoverheid, Aanwijzingen voor de regelgeving, https://www.kcbr.nl/beleid-en-regelgeving-ontwikkelen/aanwijzingen-voor-de-regelgeving，最后访问日期：2022 年 12 月 22 日。

〔3〕　Aanwijzing 9.4 Zuivere implementatie.

〔4〕　Aanwijzing 9.4 Zuivere implementatie.

〔5〕　Aanwijzing 9.4 Zuivere implementatie.

专门为执行国际条约或国际组织的决议的法案（包括来自欧盟的指令），不需要经过全民公投的程序；除非法案包括其他非转化国际法所必要的条款。[1]这意味着完全遵守欧盟指令将避免法案进入全民公投程序，同样可以达到法案快速通过的目的。虽然因为议会大选，尚没有讨论法案等原因，荷兰转化后的立法还停留在草案阶段，法案没有在指令规定的时限内通过，[2]但这并不妨碍荷兰遵循其习惯，倾向于遵守欧盟指令，不在转化时对指令进行较大的调整。

（2）对指令的遵守：以指令的适用范围为例

指令第3条规定其适用范围，本指令适用于任何贸易商向消费者供应或承诺提供数字内容或数字服务，而消费者支付或承诺支付对价的合同。由此，如何理解"消费者"的概念是确定指令范围大小的关键。而指令第2条对"消费者"进行了定义，"消费者"是为其行业、业务、工艺或职业以外的目的行事的任何自然人。指令的这种定义方式被学者们批评过于狭隘。它没有提到是否有将这些规定适用于非政府组织、初创企业或中小企业的可能；也没有考虑到消费者出于混合目的购买这些产品的情形，如作家购买杀毒软件保护写作资料，但杀毒软件同样也可以保护电脑上其他出于非工作目的而使用的产品，如下载的影片、音乐等。[3]

指令起草者也意识到不足，在序言中特别提到成员国有扩大指令适用范围的自由，例如成员国可以将本指令为消费者提供的保护扩大到非本指令所指的自然人或法人。不少国家，如德国、比利时扩大了指令范围，[4]但荷兰的新法案对于消费者的定义依旧与欧盟一致，同样只关注自然人以及强调行为需要为贸易、业务以外的目的。[5]为此，学者们将扩大适用范围的希望寄托在法院身上，或许法院可以从一般合同法规则、诚实信用或公平交易等原则

---

〔1〕 Aanwijzing 4. 18 Tijdstip inwerkingtreding referendabele wet.

〔2〕 Marco B. M. Loos, the（Proposed）Transposition of the Digital Content Directive in the Netherlands, 12 JIPITEC 229, 2021, p. 229.

〔3〕 Marco B. M. Loos, the（Proposed）Transposition of the Digital Content Directive in the Netherlands, 12 JIPITEC 229, 2021, p. 235.

〔4〕 Marco B. M. Loos, the（Proposed）Transposition of the Digital Content Directive in the Netherlands, 12 JIPITEC 229, 2021, p. 236.

〔5〕 Art. 50aa（e）, Voorontwerp implementatie richtlijnen verkoop goederen en levering digitale inhoud.

中找到灵感。[1]

（3）对指令的突破：以不适约的责任期限为例

尽管荷兰具有遵守欧盟指令的传统，也不代表荷兰会对欧盟指令完全遵守。《荷兰法律说明》9.7规定，在指令转化的过程中，需尽可能地与现有法律法规保持一致。[2]这成为荷兰突破指令的依据。以合同不适约的责任期限为例，欧盟《数字内容与服务合同指令》第11条第2款、第3款虽然给予成员国选择权，但条款中反复出现的"在一段时间内""不能少于2年"等语词还是体现出欧盟希望设立卖方承担责任或买方提出补救的固定期限的可能。与指令相反，《荷兰民法典》采取了一种对消费者更加友好的思维模式。《荷兰民法典》第7章第17条关于销售合同的规定，明确无论交货后过了多长时间，卖方都需要对交货时存在或产生的任何不符约定的情况负责。[3]立法者认为，只要买方仍然能够合理地期望货物能够正常运行，但货物实际上不能正常运行，卖方就应承担责任。[4]这意味着，对耐用消费品而言，在隐藏缺陷的情况下，赔偿责任期限将合理延长，远超2年的固定期限。

由于销售合同法律规定也适用于部分数字内容合同，荷兰转化后的法案借鉴了《荷兰民法典》，它规定：原则上卖方的责任期限是交货后两年，除非消费者不知情；在消费者不知情的情况下，如果买方合理地期望货物能够正常运行，而货物实际上不能正常运行，经营者就应承担责任。[5]新法案在指令允许的范围内，采取了《荷兰民法典》原有的模式，即对消费者友好的价值取向。一方面，法案使用了指令提供的选择权，因为欧盟指令与现行法有冲突，没有照搬欧盟指令。另一方面，由于销售合同的规定同样适用于大量数字内容合同，它借鉴了《荷兰民法典》的逻辑，这种借鉴意味着对实质性改变法律的限制，符合《荷兰法律说明》9.7的要求。

---

[1]　Marco B. M. Loos, the (Proposed) Transposition of the Digital Content Directive in the Netherlands, 12 JIPITEC 229, 2021, p. 236.

[2]　Aanwijzing 9.7 Aansluiting bij bestaande instrumenten.

[3]　Art. 7：17, Dutch Civil Code.

[4]　Marco B. M. Loos, the (Proposed) Transposition of the Digital Content Directive in the Netherlands, 12 JIPITEC 229, 2021, p. 234.

[5]　Art. 50ag, Voorontwerp implementatie richtlijnen verkoop goederen en levering digitale inhoud.

（三）荷兰对《货物买卖合同指令》的转化

1. 转化路径的选择

由于荷兰的法律体系中没有单独的消费者法，《货物买卖合同指令》的内容主要被移植到了《荷兰民法典》关于销售合同的第 7.1 章买卖合同中，《货物买卖合同指令》替代了原有的 1999 年《消费品买卖及担保指令》。[1] 虽然荷兰转化花费了相当长的时间，但最终提交给议会的《货物和数字内容销售指令实施法案》几乎是一年前议会发布的咨询草案的一个副本，其目的在于防止修改现有的立法或扩大应用到非消费者购买商品、数字内容或数字服务。

现行《荷兰民法典》是从 1959 年到 1992 年开始分编陆续公布实施的，这部法典也被称为"1992 年民法典"。《荷兰民法典》一共由 11 编构成，分别是：第一编自然人和家庭法，第二编法人，第三编财产法总则，第四编继承法，第五编不动产权利（国内也译为物权法），第六编义务和合同（也译为债法总则），第七编具体合同（有名合同），第七 A 编特别合同（临时卷，已经到期失效），第八编运输法和运输工具，第九编知识产权，第十编国际私法。评论者认为，该《荷兰民法典》因其漫长的立法进程而得以吸收多国法典的优势，如《法国民法典》的文法，《德国民法典》的体系构建，英美法中的预期违约、虚假陈述制度等。荷兰学者亚科布·海玛也指出，《荷兰民法典》对于《欧洲合同法原则》的起草也有着影响。[2]

此次为转化欧盟指令具体更改的条文包括第 5 条的关于消费者和数字相关内容的相关定义，新增了第 5a 条的具体适用范围，删除了第 6 条中的有关欧盟 1999 年《消费品买卖及担保指令》的条文，重点修改了第 6a 条、第 18 条的消费者合同违约的相关规定，新增了第 18a 条的物品安装等规定；修改了第 20 条、第 21 条交付货物的相关规定以及费用的承担责任分配等问题。2022 年 4 月 26 日，修订后的《荷兰民法典》正式公布。

2. 转化的具体内容

《货物买卖合同指令》主要包括以下内容：适约性判断的一般规则；经营

---

〔1〕 该信息来源于 https://www.fieldfisher.com/en/insights/new-consumer-protection-rules-in-the-netherlands，最后访问日期：2022 年 11 月 20 日。

〔2〕 参见［荷］亚科布·海玛：《1992 年荷兰新民法典概况》，刁君姝、田志钢译，王卫国校，载《比较法研究》2006 年第 1 期。

者的安装和更新义务；不适约救济制度（修理、更换、减价、解除合同）；商业担保规则；经营者追索权；违约的证据推定制度；经营者责任的时限；侵犯第三人权利的救济。这里可以大致分为两类：一类是原《消费者权利指令》已经规定、为《货物买卖合同指令》所沿用的规则；另一类是《货物买卖合同指令》新设的规则。通常，欧盟指令中会涉及一些可选择性的规定，交由成员国自行选择是否转化。但是，根据荷兰对指令转化的传统，荷兰一般不主动转化可选择性规范，也很少制定高于指令要求标准的规范。

（1）转化后的适用问题

根据《货物买卖合同指令》第 3 条第 6 款，该指令以及转化后的《荷兰民法典》第 7.1 章不影响民法典中关于合同法的一般规则（尤其是第六编的规则）的适用。

（2）适约性判断的一般规则

具体就转化内容来说，主观适约性由《荷兰民法典》第 7：18（1）条规定。客观适约性位于第 7：18（2）条。《荷兰民法典》规定经营者必须将货物缺陷通知于消费者，而消费者必须明确且单独地接受该通知，该缺陷才不可归责于经营者。由于该规定，经营者通过格式条款的形式规定消费者接受其缺陷通知可能也无法免责。

（3）经营者的安装和更新义务

《货物买卖合同指令》还针对附带数字内容或服务，即"带有数字元素的货物"增加了经营者的安装和更新义务，这主要规定于《荷兰民法典》新增的第 7 章第 18a 条和第 21 条第 8 款，并且在原第 18 条的基础上新增了部分相关内容。

（4）不适约救济制度

《货物买卖合同指令》还更新了原有的不适约救济制度，这主要体现于第 21 条和第 22 条。根据《荷兰民法典》第 7：21 条、第 7：22 条，消费者在货物不适约的情况下，有权要求修理、更换、减价或解除合同。这些救济措施的具体条件基本完整转化了《货物买卖合同指令》第 13 条~第 16 条的内容，不再赘述。

（5）商业担保规则

《货物买卖合同指令》还规定了商业担保的新规则。《荷兰民法典》第 7：6a 条规定，保证应在使消费者能够较长时间存储保证的数据载体上呈现（如纸张或电子邮件）。质保应包括诸如消费者在质保项下享有哪些具体权利、消费者为行使这些权利必须遵循哪些程序以及适用哪些条件等信息。此外，《荷兰民法典》第7：6a（6）条明确规定，经营者在广告中所作的产品表述也属于保修范围，除非在与消费者订立合同之前，广告中的表述已被纠正并（重新）发布。

（6）经营者追索权

《荷兰民法典》在第7：25（1）条中，转化了关于销售者追索权的这一条款，规定如果经营者因交易链先前环节的人员作为或不作为而导致货物不适约，在向消费者承担责任后有权向交易链中向他提供有缺陷的货物的人追偿。第7：25（3）条又规定了，如果销售者知道或应当知道不适约的情况，或者如果不适约是在交易链先前环节的人员向他提供货物后才发生的，卖方没有追索权。

（7）举证责任倒置

《货物买卖合同指令》改变的另一件事是违约的证据推定。作为一般规则，消费者必须在收到产品（实物）的那一刻就证明该产品已经有缺陷。根据旧《荷兰民法典》，如果在消费者获得该产品后6个月内出现缺陷，则可根据无证据推定该产品在交付消费者时已出现缺陷。根据新的《荷兰民法典》第7：18a（2）条，这一期限已延长至1年。《货物买卖合同指令》第11条第2款还为成员国提供了2年推定期间的可选项，但荷兰没有选择。

（8）经营者责任的时限

就经营者责任而言，1999年《消费品买卖及担保指令》第5条第1款规定经营者应对交付货物时存在以及在货物交付后两年内出现的货物不适约情况向消费者负责。《货物买卖合同指令》第10条第1款延续了该规定。这条体现在《荷兰民法典》第28条。货物买卖指令第10条第3款允许成员国采取更长时限。荷兰未采取。

（9）侵犯第三方权利的救济

《货物买卖合同指令》第9条还规定了侵犯第三方权利的救济，因侵犯第三方权利，特别是因侵犯知识产权而造成依照本指令第6条和第7条的规定限制货物的使用，成员国应确保消费者有权就本指令第13条规定的货物不适约获得救济，除非成员国法律规定此种情况下买卖合同无效或解除。转化中这一条指令被增补于《荷兰民法典》第20条第2款。

就《数字内容与服务合同指令》与《货物买卖合同指令》的关系而言，

《数字内容与服务合同指令》所规定的规则已在《荷兰民法典》7.1aa 段中实施，并适用于以数字方式生产和传递的所有数据，如数字订阅和流媒体服务。在这方面，本款不适用于在商品销售范围内实施数字内容的货物。

商品销售和数字内容之间最重要的区别在于通知义务。关于商品的销售，《荷兰民法典》第 7：23 条明确了消费者必须在规定的时间内将产品的违约通知经营者。另一方面，《荷兰民法典》第 7：50ap（2）条规定，数字内容合同不适用投诉义务。这意味着，即使消费者知道数字内容存在违约——尽管商品销售和数字内容都有两年的时效期限——消费者也没有任何将违约通知商家的主动义务。值得注意的是，《货物买卖合同指令》第 12 条规定了一个可选指令，即为了维护消费者的权利，成员国可以保留或引入本指令条款，规定消费者必须在发现货物不符合规定之日起 2 个月内通知经营者货物不适约。在此之前，《消费品买卖及担保指令》第 5 条第 2 款对此作出了规定。荷兰选择继续保留该规定，即《荷兰民法典》第 23 条第 1 款的规定。

（四）荷兰转化两个指令的评价

荷兰将《货物销售合同指令》和《数字内容与服务合同指令》转化为国内法花费了相当长的时间，但最终提交给议会的法案几乎是 1 年前议会发布的咨询草案的一个副本。荷兰立法者修改现有立法相当有限，其目的在于防止修改现有立法或扩大应用到非消费者购买商品、数字内容或数字服务。

1.《数字内容与服务合同指令》后的争议问题

（1）商界对更新义务表示一致否定。

欧盟《数字内容与服务合同指令》第 8 条第 2 款规定，经营者为了保持数字服务符合合同规定，有义务更新已经提供给消费者的数字内容与服务。荷兰法律草案分别由第 7 章第 50 条和第 7 章第 18 条对此条款进行转化适用。在草案进行向公众征求意见的过程中，商界对更新义务的条款表示一致否定。商业组织（以及个人）都强调，对经营者而不是对数字内容的开发者强加这种义务是十分错误的想法，因为经营者在开发和提供更新方面实际上没有发挥作用，他们既无法要求开发者更新数字内容，也没有告知消费者更新的可能。

一方面，在经营者向消费者提供数字内容与服务时，他们通常自身并不具备提供产品更新的能力，而只是扮演着销售的角色，他们必须依靠数字内容的开发商提供更新（无论数字内容的经营者或供应商是否知道开发商提供了更新）。若是要求数字内容和提供服务的经营者有向消费者提供更新的义务，当数字产品的生产商未能提供更新时，作为经营者的合同一方将必然地对违约情形承担责任。在上文所述的合同补救措施中，消费者有要求合同向对方进行修复、更新的权利，与此相对的，经营者并不能实际履行这一义务，因为他们从根本上并不具备履行更新义务的能力。这表明，若是法案强制规定数字内容与服务提供经营者提供更新服务，很可能并不能最终补全消费者的权益损害，使得法案成为一纸空谈。另一方面，经营者在与消费者订立合同时，除了一些价值较高的数字产品，在其他场合并不能很准确地获取消费者的联系方式，也就无法在售后阶段联系到消费者，从而更难实现通知更新的义务。一个荷兰的商业组织明确表示，若法案规定了经营者对提供更新负有责任，就应当规定数字产品生产商有义务在可以提供更新时通知经营者。

事实上，欧盟《数字内容与服务合同指令》的序言部分指出，希望成员国在进行指令转化时可以对更新义务进行详细具体的规范，例如，如果数字产品生产商未向消费者提供数字内容与服务的更新时，经营者可以对数字产品生产商提出赔偿的要求。鉴于荷兰在指令转化时倾向于不引入附加条款的传统，因此立法者也并没有在草案中列出这一项规范情形。

（2）个人数据作为交易对价可能对隐私权造成威胁

欧盟《数字内容与服务合同指令》第3条规定了指令不仅适用于为换取货币而提供的数字内容或数字服务的情形，也适用于消费者向经营者提供或承诺提供个人数据来换取数字服务的形式。这种情形下经营者处理消费者提供的个人数据的目的是提供数字内容或数字服务，或是经营者要履行其应遵守的法律规定。这项关于数字内容与服务合同范围的规定在荷兰转化时体现在立法草案的第7章第50条中。欧盟指令序言部分的第25条为成员国提供了一种选择，即用其他方式规范数字内容提供和数字服务合同的范围。而荷兰立法者与此前转化的方式相同，选择不引入附加条款，没有在法案中采用其他方式规范数字内容、数字服务合同范围。

针对以个人数据换取数字内容提供和数字服务的新型支付方式，荷兰数据保护局（AP）对此持批评态度。数据保护局认为收入水平较低的人群有可能会因为这项条款会受到不利影响，甚至可能会侵犯这些人群的基本数据权利。[1]因为不平等的钱权地位和过于宽泛的同意范围可能严重削弱对个人数

---

[1] Kamerstukken II, 2020/21, 35 734, no. 3, p. 15.

据的保护。荷兰数据保护局因此建议，荷兰在转化欧盟《数字内容与服务合同指令》时应同时认定一些侵害个人数据、个人隐私的形式，这些形式构成法律不可接受的对提供数字内容提供和数字服务合同的违约行为，消费者可在这种侵害个人隐私的违约情形下援引合同无效条款来进行维权。

与此相对，政府认为数据保护局提出的因侵犯个人隐私而违约的情形并不合理，因为在类似的情况下，消费者提供个人数据大多只是为了"换取"免费产品如廉价的玩具车、网球等小物品。政府认为数字内容与服务合同侵犯个人数据这种违约形式应该以其他方式去解决，而不是在这个法案的制定过程中解决，因为这将超出执行本次转化欧盟《数字内容与服务合同指令》所要求的范围。[1]荷兰的学者对政府的理由提出了异议，认为现实中滥用个人数据风险要比政府预计的高得多。因为在实际交易过程中，以个人数据为交换条件换取"免费"数字内容和数字服务的频率远远高于换取"免费"玩具车、网球的频率，而在前一种情况下极容易发生滥用个人数据的情形，即以个人数据换取数字产品和服务很大可能会有碍于个人数据保护。[2]

（3）消费者撤回同意的立法细节仍需探讨

欧盟《数字内容与服务合同指令》规定了同意处理个人数据的消费者有权撤回同意并要求经营者删除其个人数据，并将是否规定消费者如何撤回同意的情形留给成员国处理。指令并没有规定消费者撤回提供个人数据的同意后其是否会被追究责任，或者如果消费者根本不提供个人数据或提供不正确的个人数据，如提供虚假地址，经营者是否拥有终止合同的权利。同样，指令也没有规定撤销对个人数据处理的同意是否会被视为消费者单方面终止数字内容提供和数字服务的合同，还是会被视为使经营者有权以消费者不履行合同为由终止合同。以上指令没有涉及的立法细节，都交由成员国在转化时自行规定。[3]

首先，《荷兰数据保护法》对消费者撤回同意后的情形并没有明确的规

---

〔1〕　Kamerstukken Ⅱ, 2020/21, 35 734, no. 3, p. 14.

〔2〕　Marco B. M. Loos, the (Proposed) Transposition of the Digital Content Directive in the Netherlands, 12 JIPITEC 229, 2021, p. 234.

〔3〕　Gerald Spindler, Karin Sein, The new Directive on Contracts for the Supply of Digital Content and Digital Services, 15 Scope of Application and Trader's Obligation to Supply 257, 2019, p. 265.

定，即对于消费者如何撤回其同意，官方未给出任何正式的要求。[1]在《荷兰指令实施法草案》的解释性备忘录中也提到了如何撤回同意不适用于任何正式规定。[2]但草案的第 7 章第 50 条作出了一些补充，对于消费者未承诺支付货币的数字内容提供和数字服务合同，消费者撤回同意将被视为消费者不再受合同约束。因此，撤回同意意味着消费者单方面终止数字内容提供和数字服务合同。[3]

其次，针对消费者没有提供承诺的个人资料或提供虚假资料，经营者是否有获得救济的权利，荷兰在转化指令时并未作出明确的规定。荷兰的学者根据草案解释认为，消费者可以在任何时候撤回同意，从而终止数字内容合同而不承担赔偿责任，这就意味着消费者在不正确履行提供个人数据的义务时并不会导致其承担责任，[4]经营者此时也就不需要继续履行其在合同中的义务。[5]至于更高层面的救济权利则还需要进一步研究在立法中进行规定，当前还没有明确的定论。

最后，既然消费者撤回处理个人数据的同意意味着单方面终止数字内容提供和数字服务合同，那么当消费者向经营者表达决定终止合同的意思表示能否被解释为，也包括了撤回处理个人数据的同意？根据《荷兰指令实施法草案》解释性备忘录，情况确实如此，即荷兰草案的观点认为消费者在作出终止合同的意思表示时，也就意味着撤回对处理个人数据的同意。同时解释性备忘录也指出，如果消费者既不撤回对其个人数据处理的同意，也不终止数字内容提供和数字服务合同效力，其当然需要履行合同规定的义务，且消费者在终止合同时不需要单独撤回对处理个人数据的同意。[6]

2. 《货物买卖合同指令》转化后引发的讨论

《货物买卖合同指令》在荷兰转化后的一些问题也引起了讨论。例如，以加密货币作为支付手段的买卖合同是否适用于《货物买卖合同指令》？指令对

---

[1] According to Art. 3：59 BW, Art. 3：37（1）BW applies also outside the field of patrimonial law as such application is incompatible with neither the nature of the juridical act of withdrawing consent nor the nature of the relation between the trader and the consumer.

[2] Kamerstukken Ⅱ, 2020/21, 35 734, no. 3, pp. 11–12.

[3] Kamerstukken Ⅱ, 2020/21, 35 734, no. 3, p. 11.

[4] Kamerstukken Ⅱ, 2020/21, 35 734, no. 3, p. 12, p. 46.

[5] Kamerstukken Ⅱ, 2020/21, 35 734, no. 3, p. 12.

[6] Cf. Kamerstukken Ⅱ, 2020/21, 35 734, no. 3, p. 14.

此问题指令并没有给出明确的规定。《货物买卖合同指令》第 2 条第 1 款将销售合同定义为 "经营者将货物所有权转移或者承诺转移给消费者，消费者支付或者承诺支付货物价款（the consumer pays or undertakes to pay the price）的合同"。消费者支付或者承诺支付价款（price）是销售合同必要的构成要件。

　　无论是《货物买卖合同指令》还是《荷兰民法典》，都没有明确规定价款（price）的含义。但荷兰对指令实施法案的解释性备忘录中，货物买卖指令的适用范围被描述为：《货物买卖合同指令》涉及的销售合同，是指那些向消费者交付货物以换取货币价款支付的合同（the Sale of Goods Direct pertains to sales contract by which goods are delivered to a consumer in exchange for the payment of a price in money）。[1]"货币价款"（price in money）的表达方式，意味着 "价款"（price）被限定在与通用货币（money）有关的范围。[2]

　　《荷兰指令实施法草案》解释性备忘录对数字内容合同与服务指令的适用范围的描述是：《数字内容与服务合同指令》的适用范围是提供数字内容或者数字服务，以换取 a）价款（price），b）价值的数字表示形式（a digital representation of value）的合同，或者 c）提供数字内容或者数字服务以交换个人数据（in exchange for the supply of personal data）的合同。[3]

　　在上述解释性备忘录中，价款、价值的数字形式和交换个人数据是相并列的三个概念。这代表着用数字形式的价值支付，或者用个人数据以交换数字内容与服务的行为，都不等同于用价款支付。

　　此处的问题是，当《数字内容与服务合同指令》和《货物买卖合同指令》转化入《荷兰民法典》之后，以互联网加密货币作为支付手段的货物买卖合同是否受其调整。价款的内容与一定数量的通用货币相联系，加密货币并不属于价款的范畴。显然，加密货币也不属于为换取数据内容和服务而提供的个人数据。那么加密货币是否属于价值的数字表现形式呢？《荷兰指令实

---

　　〔1〕　Kamerstukken Ⅱ 2021/22, 35 734, no. 3, p. 3: "De richtlijn verkoop goederen heeft betrekking op koopovereenkomsten waarbij tastbare goederen tegen betaling van een prijs in geld worden geleverd aan de consument"（emphasis added, MBML）. See also Kamerstukken Ⅱ 2021/22, 35 940, no. 3, p. 40

　　〔2〕　Marco B. M. Loos, Consumer Sales and Digital Contracts in The Netherlands after Transposition of the Directives on Digital Content and Sale of Goods, Amsterdam Law School Research Paper, 2022, p. 16.

　　〔3〕　Kamerstukken Ⅱ 2021/22, 35 734, no. 3, p. 5; "De richtlijn heeft betrekking op aspecten van overeenkomsten waarbij digitale inhoud of een digitale dienst tegen betaling van a) een prijs, b) een digitale weergave van waarde, of c) in ruil voor persoonsgegevens wordt geleverd aan de consument".

数据具有一定的经济价值，且消费者依据自然权利理论和信息自决权对其在网络环境中产生的个人数据享有积极利用的权能，因此消费者以其个人数据换取数字内容与服务不仅是实践中的惯常做法，而且也符合法学的基本原理。

（三）消费者权利保护与减少经营者负担之间的平衡

在消费者保护水平不断提升的过程中，虽然消费者个体能得到的法律保障在不断增强，但由此提高的成本最终仍旧需要所有消费者去共同承担。不论是时效的延长、举证责任的倒置，还是远程交易中的撤回权等规定，均提高了经营者的经营成本。而经营者的目的在于盈利，因此最终仍需将这些成本转嫁回消费者身上。因此在经营者与消费者利益平衡的过程中，对消费者予以最高程度的保护并不是最好的，而是应当寻找一个最为恰当的性价比，既能够较好地维护消费者的权益，又能够将最后转嫁回消费者身上的成本降到最低。[1]

《数字内容与服务合同指令》和《货物买卖合同指令》关注的重点主要就是保护消费者的权利，特别在经营者的义务、数字内容适约性的判断标准、消费者的救济途径等方面进行了详细的规定，有效地平衡了消费者的保护与企业竞争力提升两者之间的利益关系，也有助于实现更高水平的消费者权利保护。尽管指令遵循完全协调化的原则，但仍然授予了成员国许多立法转化的自由裁量空间。如何在自由裁量框架内更好地进行制度设计，成员国立法者需要寻求一个在消费者保护和避免给企业造成过大经济负担之间的合理平衡。

例如，为了平衡消费者和销售者之间的利益，荷兰引入了《货物买卖合同指令》第 12 条规定的消费者告知义务。根据《荷兰民法典》第 7：23（1）条规定，消费者应当在发现不适约之日起 2 个月内通知销售者。荷兰消费者和市场管理局（The Authority for Consumers and Markets，ACM）曾建议政府重新考虑保留消费者的告知义务。根据最高法院的判例，如果卖方没有因为消费者违反告知义务而遭受任何损失，那么仅仅违反告知义务并不会自动导致

---

[1] 参见 ［德］托马斯·马丁·约翰内斯·默勒斯：《〈货物买卖合同指令〉的不足——兼论对立法缺失的改进》，戴俊哲译，张彤校，《中德私法研究》（第 21 卷），北京大学出版社 2022 年版，第 251 页。

施法草案》解释性备忘录声明，只有当这些加密货币在国家法律下被承认为价值的数字形式表示时，加密货币才能被视为"价值的数字表示"。[1]

综上，加密货币似乎在转化后的《荷兰民法典》中，既不属于价款，也不属于的价值数字表示形式，更不属于以供交换的个人数据。从解释性备忘录并不清晰的表述中，初步可以推测的结论是，以加密货币作为支付手段的货物买卖合同不适用《数字内容与服务合同指令》与《货物买卖合同指令》中的规则。[2]但这种对买卖合同的限缩，其依据并非来自两部指令本身。荷兰在之后的法律实践中是否会排除以加密货币作为支付手段的买卖合同对相关规则的适用，以及这种排除是否符合指令的要求，仍然是有待关注和讨论的问题。

---

[1] Kamerstukken II 2021/22, 35 734, no. 3, p. 40.

[2] Marco B. M. Loos, Consumer Sales and Digital Contracts in The Netherlands after Transposition of the Directives on Digital Content and Sale of Goods, Amsterdam Law School Research Paper, 2022, p. 16.

第五章

中国合同法在数字经济中的制度供给

一、欧盟数字立法对中国的启示

欧盟《数字内容与服务合同指令》和《货物买卖合同指令》在成员国国内均已成功转化，这标志着欧盟为促进数字单一市场而建构统一的数字交易规则的目标已经实现，也标志着其成员国为回应数字经济发展所需要的交易法律制度已经初步建立。当然，成员国在转化过程中也存在着一些争议问题，如在指令转化内容与《德国民法典》体系的融贯、与欧盟《一般数据保护条例》调整个人数据保护的利益冲突、合同解除之后数据保护不足以及间接损失难以证明等方面的问题，这些问题在前章对各成员国转化两个指令进行评价时已述及，在此不再赘述。

如果纵观欧盟的数字立法过程以及深入研究欧盟的立法成果，我们可以看到，欧盟数字立法立足于"欧洲数字单一市场战略"，最大程度上协调了欧盟内部的跨境电子商务规则，不仅使跨境数字内容与数字服务合同的履行、救济都有规可循，而且也为包括"带有数字元素的货物"买卖合同制定了法律规则，从而构筑起了欧盟的数字合同法，因而《数字内容与服务合同指令》和《货物买卖合同指令》的出台被视为数字时代对传统合同法的发展。

如前所述，中国数字经济虽然起步晚，但具有后发优势，目前发展已处于世界领先地位，各类数字产品不断推陈出新，构建出了一个巨大的数字市场。云储存、大数据等信息产业逐渐在国民经济中发挥越来越重要的作用，传统行业也都在搭载这些信息技术期待实现转型升级，这一过程中出现了许多新的法律问题亟待解决。但是，当前我国对数字内容合同的讨论尚不多见，对数字经济给传统合同法带来的挑战也未见深入研究。[1]促进经济发展、维护交易公正、引领和指导行业交易规则构建、提供裁判规范是合同法的目的和功能，[2]因此，我国应当在数字经济快速发展之时积极关注立法超前的欧盟数字合同法，研究欧盟及其成员国对数字合同法的立法经验与争议问题，为我国数字合同法的制度变革和制度更新提供理论储备和理论指导。

（一）完全协调方式为数字交易提供统一的法律规范

从制度的演进来看，欧盟 1999 年《消费品买卖及担保指令》[3]中对于"最低限度协调"（Mindestharmonisierung）与"买卖法中的瑕疵担保责任"的规定开启了成员国合同法的全面改革，如德国 2002 年债法现代化就是转化上述指令带来的直接后果。所谓"最低限度协调"是指仅在欧盟层面上为各个成员国设定最低标准，在最低标准的层面上需实现各国法律的协调和统一，成员国也有权制定更严格的规定。最低限度协调的典型要素包括：一般条款（Generalklauseln）、漏洞（Lücken）、开放性条款（Öffnungsklauseln）、选择性条款（Optionsklauseln）、转引至国内法的条款（Rückverweisungsklauseln in das nationale Recht）和最低标准条款（Mindestklauseln）。其中，最低标准条款允许成员国制定有益于其的更为严格的规定，这是最低限度协调最重要的表现形式。[4]

2011 年《消费者权利指令》对此前涉及消费者保护的《上门销售指令》与《远程销售合同指令》进行废除整合，并对《消费者合同中的不公平条款指令》和《消费品买卖及担保指令》进行修改，开启了完全协调化的立法技术，并在该指令中首次对数字内容合同进行了规制。选择完全协调化的方式将产生简易的、现代的统一法律规则，这样的规则能够扫清合同法上的差异障碍，形成对经营者有利的法律框架，同时也能保证欧盟境内的消费者受益

---

〔1〕 参见孙新宽：《论数字内容合同的权利救济体系——以〈欧盟数字内容合同指令议案〉为中心》，载《北京航空航天大学学报》2017 年第 6 期。

〔2〕 参见王利明：《合同法分则研究（上卷）》，中国人民大学出版社 2012 年版，第 13~19 页。

〔3〕 See Richtlinie 1999/44/EG über bestimmte Aspekte des Verbrauchsgüterkaufs und Garantien für Verbrauchsgüter vom 25. 5. 1999, ABl. Nr. L 171, 12.

〔4〕 参见［德］托马斯·马丁·约翰内斯·默勒斯：《〈货物买卖合同指令〉的不足——兼论对立法缺失的改进》，戴俊哲译，张彤校，《中德私法研究》（第 21 卷），北京大学出版社 2022 年版，第 231 页。

于这种同等程度的高水平保护。在 2011 年欧盟《〈欧洲共同买卖法〉条例建议》中，数字内容合同也被作为主要规制对象。然而该建议草案在 2014 年遭到成员国的反对，欧盟委员会随后将其撤回。[1]此后，欧盟立法机构进一步致力于在构建欧洲数字单一市场中实现欧盟法的协调和统一。为了促进欧盟内部跨境电子商务的发展，欧盟于 2015 年提出了《在线及其他远程买卖合同指令建议》和《数字内容合同指令建议》。2017 年，欧盟立法机构对《在线及其他远程买卖合同指令建议》进行了修改，其适用范围也扩展至线下交易的场景中。[2]在此基础上，2019 年 5 月《数字内容与服务合同指令》和《货物买卖合同指令》正式公布，指令要求各成员国应于 2021 年 7 月完成转化，并于 2022 年 1 月 1 日起正式施行。这一要求开启了成员国新一轮的数字合同法立法与改革。

为实现以上目的，指令以"完全协调"（Vollharmonisierung）为其法律工具，完全协调是要求成员国在国内法中不能继续保有或引入与欧盟法不相符的规定，由此构建欧盟内部市场统一的法律规则。与最低限度协调相反，完全协调旨在为所有成员国确立强制性的统一标准，成员国对此无权进行变更。统一的法律规则能够克服贸易分散的问题，提高法的安定性并且降低交易成本，从而致力于实现一个"真正的"数字单一市场。

两部指令的具体规定是否符合上述目的？完全协调的法律工具是否能够提高法的安定性、降低交易成本？这是各成员国在转化指令后经常讨论的问题。与以往不同，《数字内容与服务合同指令》和《货物买卖合同指令》均强调了完全协调的目标，但是在实现完全协调的目标过程中存在着诸多阻碍。因为指令中含有诸多开放性条款（Öffnungsklauseln），仍然给成员国对指令内容的转化留下了不少自由裁量空间，如对追索权、担保责任期间和时效期间的规定等。因此，指令虽然以完全协调为目标，但是就其正文而言，仍充斥着一般条款[3]、

---

[1] 欧盟委员会在荣克（Junker）作为其领导人时期主要致力于"欧洲数字单一市场战略"（digitaler Binnenmarkt），参见 Mitteilung der Kommission vom 16. 12. 2014, Arbeitsprogramm 2015, COM（2014）910 final, Annex 2 Nr. 60.

[2] Geänderter Vorschlag für eine Richtlinie über bestimmte vertragsrechliche Aspekte des Warenhandels vom 31. 10. 2017, COM（2017）637 final.

[3] 《货物买卖合同指令》第 7 条第 3 款第 a）项中的"理性的"（vernünftigerweise）。

漏洞〔1〕、开放性条款〔2〕、选择性条款〔3〕、转引至国内法的条款〔4〕和准许成员国自行订立对于其有利的更为严格规定的最低标准条款等元素。因此从结果上看，指令仍类似于最低限度协调的法律规范，而其仅仅创造出了完全协调的"假象"（Fata Morgana）而已。〔5〕

出现上述问题的原因在于，成员国出于对自身国情和政治的考量有时并不完全按照欧盟的指令进行转化，欧盟也担心完全协调的目标不好实现而在法律文本中明确允许成员国进行变更，此外对法律条文的理解不同也是难以实现完全协调目标的障碍之一。例如，《货物买卖合同指令》与《数字内容与服务合同指令》中共有 30 多处对成员国国内法的援引，此处仅列举《货物买卖合同指令》中较为重要的几处例外规定：就与货物瑕疵有关的举证责任倒置而言，成员国能在其国内法中将举证时限延长至两年，〔6〕或也可自行决定是否引入相应的提出异议义务（Rügeobliegenheit）；〔7〕成员国有权保留或引入关于隐藏的瑕疵〔8〕和即时拒绝权（sofortiges Recht auf Ablehnung）的特殊规则；〔9〕瑕疵担保权的大部分内容也未在指令中规定，而这将涉及损害赔偿请求权的行使〔10〕以及诸如合同成立、生效等合同法总则的规定。〔11〕由此可见，

---

〔1〕《货物买卖合同指令》第 3 条第 6 款中的"合同的效力"（Wirkungen eines Vertrages，就此参见第三部分第（二）项第 3 点第（2）小点处的论述和"损害赔偿"〔（Schadensersatz），就此参见第三部分第（二）项第 3 点第（1）小点处的论述〕。

〔2〕《货物买卖合同指令》第 10 条第 3 款中的"时效"（Verjährungsfrist）；《货物买卖合同指令》第 11 条第 2 款中的"举证责任倒置的期限"（Dauer der „ Beweislastumkehr "）。

〔3〕《货物买卖合同指令》第 12 条中的"通知义务"（Anzeigepflicht）。

〔4〕《货物买卖合同指令》立法理由 22 第 2 句中的"双重目的"（dual use）（就此参见第二部分第（三）项第 2 点处的论述）。

〔5〕参见 ［德］托马斯·马丁·约翰内斯·默勒斯：《〈货物买卖合同指令〉的不足——兼论对立法缺失的改进》，戴俊哲译，张彤校，《中德私法研究》（第 21 卷），北京大学出版社 2022 年版，第 231页。

〔6〕《货物买卖合同指令》第 11 条第 2 款。

〔7〕《货物买卖合同指令》第 12 条和将于第三部分第（三）项第 1 点第（2）小点处的论述。

〔8〕《货物买卖合同指令》立法理由 18 第 5 句。

〔9〕《货物买卖合同指令》立法理由 19 以及第 3 条第 7 款。关于英国《消费者权利法案（2015）》（Consumer Rights Act 2015）第 20 条第 7 款中的拒绝权（right to reject），参见 Lilleholt, A Half-built house-The New Consumer Sales Directive Assessed as Contract Law, 28 Juridica International 2019, p. 3, 5.

〔10〕《货物买卖合同指令》第 3 条第 6 款最后一句，就此将于下文第二部分第（三）项第 3 点以及第三部分第（三）项中进行论述。

〔11〕《货物买卖合同指令》立法理由 18 和第 3 条第 6 款。

完全协调的目标并未在指令条文中得到充分体现，而过多的例外性规定使得指令所涉及的内容仍旧依赖于成员国国内法的规定。因此，指令的具体内容与完全协调的目标间还存在较大的差距，[1]有学者称其仅为一件"未完成的作品（Torso）"。[2]

可以预见，未来在这些条款在适用的过程中，也会存在着很多与立法原意相背离的情况。尽管如此，除荷兰外，其他各成员国基本在欧盟所规定的时间内顺利完成了两部指令在国内的转化，这对于构建欧盟建设数字单一市场的统一法律框架起到了重要的推动作用。虽然完全协调的目标难以实现，但是这一目标仍然是欧盟指令颁布后所追求的，因此增强成员国之间的沟通，充分调查各国对自身国情和政治考量的内容，同时明晰各法律条文的内在含义，增强各国对于法律条文理解的协调性，从而有助于完全协调目标的实现。

（二）个人数据换取服务在数字时代的实现

欧盟《数字内容与服务合同指令》中规定了消费者在获取数字内容及服务时可以不支付货币对价而以个人数据换取数字内容和数字服务，这相当于在法律上将以个人数据换取数字内容及数字服务的合同纳入法律规制的范围之中，从而引起了个人数据"货币化""商品化"的争论。

实践中，只要消费者提供个人数据就可以"免费"获得一些数字内容与服务的现象并不少见。无可争议的是，现在的一些平台，比如一些手机软件等，都在向消费者"免费"提供数字内容或服务，然后使用消费者的个人数据用于广告或者其他目的来增加收益，消费者的个人数据对于经营者来说是有一定经济价值的。这种现象也在证明，一个关于"个人数据"的市场正在形成。[3]其实，在上述情况中，用数据支付和用金钱支付的作用是一样的，消费者提供的个人数据就像是支付了"对价"一样。需要注意的是，上述情况不包括经营者处理消费者提供的个人数据只是为了履行他的履约义务或对

〔1〕　Wilke，（Verbrauchsgüter-）Kaufrecht 2022-die Warenkauf-Richtlinie der EU und ihre Aus-wirkungen，BB 2019，2434-2447.

〔2〕　持此观点者，参见 Brigitta Zöchling-Jud，Das neue Europäische Gewährleistungsrecht für den Warenhandel，GPR 2019，S. 115，117；持批评意见者，参见 Tonner，Die EU-Warenkauf-Richtlinie，auf dem Weg zur Regelung langlebiger Waren mit digitalen Elementen，VuR 2019，S. 363，367.

〔3〕　Wolfgang Kilian，Personenbezogene Daten als schuldrechtliche Gegenleistung，in：Stiftung Datens-chutz（Hrsg.），Dateneigentum und Datenhandel，2019，Rn. 196.

他的法律要求，而不是为任何其他目的处理这些数据。[1]

对于消费者提供个人数据来获得数字内容与服务的情况是否应该在法律上被认定为"支付对价"这一问题，在欧盟学者中也仍然有不少争论。[2]但是至少将上述消费者"支付""个人数据"的情况纳入有偿合同是有意义的，因为如果这种合同被视为无偿合同，那么在无偿的合同中，买方（消费者）的权利往往得不到保护，特别是当数字产品有瑕疵时，消费者更不可能得到充分的保护。[3]

但是这种以个人数据换取数字内容与服务的合同在现实中广泛存在，为了保证消费者得到救济，该指令应当规制这种合同。至于是否要将消费者提供个人数据认为是"支付对价"，欧盟立法者在这个问题上有一个态度的转变：欧盟立法者在《数字内容合同指令建议》中使用了"对价"（Gegenleistung）这一术语，[4]以便明确地将这些用个人数据来获得数字内容与服务的情况纳入有偿合同中，但是欧盟最终颁布的《数字内容与服务合同指令》将"对价"这个概念删除了，因为欧盟 GDPR 视个人数据是一种基本权利，该指令也在其立法理由书中表明，保护个人数据是一项基本权利，因此不能将个人数据视为商品，[5]但该指令应确保消费者有权获得与此类商业模式相关的合同救济措施。[6]

可见，欧盟立法者这么做的主要原因是对于个人数据商业化的担忧。因为合同法中"对价"一词加剧了人们的担心，即《数字内容与服务合同指令》可能会给人以个人数据商业化的印象，并进而影响各个成员国的合同法，使个人数据交易在合同法原则上被认为是有效的。[7]绝对不能让基本权利被货币化一样，同样涉及基本权利的个人数据也不能轻易成为商业交易的对象，

---

[1] 《数字内容与服务合同指令》第 3 条第 1 款第 2 句。

[2] Lena Mischau, Daten als „ Gegenleistung " im neuen Verbrauchervertragsrecht, ZEuP 2020, S. 335; Wolfgang Kilian, Personenbezogene Daten als schuldrechtliche Gegenleistung, in: Stiftung Datenschutz (Hrsg.), Dateneigentum und Datenhandel, 2019.

[3] 参见金晶：《数字时代经典合同法的力量—以欧盟数字单一市场政策为背景》，载《欧洲研究》2017 年第 6 期。

[4] 《数字内容合同指令建议》第 3 条第 1 款。

[5] 《数字内容与服务合同指令》（见脚注 1）立法理由 25 第 1 句。

[6] 《数字内容与服务合同指令》立法理由书第 24 段。

[7] Lena Mischau, Daten als „ Gegenleistung " im neuen Verbrauchervertragsrecht, ZEuP 2020, Rn. 339.

即使个人数据涉及的自然人是交易的一方。[1]另一个原因是"提供个人数据"和"支付对价"之间有不可忽视的区别。一方面，许多学者认为，消费者提供个人数据来获得"免费"数字内容或服务的核心不是简单地提供数据，而是对数据处理的"同意"。根据保护个人数据的要求，只有在消费者同意的情况下，经营者才能合法地使用这些个人数据。然而消费者可以根据数据保护法上的权利随时撤回数据处理的"同意"。另一方面，数据保护法上对数据处理的同意使消费者能够对计划的数据处理范围有最大的控制权。[2]而合同法经常无法直接控制数据处理的范围，因为它很难确定数据在多大程度上被用于广告目的，特别是如果格式条款无法很好地控制使用目的的时候。[3]

因此，从本质上来讲，提供个人数据获得"免费"的数字内容与服务并不是合同法意义上的"支付对价"。在一些商业交易中，确实存在消费者用个人数据来获取数字内容与服务的情况，这和"支付对价"有着相似的功能，但是仍然不能将两者等同。因此，欧盟最终出台的《数字内容与服务合同指令》并未明确规定"个人数据"可以作为"对价"。其实，如上文所述，欧盟立法者在合同法领域中考虑这种情况只是为了保障消费者在利用个人数据获取数字内容与服务的情况下获得足够的救济，针对这种情况的救济主要涉及瑕疵担保以及合同解除后果的处理。至于在具体规则中应该如何处理合同法与数据保护法之间的关系，这个问题就交给成员国根据本国情况来解决。在《货物买卖合同指令》中也没有明确说明这种合同的效力究竟如何，只是指出成员国可以按照国内法自由确定这种合同的效力形态。

《数字内容与服务合同指令》规定了消费者以提供个人数据作为获得数字内容或数字服务的合同模式，提出了个人数据"保护+商业化交易"的双重模式。指令规定了数字内容与服务的适约性标准以及消费者权利救济途径，同时明确了个人数据非商品属性以及个人数据保护优先的原则。个人

---

　　[1]　European Data Protection Supervisor (EDPS), Stellungnahme zu dem Vorschlag für eine Richtlinie über bestimmte vertragsrechtliche Aspekte der Bereitstellung digitaler Inhalte. In: European Data Protection Supervisor, 2017, S. 11–12.

　　[2]　Lea Katharina Kumkar, Herausforderungen eines Gewährleistungsrechts im digitalen Zeitalter, ZfPW 2020, Rn. 326.

　　[3]　Wolfgang Kilian, Personenbezogene Daten als schuldrechtliche Gegenleistung, in: Stiftung Datenschutz (Hrsg.), Dateneigentum und Datenhandel, 2019, S. 202–203.

消费者因不符合规定而丧失所有补救权利。相反，最高法院要求对卖方和买方的共同利益进行权衡。ACM 指出，这一判例说明消费者的告知义务应当在满足某些条件时才保留。[1]

荷兰还选择保留 1 年的举证责任倒置时间，尽管《货物买卖合同指令》第 11 条第 2 款允许成员国将时间延长到"自货物交付之日起两年"。根据《荷兰民法典》第 7：18a（2）条，在消费者购买的情况下，如果在交货后一年内出现了与约定不符的情况，则可推定货物或"带有数字元素的货物"不符合合同规定，除非经营者另有证明，或货物的性质或偏差使其无法证明。也就是说，一般情况下，自交付之日起一年内出现的货物不适约可推定在货物交付时已经存在，消费者只需证明货物不适约，而经营者需要证明在建立适约性的时间点上不存在不适约的情况。ACM 曾建议立法者延长时间，因为消费者，特别是弱势消费者在缺乏证据的情况下很难维护自己的权利。[2]但立法者认为，确立统一的举证责任倒置时间，有利于维护法律的确定性，为经营者和消费者提供清晰的说明。[3]由于荷兰是将《数字内容与服务合同指令》和《货物买卖合同指令》一起转化的，而《数字内容与服务合同指令》第 12 条第 1 款将举证责任倒置的时间限制在交付后一年内，成员国不能保留或引入更长的期限，所以立法者认为统一的时间能确保法律的一致性。此外，不同的举证责任倒置时间对销售货物的经营者和提供数字内容的经营者不公平，会破坏消费者保护和经营者责任之间的平衡。[4]

为了在消费者和经营者之间的利益平衡，奥地利立法转化中也对瑕疵举证责任倒置推定期间的延长问题进行了讨论，对瑕疵举证责任倒置的推定期间是否应当由 1 年延长至 2 年？这样的设计无疑能提高消费者的保护力度。但是，考虑到通常情况下 2 年的期限对于建立现存瑕疵和事实瑕疵之间的法定联系过长，同时指令第 11 条第 1 款除外性规定的期间，即依照货物的性质和种类不宜适用推定期间，2 年的期间又是不够的。此外，结合《奥地利普通民法典》6 个月的担保责任期间来说，《奥地利消费者保障法》对担保责任期间延长至 1 年已经意味着立法的重大进步。综合上述原因立法者并未将举

---

〔1〕　Advice ACM, p. 3, published as attachment to Kamerstukken II 2020/21, 35 734, no. 3.

〔2〕　Advice ACM, p. 2-3, published as attachment to Kamerstukken II 2020/21, 35 734, no. 3.

〔3〕　Kamerstukken II 2020/21, 35 734, no. 7, p. 6, pp. 11-12.

〔4〕　Kamerstukken II 2020/21, 35 734, no. 3, pp. 7-8, p. 20.

证责任倒置的推定期间延长至 2 年。[1]

再以经营者责任与诉讼时效举例来说，商家应就交付货物时存在的任何不符合规定的情况对消费者负责，但这种责任应受到诉讼时效的限制。《货物买卖合同指令》与《数字内容与服务合同指令》中规定的诉讼时效均为两年，[2]通常也包括"带有数字元素的货物"。但上述情形只在合同规定了一个单独的供应行为或一系列单独的供应行为时才适用。如果双方确立了较长一段时间内的连续供应，不符合合同约定的情况在这段时间内出现，则经营者仍应承担责任。

在以下两个例子中，更能说明明显不符合约定的两年诉讼时效将不适用：一是如消费者与 Netflix 公司签订的合同，通过该合同，消费者可以访问该公司提供的内容（在一段时间内持续供应）。《货物买卖合同指令》第 11 条第 3 款适用，只要合同仍然有效，就必须按照合同的约定提供数字服务（允许访问该网页）。该合同的性质显示，消费者有可能在一定时间内访问网页或应用程序（以及商定的内容）（无论其期限是否事先确定），在以后消费者不能再访问网页或应用程序时，适约性的考量就不再重要。二是如汽车的销售合同，包括已经安装在汽车上的 GPS 应用程序，以及该应用程序在前 3 年的更新。《货物买卖合同指令》第 10 条第 2 款第 2 句适用，经营者对在合同规定的 3 年期间发生或表现出的任何不适约负责。应该注意的是，对于汽车本身适用 2 年的期限。因此，消费者将有不同的诉讼时效，这取决于不适约涉及汽车（2 年）抑或 GPS 应用程序（3 年）。

在前述例子中，如果双方同意在一年内进行更新，那么 2 年的期限仍将适用。虽然软件的更新只约定了一年的期限，但如果 GPS 应用程序在 2 年内出现明显不符合要求的情况，消费者仍将受到保护。如果消费者已经购买了最新版本的 GPS 应用程序而没有同意更新，原则上可以永远使用该应用程序，而经营者将对 2 年内出现的任何不符合要求的情况负责。

---

[1] Bundesministerium für Justiz, Erläuterungen, https://www. parlament. gv. at/PAKT/VHG/XXVII/ I/I_ 00949/fnameorig_ 983174. html, abgerufen am 24. 12. 2022.

[2] 根据 2019/771 指令第 10（6）条，成员国可以规定，对于二手商品的买卖，销售者和消费者可以就更短的责任期限达成合同条款或协议，前提是这些更短的期限不少于一年。欧盟法院判例法在此进行了部分修正，参见 EuGH, Vrteil v. 13. 7. 2017-C-133/16 Christian Ferenschild. /. JPC Motor SA，因为时效期也被包括在内。本条款所预见的协议也应受《不公平条款指令》的法律制度约束。

《货物买卖合同指令》给予了成员国广泛的自由来规范这一议题项下的内容。一方面，明显不符合规定的时效可以延长。另一方面，可能没有明显不适约的诉讼时效，但在这种情况下，成员国法律必须为消费者行使权利规定一个期限。《货物买卖合同指令》立法理由第 42 条指出，成员国应该可以自由地规定，成员国应自由作出规定，是经营者对既在责任期限内又在诉讼时效期间内的货物不适约负责，还是消费者的补救措施仅受诉讼时效的约束。

（四）绿色可持续发展和循环经济的规范配置

绿色经济成为推动经济增长的一种创新模式，它有别于传统经济模式下的高能耗、高污染、高排放。[1]其特征：一是要将环境资源的节约和环境保护作为社会经济发展的内在要素；二是要把实现经济、社会和环境的可持续发展作为其目标；三是在经济活动过程和结果中坚持以人与自然和谐为价值取向，以绿色低碳循环为主要原则，以生态文明建设为基本抓手。而欧洲是循环经济的发源地，循环经济的概念与人类可持续性发展的理念总是被人们相提并论。[2]废弃物治理是早期欧洲循环经济的主要工作，目标是降低固体废弃物对环境的消极影响。2008 年国际金融危机爆发后，欧盟提出经济发展要由线性增长到循环型的增长模式，在不断提高资源利用效率的同时，还促进经济的转型发展。欧盟于 2015 年 12 月提出了"循环经济一揽子计划"，其中包括四项废物管理立法修正建议、一个完整的行动计划及后续行动清单，从而组成了欧盟循环经济发展的战略构想。欧盟委员会于 2019 年 12 月发布了"欧洲绿色协议"（EU Green Deal），以 2050 年实现碳中和为核心战略目标，旨在构建经济增长与资源消耗脱钩、促进竞争力发展的现代经济体系。接着欧盟又于 2020 年 3 月发布了新版的"循环经济行动计划"，以上政策的频繁出台，足见欧洲对循环经济的重视。在未来，数字化技术将大力支持欧洲循环经济价值链的发展。数据作为循环经济的驱动力，其重要性主要体现在"欧洲绿色协议"和"欧洲数据战略"的衔接和相互作用上。在"欧洲绿色协议"中，人们通过智能循环应用数据空间获得大量相关数据，通过数据分析为行业供应链创造循环价值。欧洲新的数字化工具也将使价值链的跟踪

---

〔1〕　参见张敏：《欧盟绿色经济的创新化发展路径及前瞻性研究》，载《欧洲研究》2015 年第 6 期。

〔2〕　"绿色经济"的概念由英国环境经济学家戴维·皮尔斯（David Pearce）在其于 1989 年发表的《绿色经济蓝图》（Blueprint of a Green Economy）一书中首次提出的。皮尔斯创建这一概念的初衷是通过绿色经济增长方式实现人类可持续性发展，绿色经济成为推动经济增长的一种创新模式。

和透明变得更加容易。[1]

在《货物买卖合同指令》和《数字内容与服务合同指令》的制度设计以及成员国转化过程中，不少规定都体现了可持续发展和促进循环经济的理念。当前人类社会的过度消费之增速令人惊叹，所有可以采取的措施都有可能不足以遏制由此产生的环境后果。而在法律层面，当前最紧急的问题是通过制度设计规范和限制人们的过度消费和浪费行为，为此成员国也对《货物买卖合同指令》应承担的角色展开辩论。[2]例如，对于《货物买卖合同指令》第7条第3款的规定，商家提供数字内容的商品增设了涉及安全更新义务在内的更新义务，更新义务与可持续性目标存在联系。正如学者 Charlotte Pavillon 在立法咨询中建议的，政府应该严格确定现有的对不适约的补救方案是否符合可持续性目标。[3]允许经营者或供应商完全排除更新义务，实际违背了法律对社会可持续性的承诺，特别是对具有数字元素的商品而言。更新义务的目的是延长商品的经济寿命，要求经营者更新数字内容，以弥补已发现的任何错误，从而使消费者能够继续安全地使用它们。当更新不再被提供时，消费者就会发现自己将被迫购买新的商品，尽管从技术上来说，旧的商品尚且没有产生任何问题。但这无疑是一种资源的浪费，而这种浪费本可以相对容易地避免。[4]

对于欧盟而言，在"高水平的消费者保护"的立法目的下，以及在可持续消费的欧盟政策背景下，是否应当给予消费合同以可持续性、耐用性的标准，这个问题也是荷兰立法争议中的重点，与荷兰循环 2050 年国内发展目标存在衔接问题特别引起了关注。

消费者可以要求更换、减价或解除合同，但修理作为商品销售中最可持续的补救措施是，如果没有掌握专业知识的第三方的帮助，就无法提供，因

---

〔1〕 参见 Jori Ringman：《数字化如何支持欧洲循环经济价值链的发展？—数字化与可持续发展之间的联系（Ⅱ）》，载《中华纸业》2021 年第 19 期。

〔2〕 H.-W. Micklitz, Squaring the Circle? Reconciling Consumer Law and the Circular Economy, in B. Keirsbilck and E. Terryn（eds.）, Consumer Protection in a Circular Economy（Intersentia, 2019）, p. 323.

〔3〕 Charlotte Pavillon, Reactie op de internetconsultatie（2020）.

〔4〕 Elias Van Gool, Anaïs Michel, The New Consumer Sales Directive 2019/771 and Sustainable Consumption：a Critical Analysis, 4 Journal of European Consumer and Market Law, 2021, p. 136；Andre Janssen, Smart Contracting And The New Digital Directives：Some Initial Thoughts, 12 Information Technology and Electronic Commerce Law, April 2021, p. 196.

为经营者通常不能自己提供具有数字内容的商品更新。如果消费者选择修理而不是更换，如果这将给经营者带来不相称的负担，同时考虑到在不对消费者造成重大不便的情况下提供更换等其他不公平情况，那么根据《荷兰民法典》第7：21（4）条，经营者可以拒绝修理。此外，即使消费者有权维修，经营者可能承担很高的成本，但并不是不相称的负担，在经营者拒绝提供更新的情况下强制执行这一权利也是一种幻想，因为这将迫使消费者必须诉诸法庭。在这种情况下，消费者更有可能接受经营者的更换提议，或者干脆终止合同，从另一个经营者那里获得更换的商品。如果有必要，还可以将第一个经营者告上法庭，要求退还销售价钱。这至少可以为消费者节省时间，使其能够再次使用该商品。但这也意味着，那些可能很容易通过更新而被"修复"的商品将被简单地扔掉，或者最多退回给原经营者，从而产生大量的资源浪费。

值得注意的是，对于"带有数字元素的货物"而言，修理这一救济措施可能由于诸多原因无法轻易实现，从而导致资源的浪费。首先，如果修理需要更新服务，而经营者已通过《荷兰民法典》第7：18（6）条免除了更新义务，或者经营者在没有数字内容的开发者的帮助下无法自己提供更新，那么消费者实际上就无法获得修理。其次，根据《荷兰民法典》第7：21（5）条，如果修理将给经营者带来不成比例的高成本，经营者可以拒绝修理。为了快速解决问题，即使经营者不用承担不相称的负担，可能也会建议消费者更换商品。在这些情况下，消费者更有可能接受经营者的更换提议，或者干脆解除合同，重新购买商品，这至少为消费者节省了时间，使其能够尽可能快地再次使用该商品。但从可持续性的角度来说，这是一种资源的浪费，那些本可以通过更新被修理的商品将被简单地扔掉，或者最多退回给原经营者，而这种浪费本可以避免。

另一个例子是对货物较短的保证期的规定。《货物买卖合同指令》第10条第1款规定，经营者应对交付货物时存在的以及在货物交付后两年内出现的货物不适约情况向消费者负责。指令维持了《消费品买卖及担保指令》中规定的很短的保证期，尽管成员国可以自行规定更长的保证期。

欧盟委员会在2015年《在线及其他远程买卖合同指令建议》的提案中也在寻求为法律保障规定的时限方面实现最大程度的协调。该指令建议第32条中阐明的理由如下：为了提高经营者的法律确定性和消费者对跨境购买的整体信心，有必要统一经营者对消费者获得实际占有的货物存在的任何不适约性负责的期限。考虑到绝大多数成员国在执行《消费品买卖及担保指令》时都预见到了两年的期限，并且在实践中，市场参与者认为这是一个合理的期限，所以这个期限应该被保留。

然而，这一措施在很大程度上受到了学界的批评，认为不应该采用两年的最长期限，因为这将削弱消费者的权利，也与可持续性发展的目标不一致。很难解释为什么在购买耐用商品（如冰箱、洗衣机或汽车）时经营者不承担责任，而显然这些商品的使用寿命更长。[1]此外，这与欧洲议会2017年呼吁欧盟委员会采取旨在加强消费者保护的措施，"特别是对那些合理预期使用期限较长的产品"的决议相悖。[2]然而令人失望的是，欧盟立法者并没有利用转化指令的机会，通过设定更长的保证期来促进产品寿命的延长。事实上越多的成员国趋于延长保证期，生产者就越有动力去生产实际寿命更长的商品。[3]

根据研究表明，3年或5年的保证期对消费者更有利，尽管这种措施可能会给企业带来高额的成本。[4]有人认为，商品的寿命越长，价格越贵，消费者似乎就越没有动力选择可持续的商品。[5]然而，欧洲晴雨表（Eurobarometer）的报告显示，如果产品保证期延长到5年，66%的欧洲消费者愿意支付更多的金钱来购买产品。[6]毫无疑问，延长保证期是走向循环经济的一个有效机制。

---

〔1〕 M. B. M. Loos, Not Good but Certainly Content: The Proposals for European Harmonisation of Online and Distance Selling of Goods and the Supply of Digital Content, in I. Claeys and E. Terryn (eds.), Digital Content & Distance Sales: New Developments at EU Level, p. 21.

〔2〕 The European Parliament's Resolution of 4 July 2017 on a longer lifetime for products: benefits for consumers and companies, https://www.europarl.europa.eu/doceo/document/TA-8-2017-0287_ EN. html, 最后访问日期：2022年11月20日。

〔3〕 E. Terryn, A Right to Repair? Towards Sustainable Remedies in Consumer Law, in B. Keirsbilck and E. Terryn (eds.), Consumer Protection in a Circular Economy (Intersentia, 2019), p. 134.

〔4〕 The Study on the costs and benefits of extending certain rights under the Consumer Sales and Guarantees Directive1999/94/EC, p. 61. 载 http://publications.europa.eu/resource/cellar/4d120ad5-deee-11e7-9749-01aa75ed71a1.0001.01/DOC_ 1, 最后访问日期：2022年11月20日。

〔5〕 R. Pazos, Sustainability, the Circular Economy and Consumer Law in Spain, 5 Journal of European Consumer and Market Law (2020), p. 214.

〔6〕 The Eurobarometer report on "Attitudes of Europeans towards building the single market for green products" (2012), p. 108, 载 http://ec.europa.eu/commfrontoffice/publicopinion/flash/fl_ 367_ en. pdf, 最后访问日期：2022年11月20日。

二、我国规制数字内容与服务合同的模式选择

我国数字经济的崛起和发展为整个社会注入了源源不断的活力，数字内容与服务合同作为数字时代下的产物已然走进人们的生产生活之中。鉴于此，法律应当适应新的社会形态，积极发挥法的规制作用，以保障我国数字经济的有序发展。数字内容与服务合同与传统合同有较大区别，因而导致数字内容与服务合同在我国合同法体系中难以被准确定位，但就数字化时代的发展趋势来看，规制此类合同又显得十分重要与急迫，如何解决这一问题就成为理论探讨的重要议题。如果参考欧盟成员国转化指令的做法，将数字内容与数字服务的概念引入我国法律体系，不外乎存在两种路径：一是将数字内容与服务的概念引入《民法典》之中，在法律条文上明确概念的界定，并对其进行规范；另一种途径是将数字内容与服务通过特别法的形式加以规制。本部分试图在第四章对德国等欧盟成员国转化《数字内容与服务合同指令》研究的基础上，探讨我国规制此类合同的可行路径。

（一）数字内容与服务合同的概念引入

以《德国民法典》的转化路径为例，在欧盟《数字内容与服务合同指令》出台之后，德国于 2021 年将该指令进行了转化，转化后的《德国民法典》在 2022 年 1 月 1 日正式生效。[1]德国采用直接转化的方式将数字内容与服务合同规制在《德国民法典》第二编债法第三章合同总则的第 327 条，在该条项下包含了定义、合同类型、适用范围、适约性标准、不适约的救济方式，其规制基本与欧盟指令的构造形式相同。[2]在《德国民法典》规定的适用范围中，采用"消费者合同"（Verbrauchervertrag）、"一揽子合同"（Paketverträge）以及"数字产品"（Digitale Produkte）对数字内容与服务合同类型加以细化，而并非直接区分数字内容合同的类型，而是按照买卖、赠与、租赁等履行特点将数字内容与服务纳入特殊合同类型。[3]德国立法者使用"数字产品"作为数

---

[1]　Niels Kurth, Die Digitalisierung des BGB-die deutsche Umsetzung der Digitale-Inhalte-Richtlinie sowie der Warenkaufrichtlinie-Teil I, JA 2022, S. 265.

[2]　BGB § 327a-u.

[3]　Von RAin Dr. Lydia Bittner, Verträge über digitale Produkte-der Beginn des digitalen Zeitalters im BGB, VuR 2022, S. 10.

字内容和数字服务的通用术语，[1]最终并没有直接将数字内容合同定义在《德国民法典》之中，因在德国法中数字内容合同不是新的合同类型，而是已经存在的消费者合同的特殊形式。

与之类似的还有荷兰对欧盟《数字内容与服务合同指令》的转化，但是因为指令同时涉及数字内容与数字服务，但就定义来看，数字服务不能作为《荷兰民法典》第 7.1 章意义上的商品。因此，《荷兰民法典》第 7.1 章不能对数字服务进行规制。[2]并且欧盟指令也适用于消费者只承诺提供个人数据而不以金钱为给付方式的合同，不符合 7.1 章规定的销售情况，因此荷兰没有将该指令的规定直接纳入销售合同的章节中，而是插入新的章节，单独规制数字内容与服务合同。

如前所述，数字内容与服务合同和我国《民法典》规定的几种有名合同，如买卖、租赁和承揽合同的性质存在交叉之处，但又不完全相同。观察我国的立法经验，《民法典》的编纂并不是大规模地引入新的民事法律规范，而是对现有法律规范进行整合，以消除规范之间的矛盾和冲突。[3]我国《民法典》在合同编分则中规定了 19 种有名合同，但实践中交易类型的多样化以及交易规则的复杂化使得合同的类型更加丰富，但这些合同并未都被列入《民法典》中，而是通过借助特别法，如法律、法规以及司法解释的方式进行规范。[4]因此，从妥当适用法律的角度考虑，在我国《民法典》中引入数字内容与数字服务的概念及相应制度虽有助于解决相关合同的法律问题，但是将其作为有名合同加以规制似乎仍需要采取一种审慎的态度，进行细致衡量，避免直接引入造成与我国现有民法体系的不兼容。

（二）数字内容与服务合同的类型化

1. 合同类型化的功能和标准

德国法学家拉伦茨认为，当抽象一般概念及其逻辑体系不足以掌握某种生活现象或意义脉络的多样表现形态时，大家首先会想到的补助思考的形式

---

[1] BGB § 327 I.

[2] Marco B. M. Loos, The (Proposed) Transposition Of The Digital Content Directive In The Netherlands, JIPITEC 229 (2021).

[3] 参见李建伟：《我国民法典合同法编分则的重大立法问题研究》，载《政治与法律》2017 年第 7 期。

[4] 参见王利明：《合同法分则研究（下卷）》，中国人民大学出版社 2013 年版，第 2 页。

就是"类型"。[1]类型化是指通过某一类事物进行抽象、归类，从而对不确定的概念和一般性条款进行具体化，[2]类型本身是介于抽象与具体之间的一种中间形态，是事物的本质特性和具体特征的结合。[3]类型化方法通常是以事物的根本特征为标准，对研究对象的类属进行划分的一种方法。具体来说，合同类型化的功能主要包含以下两点：第一，合同类型化是一种有效的立法工具。在合同法领域，通过将合同类型化，可以归结、集合该类型合同的共同问题，从而有针对性地提取该类合同的抽象性一般规则，更好地实现对交易的规制。第二，合同类型化也是一种有效的弥补法律漏洞的工具。法律漏洞不断出现又不断被补充，这是不可否认的事实。[4]随着新的交易类型不断涌现，在突破传统合同法概念和制度，导致法律漏洞出现时，可以采取类型化方法去弥补法律漏洞。这一功能在实践中的体现是，近些年来随着新型合同类型的不断增多，合同法中原有的典型合同类型中也不断出现新的"次类型"。[5]多层次的合同类型立法使得合同法对交易的调整愈加完善，也体现出合同类型化对于弥补法律漏洞的实践效益。

我国立法者运用类型化思维和方法对我国《民法典》合同编分则中的各类典型合同进行了规定。将这些合同类型化立法是因为这些合同在交易过程中体现了一定特殊性，唯有针对这些特殊性制定专门规定，才能更好地实现对交易的规范。[6]这也在一定程度上体现了合同类型化的功能。

如前所述，将部分合同类型化是因为这些合同相较其他合同而言具有一定特殊性，这种特殊性对于这些合同来说又具有共性。在现有法律中没有相应规范时，唯有将这些合同进行类型化，针对其特殊性制定特殊规则，才能更好平衡合同双方的利益。作合同类型化工作，应把握以下几个标准：第一，该类型合同具有实践性，从而满足"重要且必要"规制的要求。被纳入我国《民法典》合同编分编的典型合同应具有高度的现实实践性，为人们生活反复

---

〔1〕　参见［德］卡尔·拉伦茨：《法学方法论》，陈爱娥译，商业印书馆2003年版，第337页。

〔2〕　参见王利明：《合同法分则研究（上卷）》，中国人民大学出版社2012年版，第29页。

〔3〕　参见李可：《类型思维及其法学方法论意义——以传统抽象思维作为参照》，载《金陵法律评论》2003年第2期。

〔4〕　参见刘士国：《类型化与民法解释》，载《法学研究》2006年第6期。

〔5〕　参见王利明：《合同法分则研究（上卷）》，中国人民大学出版社2012年版，第28页。

〔6〕　参见王利明：《合同法分则研究（上卷）》，中国人民大学出版社2012年版，第32页。

检验。[1]第二，该类型合同具有特殊性，现有《民法典》合同编通则中的规则或已有典型合同规则没有或难以解决该合同类型涉及的问题。合同类型化是对法律漏洞的补充，如果原有法律已经完善，就没有必要在现有规范上再增加新的合同类型。[2]第三，该类型合同具有普遍性，在立法技术上可以针对该类型合同可提取一套抽象规则。如果目前无法对该合同类型进行一般规则的归纳，说明该类型合同或经验仍然不足，或不具有普遍性，应在相关理论研究或交易实践较为成熟后再为该类型合同制定专门规则。第四，该类型合同具有可融合性，典型合同的规则作为民法体系的一部分，应与现有民法体系相融合，以维持民法体系的内部自洽和完整。该类型合同作为新的一种合同类型，为其制定的规范应与现有民法体系相融合。[3]否则，会带来更多的法律冲突与矛盾，反而不利于对该类交易的规制。

2. 我国增设数字内容与服务合同类型的立法模式

合同法规定有名合同，旨在规范当事人缔结合同的行为，积极引导当事人采取成本最低、风险最小、潜在争议较少的方式来缔结合同。[4]在我国，数字内容与服务合同交易类型是否应被视为一种单独的合同类型是有争议的。本书试图在前述我国数字内容与服务行业发展背景以及相关立法与司法实践的基础上，对我国在《民法典》合同编增设数字内容与服务合同类型的可行性进行分析。

合同类型的增设通常会面临两个难题：第一，难以提取抽象的一般规则；第二，难以与现有民法体系相融合。因此，是否能针对该类型合同提取抽象的一般规则、是否能与现有民法体系相融合也是判断增设该合同类型是否具有正当性的重要内容。[5]如本书第四章所述，欧盟各成员国在转化欧盟指令时，与其现有民法体系相融合也是增设数字内容与服务合同类型的核心问题之一。新合同类型是否可以与现有民法体系融合，取决于立法者的立法技术，具体体现为立法者所选取的立法模式、立法术语等。德国等国对数字内容与

---

〔1〕 参见游进发：《无名契约典型化之因素》，载《高大法学论丛》2017年第1期。

〔2〕 参见李建伟：《我国民法典合同法编分则的重大立法问题研究》，载《政治与法律》2017年第7期。

〔3〕 参见石宏：《合同编的重大发展和创新》，载《中国法学》2020年第4期。

〔4〕 See Steven Shavell, *Foundations of Economic Analysis of Law*, Harvard University Press 2004, pp. 291-294.

〔5〕 参见游进发：《无名契约典型化之因素》，载《高大法学论丛》2017年第1期。

服务合同的立法经验或可为我国在增设数字内容与服务合同类型过程中，提供立法文本和立法路径上的借鉴经验。其中最首要的，当然是要解决采用何种立法模式更能满足与我国《民法典》合同编体系自融洽的问题。对我国现有法完善的路径来看，有学者认为，一是出于法律稳定性考虑，对数字内容与服务合同的法律规制问题不作回应，仍然参照现有《民法典》规范适用；二是进行法典修改，直接对《民法典》的法律条文进行修改；三是由最高人民法院出台司法解释，对具体法律应用作出说明。[1]本书从以下模式进行分析，并选择一种较为适宜的规制模式。

（1）在《民法典》合同编分则中单独立法的模式

在我国《民法典》合同编分则中进行单独立法的模式是将数字内容与服务合同作为一种独立的典型合同纳入分则之中，从而与现有的买卖合同、租赁合同等19种典型合同并列。[2]这种模式的好处在于，不需要对其他典型合同的规范进行过多修改或调整，只需要增加数字内容与服务合同一章与其他典型合同共同构成有名合同体系即可。当然这种模式的使用前提是该种合同类型与其他合同类型的给付特征有明显的区别，不会产生重复或交叉的情形。

前已述及，数字内容与服务合同是以合同标的物为标准形成的一种合同类型，而我国《民法典》合同编第9章~第27章规定的19种典型合同则是以给付特征为分类标准的，[3]这就导致数字内容与服务合同可能会与其他典型合同产生交叉关系。如果直接将数字内容与服务合同与租赁合同、承揽合同等典型合同类型并列，实践中可能出现一项合同具有两项典型合同性质的情形。比如，租赁DVD的合同既可以被认为是租赁合同，也可以被认为是数字内容与服务合同；根据定作人要求制作数字内容与服务的合同既可以被认为是承揽合同，也可以被认为是数字内容与服务合同。合同性质的交叉引发的

---

〔1〕　参见吴桂德：《我国民法典视野下的数字内容瑕疵担保责任—基于欧盟背景下德国法的比较法考察》，载《政治与法律》2020年第1期。

〔2〕　我国《民法典》合同编第2分编第9章~第27章规定了19种典型合同，这19种典型合同分别为：买卖合同、赠与合同、借款合同、保证合同、租赁合同、融资租赁合同、保理合同、承揽合同、建设工程合同、运输合同、技术合同、保管合同、仓储合同、委托合同、物业服务合同、行纪合同、中介合同、合伙合同和供用电、水、气、热力合同。

〔3〕　我国《民法典》合同编分则中的19种典型合同按照给付性质的不同还可被归纳为以下5项基本合同类型："转移标的物所有权的合同""转移标的物使用权的合同""提供工作成果的合同""服务类合同""技术合同"。

后果是一项合同需同时适用两种合同的规范，两种规范的地位是同等的，规范内容有可能是重复的，也有可能是冲突的，但无论是哪一种情况，都与构建体系化合同规则的目的不相符。

因此，通过在《民法典》合同编单独立法的模式作为我国规制数字内容与服务合同的模式似乎存在一定的问题。

（2）类合同模式

如何既能突出数字内容与服务合同的特征，又能维护既有民法中合同分类体系的连贯性和一致性，使数字内容与服务合同与其他典型合同融洽相处，是判断在我国《民法典》增设数字内容与服务合同类型是否可行的关键，在此种考虑之下，考虑采用德国的"类合同模式"可能是一个值得借鉴的立法途径。

欧盟对于数字内容与服务合同进行了统一立法，各成员国在转化时同样遇到与现有民法体系融合的问题。《德国数字内容与服务合同指令转化法》将"数字产品合同"作为一种基本合同类型列于双务合同之中，将欧盟《数字内容与服务合同指令》中相关规则统一放置于《德国民法典》第327条之下，突出了数字产品合同的特征；同时，德国立法者不是以合同标的作为合同分类标准，仍以给付特征为标准，将数字产品合同拆分至买卖、承揽、租赁、赠与等不同的典型合同项下，这种立法方法既维护了典型合同体系的稳定性，又使得数字内容与服务合同很好地融入了现有民法体系之中。德国的这种"类合同模式"，至少在规范层面上验证了数字内容与服务合同与传统民法体系融洽相处的可能性。

我国与德国合同分类体系相似，主要也是以给付特征作为合同分类标准。德国采取的"类合同模式"既满足了数字内容与服务合同的特殊规范需求，又未对典型合同分类标准产生突破，该模式为合同类型的扩张提供了足够空间，或可为我国借鉴。当然有所不同的是，德国对于数字内容与服务合同双方权利义务的规范仍主要局限于消费者合同领域，但我国并未将消费者合同直接纳入《民法典》合同编之中，如何对数字内容与服务合同制定一般性规范，仍是需要解决的问题。

如果借鉴德国的"类合同模式"，那么就要在我国《民法典》合同编通则中增加数字内容与服务合同类型，针对数字内容与服务合同类型的特征制定一般性规则。我国《民法典》合同编总则与分则的关系可以被看作一般法与特别法的关系，[1]此时，数字内容与服务合同与《民法典》合同编分则中各类典型合同并非并列关系，而是一般合同类型与特殊合同类型的关系。即便数字内容与服务合同与其他典型合同存在交叉关系，也不会出现合同性质竞合的问题，在适用规范过程中秉持"特别法优先于一般法"的原则。[2]如数字内容与服务合同规则与典型合同规则产生冲突，可以在相应典型合同章节下设立"数字内容与服务合同"这一"次类型合同"，明确该"次类型合同"中数字内容与服务合同规则的优先适用地位。但是这一立法模式似乎与我国现有合同法体系也不融洽，我国的合同编通则并不像《德国民法典》那样在其合同法总则第一节部分第二目规定了特殊的交易形态，可以将新出现的类似于数字内容与服务合同的合同放置其中，也没有在合同法总则第二节单独设立双务合同，可将数字内容与服务合同放置于其中规定其一般规则。如果在我国《民法典》合同编通则是关于合同法（债法）的一般性规定，如单设一类数字内容与服务合同类型，将其放置于何处是一个问题，在总则单独规定一类合同显得既突兀又不符合规范的体系性安排。

（3）适宜的规制模式选择

综上所述，本书认为，合理和可行的选择是将上述两种方式结合起来，首先，承认数字内容与服务合同是一种新的合同类型；其次，在对其进行规制时，由于我国《民法典》颁布实施的时间不长，若急于对《民法典》进行修改可能会造成立法资源的浪费，也会破坏法的稳定性。从解释论角度出发，司法解释能够在不破坏现有法律体系的基础上，对法律规范进行补充，提供更加有针对性的规范指引，而单行法虽然能够通过立法的方式，解决现有法律缺失的问题，但是立法依然是一种耗时耗力的过程，并不能尽快解决现有问题。因此，本书更加倾向于目前在《民法典》合同编中通过司法解释对数字内容与服务合同进行补充规定，以缓解法的滞后性所带来的规制困境。因此，数字内容与服务合同涉及《民法典》合同编通则中的相关规则，如个人数据换取数字内容与服务、合同的适约性、违约救济可通过司法解释的方式进行规制指引；在《民法典》合同编分则部分，由于与买卖、租赁、承揽典型合同有交叉，可以在买卖合同、租赁合同、承揽合同章节中采用"次类型

---

[1]　参见王利明：《合同法分则研究（上卷）》，中国人民大学出版社 2012 年版，第 19 页。

[2]　参见王利明：《合同法分则研究（上卷）》，中国人民大学出版社 2012 年版，第 21 页。

合同"的模式，通过司法解释的方法将数字内容与服务合同纳入其下进行规制，指明在符合上述典型合同特征时，可适用该类型合同典型规则；但当该规则与数字内容与服务合同规则产生冲突时，应以《民法典》合同编通则中关于数字内容与服务合同的一般规则的司法解释为准；最后，在时机成熟时，还可对《消费者权益保护法》进行特别立法，强化对数字内容与服务合同的规制。

三、我国《民法典》中数字内容与服务合同的规则建构

（一）合同编通则中一般规则的补充性解释

1. 德国经验和文本借鉴

我国自 1999 年制定《合同法》时，就有学者提议将互联网服务合同纳入合同法分则，但最终未能成功，其中一个重要原因就是这方面经验不多，国内外没有明确规定，规定在合同法中条件还不成熟。[1]此次《民法典》编纂过程中，有学者再度建议将互联网服务合同列为新合同类型纳入《民法典》合同编，并将在线交易的数字内容与服务合同纳入其中，[2]但最终也未能成功。有些学者认为其中一个原因是互联网服务合同的涵盖范围非常广泛，内容也极为复杂，很难提取出一般性规则。[3]数字内容与服务合同和互联网服务合同在概念、范围方面虽有不同，但作为新合同类型被规范时所面临的困境是相似的，即虽然在实际生活中具有普遍性，但在我国规范层面上尚未能形成较为成熟的一般性规则。

《数字内容与服务合同指令》是欧盟立法者对于数字内容与服务交易实践发展的有效回应，以构建欧洲数字单一市场为目标，围绕数字内容与服务特征对传统合同法规则进行修正，从而推动并维持民法规则的连贯性与体系性发展。[4]德国在转化指令时，是在《德国民法典》合同法总则第 327 条中针

---

〔1〕 参见李建伟：《我国民法典合同法编分则的重大立法问题研究》，载《政治与法律》2017 年第 7 期。

〔2〕 参见李建伟：《我国民法典合同法编分则的重大立法问题研究》，载《政治与法律》2017 年第 7 期；葛鑫：《互联网服务合同入典问题探赜》，载《中国社会科学报》2018 年第 5 期，载 http://www.cssn.cn/zx/bwyc/201803/t20180328_3889908.shtml，最后访问日期：2021 年 3 月 22 日。

〔3〕 参见石宏：《合同编的重大发展和创新》，载《中国法学》2020 年第 4 期。

〔4〕 Alex Metzger, Verträge über digitale Inhalte und digitale Dienstleistungen: Neuer BGB Vertragstypus oder punktuelle Reform? *Juristen Zeitung* 2019, S. 584–586.

对数字产品合同的特征，在合同双方权利义务、举证、权利救济等方面制定了较为系统的一般规则，并对欧盟《数字内容与服务合同指令》的内容在本国法中进行了细化和补充。[1]

本书认为，欧盟与德国等国的立法经验验证了数字内容与服务合同相关规则具有可抽象性，可以为我国提供立法文本参考，使数字内容与服务合同满足增设合同类型正当性要求中的"可提取一般规则"这一条件。[2]因此，我国或可借鉴欧盟与德国的立法经验，针对数字内容与服务合同的特征，在《民法典》合同编通则中构建出数字内容与服务合同的一般规则。如前所述，目前适宜通过司法解释的方式，对《民法典》合同编通则中涉及的相关条款根据数字内容与服务合同的特征，进行特别的解释和细化。

2. 合同编通则中的数字内容与服务合同的一般规则

（1）构建"以个人信息换取服务"的调整规则

在互联网时代无法将个人数据和个人信息进行完全分割，数据是信息的载体，而信息是数据的核心，两者背后都包含对个人人格权的重视和保护。因此，在本书中，个人数据和个人信息具有同样的含义，行文表述时不作区分。在欧盟《数字内容与服务合同指令》第3条规定的消费者以个人数据作为支付方式的合同，同样属于数字内容与服务合同。该条款既是数字时代对传统民法典提出的一道难题，又是对传统合同法的一种更新。

如前所述，国内外学界对于"个人数据作为支付方式"有争议。支持者认为，"个人数据作为支付方式"已经成为互联网时代下的典型交易模式，在人格权和财产权二分的框架下，个人数据的经济面向隐而不彰，被埋没在人格尊严和人格发展的精神价值之下，这反而削弱了法律对个人数据的保护。[3]承认个人数据作为金钱外的另外一种支付方式反而更加有利于对消费者的保护。此外，如果否认个人数据作为金钱外的另一种支付手段，则会将该种交易模式推入无偿合同的"泥地"，基于"利益主义"的原则，无偿合同的行

---

〔1〕　Bundesministerium der Justiz und für Verbraucherschutz, Entwurf eines Gesetzes zur Umsetzung der Richtlinie über bestimmte vertragsrechtliche Aspekte der Bereitstellung digitaler Inhalte und digitaler Dienstleistungen, 13. 01. 2021, § 327.

〔2〕　参见石宏：《合同编的重大发展和创新》，载《中国法学》2020 年第 4 期。

〔3〕　参见张新宝：《"普遍免费+个别付费"：个人信息保护的一个新思维》，载《比较法研究》2018 年第 5 期。

为人责任会被减轻，具体体现在：第一，无偿合同债务人只有在获益（并非对价）、故意隐瞒瑕疵等例外情况下，才承担物之瑕疵的担保责任；第二，无偿合同债务人的注意义务标准较低，仅需尽一般人所应尽的注意，即无重大过失便可免责，合同法不要求其尽到"善良管理人"的注意义务；第三，无偿合同债务人承担较轻的债务不履行责任，如降低其责任标准、免除给付迟延的责任以及缩减其责任范围。[1]而反对者则认为，将个人数据作为支付方式会导致人格权的商业化，从而导致人的物化，否定人作为法律关系的绝对主体地位。

个人数据是否具有财产属性是解决个人数据对价化的首要问题。我国《民法典》第四编第六章"隐私权和个人信息保护"表明我国立法者将个人信息权益纳入人格权进行保护，但这种立法并不能完全抹去个人数据的财产属性，个人数据的人格权益与其财产利益并非完全相斥。国内学界对于数据权利性质和归属意见不一。有学者将个人数据权定义为所有权，如"用户是个人数据的基础提供者，对个人数据拥有所有权"。[2]有学者将个人数据权益分为个人数据权和数据财产权，个人数据权虽然包括控制和支配的权利，但依然属于新的人格权类型；数据财产权不包含个人数据，为纯粹的财产权；[3]持综合权利说的学者认为，个人数据权益"兼具人格权和财产权双重属性"。[4]但不论是持哪种观点，个人数据的财产属性，个人数据在信息化社会所体现出来的经济价值都是毋庸置疑的。

在我国《民法典》立法过程中，个人信息究竟是一项独立的权利，还只是一项受法律保护的法益，在学者中有不同的解读。[5]争议的核心点是处理

---

〔1〕 参见张新宝：《"普遍免费+个别付费"：个人信息保护的一个新思维》，载《比较法研究》2018年第5期。

〔2〕 参见丁道勤：《基础数据与增值数据的二元划分》，载《财经法学》2017年第2期。

〔3〕 参见齐爱民、盘佳：《数据权、数据主权的确立与大数据保护的基本原则》，载《苏州大学学报（哲学社会科学版）》2015年第2期。

〔4〕 参见肖冬梅、文禹衡：《数据权谱系论纲》，载《湘潭大学学报（哲学社会科学版）》2015年第6期。

〔5〕 参见对这一问题的探讨，参见王利明：《论个人信息权在人格权法中的地位》，载《苏州大学学报》2012年第6期；王利明：《论我国〈民法总则〉的颁行与民法典人格权编的设立》，载《政治与法律》2017年第8期；杨立新：《个人信息：法益抑或民事权利——对〈民法总则〉第111条规定的"个人信息"之解读》，载《法学论坛》2018年第1期；张新宝：《〈民法总则〉个人信息保护条文研究》，载《中外法学》2019年第1期。

个人信息保护与大数据利用之间的利益衡量问题。一方面，个人信息作为人格权益，直接根植于个人信息自决权，其价值与人格尊严具有实质性的紧密联系，是应该受到法律严格保护的；另一方面，在大数据产业迅猛发展、数据已经成为新的生产要素的时代背景下，如果对个人信息处理者过于苛责，则可能会损害其权益，不利于大数据的自由流通和高效利用，也不利于推进大数据产业的发展。这一矛盾态度的延续体现在《民法典》中关于个人信息定性模糊、谨慎的措辞上。

在数字社会，信息业者对个人信息收集和利用的正当性已经得到了社会上和立法者的普遍承认，促进个人信息的合理利用与保护个人信息是同等重要的立法追求。[1]但在个人信息保护与利用之间进行平衡仍是比较困难的问题，如果强调人格利益，则势必会特别强调信息主体对于其个人信息的"支配性"，那么留给信息业者"利用"个人信息的空间就会小；反之，如果强调个人信息的财产利益，则势必要在一定程度上限制信息主体对其个人信息的"支配程度"。支配程度与利用空间之间如何平衡，会直接决定个人信息收集、处理和使用者的义务内容。[2]

个人数据作为支付方式对于消费者的保护以及对于经营者的利益衡量最终还是要落实到双方权利义务关系中。欧盟《数字内容与服务合同指令》主要关注点在于消费者的权利以及经营者的义务，而将消费者的义务留给成员国国内法规定。指令对于"以个人数据换取服务"的交易模式并未过多着墨，只是针对以数据作为支付方式作出了如下特殊规定：当数字内容或数字服务通过金钱支付时，消费者只有在不适约的影响并非微不足道的情况下才有权解除合同。但是，如果不是以支付金钱形式提供数字内容或数字服务，而是由消费者提供个人数据，则在不适约较轻的情况下，消费者也应有权解除合同，因为消费者无法通过减价获得救济。如果消费者支付价格并提供个人数据，则在不适约的情况下，消费者应有权获得所有可用的救济。特别是，在满足所有其他条件的情况下，消费者应有权使数字内容或数字服务符合合同约定，有权降低与为数字内容或数字服务支付的费用，或解除合同。即在通

---

〔1〕　参见张新宝：《从隐私到个人信息：利益再衡量的理论与制度安排》，载《中国法学》2015年第3期。

〔2〕　参见金辉：《建立完善的个人信息保护制度》，载《经济参考报》2019年12月31日。

常情况下，消费者的解除合同权属于次级性救济方式，但当个人数据作为支付手段时，消费者无法通过减价获得救济，因此不受上述限制。《数字内容与服务合同指令》对于上述问题的规定也带来了问题，即将个人数据作为支付手段，将"以数据换取服务"的交易模式界定为双务合同时消费者负有向经营者提供数据的义务，这种义务是否会对消费者对其同意的撤回构成限制？经营者解除合同的权利由成员国自行规定，若适用德国法律，在满足《德国民法典》第323条、第535条的规定时，经营者有权解除合同。若消费者未能提供个人数据或消费者构成根本违约，经营者行使合同解除权后的损害赔偿的具体数额如何认定。法院应如何评估消费者的个人数据的价值问题将变得十分现实且棘手。[1]因此，在实践中明确个人数据的使用范围和受侵害时的救济方式，特别是评估消费者个人数据的价值，以此来平衡个人数据保护和数字经济发展的关系才是适应当今社会数字经济发展的重中之重。

在我国，尽管经济学学者早已详细剖析了"零价格"数字产品背后隐含的"服务换取数据"商业模式，[2]但是由于个人信息许可使用尚未被明确规定在《民法典》之中，受重保护轻利用的立法模式的影响，法学界针对个人信息许可使用为数不多的讨论主要还是集中在其合法性与合理性上，"数据支付""个人信息对价"等舶来的法律概念虽出现在部分学者的论文中，但并未引起广泛讨论，更未出现在立法中。但在行业实践中，以个人信息为对价来换取数字内容或服务的情况较为常见，如果提供方因此获得了巨大经济利益，却无须对数字内容与服务的瑕疵承担担保责任，会造成合同双方权利义务出现严重不对等。因此，本书认为，应将以个人信息为对价的数字内容与服务合同纳入数字内容与服务合同规则的调整范围，当然，也要明确以下两点要求：

第一，作为对价的个人信息应为主动提供的信息。作为对价的个人信息，应是用户积极、自主提供的信息，而非对履行法律或合同义务具有必要性的"消极"个人信息。比如，地图软件获取"位置信息"是该软件可被正常使用的前提，虽然该软件在获取这些信息时也需要征得用户同意，但收集这些

---

〔1〕 Florian Faust, Digitale Wirtschaft-Analoges Recht: Braucht das BGB ein Update? Verlag C. H. Beck, München, 2016, S. 4.

〔2〕 参见焦微玲、裴雷：《数字产品"免费"的原因、模式及盈利对策研究》，载《现代情报》2017年第8期；参见刘莉莉、朱欣民：《免费：网络服务市场的破坏性创新》，载《云南师范大学学报》（哲学社会科学版）2014年第1期。

信息的目的仅是确保用户可正常使用该软件，软件运营商并不会将该个人信息用于其他目的，更不会以此营利。因此，这种"消极"的个人信息不应被视为"作为对价的个人信息"。

除此之外，出于保护个人信息的考量，使用方在注册或创建用户账户时提交的个人信息不应被包含在可作为对价的个人信息之中。这是因为我国仅允许信息处理者向他人提供"经加工无法识别特定个人且不能复原"的个人信息，[1]但用于注册或创建用户账户时提交的个人信息通常与使用方个人身份、特征紧密相关，即使被加工处理过，也可通过足够数量的数据群被反向识别。[2]如果将这些个人信息纳入可对价的范畴中，可能会鼓励提供方通过"免费提供"的方式获取这些个人信息，之后将这些个人信息再出卖给其他数据运营商或用作其他用途，这将导致与个人信息保护相关法规的冲突。

第二，应与"以金钱为对价"的合同作区分。与"以金钱为对价"的数字内容与服务合同不同，虽然被积极提供的"个人数据"具有经济价值，但与可直接度量的"金钱"或"具有金钱性质的虚拟货币"仍然不同。在"以金钱为对价"的合同中，如果数字内容与服务提供方违约，合同相对方可选择要求提供方减价或退款，但在以个人数据为对价的合同中，合同相对方的个人数据已经被收集，无法也没有必要要求退回；除非发生实际损失，否则也难以要求提供方提供金钱赔偿。此时，要求提供方删除个人数据或许是一种比较妥帖的解决方式。因此，本书认为，应当将"删除已收集的个人信息"加入数字内容与服务提供方的合同解除后义务中。[3]

在这种以个人数据换取数字内容与服务的合同关系中，消费者若想救济自己的权利，首先应当看合同的效力，若合同为有效合同，则消费者既可以

---

〔1〕《民法典》第1038条规定，信息处理者不得泄露或者篡改其收集、存储的个人信息；未经自然人同意，不得向他人非法提供其个人信息，但是经过加工无法识别特定个人且不能复原的除外。信息处理者应当采取技术措施和其他必要措施，确保其收集、存储的个人信息安全，防止信息泄露、篡改、丢失；发生或者可能发生个人信息泄露、篡改、丢失的，应当及时采取补救措施，按照规定告知自然人并向有关主管部门报告。

〔2〕Spindler, Sein, Die endgültige Richtlinie über Verträge über digitale Inhalte, MMR 2019, Rn. 415ff.

〔3〕Mischau, Daten als „Gegenleistung" im neuen Verbrauchervertragsrecht, ZEuP 2020, Rn. 335; Hacker, Daten als Gegenleistung: Rechtsgeschäfte im Spannungsfeld von DS-GVO und allgemeinem Vertragsrecht, ZfPW 2019, Rn. 148.

依照合同约定主张权利，也可以依照侵权主张损害赔偿；若合同不成立，或者为无效合同或者可撤销合同，则消费者既可以主张缔约过失责任，也可以主张侵权损害赔偿。而在计算赔偿数额时，如何确定所提供个人数据的经济价值也成了重要的问题。虽然个人数据的价值不好量化，但其与知识产权的无形性相似。或可以参照知识产权损害赔偿数额确定方式，在考虑权利人损失、侵权人获益等情况确定赔偿数额的情况下，由法院综合以上因素酌定损害赔偿的数额。

（2）完善和细化合同适约性标准

欧盟《数字内容与服务合同指令》中使用主、客观相结合方式来规范标的物质量的适约性，并增加数字内容与服务提供方的安装义务，与数字内容与服务交易特征相契合，也为我国完善合同法中的适约性制度提供了立法借鉴。

我国《民法典》对于瑕疵的判断，原则上是主观为主，客观为辅。我们注意到，我国《民法典》在编纂的过程中虽有意将"质量"修改为"履行"，但在合同法分则中，仍然保留了瑕疵的概念。[1]在瑕疵判断标准上，也是对原有《合同法》规则的继承，并未发生实质性的变化。而且，我国理论界在物之瑕疵判断标准上似乎也已经达成了共识，"主观为主，客观为辅"的瑕疵判断标准为多数学者所认同。[2]

我国《民法典》合同编通则第582条采用"履行不符合约定"作为判断瑕疵的连接点，该条是基于原《合同法》第111条的"质量不符合约定"所进行的修改，《民法典》虽然在法条表述时将"质量"更改为"履行"，但《民法典》第617条的"标的物不符合质量要求"与《合同法》第155条的表述并无二致，因此，《民法典》虽然在表述上有所变更，但其实质内涵没有发生变化，均未脱离"合约性"的框架。

以履行不符合约定作为瑕疵的判断标准，将当事人的合意作为瑕疵的重

---

〔1〕 参见夏静宜：《我国合同法上瑕疵概念的反思与重构——从客观瑕疵迈向主观瑕疵》，载《南京大学学报（哲学·人文科学·社会科学）》2021年第3期。

〔2〕 参见梁慧星：《论出卖人的瑕疵担保责任》，载《比较法研究》1991年第3期；韩世远：《出卖人的物的瑕疵担保责任与我国合同法》，载《中国法学》2007年第3期；杜景林：《现代买卖法瑕疵担保责任制度的定位》，载《法商研究》2010年第3期；金晶：《〈合同法〉第111条（质量不符合约定之违约责任）评注》，载《法学家》2018年第3期。

要参考指标，显然更契合瑕疵的主观理解。而在合同所能约定的范围，应当适用《民法典》第510条以及第511条的规定，对合同标的质量有约定的，依照当事人的约定进行判断；若欠缺明确的约定，双方可以协议补充，无法达成补充协议的也可以依照合同相关条款或者交易习惯进行确定。以上仍不能确定标准的，便按照国家、行业标准；最后适用通常标准以及符合合同目的的特定标准。根据以上规定，不难看出我国的瑕疵判断标准是采用主观和客观相融合的方式，在适用顺序上是主观优先，客观判断标准进行补充。[1]

因此，我国《合同法》对标的物瑕疵的判断采用"符合约定"的表述，更加注重保护合同当事人的意思自治，关注所约定的合同内容事实，在没有约定或者约定不明的情况下，国家规定或行业制定等客观标准才能作为判断瑕疵的标准。

我国《民法典》合同编分则中各类合同的客观瑕疵标准称谓不一，例如，对于样品买卖的瑕疵担保责任规则，我国《民法典》第636条（原《合同法》第169条）中仍采用"隐蔽瑕疵"以及"符合同种物的通常标准"之表述，[2]此处所称瑕疵并不能与不符合合同约定等同，因为从该条逻辑上看，即便标的物存在隐蔽瑕疵，但是若仍然具备同种类物的通常标准，也不构成物的不适约。[3]由此可见，本条更加关注的是合同标的物能否具备同种类物的通常标准，也即关注的是物的本身客观属性，并不是与当事人约定的主观标准。

除此之外，在《民法典》合同法分则中规定的赠与物的瑕疵、保管物的瑕疵以及委托物的瑕疵等条文中，都存在瑕疵的术语表达，但是针对条文的理解，有学者认为这些"瑕疵"都不能被解释为"不符合约定的品质"，但也有学者认为此种物的瑕疵作主观理解也具备一定的可能性。[4]对此，从解释论的角度看，本书认为，将瑕疵作客观理解更加贴近法律条文。以赠与物瑕疵为例，[5]从法条的内在逻辑出发，《民法典》第662条第2款赠与人"保证无瑕疵"是对标的物品质的约定，而第1款中的"瑕疵"若也理解为

---

〔1〕《民法典》第510~511条。

〔2〕《民法典》第636条。

〔3〕参见武腾：《买卖标的物不适约研究》，中国政法大学出版社2017年版，第81页。

〔4〕参见武腾：《买卖标的物不适约研究》，中国政法大学出版社2017年版，第81页。

〔5〕《民法典》第662条规定，赠与的财产有瑕疵的，赠与人不承担责任。附义务的赠与，赠与的财产有瑕疵的，赠与人在附义务的限度内承担与出卖人相同的责任。赠与人故意不告知瑕疵或者保证无瑕疵，造成受赠人损失的，应当承担赔偿责任。"

"符合约定的品质"将会造成条文之间的重复规定。同理，保管物瑕疵以及委托物瑕疵只能理解为物的表面安全性或稳定性，与主观瑕疵关系不大。

本书认为，我国可以借鉴欧盟立法经验，采用主、客观相结合的方法在《民法典》第 511 条中补充适合数字内容与服务质量的适约性标准。[1]

第一，主观标准方面，由于数字内容与服务较一般"物"而言对技术依赖性高，对使用环境要求较高，可以将"兼容性""安全性""功能性""交互性""可访问性""安全性""连续性"等因素作为判断数字内容与服务质量是否适约的主观要素。当该数字内容与服务质量没有可以参照的标准，合同双方产生纠纷需对"合同目的"进行判断时，这些因素会为双方提供考量的依据，帮助合同双方作出更为正确的判断。

第二，客观标准方面，除《民法典》第 511 条中已规定的标准之外，还可以将提供方就数字内容与服务质量作出的公开声明、测试版数字内容与服务或预告中提及的质量标准纳入客观标准。提供方的公开声明和测试版或预告中提及的标准在某种程度上是提供方对使用方的一种事前承诺，承诺其提供的数字内容与服务会达到相应状态，可以满足使用方需求，使用方是基于对提供者承诺的信任才缔结合同。因此，本书认为，应将公开声明、测试版或预告中提及的质量标准纳入数字内容与服务的适约性标准中，这也更符合数字内容与服务交易的特征，对判断数字内容与服务质量是否符合合同约定起到了很好的补充作用。通过适约性主、客观标准的结合，使得数字内容与服务经营者的合同义务履行状况更易于被辨别。

第三，增加提供方的安装义务。如前所述，数字内容与服务的基本构成元素是数字，需要依赖计算机系统的表达方能展现其功能。这一特性使得数

---

〔1〕《民法典》第 511 条规定，当事人就有关合同内容约定不明确，依据前条规定仍不能确定的，适用下列规定：（1）质量要求不明确的，按照强制性国家标准履行；没有强制性国家标准的，按照推荐性国家标准履行；没有推荐性国家标准的，按照行业标准履行；没有国家标准、行业标准的，按照通常标准或者符合合同目的的特定标准履行。（2）价款或者报酬不明确的，按照订立合同时履行地的市场价格履行；依法应当执行政府定价或者政府指导价的，依照规定履行。（3）履行地点不明确，给付货币的，在接受货币一方所在地履行；交付不动产的，在不动产所在地履行；其他标的，在履行义务一方所在地履行。（4）履行期限不明确的，债务人可以随时履行，债权人也可以随时请求履行，但是应当给对方必要的准备时间。（5）履行方式不明确的，按照有利于实现合同目的的方式履行。（6）履行费用的负担不明确的，由履行义务一方负担；因债权人原因增加的履行费用，由债权人负担。

字内容与服务能够被正常使用的前提是，该数字内容可以被正确安装在使用方的计算机环境中，并与该使用环境匹配。相较于传统有形物，数字内容的安装工作往往较为复杂，通常需要提供方对使用方的数字环境进行预设，提前设置与该环境与之适配的安装软件，在数字内容的底层代码中加入与该环境适配的表达。此时，提供者对数字内容安装环境的预设，对安装方式的选取，往往会对该数字内容与服务是否可以正常运行产生至关重要的影响。而获得可以正常运行的数字内容与服务是使用方订立合同的重要目的。因此，数字内容的正确安装是使用方可正常使用该数字内容与服务功能的前提，而安装的方式和效果往往取决于提供方。本书认为，应当将提供方的安装义务也视为提供方的合同主义务，如果该数字内容与服务是因提供方未能正确安装或是未能给予正确的安装指导而与系统不兼容，无法发挥其功效，提供方应对此承担违约责任。

（3）增加对举证责任的特殊规范

数字内容与服务交易具有技术依赖性的特点，相较于使用方，提供方往往拥有更高的专业知识和技术，更了解数字内容与服务的功能、特性以及可能产生的问题。如将证明数字内容与服务存在瑕疵的举证责任强加给使用方，无疑会增加使用方之负担，不利于平衡双方利益。因此，本书认为，应当由数字内容与服务的提供方承担有关数字内容与服务瑕疵的举证责任。设置举证责任期间时，也可以参照欧盟《数字内容与服务合同指令》第 12 条的规定，[1]对一时性合同与继续性合同中数字内容与服务提供方的举证责任期间作出不同的设计。

目前我国《民法典》没有对数字内容与服务瑕疵的举证责任作出规范，但在《消费者权益保护法》第 23 条第 3 款中规定了耐用商品和装修装饰等服务的经营者的证明义务，要求经营者应在提供上述商品或服务后 6 个月内对商品或服务的瑕疵承担举证责任。[2]因为数字内容与服务和有体物不同，不会因被使用次数过多而发生减损，与耐用商品具有一定相似性。因此，可以

---

〔1〕 Richtlinie (EU) 2019/770 des Europäischen Parlaments und des Rates v. 20. 5. 2019 über bestimmte vertragsrechtliche Aspekte der Bereitstellung digitaler Inhalte und digitaler Dienstleistungen, 22. 5. 2019, § 12.

〔2〕《消费者权益保护法》第 23 条第 3 款规定，经营者提供的机动车、计算机、电视机、电冰箱、空调器、洗衣机等耐用商品或者装饰装修等服务，消费者自接受商品或者服务之日起 6 个月内发现瑕疵，发生争议的，由经营者承担有关瑕疵的举证责任。

参照我国《消费者权益保护法》第 23 条第 3 款的规定，要求一时性数字内容与服务合同中的提供方应在提供数字内容与服务后 6 个月内承担举证责任。这样的规定与欧盟《数字内容与服务合同指令》第 12 条中 1 年的举证期间相比，[1] 6 个月的时间不会过长，也在一定程度上减轻了数字内容与服务提供方的负担。

综上，本书认为，应当区分一时性合同与继续性合同中数字内容与服务提供方举证责任的不同时限，不宜对一时性合同中的经营者增加过重的举证义务，在立法条文中，可规定：一时性合同中数字内容与服务提供方应在履行义务后 6 个月内承担举证责任；继续性合同中数字内容与服务提供方应在合同履行期间内承担举证责任。出于对消费者和经营者权利保护的平衡，如经营者已在订立合同前"明确""清楚"地告知消费者数字产品所需要的数字环境，而消费者未遵守的，则视为该缺陷系消费者过错引起，经营者免除举证责任。这里的明确清楚要求必须是普通消费者能够理解的方式。

（4）完善消费者救济权利的分层级行使

欧盟《数字内容与服务合同指令》考虑到了数字内容与服务合同交易的特殊性，对消费者的救济权利制度也进行了一定的创新，通过这些制度创新，消费者在数字时代得到了更多的保障，也使经营者和消费者在经济生活中的利益失衡状况得到了相对的改善。如前所述，欧盟立法者对数字内容与服务合同中消费者权利救济采取的是一种分层级路径：第一层级，经营者在数字内容与服务合同中瑕疵给付时，即如果经营者提供的数字内容与服务不符合合同的要求，消费者应当首先请求经营者再次提供与合同相符的数字内容与服务，除非这无法实现或者会给经营者带来不成比例的成本。即消费者将履行请求权作为一种法律救济手段，给经营者第二次履行的机会。它体现为补正履行优先，只有补正履行被排除，消费者才能行使作为第二层级的减价与解除合同的权利，即第二次履行机会主要体现在如果经营者在合同到期后没有履行，消费者需要再催告一次，只有在催告之后经营者仍未履行，消费者才能解除合同。欧盟《数字内容与服务合同指令》第 14 条对缺乏适约性救济

---

[1] Richtlinie（EU）2019/770 des Europäischen Parlaments und des Rates v. 20. 5. 2019 über bestimmte vertragsrechtliche Aspekte der Bereitstellung digitaler Inhalte und digitaler Dienstleistungen，22. 5. 2019，§ 12.

措施上规定优先使标的物适约（补正履行），在补正履行不能的情况下再考虑减价或解除合同。此种规定的意义在于，要求数字内容与数字服务的提供者补正履行既能够满足消费者对合同内容的期待，同时又体现了合同严守原则。

在德国法层面，德国债法改革后提出买受人后续履行请求权，规定只要瑕疵可以除去的，其他补救措施原则上都应当以后续履行期经过为前提条件。[1]虽然法律条文并没有明确将补正履行置为优先位次的表述，但是根据一些法条的描述，也可以推出补正履行优先的结论。《德国民法典》第 323 条规定，债权人指定后续履行无效果的，可以解除合同。[2]在《德国民法典》第 327 条项下的救济措施同样也具有分级次序，即补正履行优先，减价权和解除权具有次级性。虽然德国对于修理或是代物给付也未规定明确次序，但是就出卖人的利益考量在于其规定了出卖人的拒绝权，在履行费用过高或者不适宜履行的情况下，可以拒绝履行买受人所请求的救济措施，此种规定也能够避免出卖人陷于被动履行的境地。[3]德国法上的救济分层体系与欧盟指令相契合，在转化《数字内容与服务合同指令》时不存在规定之间的冲突。

反观我国的《民法典》合同编中的救济措施，受损害方自由选择救济途径仍然是理论与实践中的共识。但正如上文阐述，自由选择赋予合同受损害方的权利过大，从而忽视了出卖人的利益平衡。而且，我国目前只存在对一般物的瑕疵担保救济措施，在适用《民法典》第 582 条规定的补救措施时，与数字化合同标的的适配性可能存在问题。"修理、重做、更换"的救济手段在数字内容与服务合同中的区分并非十分明显，对于以数据形式存在的文字、图片、视频等合同标的，采用修理的手段在原有数据上进行加工修补便得到新的数字内容，其与重做的界限并非十分清晰。更换则是在同种类物之间进行替换，在数字内容领域，由于数据的易复制性，同种类物的数据很可能基于复制而趋于一致，因此进行更换对数字内容合同来说也并非具有补救效果。

本书认为，在交易形式多变的数字化市场，针对数字交易的特殊救济途径，通过司法解释予以明确分层级救济体系具有一定的科学性，不仅能厘清司法实践中存在的选择权困惑，也能在很大程度上平衡消费者和经营者的利

---

[1]　Medicus Lorenz, Schuldrecht Ⅱ Besonderer Teil, 15 Aufl. München：2010, Rn. 123.

[2]　§ 323.1, BGB.

[3]　参见武腾：《买卖标的物不适约研究》，中国政法大学出版社 2017 年版，第 115 页。

益，更符合节约资源，促进可持续发展的循环经济的理念。

（二）合同编分则中相关典型合同的补充性解释

如本书第二章所述，数字内容与服务合同与承揽合同、买卖合同、租赁合同产生交叉关系。因此，本书认为，可以通过"次类型合同"的立法技术，在《民法典》合同编分则买卖合同、租赁合同、承揽合同章节中设置数字内容与服务合同这一类型。通过司法解释的方法规定，在符合上述典型合同特征时，可适用该类型合同典型规则；但当该规则与数字内容与服务合同规则产生冲突时，应以数字内容与服务合同的一般规则为准。

1. 数字内容与服务合同中的"买卖"特征

我国《民法典》第 595 条明确规定，买卖合同是出卖人转移标的物的所有权的合同。当数字内容与服务通过有形载体被交付时，且该载体的功能仅仅是承载被交易的数字内容与服务时，数字内容与服务可得因载体而"有形化"，在形式上满足买卖合同类型要求。但是否可以将在线提供的数字内容与服务合同纳入买卖合同之下，则仍需探讨。

第一，规范上可设置为买卖合同的"次类型合同"。欧盟《消费者权利指令》立法理由第 19 条的说明，通过有形载体提供的数字内容合同可被纳入消费者合同类型之中，适用买卖合同规范；以在线方式提供的数字内容，立法者认为其仍属于服务合同。[1]德国在转化该指令过程中将购买数字产品的合同纳入消费品买卖合同之中，并未区分该数字内容与服务是否是通过有形载体被提供。

我国《民法典》并未将所有权拓展至数字内容与服务等无形物上，如直接将数字内容与服务合同作为买卖合同的"次类型合同"在买卖合同章节项下予以规定，容易导致《民法典》内部存在规范冲突，从维护《民法典》体系整体性出发，该种做法似乎并不恰当。但我国司法实践已经对此作出尝试，根据《最高人民法院关于审理买卖合同纠纷案件适用法律问题的解释》第 2

---

〔1〕 „ Vergleichbar mit Verträgen über die Lieferung von Wasser, Gas oder Strom, wenn sie nicht in einem begrenzten Volumen oder in einer bestimmten Menge zum Verkauf angeboten werden, oder über die Lieferung von Fernwärme, sollten Verträge über digitale Inhalte, die nicht auf einem körperlichen Datenträger bereitgestellt werden, für die Zwecke dieser Richtlinie weder als Kaufverträge noch als Dienstleistungsverträge betrachtet werden. " Richtlinie (EU) 2011/83 des Europäischen Parlaments und des Rates v. 25. 10. 2011 über die Rechte der Verbraucher, 22. 11. 2011, Erwägungsgrund 18.

条的规定，其实是已经将无须以有形载体交付的"电子信息产品"纳入买卖合同之中，[1]从规范层面为线上交付的数字内容与服务合同被归为买卖合同的"次类型合同"提供了可能。

第二，交付后的"更新义务"。买卖合同往往以"交付"为风险转移时间点，出卖人将标的物交付给买受人后即可不再对标的物上风险承担责任。而数字内容与服务合同对技术依赖性极强，技术发展更新速度又极快，导致数字内容与服务的寿命难以预计。此时对数字内容与服务的提供方赋予更新义务，要求其在交付后的一段时间内仍保持对数字内容与服务的更新，以使标的物质量在交付后一段合理的期间内能够一直达到适约标准，这种做法于实践而言是正当且必要的，否则会产生买受人购买数字内容与服务后仅使用几天就无法再继续使用的情况，既不满足买受人购买该数字内容与服务的目的，也不利于数字行业的稳健发展。

因此，本书认为，在买卖合同类型下对数字内容与服务合同进行规范时，也应将数字内容与服务提供方的更新义务纳入其中。考虑到数字行业往往是以数字内容与服务的专业性、新颖性、独特性为卖点，应给予提供方一定自由选择的空间，避免给提供方制造商业障碍，比如对某些过时很久的旧产品停止提供升级服务，对不适应现时技术发展的旧版软件停止更新研发。因此，买卖合同类型下数字内容与服务提供方的更新义务应仅限于合同订立时买受方可得合理预期的更新服务，不同数字内容与服务的持续更新时间会因种类、市场发展情况的不同而有不同。

2. 数字内容与服务合同中的"租赁"特征

本书认为，可以在租赁合同下设置数字内容与服务合同这一"次类型合同"。

第一，数字内容与服务的持续提供。租赁的特征在于出租方给付义务的持续性。而数字内容与服务合同中也包括两个特征：其一，时间上具有连续性和长期性；其二，使用方对数字内容与服务的使用持续依赖提供方的给付。只要数字内容与服务合同满足上述两点特征，即可被认为是租赁合同。而且

---

[1]《最高人民法院关于审理买卖合同纠纷案件适用法律问题的解释》第2条规定，标的物为无需以有形载体交付的电子信息产品，当事人对交付方式约定不明确，且依照民法典第510条的规定仍不能确定的，买受人收到约定的电子信息产品或者权利凭证即为交付。

我国《民法典》中并未规定租赁物必须为有形物，因此数字内容与服务合同可得在满足"租赁"这一交付特征要求时适用租赁合同之规定。

第二，"维修义务"与"更新义务"。租赁合同要求出租方在租赁期限内保持租赁物符合约定的用途。[1]体现在继续性数字内容与服务合同中，即保证数字内容与服务的"持续适约"。传统租赁合同中，承租方"保障租赁物符合约定用途"的方式主要是维修，承租人可在租赁物需要维修时可以请求出租人在合理期限内维修。出租人未履行维修义务的，承租人可以自行维修，维修费用由出租人负担。因维修租赁物影响承租人使用的，应当相应减少租金或者延长租期。[2]

实践中，数字内容与服务提供方往往是以升级、更新的方式对数字内容与服务中存在的问题进行修正，并且由于数字技术更新换代的技术较快，为维持数字内容与服务的持续适约，提供方可能会一直需要对数字内容或服务进行不断升级。相较于仅维修租赁物使其恢复原始状态，数字内容与服务的提供者可能还需要对合同标的物的状态进行升级。因此，如果将数字内容与服务合同列入租赁合同类型下时，需对数字内容与服务提供方的更新义务作出规范，以保证用户在合同履行期间获取最新版本的数字内容或服务，以维持该数字内容与服务在合同履行期间的"持续适约"。

第三，租赁物的"返还"。我国《民法典》第733条规定，租赁期届满后，承租人应当返还租赁物。但当租赁物是数字内容与服务时，该"返还"可能会有所不同。如该数字内容与服务是以有形物为载体，比如DVD等，则返还租赁物是可行的。但当该数字内容与服务是通过线上进行的，可能会出现两种不同情况：第一种情况是该线上传递的数字内容与服务具有较为固定的数据载体，比如电子书等，此时将电子书返还在操作上是可行的。但实践中提供方向使用方提供的数字内容或服务往往是复制件，返还复制件对提供方并无任何意义，使用方停止使用并删除该复制件才是对提供方最为重要的。第二种情况是所租赁的数字内容与服务是使用方通过流媒体或其他由提供方创建的访问路径所获取的，提供方可以在租赁期限届满后直接停止使用方的访问权限，此时所租赁的数字内容与服务在操作上无法实现返还，也没有必

---

[1] 《民法典》第708条。

[2] 《民法典》第713条。

要返还。

因此，在租赁期限届满时，数字内容与服务的返还应与普通租赁物的返还有所区别。由于数字内容与服务的"返还"可能不仅出现在租赁合同中，也会出现在其他合同类型之中，因此可以在我国《民法典》合同编通则中对数字内容与服务的"返还"作出规范，在特殊情形下可以将"数字内容与服务"的删除视作"返还"。

3. 数字内容与服务合同中的"承揽"特征

如本书第二章所述，数字内容与服务可成为承揽合同中的"工作成果"，当该数字内容与服务是按照定作人的要求定作时，可适用承揽合同的规定。因此，可以在承揽合同项下，加入定作数字内容与服务合同的类型。

第一，定作数字内容与服务合同的范围界定。数字内容与服务既可以是根据提供者的需求所定作的个性化产品，亦可是批量生产的标准产品。但此处"定作"的含义究竟是什么，是否所有"个性化"的数字内容与服务合同都可被认作承揽合同，仍需进一步分析。常见的根据用户需求制定的个性化数字内容与服务如：在游戏中依据个人喜好，通过购买不同组件组合生成游戏服装、游戏装备等；在某些社交软件中，通过输入用户的个人信息和查找偏好，由后台直接推送符合用户需求的交友数据等；某些健康软件运用AI智能分析功能，通过监测用户平时生活数据，为用户专门制作健身计划等。从某种程度来说，这都是根据使用方的需求所生成的特定数字内容与服务。

第二，承揽合同与技术合同的双重属性。由于定作合同往往是为用户提供技术服务，司法实践中亦多将该类合同认定为技术合同。[1]技术合同强调对知识产权的保护和对科学技术的促进，通过明确技术合同双方权利义务，促进科学技术成果的研发、转化、应用和推广。因此，定作数字内容与服务合同通常具有承揽合同与技术合同的双重属性。虽然定作数字内容与服务合同有双重属性，但二者规范各有侧重，通常并不会产生法规冲突，可依据具体合同状况分别依据技术合同与承揽合同之规范确定合同双方权利义务。

---

〔1〕《民法典》第843条规定，技术合同是当事人就技术开发、转让、许可、咨询或者服务订立的确立相互之间权利和义务的合同。

四、我国其他法律的制度更新与衔接

(一)《消费者权益保护法》中的特殊立法

除了上述对《民法典》合同编的完善之外，本书认为，基于对消费者特殊保护的需要，对于我国现有法无法涵摄的新事实，未来或许可以在《消费者权益保护法》中专门针对数字内容与服务合同进行特殊规定。在《消费者权益保护法》中进行特殊立法的优势在于，《消费者权益保护法》被普遍视为民法的特别法，其中包含了大量的补充性和例外性的规则，特别是针对消费合同设定了不同于普通合同的例外规则。在数字经济中，消费也出现了诸多新业态和新模式，我们可以就目前遇到的数字内容与服务相关问题在消费者保护领域进行探索，满足消费者保护的现实需求。欧盟《数字内容与服务合同指令》规定的对象就是消费者与经营者，主要是考虑到在数字时代，消费者处于非常不利的地位，立法者为了平衡二者的利益才在特殊的领域进行规定，为消费者提供足够的救济和更多的保护。

例如，对消费者和经营者在合同解除制度中的权利和义务，德国在转化《数字内容与服务合同指令》关于合同解除制度时，考虑到其特殊性，将关于数字内容与服务合同的解除制度区别于传统的解除和终止制度单独规定在了消费者合同领域，并且保障其优先适用。[1]除此之外，欧盟成员国，如意大利也是在《意大利消费者法典》中完成了对欧盟指令的转化。这些国家的立法表明，与在传统民法规则中进行逐一补充规定相比，将其单独规定可能也是一个既简单又能最直接达到消费者保护目的的选择。[2]

我国《消费者权益保护法》第 1 条所规定的立法目的是保护消费者的合法权益，维护社会经济秩序，促进社会主义市场经济健康发展。一方面，《消费者权益保护法》需要站在消费者的立场上制定规则。对于传统民法规则无法扩展适用于数字内容与服务的情况，比如上文提到的《数字内容与服务合

---

〔1〕 2022 年新修订的《德国民法典》将关于欧盟《数字内容与服务合同指令》的相关内容集中规定在了合同法总则第 327 条项下，即消费者合同中。

〔2〕 Matthias Weller, Matthias Wendland, Mängelgewährleistung und Vollharmonisierung: Dogmatische Kompatibilität und Umsetzungsoptionen, in: Weller, Matthias / Wendland, Matthias (Hrsg.), Digital Single Market, 2019, S. 131; Matthias Wendland, Digitale Inhalte und die Vertragstypen des BGB-Dogmatische Grundfragen des digitalen Vertragsrechts, in: Weller, Matthias / Wendland, Matthias (Hrsg.), Digital Single Market, 2019, S. 118.

同指令》中对于消费者保护具有很强的针对性的创新制度，可以尝试在《消费者权益保护法》中加以规定，明确消费者所享有的权利，提供更加有效的保护；另一方面，《消费者权益保护法》与时俱进，关注最新的数字内容相关交易模式，促进数字经济发展也是其内在要求。从欧盟《数字内容与服务合同指令》的相关规定可以看出，在数字内容与服务交易中，许多规则都需要对经营者和消费者的利益进行衡量，比如上文提到消费者由于经营者变更合同内容而产生的特殊解除权，在这个解除制度当中，立法者既要对经营者的技术更新需求有所照顾，又要最大程度上保护消费者的合法权益。因此，本书认为，除了通过司法解释对《民法典》合同编进行必要的制度更新之外，数字内容与服务合同的一些制度也可以在《消费者权益保护法》中进行特殊规定。具体来说，可以在《消费者权益保护法》第二章消费者的权利和第三章经营者的义务两部分专门增加关于数字内容与服务合同的特殊内容。

1. 明确数字内容提供的经营者的义务

在《消费者权利保护法》第三章经营者的义务，可以参照欧盟《数字内容与服务合同指令》中的客观和主观标准，尤其是对于数字内容的更新义务等进行规定，为判断经营者的履行是否符合合同要求提供参考。

目前我国在判断数字内容与服务合同瑕疵时仍然采用传统的合同法理论，但在规制数字内容合同时也需兼顾数字内容与数字服务的特殊性。欧盟在发展数字经济领域立法时考虑到数字化合同标的的特殊性，引入技术标准以及兼容性等计算机领域的专用术语作为瑕疵判断标准。在欧盟指令下，数字内容能否与同种类软件、硬件协同运行或者能否与其他类型的软件、硬件进行信息交换都成为适约性判断标准。而《德国民法典》在进行指令转化时也参考欧盟指令的方式，将兼容性、功能性以及交互性整合到法典之中，这些条款对于数字产品在客观瑕疵判断层面具有决定性意义，同时也将成为经营者承担更新义务的依据。

2. 增加经营者变更权以及消费者相应的特殊解除权

考虑到经营者更新技术的需求以及促进我国数字经济发展、鼓励创新的需要，在一定条件下允许经营者更改数字内容是合理的。我们或可借鉴欧盟的立法经验，在一定条件下允许经营者变更合同内容并给予消费者解除合同的特殊权利。对于消费者特殊解除权的行使，尤其是在"损害"界定时是否考虑消费者使用习惯和个人偏好的问题，本书认为，毕竟大部分的技术革新对于消费者是有益的，因此法律对于消费者的这种解除权的限制较多。但是不能排除确实有些技术更新会影响到消费者个人的使用习惯，其实这种情况归根到底是消费者与经营者双方的协商问题，应该适当考虑消费者的主观因素。如果消费者根本没有想要缔结经营者修改后的合同，在这种情况下，无论是否存在客观上的"损害"，都要尊重消费者的意愿，赋予消费者解除合同的权利。

在合同解除后果方面，欧盟《数字内容与服务合同指令》规定消费者不必向经营者支付数字内容与服务存在瑕疵期间的价金，因为这样不利于对消费者的保护。对于是否需要对使用具有瑕疵的数字内容与服务支付价金的问题，还需要对消费者在使用瑕疵数字产品过程中的收益进行衡量。解除合同的条件是，只有出现了不可忽视的瑕疵才有可能解除合同。而我国《民法典》规定则是要达到"不能实现合同目的"，消费者即使是使用了瑕疵产品，其获益也可忽略不计。因此，如果在《消费者权益保护法》中明确该规定既可以有效保护消费者，也可以倒逼经营者按约履行合同。

（二）与《个人信息保护法》的衔接

个人信息不但作为民事权益受到《民法典》的保护，而且个人信息作为一种宪法上的基本权益也越来越被获得承认。[1]在数字消费的新模式中，巨大的数字鸿沟让消费者处于更加不利的地位，经营者能够使用数字技术随时抓取消费者的各种个人信息，从而侵害消费者的利益，因此，加强对消费者个人信息的保护势在必行。在数字内容与服务合同中，将个人信息作为获得数字内容与服务的支付方式时，这时的个人信息会同时引发合同法和个人信息保护法的双重规制，厘清它们的关系极为重要。

如前所述，欧盟为了加强对消费者的救济力度，将消费者向经营者提供个人数据来获得经营者的数字内容与服务的情况纳入了合同法的调整范围，并设置了合同解除后消费者与经营者双方对个人数据的权利和义务，这是合同法规则对于数字经济时代的回应。但随之而来的问题是，一旦合同法中涉及个人数据规则，那么它与欧盟《一般数据保护条例》的关系就是立法者所

---

〔1〕 参见石佳友：《个人信息保护的私法维度—兼论〈民法典〉与〈个人信息保护法〉的关系》，载《比较法研究》2021 年第 5 期；王锡锌：《个人信息国家保护义务及展开》，载《中国法学》2021 年第 1 期。

要面对的难题。欧盟各成员国在对指令进行转化时对这一问题进行了广泛的讨论。相关的讨论在第四章已述及。

如今，同样的问题也需要我们在进行数字交易立法时进行思考和回应。在数字内容与服务合同订立和履行的过程中，经营者可能也会掌握消费者的个人信息。这些个人信息可能是消费者主动提供的，也可能是消费者在使用数字内容的过程中提供的。这一交易关系的问题在于，是否要在合同法领域对这些个人信息加以保护以及如何处理合同法与《个人信息保护法》的关系？举例来说，合同解除之后，是否会产生合同法上的个人信息的权利义务关系，合同解除后的禁止使用的义务是否涉及禁止使用个人信息？相反，如果消费者在合同存续期间行使《个人信息保护法》上的数据处理同意的撤回权是否会影响合同的效力，尤其是消费者提供个人信息来"免费"获取经营者提供的数字内容与服务的时候。那么，经营者是否也可以以合同法上严格履行合同的原则，阻止消费者行使《个人信息保护法》上的权利，比如经营者是否可以因为消费者行使了其《个人信息保护法》上的撤回权，而根据合同法以消费者没有严格履行合同向消费者请求赔偿或者要求消费者继续履行呢？

我国《个人信息保护法》已于 2021 年 11 月 1 日正式实施。与欧盟《一般数据保护条例》相似，我国《个人信息保护法》也是专门针对个人信息权益保护的专门立法，该法既限制公权力对于个人信息的侵害，也规制私法主体对个人信息的非法收集和使用，因此，《个人信息保护法》体现的是一种公法与私法的协同规制。[1]而随着数字经济的飞速发展，个人信息的商业价值逐渐体现出来，在我国也开始有学者讨论个人信息的私权属性以及个人信息作为合同对价的问题，[2]这就意味着如何处理好其与合同法之间的关系也是我们现在要面对的问题。欧盟及其成员国如德国、荷兰等国在针对合同领域个人信息的立法理念和立法技术或可为我国提供借鉴经验。

第一，在数字合同法领域将个人信息作为对价换取数字内容与服务已经是一种发展趋势，甚至已经是一种现实。在这方面可借鉴欧盟和德国的做法，

---

〔1〕　参见石佳友：《个人信息保护的私法维度——兼论〈民法典〉与〈个人信息保护法〉的关系》，载《比较法研究》2021 年第 5 期。

〔2〕　相关观点参见项定宜：《论个人信息财产权的独立性》，载《重庆大学学报（社会科学版）》2018 年第 6 期；吴子越：《大数据时代个人信息处理立法的"对价化"思维》，载《湖北科技学院学报》2019 年第 4 期。

尽可能地区分个人信息和非个人信息，明确对于合同解除后果以及在合同期间的个人信息都由《个人信息保护法》来规范，而合同法规则中的权利和义务只涉及非个人信息，尽可能明确两者的界限。对于个人信息与非个人信息的界定问题，由于涉及数字技术以及不断出现的新情况，还需要在实践中进一步探索。

第二，与欧盟《一般数据保护条例》相似，我国《个人信息保护法》也规定，个人信息处理的合法性以个人"同意"为前提，并且法律赋予信息提供者撤回该"同意"的权利。[1]《个人信息保护法》第 16 规定，个人信息处理者不得以个人不同意处理其个人信息或者撤回同意为由，拒绝提供产品或者服务；处理个人信息属于提供产品或者服务所必需的除外。该条规定意在保障信息提供者能够顺利行使同意的撤回权，法律中规定的"不得拒绝提供产品或服务"其实也就表明了信息处理者不能以此拒绝履行合同法上的义务。当然，立法者还应当就目前数字内容与服务交易中消费者行使同意撤回权时对合同效力方面的影响做出更明确的规定，从而使《个人信息保护法》与合同法规则更好地衔接。我们也可以借鉴德国在转化欧盟《数字内容与服务合同指令》时的做法，采取分离原则，明确规定消费者在行使"同意"撤回权时，不应受合同法义务的阻碍。并且考虑到个人信息同意的撤回可能会影响到合同履行，同时也需要赋予经营者在一定条件下解除合同的权利，以便平衡《个人信息保护法》和合同法领域权利的关系以及当事人双方之间的利益。

---

〔1〕《个人信息保护法》第 13 条第 1 款和第 15 条。

结　论 Conclusion

　　数字经济作为继农业经济、工业经济之后的一种新的经济形态而存在。随着数字技术新业态的发展不断推出新应用、创造数字化生活的同时，也孕育了新产品、新服务和新交易模式。在数字化时代，无论是文字、图像，还是影像等各种形态的数据都可以通过数字技术呈现为人们可以直观理解的数字内容，越来越频繁地出现在消费者的日常生活中。一方面，数字化为人们的生活带来更多便捷和可能性；但另一方面，也带来诸如个人数据的对价化、数字内容合同订立中的不公平条款、技术依赖性导致合同双方信息的严重不对称、数字内容与服务合同的适约性判断不明晰以及消费者的权利救济乏力等问题。合同法作为调节人们交易行为的规范应该及时回应数字化带来的诸多问题，并提供出法律规制方案。

　　为回应数字化的立法需求，欧盟作出了快速反应，并通过多种立法手段的尝试，出台了多项立法性文件以构建统一的数字交易法律规范，其中以2019 年 5 月出台的《数字内容与服务合同指令》和《货物买卖合同指令》为核心，提供了一套数字时代合同法的统一规则，因此，数字内容与服务合同这一合同类型是在欧盟立法者的推动下诞生的。欧盟之所以将数字内容与服务合同作为一种合同类型进行规定，主要有两个原因：第一是基于推动欧盟数字经济发展的必要，进而促进欧盟数字单一市场内的互联互通；第二是基于推动欧洲消费合同法律的协调和统一的必要，从而为欧洲国家的消费者提供一种更高水平的保护。

　　经过多年的欧盟立法演进，现今欧盟法语境下的"数字内容"是指"以数字形式产生并提供的数据"；"数字服务"是指"对消费者提供的数据以数字形式创建、处理或存储的服务，以及实现消费者和其他用户以数字形式进行数据交互的服务"；"数字内容与服务合同"是指可以通过多种方式缔结，约定负有提供义务的一方，以多种形式向另一方提供数字内容与数字服务，使其可以使用、存储或利用该数字内容与服务的合同。数字内容合同作为自成一类的合同类型，具有标的为"数字内容与数字服务"、通过"提供"而履行、交易形式普遍采用电子格式等特征，从而与传统的买卖合同、租赁合同、承揽合同相区别。

欧盟《数字内容与服务合同指令》就经营者与消费者关于提供数字内容和数字服务合同的某些要求制定共同的规则，主要规定了数字内容与服务合同的适约性、缺乏适约性时的救济措施以及实施这些救济措施的方式等，其创新之处：第一，规范了个人数据对价化的交易方式，在法律上将以交付个人数据从而换取数字内容及数字服务的合同纳入法律规制的范围之中。第二，建立了合同适约性的主客观判断标准，主观标准除了合同订立的一般目的、特殊目的、售后服务和更新四个方面，还将数字内容的交互性、功能性、兼容性等特性构成当事人约定的特别要素，纳入主观判断标准之中。客观标准兼顾了数字内容与服务的特征，将经营者的更新和安装义务也作为适约性的客观标准之一。第三，确立了举证责任倒置制度，统一了举证时间，维护了法律的确定性，从而达到消费者保护和销售者责任之间的平衡。第四，构建了对消费者的分层级救济路径。消费者通过要求更换、减价或解除合同，采取的不同级别的救济措施，凸显了绿色可持续发展和循环经济规范配置的重要性。

欧盟《货物买卖合同指令》除了适用于消费者和销售者之间的买卖合同，以及消费者和销售者之间为供应将要制造或生产的商品而签订的合同之外，也将"带有数字元素的货物"买卖合同纳入调整范围，从而与《数字内容与服务合同指令》之间进行了有效衔接，将那些包含在货物中或与货物相关联的数字内容或数字服务，并与买卖合同项下的货物一起提供，无论该数字内容或数字服务是由销售者还是由第三方提供的合同纳入调整范围。由此，在适约性要求、消费者在商品不适约情况下可获得的救济措施以及行使权利的基本方式方面也得到统一立法。

为使两个指令的规定更好地嵌入各成员国民法体系，不对成员国民法体系造成冲击，欧盟选择了具有完全协调性的指令形式，而非具有强制性的条例形式，使得成员国在转化相关法规时，可结合欧盟指令内容与本国已有规范及实践经验，更灵活地提升本国数字内容与服务合同的相关立法。本书特别考察了《数字内容与服务合同指令》和《货物买卖合同指令》在德国、奥地利、意大利和荷兰的转化情况，借以展现欧盟成员国合同法的现代化及对数字内容与服务合同这类新型合同的规制。第一，德国的合同法体系一直试图在维护自身法律体系完整性的基础上实现对欧盟指令内容的转化。德国是通过分别转化的方式完成了对《数字内容与服务合同指令》和《货物买卖合同指令》的转化。2022 年 6 月 1 日德国完成了对《数字内容与服务合同指令》的转化，将数字内容与服务合同作为类似于"消费者合同"的基本合同类型，这种"类合同模式"既能体现数字内容与服务合同的特征，又能保障传统民法中典型合同分类规则不受冲击。具体措施是，在《德国民法典》合同法总则中增加"数字产品合同"类型，将欧盟《数字内容与服务合同指令》的内容整体引入《德国民法典》第 327 条之中，包括数字内容与服务合同的概念、产品瑕疵标准、违约救济方式等规范，并分别在消费品买卖合同、赠与合同、租赁合同、承揽合同章节下加入数字产品合同类型。第二，与德国不同，奥地利采取了以制定单行法《奥地利消费者保障法》为主，同时修改包括《奥地利普通民法典》和《奥地利消费者保障法》在内的现有法律的转化方式。由于奥地利现有法律对于消费者保护比较完备，而且也可以适用于数字内容及数字服务合同，相应地对指令转化的难度不高，不需要对于现行法律作出比较大的修改。2022 年 1 月 1 日，《奥地利指令转化保障法》生效，这意味着奥地利已完成对欧盟《数字内容与服务合同指令》与《货物买卖合同指令》的转化。第三，意大利是以完全协调的方式于 2021 年 11 月完成了对《数字内容与服务合同指令》以及《货物买卖合同指令》的转化，意大利对两个指令的转化结果主要体现在对《意大利消费法典》的修订，在第四编"产品安全与质量"第三章"消费品的法定担保与商业担保"中增加了部分条文。意大利总体上对欧盟指令在意大利的转化持支持态度，这次转化填补了《意大利消费法典》的法律漏洞，弱化了消费者与经营者在产品交易过程中地位的不对称性，从而使消费者的权利有了"看得见"的保障。第四，荷兰选择将《数字内容与服务合同指令》和《货物买卖合同指令》的转换尽可能与《荷兰民法典》体系保持一致。由于《数字内容与服务合同指令》中涉及的"数字服务"不是《荷兰民法典》第 7.1 章意义上的"商品"，并且该指令还适用于消费者提供个人数据而不以金钱为给付方式的合同，不符合 7.1 章规定的"销售"情况，因此荷兰没有将该指令的规定直接纳入销售合同的章节中，而是通过在第七编中插入新章节的方式来进行转化。总之，欧盟两个指令在成员国国内均已成功转化，这标志着欧盟为促进单一数字市场而建构统一的数字交易规则的目标已经实现，也标志着其成员国为回应数字经济发展所需要的交易法律制度已经建立。成员国在转化过程中也存在着一些问题，如在指令转化内容与《德国民法典》体系的融贯、与欧盟《一般数据保护条例》调整个人数据保护的利益冲突、合同解除之后数据保护不足以及间接损失难以证明等方面的问题。

纵观欧盟的数字立法过程以及深入研究欧盟的立法成果，我们可以看到，欧盟数字立法立足于"欧洲数字单一市场战略"，最大程度上协调了欧盟内部的跨境电子商务规则，不仅使跨境数字内容与数字服务合同的缔结、履行、救济都有规可循，而且也为包括"带有数字元素的货物"买卖合同制定了法律规则，从而构筑起了欧盟的数字合同法，因而《数字内容与服务合同指令》和《货物买卖合同指令》的出台被视为在数字时代对传统合同法的现代化。在立法中，个人数据换取服务、消费者与经营者之间的利益平衡以及为实现绿色可持续发展和循环经济的规范配置等方面，对中国合同法的发展具有启示价值。

我国数字内容与服务行业发展迅猛，新兴的交易方式、标的本身的特殊性、对技术的较高依赖性也带来数字内容与服务合同双方权利义务的特殊性，这些特殊性无法为现有典型合同的规范所含纳。欧盟与其成员国就数字内容与服务合同的立法实践验证了该类型合同规则的可归纳性以及其规则与传统民法体系相融合的可能，为我国数字内容与服务合同的类型化及其规制提供了立法文本借鉴与立法路径借鉴。

我国《民法典》合同编在通则中规定了合同的一般规则，又在《民法典》合同编分则中以"类型"为立法技术设置了 19 种典型合同规则。这 19 种典型合同是以"给付特征"作为合同类型划分依据，而数字内容与服务合同是以合同标的为类型提取依据，如直接在《民法典》合同编分则中将数字内容与服务合同与其他典型合同并列规范，可能会导致数字内容与服务合同与其他典型合同产生交叉，出现重复规范或冲突规范的情形，不利于维持民法体系内部的体系性和连贯性。但就数字化时代的发展趋势来看，规制此类合同又十分重要与急迫。参考欧盟立法以及成员国转化指令的立法经验，本书认为，在规制数字内容与数字服务合同的路径中，我国立法者应当完善和构筑的是一套更加贴合现行《民法典》体系的法律规范，直接将数字内容与数字服务合同类型引入《民法典》可能会造成法律规范的水土不服，因而本书建议：首先，承认数字内容与服务合同是数字时代新出现的一种新的合同类型。其次，由于《民法典》实施不久，对其进行修改不利于法的安定性，有损于法典的权威，我们可尝试在《民法典》合同编的框架内研究数字内容与服务合同规制的可能性以及相关制度更新的理论基础，并在《民法典》合同编通则的现有框架下，就以个人数据换取数字内容与服务、合同的适约性标准、合同违约救济等，通过发布司法解释的方式进行规制指引。再其次，由于数字内容与服务合同与买卖、租赁、承揽典型合同有交叉，可在《民法典》合同编分则的买卖合同、租赁合同、承揽合同章节中采用"次类型合同"的模式，通过司法解释的方法将数字内容与服务合同纳入其下进行规制，指明符合上述典型合同特征时，可适用该类型合同典型规则；但当该规则与数字内容与服务合同规则产生冲突时，应以《民法典》合同编通则中关于数字内容与服务合同的一般规则的司法解释为准。最后，还可对《消费者权益保护法》进行特别立法，同时协调与《个人信息保护法》的关系，从而构筑起一套比较完备的数字时代合同法的规范体系。

本书跟踪欧盟在数字合同法领域的最新立法成果以及欧洲学者的最新研究进展，不仅仅局限于在欧盟法层面，还涵盖欧盟成员国转化欧盟指令的最新合同法变化和理论探讨成果，欧盟及其成员国的立法为我们研究数字经济下合同法的现代化提供了一个全面的场景和域外的角度，欧盟及其成员国的立法经验对于我国合同法的制度更新和制度供给具有重要的借鉴意义。

数字交易的合同法规制不仅涉及合同法理念和制度更新，亦对整个民商法体系构造影响甚巨。由于欧盟数字立法的宏大背景以及立法的复杂历程，再加之众多成员国转化后呈现的多种样貌，还囿于多种外文资料的搜集、整理与翻译，都为本书带来了难以想象的困难。如前所述，由于欧盟各成员国从2022年1月才陆续完成对《数字内容与服务合同指令》和《货物买卖合同指令》的转化，数学内容与服务合同作为一种合同类型从出现伊始就备受争议，未来成员国转化后的法律实施效果如何，还有待于继续观察和跟踪研究。特别是在我国，目前数字内容与服务合同作为一种新合同类型在我国现有法律语境与法律体系中还难以找到对应的术语与相应的位置，学界的研究也不多。在我国《民法典》已经实施的情况下，对数字内容与服务合同具体制度的建构以及与我国《民法典》及其他特别法的衔接问题仍是一个难点，本书还有待在此问题上继续深化研究。

参考文献

一、中文参考文献

(一) 著作类

1. 王利明:《合同法通则》(上册),北京大学出版社 2022 年版。

2. 韩世远:《合同法学》,高等教育出版社 2022 年版。

3. 浙江大学数字长三角战略研究小组:《数字法治》,浙江大学出版社 2022 年版。

4. 王利明:《合同法》,中国人民大学出版社 2021 年版。

5. 崔建远:《合同法》,法律出版社 2021 年版。

6. 杨立新主编:《中华人民共和国民法典释义与案例评注–合同编》(上下册),中国法制出版社 2020 年版。

7. 最高人民法院民法典贯彻实施工作领导小组主编:《中华人民共和国民法典合同编理解与适用》,人民法院出版社 2020 年版。

8. 王利明主编:《中国民法典释评–合同编》,中国人民大学出版社 2020 年版。

9. 隋彭生:《合同法》,中国人民大学出版社 2020 年版。

10. 徐涤宇主编:《合同法学》,高等教育出版社 2020 年版。

11. 何渊主编:《数据法学》,北京大学出版社 2020 年版。

12. 郭彦丽、陈建斌主编:《信息经济学》,清华大学出版社 2019 年版。

13. [德] 莱纳·舒尔策、[波兰] 弗里德里克·佐尔:《欧洲合同法》,王剑一译,中国法制出版社 2019 年版。

14. 京东法律研究院:《欧盟数据宪章:〈一般数据保护条例〉GDPR 评述及实务指引》,法律出版社 2018 年版。

15. 韩世远:《合同法总论》,法律出版社 2018 年版。

16. 朱广新:《合同法总则研究》(上下册),中国人民大学出版社 2018 年版。

17. 武腾:《买卖标的物不适约研究》,中国政法大学出版社 2017 年版。

18. 张良:《消费者合同研究》,中国政法大学出版社 2016 年版。

19. 崔建远：《合同总论》（中卷），中国人民大学出版社 2016 年版。

20. ［德］赖讷尔·舒尔茨：《迈向欧洲私法之路》，金晶等译，中国政法大学出版社 2016 年版。

21. 韩耀、唐红涛、王亮：《网络经济学》，高等教育出版社 2016 年版。

22. 胡春、吴洪编著：《网络经济学》，北京交通大学出版社 2015 年版。

23. 张彤等：《欧盟经贸法》，中国政法大学出版社 2014 年版。

24. ［美］凯文·凯利：《新经济新规则》，刘仲涛等译，电子工业出版社 2014 年版。

25. 朱淑丽：《欧盟民法法典化研究》，上海人民出版社 2013 年版。

26. 王利明：《合同法分则研究》（下卷），中国人民大学出版社 2013 年版。

27. 张彤：《欧洲私法的统一化研究》，中国政法大学出版社 2012 年版。

28. 王利明：《合同法分则研究》（上卷），中国人民大学出版社 2012 年版。

29. ［德］莱因哈德·齐默曼：《德国新债法：历史与比较的视角》，韩光明译，法律出版社 2012 年版。

30. 王利明：《合同法新问题研究》，中国社会科学出版社 2011 年版。

31. 张彤主编：《欧盟法概论》，中国人民大学出版社 2011 年版。

32. 程卫东、李靖堃译：《欧洲联盟基础条约：经〈里斯本条约〉修订》，社会科学文献出版社 2010 年版。

33. 王泽鉴：《债法原理》，北京大学出版社 2009 年版。

34. ［德］迪特尔·梅迪库斯：《德国债法分论》，杜景林、卢谌译，法律出版社 2007 年版。

35. 龙宗智、［德］Rudorf Steinberg 主编：《欧盟债法条例与指令全集》，吴越等译，法律出版社 2004 年版。

36. ［德］卡尔·拉伦茨：《法学方法论》，陈爱娥译，商业印书馆 2003 年版。

37. 芮廷先编著：《电子商务经济学》，电子工业出版社 2002 年版。

38. ［美］卡尔·夏皮罗、［美］哈尔·瓦里安：《信息规则：网络经济的策略指导》，张帆译，中国人民大学出版社 2000 年版。

（二）期刊类

1. ［德］托马斯·马丁·约翰内斯·默勒斯：《〈货物买卖指令〉的不足——兼论对立法缺失的改进》，戴俊哲译，张彤校，载《中德私法研究》（第 21 卷），北京大学出版社 2022 年版。

2. 张彤译：《欧洲议会和欧盟理事会〈关于提供数字内容和数字服务合同特定方面的第 2019/770（EU）号指令〉》，载《中德私法研究》（第 21 卷），北京大学出版社 2022 年 7 月版。

3. 云薇笑：《我国数字内容产品消费者权益保护研究》，载《兰州学刊》2022 年第 4 期。

4. 陈醇：《论衍生合同》，载《北方法学》2022年第4期。

5. 刘召成：《人格权法上同意撤回权的规范表达》，载《法学》2022年第3期。

6. 王利明：《论民事权益位阶：以〈民法典〉为中心》，载《中国法学》2022年第1期。

7. 王磊：《论显失公平的规范形态与解释方案》，载《北方法学》2022年第4期。

8. 王琳琳：《个人信息处理"同意"行为解析及规则完善》，载《南京社会科学》2022年第2期。

9. 姚佳：《个人信息主体的权利体系——基于数字时代个体权利的多维观察》，载《华东政法大学学报》2022年第2期。

10. 靳雨露：《个人信息"控制——利用二元论"的提出及其制度优化》，载《大连理工大学学报（社会科学版）》2022年第3期。

11. 韩世远：《法典化的合同法：新进展、新问题及新对策》，载《法治研究》2021年第6期。

12. 王洲：《论合同法定解除之损害赔偿的计算》，载《法律适用》2021年第10期。

13. 蔡睿：《显失公平制度的解释论定位——从显失公平与公序良俗的关系切入》，载《法学》2021年第4期。

14. 程啸：《论个人信息处理中的个人同意》，载《环球法律评论》2021年第6期。

15. 程啸：《论我国个人信息保护法的基本原则》，载《国家检察官学院学报》2021年第5期。

16. 李建华：《受欺诈、胁迫民事法律行为效力形态的制度体系化》，载《法律科学（西北政法大学学报）》2021年第1期。

17. 李运达：《〈民法典〉人格标识"许可使用"的规范解释——以第993条适用范围为重点》，载《浙江工商大学学报》2021年第5期。

18. 谢宜章：《可商品化数据的进一步厘清：概念、保护诉求及具体路径》，载《知识产权》2021年第8期。

19. 许可、孙铭溪：《个人私密信息的再厘清——从隐私和个人信息的关系切入》，载《中国应用法学》2021年第1期。

20. 王叶刚：《论网络隐私政策的效力——以个人信息保护为中心》，载《比较法研究》2020年第1期。

21. 王利明：《和而不同：隐私权与个人信息的规则界分和适用》，载《法学评论》2021年第2期。

22. 万方：《个人信息处理中的"同意"与"同意撤回"》，载《中国法学》2021年第1期。

23. 孙山：《民法上对象与客体的区分及其应用》，载《河北法学》2021年第2期。

24. 任丹丽：《民法典框架下个人数据财产法益的体系构建》，载《法学论坛》2021年第

2 期。

25. 石佳友：《隐私权与个人信息关系的再思考》，载《上海政法学院学报（法治论丛）》2021 年第 5 期。

26. 张新宝：《个人信息处理的基本原则》，载《中国法律评论》2021 年第 5 期。

27. 石佳友：《个人信息保护的私法维度——兼论〈民法典〉与〈个人信息保护法〉的关系》，载《比较法研究》2021 年第 5 期。

28. 郑佳宁：《数据信息财产法律属性探究》，载《东方法学》2021 年第 5 期。

29. 王利明：《民法典合同编通则中的重大疑难问题研究》，载《云南社会科学》2020 年第 1 期。

30. 吴烨：《论智能合约的私法构造》，载《法学家》2020 年第 2 期。

31. 韩世远：《法律发展与裁判进步：以合同法为视角》，载《中国法律评论》2020 年第 3 期。

32. 李西臣：《区块链智能合约对传统合同法的挑战及应对思路》，载《西华大学学报（哲学社会科学版）》2020 年第 3 期。

33. 徐强胜：《〈合同法编〉（审议稿）民商合一的规范技术评析》，载《中国政法大学学报》2020 年第 2 期。

34. 刘承韪：《论英美合同法的精神及其对中国民法典合同编的启示》，载《广东社会科学》2020 年第 3 期。

35. 李婷婷：《区块链智能合约的合同法适用》，载《法制与经济》2020 年第 10 期。

36. 林文学：《〈民法典〉合同编新规定及其适用》，载《法律适用》2020 年第 19 期。

37. 张蕊鑫、吕怡瑶：《电子合同订立的法律风险规避研究》，载《法制与社会》2020 年第 24 期。

38. 姚明斌：《〈合同法〉第 113 条第 1 款（违约损害的赔偿范围）评注》，载《法学家》2020 年第 3 期。

39. 梅夏英：《〈民法典〉对信息数据的保护及其解读》，载《山西大学学报（哲学社会科学版）》2020 年第 6 期。

40. 申卫星：《论数据用益权》，载《中国社会科学》2020 年第 11 期。

41. 吴桂德：《我国民法典视野下的数字内容瑕疵担保责任——基于欧盟背景下德国法的比较法考察》，载《政治与法律》2020 年第 1 期。

42. 孙南翔：《论网络个人信息的商业化利用及其治理机制》，载《河北法学》2020 年第 7 期。

43. 石静霞：《数字经济背景下的 WTO 电子商务诸边谈判：最新发展及焦点问题》，载《东方法学》2020 年第 2 期。

44. 姚佳：《知情同意原则抑或信赖授权原则——兼论数字时代的信用重建》，载《暨南学报（哲学社会科学版）》2020年第2期。

45. 石宏：《合同编的重大发展和创新》，载《中国法学》2020年第4期。

46. 昝强龙：《新合同类型入典的标准与限度》，载《民商法论丛》2020年第1期。

47. 金耀：《个人信息私法规制路径的反思与转进》，载《华东政法大学学报》2020年第5期。

48. 程啸：《个人信息向数据互联发展中的法律问题研究——论我国民法典中个人信息权益的性质》，载《政治与法律》2020年第8期。

49. 丁晓东：《个人信息权利的反思与重塑——论个人信息保护的适用前提与法益基础》，载《中外法学》2020年第2期。

50. 蔡培如、王锡锌：《论个人信息保护中的人格保护与经济激励机制》，载《比较法研究》2020年第1期。

51. 郭如愿：《个人数据的经济利益论与财产权利构建》，载《电子知识产权》2020年第5期。

52. 梅夏英：《在分享和控制之间——数据保护的私法局限和公共秩序构建》，载《中外法学》2019年第4期。

53. 石冠彬：《民法典合同编违约金调减制度的立法完善——以裁判立场的考察为基础》，载《法学论坛》2019年第6期。

54. 柴振国：《区块链下智能合约的合同法思考》，载《广东社会科学》2019年第4期。

55. 许可：《决策十字阵中的智能合约》，载《东方法学》2019年第3期。

56. 郭少飞：《区块链智能合约的合同法分析》，载《东方法学》2019年第3期。

57. 倪蕴帷：《区块链技术下智能合约的民法分析、应用与启示》，载《重庆大学学报（社会科学版）》2019年第3期。

58. 聂圣：《论合同编有名合同之增补》，载《社会科学动态》2019年第4期。

59. 郑观：《个人信息对价化及其基本制度构建》，载《中外法学》2019年第2期。

60. 张新宝：《"普遍免费+个别付费"：个人信息保护的一个新思维》，载《比较法研究》2018年第5期。

61. 王利明：《数据共享与个人信息保护》，载《现代大学》2019年第1期。

62. 王轶：《论我国合同法中的"胁迫"》，载《四川大学学报（哲学社会科学版）》2019年第1期。

63. 闫德利：《欧盟：建设数字单一市场》，载《互联网天地》2019年第3期。

64. 蓝庆新、窦凯：《美欧日数字贸易的内涵演变、发展趋势及中国策略》，载《国际贸易》2019年第6期。

65. 吴子越：《大数据时代个人信息处理立法的"对价化"思维》，载《湖北科技学院学报》2019年第4期。

66. 赵文杰：《〈合同法〉第 94 条（法定解除）评注》，载《法学家》2019 年第 4 期。

67. 李永军：《合同法上赔偿损失的请求权基础规范分析》载《法学杂志》2018 年第 4 期。

68. 王利明：《合同编解除制度的完善》，载《法学杂志》2018 年第 3 期。

69. 项定宜：《论个人信息财产权的独立性》，载《重庆大学学报（社会科学版）》2018 年第 6 期。

70. 黄玉烨、何蓉：《数字环境下首次销售原则的适用困境与出路》，载《浙江大学学报（人文社科版）》2018 年第 6 期。

71. ［德］弗洛里安·浮士德：《数字经济：法之类推——民法典亟待革新?》，陈丽婧译，金可可校，载《苏州大学学报（法学版）》2018 年第 2 期。

72. 周念利、陈寰琦：《数字贸易规则"欧式模板"的典型特征及发展趋向》，载《国际经贸探索》2018 年第 3 期。

73. 刘长兴：《论"绿色原则"在民法典合同编的实现》，载《法律科学（西北政法大学学报）》2018 年第 6 期。

74. 张浩良：《民法分则合同编存款合同立法研究》，载《南海法学》2018 年第 3 期。

75. 吕忠梅课题组：《"绿色原则"在民法典中的贯彻论纲》，载《中国法学》2018 年第 1 期。

76. 叶振军：《论服务合同体系构建》，载《上海对外经贸大学学报》2018 年第 1 期。

77. 崔艳新、王拓：《数字贸易规则的最新发展趋势及我国应对策略》，载《全球化》2018 年第 3 期。

78. 王叶刚：《人格权商业化利用与人格尊严保护关系之辨》，载《当代法学》2018 年第 3 期。

79. 王利明：《人格权的属性：从消极防御到积极利用》，载《中外法学》2018 年第 4 期。

80. 陈永伟等：《数字经济时代数据性质、产权和竞争》，载《财经问题研究》2018 年第 2 期。

81. 张彤：《〈欧洲共同买卖法〉析评》，载《中德私法研究》（第 17 卷），北京大学出版社 2018 年版。

82. 杨立新：《个人信息：法益抑或民事权利——对〈民法总则〉第 111 条规定的"个人信息"之解读》，载《法学论坛》2018 年第 1 期。

83. 沈玉良、金晓梅：《数字产品、全球价值链与国际贸易规则》，载《上海师范大学学报（哲学社会科学版）》2017 年第 1 期。

84. 孙新宽：《论数字内容合同的权利救济体系——以欧盟〈数字内容合同指令议案〉为中心》，载《北京航空航天大学学报（社会科学版）》2017 年第 6 期。

85. 金晶：《数字时代经典合同法的力量——以欧盟数字单一市场政策为背景》，载《欧洲研究》2017 年第 6 期。

86. 李建伟：《我国民法典合同法编分则的重大立法问题研究》，载《政治与法律》2017 年第 7 期。

87. 张彤、张甜译：《关于提供数字内容和服务合同的特定方面的指令建议》，载《中德私法研究》2017 年 12 月。

88. 《欧洲议会与欧盟理事会〈关于提供数字内容合同的特定方面的指令建议〉》（合译），载《中德私法研究》（第 16 卷），北京大学出版社 2017 年版。

89. 《欧洲议会与欧盟理事会〈关于在线及其他远程货物买卖合同指令的建议〉》（合译），载《中德私法研究》（第 15 卷），北京大学出版社 2017 年版。

90. 王利明：《民法分则合同编立法研究》，载《中国法学》2017 年第 2 期。

91. 周江洪：《典型合同与合同法分则的完善》，载《交大法学》2017 年第 1 期。

92. 朱广新：《民法典之典型合同类型扩增的体系性思考》，载《交大法学》2017 年第 1 期。

93. 焦微玲、裴雷：《数字产品"免费"的原因、模式及盈利对策研究》，载《现代情报》2017 年第 8 期。

94. 丁道勤：《基础数据与增值数据的二元划分》，载《财经法学》2017 年第 2 期。

95. 游进发：《无名契约典型化之因素》，载《高大法学论丛》2017 年第 1 期。

96. 易军：《买卖合同之规定准用于其他有偿合同》，载《法学研究》2016 年第 1 期。

97. 龙卫球、林洹民：《我国智能制造的法律挑战与基本对策研究》，载《法学评论》2016 年第 6 期。

98. 董一凡、李超：《欧盟〈数字单一市场战略〉解读》，载《国际研究参考》2016 年第 3 期。

99. 肖冬梅、文禹衡：《数据权谱系论纲》，载《湘潭大学学报（哲学社会科学版）》2015 年第 6 期。

100. 齐爱民、盘佳：《数据权、数据主权的确立与大数据保护的基本原则》，载《苏州大学学报（哲学社会科学版）》2015 年第 2 期。

101. 赵文杰：《论不当得利与法定解除中的价值偿还——以〈合同法〉第 58 条和第 97 条后段为中心》，载《中外法学》2015 年第 5 期。

102. 崔建远：《论合同目的及其不能实现》，载《吉林大学社会科学学报》2015 年第 3 期。

103. 刘莉莉、朱欣民：《免费：网络服务市场的破坏性创新》，载《云南师范大学学报（哲学社会科学版）》2014 年第 1 期。

104. 刘召成：《人格商业化利用权的教义学构造》，载《清华法学》2014 年第 3 期。

105. 齐爱民：《数字文化商品确权与交易规则的构建》，载《中国法学》2012 年第 5 期。

106. 宁红丽：《无偿合同：民法学与社会学之维》，载《政法论坛》2012 年第 1 期。

107. 崔建远：《合同一般法定解除条件探微》，载《法律科学（西北政法大学学报）》

2011 年第 6 期。

108. 邹国勇：《欧洲议会和（欧盟）理事会 2008 年 6 月 17 日关于合同之债法律适用的第 593/2008 号（欧共体）条例（罗马Ⅰ）》，载《私法》2011 年第 2 期。

109. 郭鹏：《电子商务立法：全球趋同化中存在利益分歧——美国与欧盟的立场分析》，载《中国社会科学院研究生学报》2010 年第 2 期。

110. 李永军：《合同法发展趋势的前瞻性探索：读〈欧盟合同法一体化研究〉有感》，载《人民司法》2010 年第 17 期。

111. 卢春荣：《计算机软件交易规则与版权法的冲突和协调——以〈美国统一计算机信息交易法〉为中心》，载《暨南学报（哲学社会科学版）》2010 年第 1 期。

112. 屈茂辉、张红：《继续性合同：基于合同法理与立法技术的多重考量》，载《中国法学》2010 年第 5 期。

113. 齐爱民、周伟萌：《论计算机信息交易的法律性质》，载《法律科学（西北政法大学学报）》2010 年第 3 期。

114. 张彤：《欧洲一体化进程中的欧洲民法趋同和法典化研究》，载《比较法研究》2008 年第 1 期。

115. 刘颖：《论计算机信息及计算机信息交易——美国〈统一计算机信息交易法〉与美国〈统一商法典〉相关概念和规则的比较》，载《暨南学报（哲学社会科学版）》2008 年第 5 期。

116. 刘德良：《个人信息的财产权保护》，载《法学研究》2007 年第 3 期。

117. 张学哲：《德国当代私法体系变迁中的消费者法——以欧盟法为背景》，载《比较法研究》2006 年第 6 期。

118. 刘士国：《类型化与民法解释》，载《法学研究》2006 年第 6 期。

119. 龚赛红：《论民法典中的合同的解除与合同终止》，载《北京化工大学学报（社会科学版）》2006 年第 4 期。

120. 李可：《类型思维及其法学方法论意义——以传统抽象思维作为参照》，载《金陵法律评论》2003 年第 2 期。

121. 刘春青：《欧盟加强对消费者利益的保护》，载《世界标准信息》2003 年第 11 期。

122. 杜志华：《欧盟消费者保护政策的形成与发展》，载《欧洲》2001 年第 5 期。

（三）网络类

1. 《"十四五"规划纲要》，载 http://qinghonggroup.com/uploads/file/20201119/160-5753005178617.pdf.

2. 《腾讯企业微信软件许可及服务协议》，载 https://work.weixin.-qq.com/nl/eula.

3. 中国互联网络信息中心：第 47 次《中国互联网络发展状况统计报告》，载 http://www.cnnic.net.cn/hlwfzyj/hlwxzbg/hlwtjbg/202102/P02021020333463-3480104.pdf.

4. 《二十国集团数字经济发展与合作倡议》，2016 年 9 月 20 日发布，http://www. g20chn. org/hywj/dncgwj/201609/t20160920_ 3474. html.

5. 《关于印发"十四五"数字经济发展规划的通知》国发〔2021〕29 号，载中国政府网，http://www. gov. cn/zhengce/zhengceku/2022-01/12/content_ 5667817. htm.

6. 《中国互联网发展报告2022》《世界互联网发展报告2022》蓝皮书发布，载光明网，https://m. gmw. cn/baijia/2022-11/11/36153469. html.

7. 《国务院关于数字经济发展情况的报告》，载中国人大网，http://www. gov. cn/xinwen/2022-11/28/content_ 5729249. htm.

8. 《中国互联网发展报告（2022）》，载新浪财经，https://baijiahao. baidu. com/s？ id = 1749660637374963319&wfr = spider&for = pc.

9. 《高举中国特色社会主义伟大旗帜 为全面建设社会主义现代化国家而团结奋斗——习近平在中国共产党第二十次全国代表大会上的报告》，载新华社，http://www. gov. cn/xinwen/2022-10/25/content_ 5721685. htm.

10. 中国互联网络信息中心：第 50 次《中国互联网络发展状况统计报告》，载 http://www. cnnic. net. cn/n4/2022/0914/c88-10226. html.

11. 关于《中华人民共和国电子商务法（草案）》的说明，载中国人大网，http://www. npc. gov. cn/npc/c30834/201808/45a74ec672414b438a3147f3dbf59ac1. shtml.

12. 中国人民银行、工业和信息化部、中国银行业监督管理委员会等五部门《关于防范比特币风险的通知》（银发〔2013〕289 号），载 http://www. gov. cn/gzdt/2013-12/05/content_ 2542751. htm.

13. 苏号朋、刘春梅：《欧盟消费者保护立法述评》，载 http://ielaw. uibe. edu. cn/fxlw/gjsflc/djj/12575. htm.

（四）判决类

1. 广东鸿太升软件科技有限公司、广东志高暖通设备股份有限公司计算机软件开发合同纠纷二审民事判决书。

2. 宝能百货零售有限公司与上海辰商软件科技有限公司计算机软件合同纠纷民事判决书。

3. 王春玲与杭州会搜科技有限公司承揽合同纠纷二审民事判决书。

4. 浙江杭宇电力设备有限公司、浙江茗迪电力科技有限公司承揽合同纠纷二审民事判决书。

5. 湖北视纪印象科技股份有限公司、荆门市掇刀区白庙街道办事处官堰社区居民委员会买卖合同纠纷二审民事判决书。

6. 广东中港联信科技有限公司、东莞市特普拉斯电子科技有限公司计算机软件著作权权属纠纷、计算机软件著作权许可使用合同纠纷二审民事判决书。

7. 威海银河风力发电有限公司与上海山丽信息安全有限公司技术服务合同纠纷二审民事判

决书。

8. 湖北政龙建筑工程有限公司、湖北科脉计算机信息工程有限公司著作权许可使用合同纠纷、技术服务合同纠纷二审民事判决书。

9. 广东鸿太升软件科技有限公司、广东志高暖通设备股份有限公司计算机软件开发合同纠纷二审民事判决书。

10. 厦门市铁晟进出口有限公司与厦门亿升科技有限公司合同纠纷二审民事判决书。

11. 南宁千极网络科技有限公司、黄玉明计算机软件开发合同纠纷二审民事判决书。

12. 中国大百科全书出版社有限公司与北京英捷特数字出版技术有限公司计算机软件开发合同纠纷二审民事判决书。

13. 北京殷塞信息技术有限公司、中石化森美（福建）石油有限公司计算机软件开发合同纠纷二审民事判决书。

14. 用友建筑云服务有限公司与慧都创新（北京）科技有限公司计算机软件开发合同纠纷二审民事判决书。

15. 中聚森煌健康管理（上海）有限公司与上海商创网络科技有限公司计算机软件开发合同纠纷一审民事判决书。

16. 上海掌将网络科技有限公司与北京掌阅移动传媒科技有限公司计算机软件著作权许可使用合同纠纷民事一审案件民事判决书。

17. 河南纤原网络科技集团有限公司、廉志帅计算机软件开发合同纠纷民事二审民事判决书。

18. 威海市一二三计算机科技有限公司、姜亚状买卖合同纠纷二审民事判决书。

19. 南宁千极网络科技有限公司、黄玉明计算机软件开发合同纠纷二审民事判决书。

20. 轩睿电子商务有限公司与北京瑞友科技股份有限公司计算机软件开发合同纠纷民事二审民事判决书。

21. 实野信息科技（上海）有限公司与惠州缇缇卡服饰有限公司计算机软件开发合同纠纷一审民事判决书。

22. 中聚森煌健康管理（上海）有限公司与上海商创网络科技有限公司计算机软件开发合同纠纷一审民事判决书。

23. 北明软件有限公司与上海世联正华供应链管理有限公司计算机软件开发合同纠纷一审民事判决书。

24. 贾建英、毕胜虎计算机软件开发合同纠纷二审民事判决书。

二、外文参考文献

（一）著作期刊类

1. Reiner Schulze, Dirk Staudenmayer, EU Digital Law: Article - by - Article Commentary, 1. Auflage, Nomos Verlagsgesellschaft, 2020.

2. Reinhard Singer, Tong Zhang, Verbraucherschutz in der digitale Wirtschaft, Berliner Wissenschafts-Verlag, 2021.

3. Anna Bosch, Felix Meurer, Aktualisierungen und Änderungen von digitalen Produkten im Spannungsfeld zwischen urheberrechtlichen Beschränkungen und zivilrechtlichen Pflichten, IPRB 2022.

4. Biermann, Das neue Kaufrecht: Die wichtigsten Änderungen, DAR 2022.

5. Wilke Felix M., Das neue Kaufrecht nach Umsetzung der Warenkauf-Richtlinie, VuR 2021.

6. Christian Schubel, Die zweite Andienung des Verkäufers nach der Umsetzung der Warenkaufrichtlinie, JZ 2022.

7. Lunk, Meurer, Digital und analog-Dringender Handlungsbedarf für Unternehmen durch neue BGB-Vorschriften, BB 2022.

8. Marcos B. M. Loos, Consumer Sales and Digital Contracts in the Netherlands after Transposition of the Directives on Digital Content and Sale of Goods, *Amsterdam Law School Research Paper*, No. 16, 2022.

9. J. Estifanos, Die Warenkauf - Richtlinie der EU: Ein nachhaltiges Kaufrecht? Transformacje Prawa Prywatnego, 2022.

10. Witzel, Der neue Mangelbegriff für digitale Produkte, ITRB 2021.

11. Wendehorst, Die neuen kaufrechtlichen Gewährleistungsregelungen-ein Schritt in Richtung unserer digitalen Realität, JZ 2021.

12. Rachlitz, Kochendörfer, Gansmeier, Mangelbegriff und Beschaffenheitsverein-barung Zur Neufassung der §§ 327e, 434, 475b und 327h, 476 Abs. 1 Satz 2 BGB, JZ 2022.

13. Redeker, Beschaffenheitsvereinbarungen bei digitalen Produkten, insbesondere Software, ITRB 2022.

14. Malte Kramme, Vertragsrecht für digitale Produkte-Die Umsetzung der Digitale-Inhalte-Richtlinie im Schuldrecht AT, RDi 2021.

15. Gerald Spindler, Ausgewählte Fragen der Umsetzung der digitalen Inhalte-Richtlinie in das BGB, MMR 2021.

16. Schrader P. T.: Umsetzung der Warenkauf-Richtlinie: Auswirkungen auf die Haltbarkeit von Fahrzeugen mit digitalen Elementen, NZV 2021.

17. Thode, Richtlinienwidrige Regelung zur vertraglichen Verjährungsverkürzung im BGB, jurisPR-PrivBauR, 4/2021.

18. Harke, Warum nur 1：1? Zum Regierungsentwurf für die Umsetzung der Warenkauf-Richtlinie, GPR 2021.

19. Meller-Hannich, Die Warenkaufrichtlinie und ihre Umsetzung, DAR 2021.

20. Roth-Neuschild, Die Umsetzung der EU-Warenkaufrichtlinie, ITRB 2021.

21. Andre Janssen, Smart Contracting And The New Digital Directives：Some Initial Thoughts, 12 Information Technology and Electronic Commerce Law 196, April 2021.

22. Elias Van Gool, Anaïs Michel, The New Consumer Sales Directive 2019/771 and Sustainable Consumption：A Critical Analysis, 4 Journal of European Consumer and Market Law, 2021.

23. Vanessa Mak & Gerrit-Jan Zwenne, Onderzoek over betalen met persoonsgegevens en consumentenbescherming, In opdracht van het Ministerie van Economische Zaken en Klimaat（EZK）, 9, 2021.

24. Mak V., Op Heij, D. J. B., De implementatie van de nieuwe Richtlijn consumentenkoop en de Richtlijn Digitale inhoud in het BW：de implicaties voor het bestaande hiërarchische systeem van remedies, Tijdschrift Voor Consumentenrecht & Handelspraktijken, 2021（5）.

25. Kupfer, Weiß, Die Warenkaufrichtlinie-Schlussstein in der Harmonisierung des kaufrechtlichen Gewährleistungsrechts?, VuR 2020.

26. Hoene, Neues zum Warenkauf, EU-Richtlinien zur Stärkung des Verbraucher-schutzes, IPRB 2021.

27. Karin Sein, The Applicability of the Digital Content Directive and Sales of Goods Directive to Goods with Digital Elements, 30 JURIDICA INT'l 23, 2021.

28. Neda Zdraveva, Digital Content Contracts and Consumer Protection：Status Quo and Ways Further, 5 ECLIC, 2021.

29. Christina Möllnitz, Änderungsbefugnis des Unternehmers bei digitalen Produkten Auslegung und Folgen des § 327r BGB-RefE, MMR 2021.

30. Reiner Schulze, Die Digitale-Inhalte-Richtlinie-Innovation und Kontinuität im europäischen Vertragsrecht, ZEuP 2019.

31. Ivo Bach, Neue Richtlinien zum Verbrauchsgüterkauf und zu Verbraucherverträgen über digitale Inhalte, NJW 2019.

32. Michael Grrünberger, Verträge über digitale Güter, AcP 2018.

33. Brox, Walker, Besonderes Schuldrecht, 34. Auflage, Verlag C. H. Beck.

34. Wolfgang Hau, Roman Poseck（Hrsg.）, Beck'scher Online-Kommentar zum Bürgerlichen Gesetzbuch Buch 1, 59 Auflage 2021.

35. Dirk Looschelders, Schuldrecht: Allgemeiner Teil, 18. Auflage 2020.

36. Roland Rixecker, Franz Jürgen Säcker, (Hrsg.) Münchener Kommentar zum Bürgerlichen Gesetzbuch Band 3, Auflage 2019.

37. Roland Rixecker, Franz Jürgen Säcker, (Hrsg.) Münchener Kommentar zum Bürgerlichen Gesetzbuch Band 1. Auflage 2021.

38. Carmen Langhanke, Martin Schmidt-Kessel, Consumer Data as Consideration, Dennis-Kenji Kipker, Stärkung des digitalen Verbraucherschutzes durch zwei neue EU Richtlinien, MMR 2020.

39. Lena Mischau, Daten als „Gegenleistung" im neuen Verbrauchervertragsrecht, ZEuP 2020.

40. Lea Katharina Kumkar, Herausforderungen eines Gewährleistungsrechts im digitalen Zeitalter, ZfPW 2020.

41. Jutta Lommatzsch, Rolf Albrecht, Patrick Prüfer, Zwei neue EU - Richtlinien zum Vertragsrecht-„Revolution" im Verbraucherrecht, GWR 2020.

42. Frank Rosenkranz, Spezifische Vorschriften zu Verträgen über die Bereitstellung digitaler Produkte im BGB, ZUM 2021.

43. Dennis-Kenji Kipker, Stärkung des digitalen Verbraucherschutzes durch zwei neue EU Richtlinien, MMR 2020.

44. Gerald Spindler, Karin Sein, Die endgültige Richtlinie über Verträge über digitale Inhalte und Dienstleistungen, MMR 2019.

45. Malte Kramme, Vertragsrecht für digitale Produkte-Die Umsetzung der Digitale-Inhalte-Richtlinie im Schuldrecht AT, RDi 2021.

46. Thomas Riehm, Mängelgewährleistungspflichten des Anbieters digitaler Inhalte, ZUM 2018.

47. Fryderyk Zoll, The Remedies in the Proposals of the Online Sales Directive and the Directive on the Supply of Digital Content, EuCML 2016.

48. Gerald Spindler, Verträge über digitale Inhalte-Haftung, Gewährleistung und Portabilität-Vorschlag der EU - Kommission zu einer Richtlinie über Verträge zur Bereitstellung digitaler Inhalte, MMR 2016.

49. Christiane Wendehorst, Die Digitalisierung und das BGB, NJW 2016.

50. Martin Schmidt-Kessel, Katharina Erler, Anna Grimm, Malte Kramme, Die Richtlinienvorschläge der Kommission zu Digitalen Inhalten und Online-Handel-Teil 2, GPR 2016.

51. Gerald Spindler & Karin Sein, Die Richtlinie über Verträge über digitale Inhalte-Gewährleistung, Haftung und Änderungen, MMR 2019.

52. Dirk Staudenmayer, Auf dem Weg zum digitalen Privatrecht-Verträge über digitale Inhalte, NJW 2019.

53. Dirk Staudenmayer, Kauf von Waren mit digitalen Elementen：Die Richtlinie zum Warenkauf, NJW 2019.

54. Matthias Wendland, Sonderprivatrecht für Digitale Güter-Die neue Europäische Digitale Inhalte-Richtlinie als Baustein eines Digitalen Vertragsrechts für Europa, ZVglRWiss 118, 2019.

55. Martin Schmidt-Kessel, Anna Grimm, Unentgeltlich oder Entgeltlich？ -Der vertragliche Austausch von digitalen Inhalten gegen personenbezogene Daten, ZfPW 2017.

56. Matthias Wendland, Digitale Inhalte und die Vertragstypen des BGB-Dogmatische Grundfragen des digitalen Vertragsrechts, in：Weller, Matthias/Wendland, Matthias（Hrsg.）, Digital Single Market, 2019.

57. Martin Schmidt-Kessel, Wandlungen des Privatrechts-Erwartungen an ein Privatrecht 2050, in：Beyer/Erler/Hartmann/Kramme/Müller/Pertot/Tuna/Wilke（Hrsg.）, Privatrecht 2050-Blick in die digitale Zukunft, 2019.

58. Wolfgang Kilian, Personenbezogene Daten als schuldrechtliche Gegenleistung, in：Stiftung Datenschutz（Hrsg.）, Dateneigentum und Datenhandel, 2019.

59. Wolfgang Faber, Breitstellung und Mangelbegriff, in：Stabentheiner &Wendehorst & Zöchling-Jud（Hrsg.）, Das neue europäische Gewährleistungsrecht, 2019.

60. Bernhard A. Koch, Das System der Rechtsbehelfe, in：Stabentheiner & Wendehorst & Zöchling-Jud（Hrsg.）, Das neue europäische Gewährleistungsrecht, 2019.

61. Georg E. Kodek, Änderung digitaler Inhalte und digitaler Dienstleistungen（Art 19 DIRL）, in：Stabentheiner & Wendehorst & Zöchling-Jud（Hrsg.）, Das neue europäische Gewährleistungsrecht, 2019.

62. Georg E. Kodek, Änderung von Leistungsmerkmalen Vertragsbeendigung, in：Wendehorst & Zöchling-Jud（Hrsg.）, Ein neues Vertragsrecht für den digitalen Binnenmarkt？ 2015.

63. Bernhard A. Koch, Rechtsbehelfe des Verbrauchers bei Verträgen über digitale Inhalte, in：Wendehorst & Zöchling-Jud（Hrsg.）, Ein neues Vertragsrecht für den digitalen Binnenmarkt？ 2015.

64. Matthias Weller, Mängelgewährleistung und Vollharmonisierung-Dogmatische Kompatibilität und Umsetzungsoptionen, in：Matthias Weller & Matthias Wendland（Hrsg.）, Digital Single Market, 2019.

65. Johann Kindl, Verträge über digitale Inhalte-Vertragsnatur und geschuldete Leistung, in：Kindl, Johann/Arroyo Vendrell, Tatiana/Gsell, Beate（Hrsg.）, Verträge über digitale Inhalte und digitale Dienstleistungen, 2018.

66. AxelMetzger, Verträge über digitale Inhalte und digitale Dienstleistungen：Neuer BGB Vertragstypus oder punktuelle Reform？ Juristen Zeitung 2019.

67. Gerald Spindler, Karin Sein, Die endgültige Richtlinie über Verträge über digitale Inhalte, MMR 2019.

68. M. Schmidt-Kessel, A. Grimm, Unentgeltlich oder entgeltlich? – Der vertragliche Austausch von digitalen Inhalten gegen personenbezogene Daten, ZfPW 2017.

69. Narciso, Gratuitous Digital Content Contracts in EU Consumer Law, EuCML 2017.

70. Jung Janaland, Spezialregelung für Verträge über digital Inhalte in Theorie und Praxis, VuR 2017.

71. Beate Gsell, Der europäische Richtlinienvorschlag zu bestimmten vertragsrechtlichen Aspekten der Bereitstellung digitaler Inhalte, ZUM 2018.

72. Reiner Schulze, Die Digitale-Inhalte-Richtlinie-Innovation und Kontinuität im europäischen Vertragsrecht, ZEuP 2019.

73. Marx, Fallstricke inPferderechtsprozessen seit Abschaffung des Viehgewährleistungsrechts, NJW 2010.

74. Grünberger, Verträge über digitale Güter, AcP 2018.

75. Mischau, Daten als „ Gegenleistung " im neuen Verbrauchervertragsrecht, ZEuP 2020.

76. Hacker, Daten als Gegenleistung: Rechtsgeschäfte im Spannungsfeld von DS-GVO und allgemeinem Vertragsrecht, ZfPW 2019.

77. G. Alpa, Il Diritto dei Consumatori, Roma-Bari.

78. Dirk Staudenmayer, Die Richtlinien zu den digitalen Verträgen, ZEuP 2019.

79. Reiner Schulze, Supply of Digital Content. A New Challenge for European Contract Law, 134, 2016.

80. G. Howells, C. Twigg-Flesner, T. Wilhelmsson, Rethinking EU Consumer Law, 183, Routledge 2017 .

81. M. B. M. Loos, Not Good but Certainly Content: The Proposals for European Harmonisation of Online and Distance Selling of Goods and the Supply of Digital Content, in I. Claeys and E. Terryn (eds.), *Digital Content & Distance Sales: New Developments at EU Level.*

82. E. Terryn, A Right to Repair? Towards Sustainable Remedies in Consumer Law, in B. Keirsbilck and E. Terryn (eds.), *Consumer Protection in a Circular Economy* (Intersentia, 2019).

83. Pazos Castro, Ricardo, Sustainability, the Circular Economy and Consumer Law in Spain, Journal of European Consumer and Market Law, Issue 6 (2020).

84. Claeys and J. Vancoillie, Remedies, Modification of Digital Content and Right to Terminate Long-term Digital Content Contracts, in I. Claeys and E. Terryn (eds.), *Digital Content & Distance Sales: New Developments at EU Level* (Intersentia, 2017).

85. V. Mak and E. Lujinovic, Towards a Circular Economy in EU Consumer Markets. Legal Possi-

bilities and Legal Challenges and the Dutch Example, in B. Keirsbilck and E. Terryn（eds.），*Consumer Protection in a Circular Economy*（Intersentia, 2019）.

86. K. Kryla-Cudna, Sales Contracts and the Circular Economy, *European Review of Private Law*, Issue 6（2020）.

87. Micklitz, Hans-Wolfgang, Squaring the Circle? Reconciling Consumer Law and the Circular Economy, in B. Keirsbilck and E. Terryn（eds.），*Consumer Protection in a Circular Economy*（Intersentia, 2019）.

88. Friedrich Graf von Westphalen, Contracts with BigData: The End of the Traditional Contract Concept? Trading Data in the Digital Economy: Legal Concepts and Tools, Münster Colloquia on EU Law and the Digital Economy Ⅲ, Nomos 2017.

89. Ruth Janal, Jonathan Jung, Spezialregelung für Vertrage über digital Inhalte in Theorie und Praxis, VuR, 2017.

90. Florian Faust, Digitale Wirtschaft-Analoges Recht: Braucht das BGB ein Update? Gutachten A zum 71. Deutschen Juristentag, 2016.

91. Bastian Zahn, Die Anwendbarkeit des Gemeinsamen Europäischen Kaufrechts auf Verträgeüber digitale Inhalte, ZeuP, Heft 1, 2014.

92. N. Helberger, M. B. M Loos, Lucie Guibault et al., Digital Content Contracts for Consumers, Journal of Consumer Policy, Volume 36, Issue 1, March 2013.

93. Thomas Grädler, Manuel Köchel, Der Kommuissionsentwurf eines Gemeinsamen Europäishen Kaufrechts, Fokus, 2012.

94. Thomas Rüfner, Sieben Fragen zum EU-Kaufrecht. Oder: Was man heute schon über den Verordnungsvorschlag für ein Gemeinsames Kaufrecht wissen sollte, Zeitschrift für das Juristische Studium（ZJS）Heft 4, 2012.

95. Oliver Unger, Die Richtlinieüber die Rechte der Verbraucher-Eine systematische Einführung, ZEuP2012.

96. Andreas Schwab, Amelie Giesemann, Die Verbraucherrechte-Richtlinie: Ein wichtiger Schritt-zur Vollharmonisierung im Binnenmarkt, Europäische Zeitschrift für Wirtschaftsrecht, Heft 7, 2012.

97. Walter Doralt, Rote Karte oder grünes Licht fuer den Blue Button? Zur Frage eines optionalen europäischen Vertragsrechts, Archiv für die civilistische Praxis, Bd. 211, 2011.

98. Christian von Bar, Eric Clive, et al.（eds.），Principles, Definitions and Model Rules of European Private Law: Draft Common Frame of Reference（DCFR），Munich: sellier. european law publishers GmbH, 2009.

99. Reinhard Zimmermann, The Present state of European Private Law, The American Journal of

Comparative Law, Vol. 57, 2009.

（二）法规、政策类

1. Richtlinie（EU）2019/770 des Europäischen Parlaments und des Rates vom 20. Mai 2019 über bestimmte vertragsrechtliche Aspekte der Bereitstellung digitaler Inhalte und digitaler Dienstleistungen, 22. 5. 2019.

2. Richtlinie（EU）2019/771 des Europäischen Parlaments und des Rates vom 20. Mai 2019 über bestimmte vertragsrechtliche Aspekte des Warenkaufs, zur Änderung der Verordnung（EU）2017/2394 und der Richtlinie 2009/22/EG sowie zur Aufhebung der Richtlinie 1999/44/EG, 22. 5. 2019.

3. Gesetz zur Umsetzung der Richtlinie über bestimmte vertragsrechtliche Aspekte der Bereitstellung digitaler Inhalte und digitaler Dienstleistungen, Vom 25. Juni 2021, Deutsche Bundestag.

4. Bundesministerium der Justiz und für Verbraucherschutz, Entwurf eines Gesetzes zur Umsetzung der Richtlinie über bestimmte vertragsrechtliche Aspekte der Bereitstellung digitaler Inhalte und digitaler Dienstleistungen, § 475a, § 516 a, § 548a, § 578 b, § 650, § 327e. 13. 01. 2021.

5. European Commission Communication, A Digital Single Market Strategy for Europe, COM（2015）192 final, 5 May 2015.

6. Europe Economics, Digital content services for consumers: Assessment of problems experienced by consumers, Report 4: Final report.

7. Bundesministerium für Wirtschaft und Energie, Digitale Strategie 2025, 14. 03. 2016.

8. Regulation（EU）2016/679 of the European Parliament and of the Council of 27 April2016 on the protection of natural persons with regard to the processing of personal data and on the free movement of such data, 04. 05. 2016.

9. Richtlinie（EU）2011/83 des Europäischen Parlaments und des Rates v. 25. 10. 2011 über die Rechte der Verbraucher, 22. 11. 2011.

10. Europäische Kommission, Vorschlag für eine Verordnung des Europäischen Parlaments und des Rates über ein Gemeinsames Europäisches Kaufrecht, KOM（2011）635, 11. 10. 2011.

11. Europäische Kommission, Vorschlag für eine Richtlinie des Europäischen Parlaments und des Rates über bestimmte vertragsrechtliche Aspekte der Bereitstellung digitaler Inhalte, KOM（2015）634 final, 10. 12. 2015.

12. Europäische Kommission, Vorschlag für eine Verordnung des Europäischen Parlaments und des Rates über ein Gemeinsames Europäisches Kaufrecht.

13. Green Paper from the Commission on policy options for progress towards a European Contract Law for consumers and businesses, COM（2010）348 final.

14. Preliminary programme of the European Economic Community for a consumer protection and in-

formation policy, Official Journal of the European Communities, C92, Vol. 18, 25. 04. 197.

15. Directive 2000/31/EC of the European Parliament and the Council of 8 June 2000 on certain legal aspects of information society services, in particular electroniccommerce (2000/31/EC), Official Journal L 178, 17. 07. 2000.

16. Directive 1999/44/EC of the European Parliament and the Council of 25 May 1999 on certain aspects of the sale of consumer goods and associated guarantees (99/44/EC), Official Journal L 171, 07. 07. 1999.

17. Directive of 20 December 1985 to protect the consumer in respect of contracts negotiated away from business premises (85/577/EEC), Official Journal L 372, 31. 12. 1985.

18. Directive of 13 June 1990 on package travel, package holidays and package tours (90/314/EEC), Official Journal L 158, 23. 6. 1990.

19. Directive of 5 April 1993 on unfair terms in consumer contracts (93/13/EEC), Official Journal L 095, 21. 4. 1993.

20. Directive of the European Parliament and the Council of 26 October l 1994 on the protection of purchasers in respect of certain aspects of contracts relating to the purchases of the right to use immovable properties on a timeshare basis (94/47/EC), Official Journal L 280, 29. 10. 1994.

21. Directive of the European Parliament and the Council of 20 May 1997 on the protection of consumers in respect of distance contracts (97/7/EC), Official Journal L 144, 04. 06. 1997.

（三）网络类及其他

1. Il digitale per rilanciare l'Italia. Gli investimenti del futuro digitale, si veda: https://www. eulerhermes. com/it_ IT/news – e – approfondimenti/trade – magazine/business – trends/digital–transformation/il–digitale–per–rilanciare–italia. html.

2. Sul recepimento della Direttiva (UE) 2019/770, si veda: https://www. politicheeuropee. gov. it/it/normativa/recepimento–atti–ue/direttiva–ue–2019770/.

3. Sul recepimento della Direttiva (UE) 2019/771, si veda: https://www. politicheeuropee. gov. it/it/normativa/recepimento–atti–ue/direttiva–ue–2019771/.

4. Marco Martorana, Fornitura di Contenuti o Servizi Digitali: le Modifiche al Codice del Consumo, si veda: https://www. altalex. com/documents/news/2021/12/09/fornitura – di – contenuti – o – servizi–digitali–le–modifiche–al–codice–del–consumo.

5. 《对欧盟〈货物买卖指令〉的转化情况》，载意大利欧洲政治局网站，https://www. politicheeuropee. gov. it/it/normativa/recepimento–atti–ue/direttiva–ue–2019771/.

6. 《对欧盟〈货物买卖指令〉转化情况的阐释报告》，载意大利政府网站，https://www. governo. it/sites/governo. it/files/DLGS_ DIRETTIVA_ 2019_ 771_ RI. pdf.

7. DLGS Direttiva 2019/770Analisi di Impatto della Regolamentazione (A. I. R), Ministero della

Giustizia.

8. Giudo Alpa, Presentazione al Codice del consumo, si veda: www. consiglionazionaleforense. it/on-line/Home/…/documento1183. html.

9. Friedrich Graf von Westphalen, Contracts with BigData: The End of the Traditional Contract Concept? Trading Data in the Digital Economy: Legal Concepts and Tools, Münster Colloquia on EU Law and the Digital Economy Ⅲ, Nomos 2017.

10. Ruth Janal and Jonathan Jung, Spezialregelung für Verträge über digital Inhalte in Theorie und Praxis, VuR, 2017.

11. Richtlinie 2011/83/EU des Europäischen Parlaments und des Rates vom 25. Oktober 2011 über die Rechte der Verbraucher, Erwügungsgrund 19 und Artikel 2.

12. Europe Economics, Digital content services for consumers: Assessment of problems experienced by consumers, Report 4: Final report.

13. Claude-Étienne Armingaud, Camille J. Scarparo, Louise Bégué, France: New Requirements Concerning the Sale of Digital Goods, K&L Gates (July. 21, 2022), https://www. klgates. com/France-New-Requirements-Concerning-the-Sale-of-Digital-Goods-7-21-2022.

14. Jean-Guy De Ruffray, Transposition into French law of EU Directives 2019/770 and2019/771, Advant Altana (Jan. 10, 2021), https://www. advant-altana. com/en/medias/transposition-en-droit-francais-des-directives-2019-770-et-2019-771.

15. Julia Apostle. New EU Consumer Law Protections Applicable to Digital Goods and Digital Content Services Providers Take Effect, Requiring Ts & Cs Review, https://www. orrick. com/de-DE/Insights/2022/01/New-EU-Consumer-Law-Protections-Applicable-to-Digital-Goods-and-Digital-Content-Services-Providers

16. Un cadre modernisé pour la garantie légale de conformité incluant les contenus et services numériques Ord. 2021-1247 du 29-9-2021: JO 30 texte no 9, https://cms. law/fr/fra/news-information/un-cadre-modernise-pour-la-garantie-legale-de　conformite-incluant-les-contenus-et-services-numeriques.

17. Cédric Hélaine. Adaptation de la garantie légale de conformité pour les biens et les contenus et services numériques. Édition du 16 décembre 2022, https://www. dalloz-actualite. fr/flash/adaptation-de-garantie-legale-de-conformite-pour-biens-et-contenus-et-services-numeriques#. Y6Lxw31ByYc.

18. Ordonnance du 29 septembre 2021 relative à la garantie légale de conformité pour les biens, les contenus numériques et les services numériques. 30 septembre 2021, https://www. vie-publique. fr/loi/281687-ordonnance-29-septembre-2021garantie-legale-conformite-biens-numeriques.

19. Erläuterungen, www. parlament. gv. at（24. 12. 2022），https：//www. parlament. gv. at/PAKT/VIIG/XXVII/I/I_ 00949/fnameorig 983174. html.

20. Gewährleistung nach Verbrauchergewährleistungsgesetz（VGG）beim Warenkauf－Anwendungs-bereich, Ausnahmen, Definitionen, www. wko. at（24. 12. 2022），https：//www. wko. at/service/suche. html？searchTerm = VGG#：～：text = Gew%C3%A4hrleistung%20nach%20Ver-brauchergew%C3%A4hrleistungsgesetz%20（VGG）%20beim%20Warenkauf%20%E2%80%93%20Anwendungsbereich%2C%20Ausnahmen%2C%20Definitionen.

21. Umsetzungshinweis, www. parlament. gv. at（24. 12. 2022），https：//www. parlament. gv. at/PAKT/VHG/XXVII/I/I_ 00949/fnameorig_ 983174. html.

22. Gewährleistung nach Verbrauchergewährleistungsgesetz（VGG）beim Warenkauf－Rechte aus der Gewährleistung, www. wko. at（24. 12. 2022），https：//www. wko. at/service/wirtschaftsrecht－gewer-berecht/vgg－rechte－gewaehrleistung－warenkauf－ab－2022. html.

23. EuGH, Vrteil v. 13. 7. 2017, C－133/16 Christian Ferenschild./. JPC Motor SA, ECLI：EU：C：2017：541.

图书在版编目（CIP）数据

数字内容与服务合同的法律规制研究：以欧盟为视角/张彤著. —北京：中国政法大学出版社，2023.11

ISBN 978-7-5764-1103-4

Ⅰ.①数… Ⅱ.①张… Ⅲ.①合同法－研究 Ⅳ.①D912.290.4

中国国家版本馆 CIP 数据核字(2023)第 175351 号

出 版 者　　中国政法大学出版社

地　　址　　北京市海淀区西土城路 25 号

邮寄地址　　北京 100088 信箱 8034 分箱　邮编 100088

网　　址　　http://www.cuplpress.com（网络实名：中国政法大学出版社）

电　　话　　010-58908285(总编室) 58908433 （编辑部） 58908334(邮购部)

承　　印　　固安华明印业有限公司

开　　本　　720mm×960 mm　1/16

印　　张　　19.5

字　　数　　319 千字

版　　次　　2023 年 11 月第 1 版

印　　次　　2023 年 11 月第 1 次印刷

定　　价　　89.00 元